« Voici une plongée aussi pratique que divertissante dans les 18 premiers mois de la vie d'un bébé. Van de Rijt et Plooij ont observé et trouvé les moments critiques dans le développement d'un nourrisson que j'avais moi-même indépendamment découvert dans Points forts (Le Livre de poche). Les observations et les conseils pratiques des auteurs sont fantastiques. »

—Dr. T. Berry Brazelton, professeur émérite à la Harvard Medical School

« Quiconque s'occupe de nourrisson et de petits enfants sera intéressé par la lecture des Semaines miracle. Ce livre ouvrira les yeux des parents sur des aspect de la croissance, du développement, des variations comportementales et des réponses émotives de leurs enfants qu'ils auraient autrement pu ne pas remarquer, ou trouver déconcertant et pénible. »

—Dr. Catherine Snow, Professeur de Sciences de l'éducation à la Harvard Graduate School of Education

« Le travail de Van de Rijt et Plooij sur le développement des nourrissons est d'une valeur énorme en usage clinique et pour les applications scientifiques. Non seulement expliquent-ils les périodes de comportement déconcertant et difficile durant la première enfance qui inquiètent tant les parents, mais ils montrent également comment ces comportements marquent des bonds dans le développement et décrivent les étapes selon la façon dont le nourrisson les comprend. Tout cela donne aux parents et aux professionnels une vision très solide du développement de l'esprit de leurs bébés.

De surcroît, Van de Rijt et Plooij décrivent les jeux et les méthodes de communication qui fonctionnent le mieux avec les bébés à différents âges et aident ainsi les parents à comprendre leurs bébés tout en se liant avec délicatesse avec eux. Lien parents-enfant est le pré-requis majeur au développement d'enfants stables et équilibrés. Les Semaines miracle est une lecture essentielle pour les parents et quiconque travaille avec des nourrissons : pédiatres, travailleurs sociaux, psychologues et, bien entendu, parents. »

—Dr. John Richer, diplômé en psychologie clinique, consultant en psychologie clinique et directeur de la psychologie pédiatrique du département de pédiatrie du John Radcliffe Hospital à Oxford, Angleterre

« Van de Rijt et Plooij vous aideront à voir le monde à la manière d'un nourrisson. Tandis que l'enfant grandit, les manifestations émotives (comme les pleurs) nous indiquent que l'enfant convoque des réserves d'énergie et appelle à l'aide pour trouver de nouvelles manières de percevoir son monde qui change. Comme van de Rijt et Plooij ont découvert des étapes prévisibles dans l'élargissement des perceptions et des compétences du nourrisson, ils vous permettent, au moyen de superbes exemples, de reconnaître le déclenchement de ces périodes stressantes et d'aider votre enfant à les affronter. Les conséquences de la découverte de nouvelles perceptions et de nouvelles compétences au beau milieu du stress sont en effet si riches, que, que vous soyez ou non parent, il ne peut jamais être trop tôt ni trop tard pour profiter de ce live. »

—Dr. Philip J. Runkel, professeur émérite de psychologie et de sciences de l'éducation à l'université d'Oregon

Les Semaines miracle

« Portrait de l'auteure principale, Hetty van de Rijt, créé par son petit-fils Thomas, le 12 septembre 1998, quand il avait 23 mois. Le petit-fils et sa grand-mère étaient très proches et celui-ci fut le rayon de soleil des sept dernières années de la vie d'Hetty, rendue difficile par la maladie.

Le 29 septembre 2003, Hetty est décédée. Jusqu'à la toute fin, elle a travaillé sur la nouvelle édition de ce livre en néerlandais. Quand elle est morte, le premier brouillon du dernier chapitre était prêt. Toute sa vie durant, Hetty a travaillé avec l'espoir de responsabiliser les parents et de leur fournir tranquillité d'esprit et confiance en leur rôle comme piliers dans l'éducation et la sociabilisassions de leurs enfants, pour que ceux-ci puissent eux aussi être leurs rayons de soleil. »

Les Semaines miracle

Comment stimuler le développement de votre bébé durant les 20 premiers mois primordiaux de sa vie et transformer ses 10 grandes phases d'agitation prévisibles en autant de bonds magiques vers l'avant

Dr Hetty van de Rijt
et
Dr Frans Plooij.

KW
PUBLISHING

À nos enfants, Xaviera et Marco
Et à nos petits-enfants
Thomas, Victoria, et Sarah
Qui nous ont tant appris

Les Semaines miracle de Hetty van de Rijt & Frans Plooij

Copyright © 2013 Kiddy World Publishing
Illustrations de Jan Jutte
Couverture et mise en page d'Andrei Andras
d'après le travail original de Niels Terol
Traduction de Noa Grünenwald d'après la version anglaise
de Stephen Sonderegger et Gayle Kidder

Première publication en 1992 sous le titre *Oei, ik groei!*
par Zomer & Keuning boeken BV, Ede et Anvers.

Kiddy World Publishing
Van Pallandtstraat 63
6814 GN Arnhem
Pays-Bas
www.thewonderweeks.com

Aimez-nous sur Facebook ! facebook.com/WonderWeeks
Suivez-vous sur Twitter : twitter.com/TheWonderWeeks

À propos de ce livre

Après avoir achevé nos études en psychologie de l'éducation, en anthropologie physique et en biologie comportementale, et nous être mariés, ma femme Hetty van de Rijt et moi sommes partis pour le parc national de Gombe Stream, en Tanzanie, pour étudier les chimpanzés avec Jane Goodall. Le projet de recherche précis que nous avions préparés s'est avéré impossible à accomplir une fois sur place, et donc nous avons changé de sujet. Nous avons immédiatement compris qu'il n'y avait aucun autre endroit au monde où l'on pouvait observer de si près des bébés chimpanzés à l'état sauvage. Nous n'avions sous la main ni théorie, ni hypothèse à valider, mais nous étions formés à l'observation directe et systématique des comportements animaux sur le terrain, dans la tradition du prix Nobel de médecine Niko Tinbergen. C'est donc ce que nous avons fait pendant presque deux ans.

Quand nous sommes rentrés en Europe travailler pour le Conseil de la recherche médicale au sous-département du Comportement animal de l'université de Cambridge, au sein de l'unité du Développement et de l'intégration comportementaux dirigée par Robert Hinde, nous avons dû analyser des tonnes de données. Cette analyse a débouché sur l'émergence de la notion de périodes de régression, des périodes difficiles où le bébé s'agrippe plus fermement à sa mère. Auparavant, de telles périodes de régression avaient déjà été identifiées par d'autres chercheurs chez pas moins de 12 autres espèces de primates. Les résultats de l'analyse des données soutenaient également l'idée qu'au début de l'ontogenèse, une organisation hiérarchique émerge dans le système nerveux central, laquelle est à la base du développement comportemental des nouveaux-nés et bébés chimpanzés vivant à l'état sauvage.

Ce n'est qu'après que nous ayons analysé nos données et détecté une organisation hiérarchique que notre collègue et ami Lex Cools, un neurobiologiste, a suggéré que nous comparions nos découvertes sur les capacités des nourrissons aux différentes étapes de leur développement aux niveaux de perception énoncés par la *Hierarchical Perceptual Control Theory* (PCT) développée par William T. Powers. La PCT s'est avéré expliquer parfaitement bien nos découvertes. Dans les années suivantes, les postulats de bases de la PCT ont continué à être éprouvés par différents chercheurs et les résultats à être publiés dans la littérature scientifique. Les lecteurs intéressés peuvent consulter le site www.livingcontrolsystems.com (en anglais) pour un aperçu de la PCT.

Une fois obtenus nos doctorats à Cambridge (Hetty) et Groninge, aux Pays-Bas (Frans), nous sommes passés à l'observation et l'enregistrement des mères et de bébés humains dans leur environnement familier. Ces études ont clairement démontré que les bébés humains passent eux aussi par des périodes de régression prévisible et liées à l'âge durant lesquels ils sont difficiles. À chaque période difficile, les bébés font un bond dans leur développement mental. À chaque fois, une nouvelle couche de systèmes de contrôle perceptuel se surimpose aux couches hiérarchiquement organisées de systèmes de contrôle perceptuel qui étaient déjà en place.

Sur la base de notre recherche, Hetty et moi avons écrit la version originale néerlandaise des *Semaines miracle*, publiée en 1992, et suivie dans les années suivantes par des éditions en allemand, français, suédois, italien, danois, espagnol, anglais, japonais, coréen et russe. Notre recherche d'origine aux Pays-Bas a été répliquée et validée par d'autres chercheurs en Espagne, en Grande-Bretagne et en Suède. Pour des informations sur les recherches à l'origine des *Semaines miracle*, et sur les éditions dans différentes langues, consultez www.thewonderweeks.com.

Malheureusement, Hetty a contracté une maladie tropicale rare durant notre séjour en Tanzanie et après un long et courageux combat avec la maladie, elle est décédée en 2003. L'héritage de Hetty est encore bien vivant car le travail de sa vie continue porter ses fruits et *Les Semaines miracle* continue à rendre la vie plus facile pour des parents et à contribuer au développement sain d'enfant.

Frans Plooij
Arnhem, Pays-Bas

introduction

Arrachée en sursaut d'un profond sommeil, la jeune mère bondit de son lit et dévale le couloir jusqu'à la chambre du bébé. Son petit nourrisson, le visage tout rouge, les points serrés, crie dans son lit d'enfant. Suivant son instinct, la mère prend le bébé pour le tenir tendrement dans ses bras. Le bébé continue à hurler. La mère allaite le bébé, change ses couches, puis le berce, essayant toutes les astuces pour calmer son trouble, mais rien n'y fait. « Est-ce qu'il y a quelque chose qui ne va pas avec le bébé ? », se demande la mère. « Est-ce que je m'y prends mal ? »

Il est courant que les parents passent par la lassitude, la fatigue, l'exaspération, la culpabilité et parfois même l'agressivité envers leurs nourrissons inconsolables. Les cris du bébé peuvent provoquer des conflits entre les parents, particulièrement lorsqu'ils ne sont pas d'accord sur la façon de traiter ceux-ci. Les avis bien intentionnés mais indésirables de la famille, d'amis, et même d'étrangers, ne font qu'aggraver les choses. Laisse le crier, c'est bon pour ses poumons. » n'est pas la solution que les mères désirent entendre. Ignorer le problème ne le fait pas disparaître.

La bonne nouvelle : il y a une raison

 Ces 35 dernières années, nous avons étudié le développement des bébés et la façon dont les mères et les autres personnes qui s'occupent d'eux répondent à leurs changements. Nous avons mené nos recherches au sein de foyers, où nous avons observé les activités quotidiennes de mères et d'enfants. Nous avons glané des informations supplémentaires lors d'entretiens plus formels.

Nos recherches ont montré que, de temps à autre, tous les parents sont tourmentés par un bébé qui ne s'arrête pas de crier. En fait, nous avons découvert qu'étonnamment, c'est à des âges identiques que tous les bébés normaux et en bonne santé pleurent plus souvent et sont plus pénibles, exigeants et agités, et que lorsque cela arrive, ils peuvent pousser au désespoir l'ensemble de la maisonnée. *D'après nos recherches, nous pouvons maintenant prévoir, presque à la semaine près, lorsque les parents peuvent s'attendre à ce que leurs bébés passent par une de ces «phases d'agitation».*

Durant ces périodes, un bébé ne pleure pas pour rien. C'est que soudain, il doit passer par des changements drastiques dans son développement, et ces changements le désarçonnent. Ils permettent au bébé d'apprendre de nombreuses nouvelles compétences et devraient donc être perçus comme des moments à célébrer. Après tout, ils indiquent que votre enfant fait des progrès merveilleux. Mais en ce qui concerne le bébé, ces changements sont effrayants. Il est pris de court : tout a changé du jour au lendemain. C'est comme s'il venait d'entrer dans un tout nouveau monde.

Il est bien connu que le développement physique de l'enfant procède par ce que l'on appelle communément des « poussées de croissance ». Il est possible qu'un bébé ne grandisse pas pendant quelques temps, mais qu'il prenne presque six ou sept millimètres en une nuit. Des chercheurs ont montré que c'était à peu près la même chose qui arrivait dans le développement mental de l'enfant. Des études neurologiques ont montre qu'à certains moment, des changements majeurs et spectaculaires survenaient dans les cerveaux des enfants âgés de moins de 20 mois. Peu après chacun de ces changements, suit un bon parallèle vers l'avant dans le développement mental.

Ce livre se concentre sur les dix bonds majeurs par lesquels chaque bébé passe durant les 20 premiers mois de sa vie. Il vous explique ce qu'implique chacun de ces développements dans la façon dont votre bébé comprend le monde qui l'entoure, et comment il utilise cette compréhension pour développer les nouvelles compétences dont il a besoin à chaque étage de son développement.

Ce que cela implique pour vous et votre bébé

Les parents peuvent utiliser cette compréhension des bonds dans le développement de leur bébé pour l'aider à traverser ces moment souvent déroutant dans sa nouvelle vie. Vous comprendrez mieux la façon dont votre bébé pense et qu'il il agit comme il le fait à certains moments. Vous pourrez choisir l'aide adéquate à lui apporter au moment où il en a besoin et le type d'environnement adapté pour l'aider à tirer le meilleur profit de chaque bond dans son développement.

Ce livre n'est pas un guide pour transformer votre enfant en génie, cependant. Nous pensons fermement que chaque enfant est unique et intelligent à sa manière. C'est un livre qui explique comment comprendre et gérer votre bébé quand il est difficile et comme profiter au maximum de lui tandis qu'il grandit. C'est un livre sur les joies et les misères de l'éducation d'un bébé.

Tout ce qui est requis pour l'utilisation de ce livre c'est :
- Un (ou deux) parent(s) aimant(s)
- Un bébé vif et bruyant en train de grandir
- Un désir d'accompagner la croissance de votre bébé
- De la patience

Comment utiliser ce livre

Ce livre grandit avec votre bébé. Vous pouvez comparer votre expérience avec celles d'autres mères à chaque étape du développement de votre bébé. Au fil des années, nous avons demandé à de nombreuses mères de nouveaux-nés de garder des traces des progrès de leur bébé ainsi que de noter leurs pensées et leurs sentiments aussi bien que des observations sur le comportement de leur bébé jour après jour. Les journaux que nous avons inclus dans ce livre en constituent un échantillon, sur la base des rapports hebdomadaire des mères de 15 bébés, huit filles et sept garçons. Nous espérons que vous aurez l'impression que votre bébé grandit avec ceux qui figurent dans notre groupe d'étude et que vous pourrez lier ce que vous observez chez votre bébé à ce que ces autres mères ont observé.

Cependant, ce livre n'est pas simplement fait pour être lu. Chaque section vous offre l'opportunité d'enregistrer dans le détail la progression de votre bébé. Au moment où un bébé a grandi jusqu'à devenir un enfant, de nombreuses mères désirent ardemment se rappeler l'ensemble des événements et des émotions de ces si importantes premières années. Certaines mères tiennent des journaux, mais la plupart d'entre elles, qu'elles n'aiment pas particulièrement écrire ou n'en aient tout simplement pas le temps, sont convaincues qu'elles se rappelleront les grandes étapes et même les détails mineurs de la vie de leur bébé. Malheureusement, ces mères finissent toujours par regretter amèrement le fait que leurs souvenirs s'effacent bien plus vite qu'elles ne l'auraient imaginé.

Vous pouvez garder une trace personnelle des intérêts et des progrès de votre bébé dans les sections « Mon journal » fournies tout au long de ce livre. Elle vous offrent de l'espace pour enregistrer vos pensées et commenter la croissance et l'émergence de la personnalité de votre enfant, de sorte que vous pouvez facilement faire de ce livre un journal du développement de votre bébé. Souvent, quelques phrases clés suffisent à faire rejaillir des flots de souvenirs, même bien plus tard.

Le prochain chapitre, « Grandir : comment votre bébé s'y prend » explique quelques-unes des recherches sur lesquelles ce livre est basé et comment cela s'applique à votre bébé. Vous apprendrez comment il grandit en faisant des « bonds » dans son développement mental et comme ces bonds sont précédés de périodes orageuses où vous pourrez vous attendre à ce qu'il soit agite, pénible ou colérique.

Le deuxième chapitre, « Nouveau-né : bienvenue dans le monde ! » décrit à quoi ressemble le monde d'un nouveau-né et comment celui-ci perçoit les nouvelles sensations qui l'entourent. Vous apprendrez comment la nature l'a équipé pour affronter les défis de la vie et à quel point le contact physique est important pour son développement futur. Ces faits vous aideront à apprendre à connaître votre nouveau-né, à apprendre ce que sont ses désirs et ses besoins, et à comprendre ce qu'il vit quand il passe par le premier bond en avant.

Les chapitres suivants abordent les « Semaines miracle » : les dix grands changements que connaît votre bébé dans les 10 premiers mois de sa vie, vers 5, 8, 12, 19, 26, 37, 46, 55, 64 et 75 semaines. Chaque chapitre vous explique les signes qui vous montreront qu'un bond majeur est en train de survenir. Puis il explique les nouveaux changements perceptifs dont votre bébé fait l'expérience à ce moment et comment il les utilisera dans son développement.

Chaque bond est abordé dans un chapitre séparé divisé en quatre sections : « **Les Signes d'agitation de cette semaine** » décrit les indices que votre bébé est sur le point de faire un bond de développement. Les réflexions d'autres mères sur les moments pénibles de leur bébé vous offrent un soutien compatissant tandis que vous endurez les périodes colériques de votre bébé.

Dans cette section, vous trouverez également une section de journal intitulée « Les signes que mon bébé grandit de nouveau ». Cochez les signes dont vous avez remarqué l'apparition chez votre bébé et qui indiquent qu'il est sur le point de vivre un grand changement.

« **Le bond en avant miraculeux** » évoque les nouvelles capacités qu'acquerra votre bébé durant le bond en cours. Dans chaque, c'est comme un nouveau monde qui s'ouvre, plein d'observations à faire et de compétences à acquérir.

Dans cette section, vous trouverez une section de journal, « Comme mon bébé explore le nouveau monde... », qui liste les compétences que les bébés peuvent développer une fois qu'ils ont fait ce bond en avant. Tandis que vous cocherez les compétences de votre bébé sur les listes, rappelez-vous qu'aucun bébé ne fera tout ce qui est écrit. Il se peut que votre bébé n'affiche que quelques-uns des comportements listés à la fois, et que vous ne voyiez pas apparaître d'autres compétences avant des semaines, voire des mois. La quantité de chose que fait votre bébé n'importe pas : votre bébé choisira les compétences qui lui conviennent le plus au moment où il vit le bond. Les goûts diffèrent, selon les bébés ! En cochant ou surlignant les préférences de votre bébé, vous découvrirez ce qui le rend unique.

« Ce que vous pouvez faire pour aider » vous donne des suggestions de jeux, d'activités et de jouets appropriés à chaque étape du développement afin d'augmenter les connaissances et la satisfaction de votre bébé, et de rendre plus agréables les moments que vous partagez.

« Après le bond » vous indique quand vous pouvez vous attendre à ce que votre bébé redevienne plus indépendant et joyeux. Il est très probable que ce soit un moment merveilleux pour les parents et le bébé, car tous peuvent apprécier les compétences nouvellement acquises par le bébé pour découvrir son monde, et s'y amuser.

Ce livre est conçu pour être commencé à n'importe quel instant des 20 premiers mois du développement de votre bébé, quand vous avez l'impression d'avoir besoin d'aide pour comprendre son stade actuel de développement. Vous n'avez pas besoin de le lire de A à Z. Si votre bébé est un peu plus vieux, vous pouvez sauter les premiers chapitres.

Ce que ce livre vous offre

Nous espérons que vous utiliserez cette connaissance des bonds dans le développementde votre enfant pour comprendre ce par quoi il passe, l'aider dans les moments difficiles, et l'encourager tandis qu'il s'attelle à la tâche monumentale de devenir un nourrisson. De plus, nous espérons également que ce livre vous fournira les choses suivantes.

Du soutien dans les moments difficiles. Durant les moments où vous devez affronter des crises de pleurs, cela aide de savoir que vous n'êtes pas seule, qu'il y a une raison pour les pleurs, et qu'une période d'agitation ne dure jamais plus de quelques semaines, et parfois seulement quelques jours. Ce livre vous explique ce que d'autres mères ont ressenti quand leur bébé avait le même âge que le vôtre. Vous découvrirez que toutes les mères se débattent avec des sentiments d'angoisse, de colère, et tout un ensemble d'autres émotions. Vous en viendrez à comprendre que ces sentiments font partie du processus, et qu'ils aideront votre bébé à progresser.

Confiance en vous. Vous apprendrez que vous êtes capable de percevoir les besoin de votre bébé mieux que quiconque. C'est vous l'experte, le meilleur connaisseur de votre bébé.

Une meilleure compréhension de votre bébé. Ce livre vous dira ce que votre bébé endure durant chaque phase d'agitation. Il explique qu'il sera difficile quand il sera sur le point d'apprendre de nouvelles compétences, car les changements dans son système nerveux le déconcertent. Une fois que vous aurez compris ceci, vous vous ferez moins de souci vis-à-vis de son comportement, et celui-ci vous énervera moins. Ce savoir vous donnera également une plus grande tranquillité d'esprit et vous aidera à l'aider à traverser chacune de ces périodes d'agitation.

Des pistes pour aider votre bébé à jouer et à apprendre. Après chaque phase d'agitation, votre bébé sera capable d'apprendre de nouvelles compétences. Il apprendra plus vite, plus facile et avec un plus grand plaisir si vous l'aidez. Ce livre vous donnera un aperçu de ce qui le préoccupe à chaque âge. De plus, nous fournissons tout un ensemble d'idées pour différents jeux, activités et jouets de sorte que vous puissiez choisir ceux qui conviennent le mieux à votre bébé.

Un compte-rendu unique du développement de votre bébé. Vous pouvez retracer les phases d'agitation de votre bébé et ses progrès tout au long du livre et y adjoindre vos notes personnelles, de sorte qu'il recense tous les progrès de votre bébé durant les 20 premiers mois de sa vie.

Nous espérons que vous utiliserez cette connaissance des bonds dans le développement de votre bébé pour comprendre ce qu'il vit, l'aider à passer les moments difficiles, et l'encourager à accomplir cette tâche monumentale qu'est de devenir un nourrisson. De plus, nous espérons que vous serez capable de partager avec lui les joies et les défis de la croissance.

Par-dessus tout, tout espérons que vous cesserez de vous tracassez et retrouverez confiance en votre capacité à élever votre bébé. Nous espérons que ce livre sera un ami digne de confiance et un guide indispensable pour les 20 premiers mois cruciaux de la vie de votre bébé.

Alerte au bond

Une mère nous a envoyé cette lettre :

Chers Frans et Hetty

… Je me suis aperçue qu'à chaque fois mon bébé était difficile pendant quelque jours avant que je ne réalise qu'il faisait un bond. Pendant quelques jours, j'étais irritée, mais je réprimais mes sentiments jusqu'à ce que le goutte d'eau proverbiale ne fasse déborder le vase. Arrivée à ce point, je me suis parfois vraiment énervée contre lui, et ma propre ré-action m'a effrayée. Après que cela fut arrivé trois fois, j'ai noté tous les bonds dans mon calendrier. De la sorte, je peux lire le chapitre suivant à temps pour le bond suivant. Cela peut sembler fou, mais j'ai l'impression d'arriver à bien mieux gérer ses périodes difficiles maintenant. Je sais que ça arrivera avant que ça n'arrive. Je ne serai plus jamais surprise.

Bien cordialement, Maribel

Pour nous, cette lettre fut très importante. Maribel dérivait ce que de nombreuses mères ressentent : les bonds de leur enfant peuvent être épuisants.

C'est la raison pour laquelle nous avons développé l'application Alerte au bond. L'utiliser est très simple. Contentez-vous d'entrer vos données (date d'accouchement à terme prévue, et non date de naissance !) sur www.thewonderweeks.com. Vous recevrez des courriels qui contiendront une brève description du bond dans son développement mental que votre bébé s'apprête à faire avant chacun d'entre eux. Et bien, ce service est entièrement gratuit !

Premier chapitre

Grandir :
La façon dont votre
bébé s'y prend

Un petit pas en arrière et un bond
de géant en avant

Re garder leur bébé grandir est, pour bien des parents, l'une des expériences les plus intéressantes et les plus gratifiantes de leur vie. Les parents adorent noter et célébrer la première fois que leur bébé s'assoit, marche à quatre pattes, dit ses premiers mots, se nourrit tout seul, et une myriade d'autres précieuses « premières fois ».

Mais peu de parents prennent le temps de penser à ce qui se passe dans l'esprit de leur bébé qui leur permet d'acquérir ces compétences quand ils font ces choses pour la première fois. Nous comprenons que la perception qu'à un bébé du monde se développe et évolue quand, d'un seul coup, il est capable de faire coucou ou de reconnaître la voix de sa mamie au téléphone. Ces moments sont aussi remarquables que la première fois qu'il marche à quatre pattes, mais plus mystérieux encore car ils impliquent des choses qui arrivent dans son cerveau et que nous ne pouvons pas voir. Ils prouvent que son cerveau se développe aussi rapidement que son petit corps potelé.

Mais tous les parents découvrent tôt ou tard que les vingt premiers mois de la vie peuvent s'avérer un chemin bien cahoteux. Tandis que les parents se réjouissent du développement de leur enfant et partagent leur joie tandis que celui-ci découvre le monde qui l'entoure, les parents découvrent également que parfois, la joie du bébé peut soudainement se changer en une misérable détresse. Un bébé peut paraître aussi changeant qu'une journée de printemps.

Parfois, la vie avec un bébé peut s'avérer une expérience très éprouvante. Il est probable que des crises de pleurs et des périodes d'agitation inexplicables mènent le père comme la mère au désespoir, leur fasse se demander ce qui ne va pas avec leur petit chenapan et qu'ils essayent sans succès toutes les astuces possibles pour le calmer ou le ramener au bonheur.

Qu'il pleurniche et soit pot de colle peut simplement signifier qu'il grandit

Depuis 35 ans, nous étudions les interactions entre les mères et les bébés. Nous avons documenté (lors d'observations objectives, d'après des notes personnelles, et en vidéo) les moments où les mères signalent que leur bébé est « difficile ». Ces périodes difficiles sont généralement accompagnées des trois P : pot de colle, pénible et pleurnichard. Nous savons désormais que ce sont les signes avant-coureur d'une période durant laquelle l'enfant fait un bond majeur en avant dans son développement.

Il est bien connu que la croissance physique progresse en ce qui est communément appelé des « poussées de croissance ». Le développement mental d'un enfant progresse d'à peu près la même façon.

Des études neurologiques récentes sur la croissance et le développement du cerveau vont dans le sens de nos observations des interactions mère-bébé. L'étude des événements physiques qui accompagnent les évolutions mentales au sein du cerveau en est encore à ses balbutiements. Cependant, à six des dix âges difficiles que nous avons identifiés durant les vingt premiers mois, des évolutions majeures survenant dans le cerveau ont été identifiés par d'autres scientifiques. Chaque évolution majeure annonce un bond en avant dans le développement mental du genre de ceux que nous décrivons dans ce livre. Nous nous attendons à ce que des études finisse par montre des résultats similaires aux autres âges critiques.

Il est à peine surprenant, quand on pense au nombre de changements que votre bébé doit traverser rien qu'au cours des 20 premiers mois de sa vie, que de temps à autre il se sente de mauvaise humeur. Grandir n'est pas une mince affaire !

Les signes d'agitation qui indiquent un bond en avant miraculeux

Dans ce livre, nous vous permettons de comprendre des dix bonds de développement majeurs par lesquels tous les bébés passent durant les 20 premiers mois de leurs vie. Chaque bond permet à votre bébé d'assimiler les informations d'une nouvelle manière et de les utiliser pour perfectionner les compétences dont il a besoin pour se développer, non seulement physiquement mais aussi mentalement, en un adulte parfaitement fonctionnel et intelligent.

Chaque bond est invariablement précédé de ce que nous appelons une « phase d'agitation » ou une « période pot de colle », durant laquelle le bébé demande plus d'attention à sa mère ou aux autres personnes qui s'occupent de lui. Ce qui est extraordinaire et merveilleux est que tous les bébé passent par ces périodes difficiles exactement au même moment, à une ou deux semaines près, durant les 20 premiers mois de leurs vies.

Ces dix bonds de développement par lesquels passent les nourrissons ne coïncident pas forcément avec bonds de développement physiques, bien qu'ils puissent parfois coïncider. La plupart des étapes communes des 20 premiers mois de développement d'un bébé, comme le fait de faire ses dents, n'ont également aucun rapport avec ces bonds dans le développement mental.

Les étapes du développement mental peuvent, d'un autre côté, se refléter dans le progrès physique, bien qu'elles ne se limitent en aucun cas à cela.

Signes d'un bond

Peu avant un bond, le bébé connaît un changement soudain et extrêmement rapide. C'est un changement qui a lieu dans le système nerveux, principalement dans le cerveau, et il peut également être accompagné de changements physiques. Dans ce livre, nous appelons cela un « grand changement ». Chaque grand changement apporte au bébé un nouveau type de perception et altère la façon dont il perçoit le monde. Et à chaque fois qu'un nouveau type de perception submerge votre bébé, cela lui donne aussi les moyens d'apprendre un nouvel ensemble de compétences appropriées pour ce monde. Par exemple, vers la huitième semaine, le grand changement dans le cerveau permet au bébé de percevoir pour la première fois des modèles et motifs simples.

Durant la période initiale de dérangement qu'apporte toujours un grand changement, vous pouvez déjà remarquer l'émergence de nouveaux comportements. Peu après, il est à peu près certain que vous en remarquerez. Dans l'exemple des 8 semaines, votre bébé fera soudain preuve d'intérêt pour les formes, motifs et structures visibles, comme les boîtes de conserve dans un supermarché ou les barreaux de son berceau. On peut aussi noter des changements physiques. Par exemple, il peut commencer à contrôler partiellement son corps, puisqu'à présent il reconnaît la façon dont ses bras et ses jambes fonctionnent selon des modèles précis et il est capable de les contrôler. Ainsi, le grand changement altère la perception des sensations à l'intérieur comme à l'extérieur du corps du bébé.

Le signe principal d'un grand changement est que le comportement du bébé change inexplicablement, pour le pire. Parfois, vous pourrez avoir l'impression qu'on l'a échangé avec un autre. Vous remarquez une agitation qui n'était pas là dans les semaines précédents et souvent il y aura des crises de pleurs que vous serez incapable d'expliquer. Ceci est très angoissant, particulièrement quand ça arrive pour la première fois, mais c'est parfaitement normal. Quand leur bébé devient plus difficile et plus exigeant, de nombreuses mères se demandent s'il est en train de tomber malade. Ou elles peuvent être contrariées, ne comprenant pas pourquoi leur bébé est d'un seul coup si agité et pénible.

Les moments où surviennent les phases d'agitation

Les bébés passent tous par ces phases d'agitation à peu près aux mêmes âges. Durant les 20 premiers mois de la vie d'un bébé, il y a 10 bonds de développement accompagnés lorsqu'ils se déclenchent d'une phase d'agitation. Les périodes d'agitation surviennent aux 5e, 8e, 12e, 15e, 23e, 34e, 42e, 51e, 60e et 70e semaines. Elles peuvent se déclencher avec une ou deux semaine de retard ou d'avance, mais vous pouvez être sûre qu'elles surviendront.

Dans ce livre, nous nous restreignons à la période de développement du bébé, de sa naissance au 18e mois de sa vie environ. Ce modèle ne s'achève cependant pas lors que votre bébé devient un petit enfant. Plusieurs autres bonds ont été documenté au cours de l'enfance, et même durant l'adolescence.

Les premières phases d'agitation que votre bébé traverse durant sa vie de nourrisson ne durent pas très longtemps. Elle peuvent être courtes et ne durer que quelques jours, bien qu'elles paraissent souvent plus longues à des parents perturbés par les cris inexplicable d'un nourrisson. L'intervalle entre ces périodes précoces est lui aussi court, 3 ou 4 semaines en moyenne.

Ensuite, comme les changements que traverse votre nourrisson deviennent plus complexes, leur assimilation est plus longue et les périodes d'agitation peuvent durer d'1 à 6 semaines. Chaque bébé sera cependant différent. Certains bébés trouvent le changement plus perturbant que

Les dix grandes phases d'agitation de votre bébé

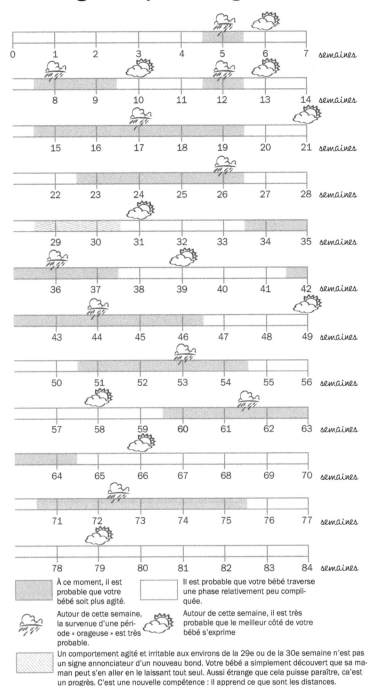

| | À ce moment, il est probable que votre bébé soit plus agité. | | Il est probable que votre bébé traverse une phase relativement peu compliquée. |
| | Autour de cette semaine, la survenue d'une période « orageuse » est très probable. | | Autour de cette semaine, il est très probable que le meilleur côté de votre bébé s'exprime |

Un comportement agité et irritable aux environs de la 29e ou de la 30e semaine n'est pas un signe annonciateur d'un nouveau bond. Votre bébé a simplement découvert que sa maman peut s'en aller en le laissant tout seul. Aussi étrange que cela puisse paraître, ca'est un progrès. C'est une nouvelle compétence : il apprend ce que sont les distances.

Aucun bébé n'y échappe

Tous les bébés passent par des périodes d'agitation lorsque surviennent de grands changements dans leur développement. Les bébés habituellement calmes et faciles à vivre réagiront tout autant à ces changement que les bébés plus difficiles et caractériels. Sans surprise, les bébés caractériels auront plus de mal à les gérer que leurs homologues plus paisibles. Les mères de bébés « difficiles » passeront également un moment plus difficile étant donné que leurs bébés nécessitent déjà plus d'attention et en demanderont encore plus lorsqu'ils devront affronter ces grands changements. Ces bébés sont ceux qui auront le plus besoin de leur mère, le plus de conflits avec leurs mères, mais aussi la plus grande soif d'apprendre.

d'autres, et certains changements seront plus perturbants que d'autres. Mais chaque bébé sera dans une certaine mesure irrité par l'arrivée de ces grands changements dans sa vie.

Chaque grand changement est intimement lié à des changement dans le système nerveux en développement du nourrisson, ce qui fait que le moment où surviennent les bonds de développement sont en fait calculés dès la date de conception. Dans ce livre, nous utilisons la méthode de calcul de l'âge du bébé depuis sa naissance, qui est plus pratique. Ainsi, les âges donnés pour la survenue de bonds de développement sont calculés pour des bébés nés à terme. Si votre bébé était prématuré ou très en retard, il vous faudra ajuster en conséquence les âges. Par exemple, si votre bébé est né en retard de deux semaines, sa première phase d'agitation surviendra probablement deux semaines plus tôt que ce que nous montrons ici. Si il était prématuré de 4 semaines, elle surviendra 4 semaines plus tard. Pensez à tenir compte de ceci pour chacun des dix bonds de développement.

Le bond magique en avant

Pour le bébé, ces grands changements apparaissent toujours comme un choc, étant donné qu'ils chamboulent complètement le monde familier qu'il avait appris à connaître. Si on prend le temps d'y réfléchir, cela est parfaitement logique. Imaginez juste ce que ce serait de découvrir en vous réveillant que vous êtes sur une planète étrange où tout est différent de celle à laquelle vous êtes habituée. Que feriez-vous ?

Vous ne voudriez sûrement pas manger calmement ou faire une longue sieste. Votre bébé non plus.

Tout ce qu'il veut c'est se coller fermement à quelque chose qui le fasse se sentir en sécurité. Pour compliquer encore plus les choses pour vous et votre bébé, chaque bond de développement est différent. Chacun donne au bébé un nouveau type de perception qui lui permet d'apprendre un nouvel ensemble de compétences qui appartiennent au nouveau monde en développement, des compétences qu'il n'aurait en aucun cas pu apprendre à un âge moins avancé, même si vous l'y aviez encouragé de la meilleure manière du monde.

Nous décrirons les changements de perception que traverse votre bébé au cours de chaque bond de développement, tout comme les nouvelles compétences auxquelles il accède. Vous remarquerez que chaque monde se construit sur les fondations du précédent. Dans chaque nouveau monde, votre bébé peut faire bien des découvertes. Certaines compétences qu'il découvre seront complètement nouvelles, tandis que d'autres seront une amélioration des compétences qu'il a acquises précédemment.

Il n'y a pas deux bébés qui soient exactement les mêmes. Chaque bébés a ses préférences, son caractère, ses particularités physiques, et cela le conduira à choisir, dans son nouveau monde, les choses que, personnellement, il trouve intéressantes. Quand un bébé passera rapidement en revue tous les compétences, un autre sera captivé par une seule d'entre elles en particulier. Ces différences sont ce qui rend chaque bébé unique. Si vous faites bien attention, vous verrez la personnalité unique de votre bébé émerger à mesure qu'il grandit.

Ce que vous pouvez faire pour aider

Vous êtes la personne que votre bébé connaît le mieux. Il vous fait plus confiance et vous connaît depuis plus longtemps que quiconque. Lorsque son monde aura été complètement chamboulé, il sera plongé dans la plus grande perplexité. Il pleurera, parfois sans cesse, et rien ne lui plaira plus

Les moments privilégiés : une lubie contre nature

Lorsque l'on laisse un bébé décider lui-même quand et quel type d'attention il préfère, on remarque que cela varie de semaine en semaine. Lorsqu'un grand changement survient, le bébé passera par les phases suivantes :

* Un besoin de s'agripper à maman
* Un besoin de jouer et d'apprendre de nouvelles compétences avec maman
* Un besoin de jouer tout seul

À cause de cela, la planification des temps de jeu est contre nature. Si vous désirez toute l'attention de votre bébé, vous devez jouer quand cela lui convient. Il est impossible de prévoir de s'amuser avec un bébé. En fait, il se peut même qu'il n'apprécie pas l'attention que vous lui donnez durant les moments que vous avez prévus pour un « moment privilégie ». Avec les bébés, les moments gratifiants, tendres et drôle ne se prévoient pas ; ils arrivent, tout simplement.

que de rester dans vos bras toute la journée. Quand il sera plus grand, il fera tout ce qui est en son pouvoir pour rester à vos côtés. Parfois, il s'agrippera à vous comme si sa vie en dépendait. Il peut vouloir être traité de nouveau comme un tout petit bébé. Tout cela, ce sont des signes qu'il a besoin de réconfort et de sécurité. C'est sa façon de se sentir en sécurité. On peut dire qu'il revient aux sources, en s'agrippant à maman.

Lorsque votre bébé devient d'un seul coup agité, il se peut que son comportement pénible vous inquiète ou vous irrite. Vous voudrez savoir ce qui ne va pas avec lui, et vous souhaiterez qu'il redevienne comme avant. Votre réaction naturelle sera de le surveiller d'encore plus près. Il est probable que ce soit à ce moment que vous découvriez qu'il en sait bien plus que vous ne le pensiez. Il se peut que vous remarquiez qu'il essaye des choses que vous ne l'aviez jamais vu faire auparavant. Il se peut que vous preniez conscience que votre bébé change, bien que celui-ci l'ai déjà su depuis bien longtemps.

En tant que mère, vous êtes dans la meilleure position pour donner à votre bébé des choses qu'il peut comprendre et pour répondre à ses besoins. Si vous répondez à ce que votre bébé essaye de vous dire, vous l'aiderez à progresser. Évidemment, votre bébé peut apprécier certains jeux, activités et jouets que vous, personnellement, trouvez moins attirants, tandis qu'il se peut que vous en appréciiez d'autres qu'il n'aime pas du tout. N'oubliez pas que les mères sont elles aussi uniques. Vous pouvez également l'encourager s'il perd son intérêt ou désire abandonner trop facilement. C'est également avec votre aide, qu'il trouvera le processus d'apprentissage par le jeu dans son ensemble à la fois plus stimulant et plus amusant.

Quand votre bébé apprend quelque chose de nouveau, cela signifie souvent qu'il doit mettre fin à une vieille habitude. Une fois qu'il peut ramper, il est tout à fait capable d'aller chercher ses joujoux, et une fois qu'il peut marcher tout seul avec assurance, il ne peut s'attendre à être porté aussi souvent qu'avant. Chaque bond en avant dans son développement le rend plus apte et plus indépendant.

C'est le moment où la mère et le bébé peuvent avoir des problèmes à s'ajuster l'un à l'autre. Il y a souvent une grande différence entre ce que le bébé veut et ce que la mère veut ou pense être bon pour le bébé, et ceci peut mener à de la colère et du ressentiment des deux côtés. Quand vous réaliserez quelles compétences nouvelles votre bébé essaye de mettre en œuvre, vous serez mieux préparée à définir les bonnes règles pour chaque étape de développement et à les altérer au besoin tandis qu'il grandit.

Après le bond

La phase pénible s'arrête aussi soudainement qu'elle avait commencé. La plupart des mères voient cela comme un moment pour se détendre et profiter de leurs bébés. La pression pour fournir une attention constante a disparu. Le bébé est devenu plus indépendant, et il est souvent occupé à mettre en pratique ses nouvelles compétences. À ce stade, il est également plus gai. Malheureusement, cette période de paix et de calme relatifs ne dure pas très longtemps, ce n'est qu'une éclaircie avant la prochaine tempête. La nature n'autorise pas les bébés de se reposer longtemps..

chapitre 2

Nouveau-né :
Bienvenue dans le Monde

*O*bservez n'importe quelle mère quand elle tient son bébé pour la première fois. Il y a de fortes chances qu'elle suive ce modèle précis. D'abord, elle passera ses doigts dans les cheveux du bébé. Ensuite, elle fera glisser un doigt autour de sa tête et sur son visage. Après cela, elle tâtera ses doigts et ses orteils. Ensuite, elle se dirigera lentement vers le centre, le long de ses bras, ses jambes et son cou. Enfin, elle touchera son ventre et sa poitrine.

La façon qu'ont les mères de toucher leurs nouveau-nés est aussi souvent très similaire. D'abord, une jeune mère ne touchera son nourrisson qu'avec la pointe des doigts, le caressant et le tenant avec une grande délicatesse. Lentement mais sûrement, tandis qu'elle gagnera en assurance, elle utilisera l'ensemble de ses doigts et pourra même le serrer. Enfin, elle le touchera avec la paume de la main. Quand finalement elle osera le tenir par la poitrine ou par le ventre, la jeune mère sera si ravie qu'il se peut qu'elle s'exclame que c'est un grand miracle qu'elle ait produit quelque chose d'aussi précieux que ceci.

Idéalement, ce processus de découverte devrait arriver aussi près que possible de la naissance. Après la première rencontre d'une mère avec son bébé, elle n'aura plus peur de le saisir, de le retourner ou de le coucher. Elle saura comment se sent son petit rien qu'au toucher.

Chaque bébé a l'air différent. Essayez de prendre un autre bébé que le vôtre si sa mère vous y autorise, et vous verrez que c'est une expérience étrange. Cela vous prendra une minute ou deux pour vous habituer à l'autre nourrisson. C'est parce que vous vous êtes extrêmement habituée à votre bébé

Prenez les choses en main rapidement

Plus vite une mère s'habituera à manier son bébé, plus vite elle pourra répondra avec délicatesse à ses besoins. Un bébé ne doit pas être jeté d'office dans les bras de sa mère : il faut laisser à celle-ci le temps nécessaire pour prendre d'elle-même le bébé dans ses bras. Cette sorte d'ajustement

Ces premières heures si primordiales

Une mère comprend généralement extrêmement bien son nou-veau-né dans les premières heures suivant la naissance. Essayez d'avoir votre bébé avec vous à ce moment critique pour faire connaissance. Votre nouveau-né est souvent bien réveillé à cette période. Il a conscience de ce qui l'entoure, se tourne vers les sons légers, et il fixe son regard sur tout ce qui le surplombe. La plupart des mères aiment également beaucoup que le père soit lui aussi présent, afin qu'ils puissent partager cette expérience en tant que nouvelle famille.

au nouveau bébé est facilement interrompu si d'autres ne laissent pas d'espace à la mère à la naissance. Si la jeune mère sent que les choses ne sont pas sous son contrôle, elle peut se sentir impuissante et même avoir peur de manier son bébé.

Prenez contrôle de la situation dès que vous en êtes capable, et faites connaissance de votre bébé aussi tôt que possible. Même si le bébé doit être placé dans un incubateur, passez autant que temps que possible avec lui et chargez-vous d'autant d'aspects de son soin que vous en êtes capable. Parlez-lui pour lui faire savoir que vous êtes là même lorsque vous ne pouvez pas le toucher.

N'oubliez pas d'exprimer clairement vos volontés. Si vous voulez que votre bébé soit près de vous, ou si vous voulez être seule avec lui pendant un moment, dites-le. C'est vous qui décidez à quelle fréquence vous voulez le prendre dans vos bras et lui faire des câlins.

La majorité des mères dont le premier contact avec leur nouveau-né a été contrecarré par les procédures hospitalières ou par d'autres personnes de leur entourage ont dit qu'elles regrettaient de ne pas avoir passé plus de temps seules avec leur bébé durant cette période. De nombreuses mères en retirent de l'amertume pendant un certain temps. La période de maternité n'était pas ce qu'elles avaient imaginé. Au lieu de profiter d'un repos bien mérité, elles se sont senties harcelées. Elles avaient voulu que leur bébé soit près d'elles tout le temps, particulièrement quand le petit bout de chou pleurait. Si on ne les laissait pas tenir leur bébé, les jeunes mères se sentaient déçues et contrariées. Elles avaient l'impression qu'on les considérait comme des enfants immatures et impuissantes, incapables de décider d'elles-mêmes ce qui était le mieux pour elles et leur bébé. Ces sentiments ont également été exprimés par des pères, qui se sont sentis écrasés par les règles de l'hôpital et frustrés par l'ingérence d'autrui.

« J'ai dû faire ce qu'on me disait. Non seulement on m'a dit comment m'asseoir pendant l'allaitement, mais aussi à quel moment je pouvais allaiter, et pour quelle durée. J'ai aussi dû laisser mon bébé pleurer quand ce n'était pas encore « son tour ». La plupart du temps, j'étais contrariée, mais comme je ne voulais pas être malpolie, alors je l'allaitais en cachette. Je ne pouvais pas supporter de l'entendre pleurer, et je voulais le réconforter. Mes seins n'arrêtais pas de gonfler et de rétrécir tout au long de la journée. J'en avais vraiment plus que ras-le-bol. C'était moi qui avait accouché, et je voulais mon bébé. J'étais si en colère que je me suis mise à pleurer. Mais bien entendu ils avaient aussi un nom pour ça : « les larmes de la maternité ». Ce fut la goutte d'eau qui fait déborder le vase. Tout ce que je voulais c'était mon bébé et un peu de paix et de tranquillité. »

La maman de Paul

« Mon accouchement a duré longtemps. On nous a pris notre bébé immédiatement. Pendant des heures, nous avons cru avoir eu un petit garçon. Quand j'ai fini par récupérer mon bébé plus tard, il s'est avéré que c'était une fille. Nous avons été choqués. Ce n'est pas que je ne voulais pas une fille, mais nous avions commencé à nous faire à l'idée que nous avions un fils. »

La maman de Léa

« Quand j'allaitais mon bébé, j'aimais bien me pelotonner contre elle dans une agréable proximité. Mais la sage-femme ne me laissait pas faire. Elle me faisait me pencher en arrière dans le coussins, sur le canapé. Ça avait l'air tellement contre nature : détaché et distant. »

La maman de Nina

Quand des mères ont des problèmes avec leurs bébés peu après la naissance, elles disent souvent que c'est parce qu'elle ne se sentent pas complètement assurées. Elles ont peur de les lâcher ou de les serrer trop fort. Elles n'ont pas appris à apprécier les besoins et réactions de leurs bébés à certaines situations. Elles ont l'impression d'échouer en tant que mère.

Certaines mères pensent que cela est lié au fait qu'elle ont trop peu vu leur bébé juste après la naissance. Elles auraient adoré avoir passé plus de temps avec leur bébé à ce moment, mais à présent elles se sentent soulagées quand le bébé retourne dans son berceau. Elles se sont mises à avoir peur du fait d'être mère.

« Comme j'ai eu un accouchement difficile, nous avons dû rester 10 jours à l'hôpital. On ne m'autorisait à voir mon bébé que durant la journée, durant les moments d'allaitement. Rien ne s'est passé comme je l'avais imaginé. J'avais prévu de l'allaiter au sein, mais parfois l'équipe donnait un biberon, en catimini à mon bébé pour rendre les choses plus faciles pour eux. La nuit, ils lui donnaient toujours des biberons. Je voulais l'avoir près de mois plus souvent, mais ils ne me le permettaient pas. Je me sentais impuissante et en colère. Quand on m'a laissé rentrer chez moi, ils auraient aussi bien pu la garder. À ce moment, j'avais l'impression que c'était une étrangère, comme si ce n'était pas la mienne. »

La maman de Juliette

Rappelez-vous bien

Câlinez, bercez, caressez et massez votre bébé quand il est de bonne humeur, puisque c'est le meilleur moment pour découvrir ce qui lui convient et ce qui le détend le plus. Une fois que vous connaîtrez ses préférences, pour pourrez utiliser ces méthodes pour le réconforter plus tard quand il sera contrarié. Si vous le câlinez, bercez, caressez ou massez seulement quand il est de mauvaise humeur, ce « réconfort » aura pour unique résultat de le faire pleurer encore plus longuement et plus fortement..

« La sage-femme était pénible. Elle restait quand j'avais de la visite, faisait l'essentiel de la conversation, et racontait sans arrêt à tout le monde tous les cas qu'elle avait vus qui avaient entraîné ne serait-ce que de toutes petites complications. Pour je ne sais quelle raison, elle s'inquiétait démesurément que mon bébé, qui était en parfaite santé, attrape la jaunisse. Elle vérifiait chaque heure, parfois toutes les 15 minutes, et me disait qu'elle pensait avoir vu les premiers signes de jaunisse. Ça me rendait nerveuse. Quand j'essayais de lui donner le sein, la sage-femme ne cessait de m'interrompre en arrachant brusquement mon bébé pour le peser. Cela me contrariait à chaque fois, et mon bébé non plus n'avait pas l'air particulièrement ravi. Elle gigotait sur la balance, et du coup ça prenait encore plus longtemps à la nourrice de voir si elle avait pris 40 ou 45 grammes de lait. Pendait ce temps, les cris désespéré de mon bébé me stressaient encore plus, et j'ai fini par décider d'arrêter l'allaitement au sein. Quand j'y repense, je me sens très mal. J'aurais tellement aimé allaiter ma petite fille. »

La maman d'Émilie

« Pour mon deuxième enfant, nous étions déterminé à faire exactement comme nous le voulions. Quand le bébé commençait à pleurer, je me contentais de la nourrir un petit peu. Pendant les 2 premières semaines, on nous avait dit de laisser notre aîné pleurer et avoir faim, conseil qui n'était basé sur aucun fondement, comme nous l'avons découvert plus tard. Pour le premier bébé, on tend à suivre ls conseils de tout le monde. La deuxième fois, je n'ai écouté que moi-même. »

La mère d'Ève

Faire connaissance avec son bébé et apprendre à le connaître

D'une certaine manière, vous connaissez déjà votre bébé. Après tout, il a été avec vous jour et nuit pendant 9 mois. Avant sa naissance, vous vous demandiez quel type de bébé vous auriez et si vous reconnaîtriez les traits que vous imaginiez qu'il aurait alors qu'il était dans votre ventre. Mais une fois qu'il est né, c'est différent, et même complètement différent. Vous voyez votre bébé pour la première fois, et vous bébé se trouve lui aussi dans un environnement complètement nouveau.

La plupart des mères cherchent des traits familiers dans leur minuscule nouveau-né. Est-ce la petite personne calme que l'on espère qu'il sera ? Est-ce qu'il donne des coups de pied à certains moments précis de la journée comme il le faisait avant sa naissance ? Est-ce qu'il a un lien particulier avec Papa ? Est-ce qu'il reconnaît sa voix ?

Souvent, les mères veulent « tester » les réactions de leur bébé. Elles veulent découvrir ce qui rend leur enfant joyeux et content. Elle apprécierons les conseils, mais pas les règles et les régulations. Elles veulent faire connaissance avec leur bébé et voir comment ceux-ci leur répondent. Elles veulent découvrir par elles-mêmes ce qui est le mieux pour leur enfant. Si elles ont raison au sujet des goûts et dégoûts de celui-ci, elle en tirent de la satisfaction personnelle, étant donné que cela montre à quel point elles connaissent bien leur bébé. Cela augmente leur confiance en elles et les fait se sentir parfaitement capables de se charger de leur nourrisson quand elles le ramènent à la maison.

Voir, entendre, sentir et toucher votre bébé durant ces premiers jours a un impact énorme sur votre relation avec votre bébé. La plupart des mères savent instinctivement comme ces « réjouissances » intimes sont importantes. Elles veulent faire l'expérience de tout ce que fait leur bébé. Rien que le regarder leur procure un plaisir énorme. Elle veulent le regarder dormir et l'écouter respirer. Elles veulent être là quand il se réveille. Elles veulent le caresser, lui faire des câlins et le sentir quand elles le désirent.

« La respiration de mon fils change dès qu'il entend un bruit soudain ou voit de la lumière. Quand j'ai remarqué cette respiration irrégulière pour la première fois, j'ai été vraiment inquiète, mais ensuite j'ai compris que ce n'était qu'une réaction au bruit et à la lumière. Maintenant je pense que c'est merveilleux quand sa respiration change, et je ne m'inquiète plus du tout. »

La maman de Léo

Votre bébé fait connaissance avec vous et apprend à vous comprendre

Quand un jeune parent observe le visage de son bébé, il a souvent l'impression que le bébé, qui l'observe en retour de ses grands yeux étonnés, pense : « Quel monde étrange et merveilleux que voilà ! ».

En effet, le monde d'un nouveau-né est un étonnant pot-pourri de sensations nouvelles et étranges. La lumière, le bruit, le mouvements, les odeurs, ce qu'il ressent quand on touche sa peau douce : tout cela est si récent qu'il n'arrive pas encore à distinguer ces sensations les unes des autres. Parfois, lorsqu'il est blotti fermement contre la poitrine de sa mère, tout cela lui semble merveilleusement agréable. Il se sent repu, chaud, ensommeillé et la douceur qui l'entoure l'apaise.

D'autres fois, son monde tout entier semble complètement bouleversé, et il n'arrive pas à comprendre ce qui le rend si triste. Quelque chose le fait se sentir humide, froid, affamé, assommé par le bruit, aveuglé par la lumière, ou juste désespérément malheureux, et tout ce qu'il peut faire, c'est gémir.

Durant les 5 premières semaines de sa vie, votre bébé se familiarisera lentement avec le monde qui l'entoure. Lui et vous apprendrez à vous connaître plus intimement que n'importe qui d'autre dans votre monde à ce moment. Bientôt, il fera le premier bond important dans son développement.

Mais avant que vous ne puissiez comprendre ce dont votre bébé fait l'expérience quand il a 5 semaines et connaît son premier bond en avant, il vous faut savoir ce qu'est le monde de votre bébé dans ses premiers jours et comment il est équipé pour l'affronter. Pour l'aider à passer ses nouveaux défis, il vous faut également connaître l'importance du contact physique et la façon de l'utiliser.

Le nouveau monde de votre bébé

Du moment où ils naissent, les bébés s'intéressent au monde qui les entoure. Ils regardent, ils écoutent, digérant leur environnement. Ils essayent de toutes les forces de concentrer leur regard aussi précisément que possible, ce qui explique que les bébés ont souvent l'air de loucher alors qu'ils s'efforcent d'obtenir une meilleure vision. Parfois, ils tremblent et suffoquent de pur épuisement dans leur effort. Un nouveau-né regarde souvent les gens comme s'il les fixait, émerveillé.

Votre bébé a une mémoire excellente, et il reconnaît rapidement les voix, les gens et même certains jouets, par exemple une peluche particulièrement colorée. Il anticipe également clairement les moments réguliers de sa vie quotidienne, comme le bain, les câlins et l'allaitement.

Même à cet âge, un bébé imite les expressions faciales. Essayez de lui tirer la langue pendant que vous vous asseyez pour lui parler, ou d'ouvrir grand la bouche comme si vous allier l'appeler. Assurez-vous qu'il vous regarde vraiment quand vous essayez cela, et donnez-lui bien assez de temps pour répondre. La plupart des mouvements de votre bébé sont très lents par rapport aux adultes, et cela lui prendra plusieurs secondes pour réagir.

Un petit bébé est tout à fait capable de dire à sa mère comment il se sent, qu'il soit heureux, en colère ou étonné. Il le fait en changeant légèrement le ton de son babillage, de ses gazouillis et de ses pleurs et en utilisant le langage corporel. Vous arriverez rapidement à comprendre ce qu'il veut dire. De plus, le bébé laissera entendre le plus clairement du monde qu'il s'attend à être compris. S'il ne l'est pas, il pleurera de colère ou sanglotera comme si on lui avait brisé le cœur.

Votre nouveau-né a des préférences même à cet âge si tendre. La plupart des bébés préfèrent regarder des gens que des jouets. Vous découvrirez également que si on lui présente deux objets, il est capable de montrer sa préférence en fixant du regard l'un d'entre eux.

Votre nouveau bébé réagit rapidement aux encouragements. Il adorera que l'on loue son doux parfum de bébé, ses regards et ses accomplissements. Vous arriverez à capter son attention plus longtemps si vous l'abreuvez de compliments !

Bien que les sens de votre nourrisson soient parfaitement fonctionnels, il est incapable de traiter les signaux qu'ils envoient à son cerveau de la même manière que les adultes. Cela signifie qu'il est incapable de distinguer parmi ses sens. Les bébés ont une expérience très personnelle de leur monde, qui est très différente de la notre. Nous, nous sentons un parfum, voyons la fleur qui le répand, touchons avec délicatesse ses pétales de velours, entendons l'abeille bourdonner jusqu'à celle-ci, et savons que nous goûtons le miel quand nous le mettons dans notre bouche. Nous connaissons la différence entre chacun de nos sens, et sommes de même capable de distinguer les différences.

(suite à la page 31)

Les sens de votre nouveau bébé

Les jeunes bébés peuvent déjà voir, entendre, sentir, toucher et ressentir un grand nombre de choses, et ils sont capable de se souvenir de ces sensations. Cependant, la perception par un nouveau-né de ces sensations est très différentes de la manière dont il en fera l'expérience en grandissant.

CE QUE LES BÉBÉS VOIENT

Jusqu'il y a peu, des scientifiques et des docteurs croyaient que les nouveaux bébés étaient incapables de voir. Ceci est faux. Les mères ont toujours su que les nouveau-nés adorent regarder les visages, bien qu'il soit vrai que la vue soit le dernier sens à atteindre son fonctionnement optimal. Votre nouveau-né peut voir clairement jusqu'à une distance d'environ 30 centimètres. Au-delà, sa vue est probablement floue. Parfois, il aura du mal à concentrer ses deux yeux sur ce qu'il sera en train de regarder, mais une fois qu'il y sera parvenu, il pourra le regarder attentivement. Il arrêtera même brièvement de bouger. Toute son attention se dirigera vers l'objet. S'il est très vif, il sera même parfois capable de suivre un jouet en mouvement en bougeant les yeux, la tête, voire les deux en même temps. Il peut y parvenir que l'objet soit déplacé horizontalement ou verticalement. L'important est que l'objet soit déplacé très lentement et intentionnellement. S'il en perd la trace après quelques instants, regagnez son regard et essayez encore plus lentement.

L'objet que votre bébé suivra le mieux sera un motif simple avec les caractéristiques de base d'un visage humain : deux grands points au sommet pour les yeux et un en bas pour la bouche. Les bébés sont capable de faire ça moins d'une heure après leur naissance. La plupart d'entre eux ont les yeux grand ouverts et sont très vifs. Pères et mères sont souvent complètement fascinés par les grands yeux sublimes de leurs bébés. Il est possible que les bébés soient attirés par tout ce qui ressemble à un visage humain, même vaguement, quand il sont aussi jeunes.

Votre bébé montrera particulièrement de l'intérêt pour les contrastes marqué : des bandes rouges et blanches capteront probablement son attention plus longtemps que d'autres vertes et bleues. Plus les contrastes de couleur sont vifs, plus il sera intéressé. Les bandes noires et blanches sont en fait celles qui attirent le plus longtemps l'attention d'un bébé car leur contraste est le plus fort.

CE QUE LES BÉBÉS ENTENDENT

À la naissance, votre nouveau bébé peut déjà clairement distinguer plusieurs sons. Il reconnaîtra votre voix peu après la naissance. Il peut aimer la musique, le vrombissement d'un moteur, et de doux battements. Cela est logique, car ce sont des sons qui lui sont déjà familiers. Dans le ventre, il était entouré de bruits sourds, bruissements, grognements, sifflement et couinements produits par le cœur, les veines, l'estomac, les poumons et des intestins. Il est également doté d'un intérêt inné pour les voix humaines, qu'il trouve apaisantes. Dans l'ensemble, les bébés seront à l'aise dans des environnements semblables à celui auxquels ils étaient habitués dans le ventre. Par exemple, un bébé dont la mère a passé beaucoup de temps dans un environnement bruyant pendant qu'elle était enceinte pourrait être assez désarçonné par une chambre qui est trop calme.

Votre bébé reconnaît la différence entre des voix haut perchées et graves. Les sons haut perchés attireront son attention plus rapidement. Les adultes le sentent et parlent aux bébés avec des voix haut perchées, il est donc inutile d'avoir honte de vos « gouzi-gouzi ». Votre bébé est également capable de différencier les sons faibles des sons forts, et les grands bruits soudains ne lui plaisent pas. Certains bébés s'effraient rapidement, et si c'est le cas de votre bébé, et il important que vous ne fassiez rien qui l'effraie.

CE QUE LES BÉBÉS SENTENT

Votre nouveau bébé est très sensible aux odeurs. Il n'aime pas les odeurs âpres ou âcres. Elles le feront réagir violemment. Il essaiera de se détourner de la source de l'odeur et pourrait aussi commencer à pleurer.

Votre bébé peut sentir la différence entre les odeurs de votre

(suite)

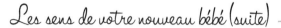

Les sens de votre nouveau bébé (suite)

corps et de votre lait et celles des autres mères. Si on lui montre plusieurs vêtements, il se tournera vers celui que vous avez porté.

CE QUE LES BÉBÉS PERÇOIVENT PAR LE GOÛT

Les bébés parviennent déjà à distinguer plusieurs saveurs différentes. Ils préfèrent de manière marquées ce qui est sucré et n'aimeront pas ce qui est amer ou acide. Si quelque chose est amer, il le recrachera aussi vite qu'il le peut.

CE QUE LES BÉBÉS RESSENTENT

Votre bébé peut ressentir les changement de température. Il peut ressentir la chaleur, ce qu'il met à bon usage lorsqu'il cherche un mamelon à mettre dans sa bouche, puisque le mamelon est bien plus chaud que le sein. Il se contente de diriger sa bouche vers le point le plus chaud. Votre bébé peut également ressentir le froid. Mais si on le laisse se refroidir, il sera incapable de se réchauffer de lui-même, car à cet âge il ne peut pas trembler pour se réchauffer afin de contrôler sa propre température corporelle. Ses parents doivent prendre en compte sa température corporelle. Par exemple, il n'est pas très intelligent d'emmener un bébé faire une grand promenade dans la neige, même s'il est très bien protégé, car il pourrait attraper froid et montrer des signes d'hypothermie. Si votre bébé montre le moindre signe de détresse, dépêchez-vous de le ramener à l'inté-rieur, là où il fait chaud.

Votre bébé est extrêmement sensible au toucher. Généralement, il adore le contact de la peau, qu'il soit délicat ou ferme. Découvrez ce que votre bébé préfère. Généralement, il appréciera également un massage corporel dans un pièce bien réchauffée. Le contact phy-sique est tout simplement le meilleur réconfort et le meilleur amuse-ment pour lui. Essayez de trouver quel type de contact donne envie à votre bébé de s'endormir et lequel le rend plus vif, puisque vous pourriez mettre cette connaissance à bon usage lors des moments pénibles.

Votre nouveau bébé n'est cependant pas encore capable de faire cette distinction. Il fait l'expérience du monde comme d'un seul univers, un méli-mélo de sensations qui change en profondeur dès qu'un seul élément change. Il reçoit toutes ces impressions mais ne peut les distinguer. Il ne réalise pas encore que ce monde est fait de signaux émanant de sens individuels et que chaque sens ne transporte des messages que sur un seul aspect du monde.

Pour rendre les choses encore plus déroutantes pour votre nourrisson, il ne peut pas encore se distinguer lui-même de son environnement, et il n'est pas encore conscient d'être une personne indépendante. À cause de cela, il est également incapable de distinguer les sensations qui proviennent de son propre corps de celles qui viennent du dehors. Selon lui, le monde et son corps sont une seule et même chose. Pour lui, le monde n'est qu'une énorme sensation associant couleurs, câlins, odeurs et sons. Ce que son corps ressent, il imagine que tout le monde et toutes les choses le ressentent.

Parce qu'un nouveau-né perçoit le monde et lui-même comme une seule et même chose, il est souvent difficile de découvrir la raison pour laquelle il pleure. Ça peut être n'importe quoi à l'intérieur ou à l'extérieur de lui. Guère étonnant que ses crises de pleurs puisse rendre fous ses parents !

La boîte à outils de votre nouveau bébé

Si vous deviez faire l'expérience du monde de la même manière que votre bébé, vous serez incapable d'agir indépendamment. Vous ne sauriez pas que vous avez des mains avec lesquelles saisir des choses et une bouche avec laquelle téter. Ce n'est que lorsque vous aurez compris ces choses que vous serez capable d'agir délibérément.

Cela ne veut cependant pas dire que les nouveau-nés sont complètement incapable de réagir au monde. Heureusement, votre bébé naît avec plusieurs caractéristiques particulières qui compensent ces défauts et l'aident à survivre à cette période initiale.

Ses réflexes lui disent comment agir

Les bébés ont plusieurs réactions réflexes qui le protègent. Par exemple, un nouveau-né couché sur le ventre tournera automatiquement sa tête du côté lui permettant de respirer librement. D'une certaine manière, ce réflexe est similaire à la façon dont une marionnette réagit lorsque ses ficelles sont tirées. Il ne s'arrête pas pour penser : « Je vais tourner ma tête. » Il le fait, tout simplement. Dès que le bébé apprend à penser et à répondre, ce réflexe disparaît. C'est un système parfait. (Bien entendu, lorsqu'il est l'heure pour votre bébé d'aller au lit, assurez-vous de le mettre sur le dos.)

Les nouveaux-nés tournent également leur tête vers les bruits. Ces réaction automatique permet aux bébés de tourner leur attention vers le point d'intérêt le plus proche. Durant de nombreuses années, les docteurs ont ignoré cette réaction car le délai de réaction d'un nouveau-né au bruit est décalé. Il faut 5 à 7 secondes avant que le bébé ne commence à bouger sa tête, et il faut encore 3 à 4 secondes pour achever le mouvement. Ce réflexe disparaît quelque part entre les 5e et 8e semaines après la naissance.

Voici quelques-uns des autres réflexes de votre bébé.

Dès que la bouche d'un nouveau-né affamé entre en contact avec un objet, elle se ferme autour de celui-ci, et il commence à téter. Ce réflexe donne au bébé une capacité extrêmement forte à téter. Elle disparaît dès que le bébé n'a plus besoin d'allaiter.

Les bébés ont également un fort réflexe de préhension. Si vous voulez que votre bébé agrippe votre doigt, contentez-vous de tendre la paume de votre main. Il attrapera automatiquement un de vos doigts. Si vous faites la même chose avec son pied, il utilisera ses orteils pour s'emparer de votre doigt. On pense que ce réflexe de préhension remonte à la préhistoire, lorsque les mères hominidés étaient recouvertes de poils corporels épais. Grâce à ce réflexe, les bébés pouvaient s'agripper aux poils de leurs mères peu après la naissance. Un bébé utilisera ce réflexe de préhension durant les 2 premiers mois de sa vie, particulièrement s'il a l'impression que vous voulez le reposer alors qu'il préférerait rester avec vous !

Lorsqu'il a peur, un bébé réagit d'une manière appelée le « Réflexe de Moro ». On dirait qu'il cherche à se raccrocher à quelque chose durant une chute. Il arc-boute son dos, rejette sa tête en arrière, et agite ses bras et ses jambes, d'abord vers l'extérieur, puis vers l'intérieur, avant de les refermer le long de son ventre et de sa poitrine.

Les bébés aussi s'ennuient

Votre petit nourrisson n'est pas capable de s'amuser par lui-même. Les bébés vifs et caractériels en particulier ne se cachent pas de vouloir de l'action dès qu'ils sont réveillés.

Voici quelques moyens de garder votre bébé amusé.

- Explorez la maison avec lui. Donnez-lui l'opportunité de voir, d'entendre et de toucher tout ce qu'il trouve intéressant. Expliquez les objets que vous rencontrez durant l'exploration. Quoi que ce soit, il appréciera d'entendre votre voix. Bientôt, il commencera à reconnaître de lui-même les objets..

- « Discutez » tranquillement tous les deux. Votre bébé aime entendre votre voix. Mais si une radio est allumée, il aura du mal à se concentrer sur votre seule voix. Bien que les jeunes bébés puissent distinguer différentes voix quand ils les entendent l'une après l'autre, ils ne peuvent pas les distinguer quand ils les entendent simultanément.

- Placez des objets intéressants à des endroits qui permettent à votre bébé de les regarder aisément lorsqu'il est éveillé. À cet âge il n'est pas capable de les chercher lui-même, donc pour lui c'est « loin des yeux, loin du cœur ».

- Essayez la musique. Cherchez à découvrir sa musique préférée et passez-la lui Il se peut qu'il trouve cela très apaisant.

Au cours de toutes ces activités, laissez les réactions de votre bébé vous guider.

Tous ces réflexes de bébé disparaissent quand ils sont remplacés par des réactions volontaires. Mais d'autres réflexes automatiques restent toute la vie, comme la respiration, l'éternuement, la toux, le clignement des yeux, et le fait d'ôter brusquement sa main d'une surface chaude.

Ses pleurs attirent votre attention

Les réflexes mentionnés ci-dessus sont les moyens qu'a votre bébé de ramener à la normale une situation inconfortable. Parfois ces réflexes ne suffisent pas : par exemple, si a trop chaud ou trop froid, s'il se sent mal, ou s'il s'ennuie. Dans ces cas, le bébé emploie une autre stratégie : il gémit jusqu'à ce que quelqu'un d'autre rectifie a situation. Si personne ne l'aide, le bébé criera incessamment jusqu'à ce qu'il soit complètement 'puisé.

« Les crises de pleurs de mon fils ont commencé dans sa deuxième semaine. Il hurlait jour et nuit, bien que je l'allaitais convenablement et qu'il grandissait régulièrement. Quand je l'ai amené à la clinique pour sa vérification de routine, j'ai signalé qu'il était possible qu'il s'ennuie. Mais le pédiatre a dit que cela était impossible car les bébés gardent les yeux fermés durant les 10 premiers jours, et que même si mon bébé avait les yeux ouverts, il était incapable de voir quoi que ce soit. La semaine dernière, j'ai malgré tout mis un hochet dans son berceau. Ça a l'air d'améliorer les choses. En tout cas, il pleure moins. C'est donc bien qu'il s'ennuyait, après tout ! »

La maman de Paul, 4e semaine

Son apparence fait fondre votre cœur

Afin de survivre, votre bébé doit compter sur quelqu'un d'autre pour pourvoir à chacun de ses besoins, matin, midi et soir. Ainsi, la nature lui a fournit une arme puissante qu'il utilise continuellement : son apparence.

Rien n'est plus mignon qu'un bébé. Sa tête extraordinairement large fait presque un tiers de sa longueur totale. Ses yeux et son front sont « trop gros » et ses joues sont « trop potelées ». De plus, ses bras et ses jambes sont « trop petits et trop dodus ». Ses regards mignons sont attachants. Les concepteurs de poupées, de doudous et de dessins animés ne se privent pas de les copier. Ce genre de corps fait vendre ! C'est exactement la manière dont votre bébé se vend, lui aussi. Il est doux, petit et sans défense : un petit bout de chou, qui ne demande qu'un peu d'attention. Il vous charmera pour que vous le preniez dans vos bras, lui faisiez des câlins et preniez soin de lui.

Dans le monde entier, on a vu des bébés sourire avant leur sixième semaine. Des bébés souriants ont même été filmés dans l'utérus. Quand bien même, cela reste vraiment très rare chez des bébés si jeunes. Néanmoins, il se peut que vous fassiez partie de ces heureux parents qui sont témoins d'un sourire précoce. Les nouveau-nés sourient quand on les touche, quand un souffle d'air frais caresse leur joues, quand ils entendent des voix humaines ou d'autres sons, quand ils voient des visages au-dessus de leurs berceaux, ou simplement quand ils sont rassasiés de lait et se sentent satisfaits. Parfois même, ils sourient durant leur sommeil.

Les principaux besoins de votre nouveau-né

Avant même sa naissance, votre bébé perçoit le monde comme un tout. À la naissance, il quitte son environnement familier et pour la première fois, il est exposé à toutes sortes de choses inconnues et complètement nouvelles. Ce nouveau monde est fait de nombreuses sensations nouvelles. Soudain, il peut bouger librement, ressentir la chaleur et le froid, entendre toute une gamme de sons différents et moins étouffés, voir des lumières vives, et sentir des vêtements autour de son corps. En plus de ces impressions, il doit aussi respirer tout seul et s'habituer à boire du lait, et ses organes digestifs doivent également traiter cette nouvelle nourriture. Toutes ces choses sont nouvelles pour lui. Comme il doit soudainement gérer ces énormes changements dans sa vie, on comprend aisément pourquoi il a besoin de se sentir en pleine sécurité.

Le contact humain rapproché est le meilleur moyen de reproduire le monde sûr du bébé à l'intérieur de l'utérus. Cela le fait se sentir en sécurité. Après tout, aussi loin que remontent ses souvenirs, votre ventre a serré son petit corps, et vos mouvements l'ont bercé.C'était sa maison. Il faisait partie de tout ce qui s'y déroulait : le rythme des battements de votre cœur, la circulation de votre sang et les grognements de votre estomac. Ainsi, cela est parfaitement logique qu'il apprécie de ressentir le bon vieux contact physique familier et entendre ces sons bien connus une nouvelle fois. C'est sa manière de « revenir aux sources ».

Le toucher : tout simplement ce qui le réconforte le plus

En plus de la nourriture et de la chaleur, rien n'est plus important pour votre nourrisson que de se blottir contre vous durant les 4 premiers mois de sa vie. Aussi longtemps qu'il aura beaucoup de contact physique, son développement ne sera pas retardé, même si vous n'avez pas trop d'opportunités de jouer avec lui.

Un jeune bébé aime généralement s'allonger près de vous et être porté. En même temps, c'est également une bonne opportunité pour qu'il apprenne à contrôler son corps.

Une autre idée est de lui faire un massage relaxant. Assurez-vous que la pièce soit bien chauffée. Versez un peu d'huile pour bébé dans vos mains et massez doucement chaque partie de son corps dénudé. C'est une manière agréable de l'aider à s'habituer à son corps, et cela le fera somnoler très agréablement.

À cet âge, un bébé adore être pris dans les bras, câliné, caressé et bercé. Il peut même apprécier de petites tapes dans son dos. Il ne peut pas se lasser du contact physique à ce moment. Ne vous souciez pas de savoir si vous faites la bonne chose ou non : il vous fera savoir assez vite ce qu'il préfère et ce qui le réconforte le plus. Pendant ce temps, il apprend qu'il dispose d'une extraordinaire base de départ où revenir en sécurité quand il est contrarié.

chapitre 3

Semaine miracle 5:
Le monde des sensations
changeantes

*D*urant la plus grande partie de ces 4 ou 5 dernières semaines, vous avez regardé votre nourrisson grandir rapidement. Vous vous êtes habitué l'un à l'autre, et vous avez tout appris de ses petites habitudes. À ce moment, son monde est difficile à imaginer pour des adultes. Il est en plein flou artistique et ses qualités sont mal définies ; d'une certaine manière, ça n'est pas très différent de sa vie dans votre ventre.

À présent, avant que les brumes qui enveloppent son monde de bébé ne se dissipent pour lui permettre de commencer à comprendre toutes les sensations qu'il a été occupé à absorber dans les semaines précédentes, il lui faudra passer par son premier grand bond de développement. Autour de sa cinquième semaine, et parfois aussi précocement qu'au cours de la quatrième, votre bébé commencera à entreprendre le premier bond en avant dans son développement.

De nouvelles sensations bombardent votre bébé de l'intérieur comme de l'extérieur, et elles tendent à le rendre perplexe. Certaines de ces nouvelles choses sont liées au développement de ses organes internes et de son métabolisme. D'autres résultent de la croissance constante de sa vivacité ; ses sens sont plus sensibles qu'ils ne l'étaient juste après sa naissance. Ainsi, ce ne sont pas tant les sensations elles-mêmes qui changent que la façon dont le bébé les perçoit.

Ce monde en changement constant est tout d'abord très perturbant. La première réaction de votre bébé sera de vouloir retourner vers le monde familier, doux et sûr qu'il a si récemment quitté, un monde dont le centre est sa maman. Soudain, il se peut que votre nourrisson ait l'air de vouloir plus de câlins et d'attention qu'auparavant. Alors que manger, dormir, et que l'on prenne bien soin de lui physiquement suffisaient auparavant à le plonger dans une apaisante sensation de bien-être, il semble à présent qu'il ait besoin de quelque chose de plus venant de vous. Bien que vous bébé ait été très proche de vous depuis sa naissance, il se peut que pour la première fois vous ayez l'impression qu'il soit agité ou trop exigeant. Cette période peut ne durer qu'un jour, mais chez certains bébés elle dure tout une semaine.

À mesure qu'il se collera moins à vous, vous remarquerez que votre bébé a grandi juste un petit peu, d'une manière qu'il vous sera difficile d'énoncer précisément. Il aura l'air plus vif et plus conscient du monde qui l'entoure.

Rappelez-vous

Si votre bébé est agité, observez-le de près pour voir s'il essaye de maîtriser de nouvelles compétences.

Les signes d'agitation de cette Semaine

Même les très jeunes bébés de 5 semaines peuvent ressentir les changements qui ont lieu à l'intérieur de leurs tout petits corps. Après n'avoir eu que très peu de temps pour s'habituer au monde extérieur, hors de la chaude étreinte de votre corps, votre bébé voit à présent son monde changer pour la deuxième fois. Il est important de comprendre que bien que tout semble identique pour vous, pour lui, tout ce qu'il voit, ressent, entend, sent ou goûte est d'une certaine manière différent. Il se peut qu'il aime certains de ces changements, mais également qu'il n'en apprécie pas d'autres parce qu'il ne sait pas encore comment les gérer. Il est encore trop jeune pour vous demander de l'aide, et il ne peut certainement pas vous demander ce qui se passe.

Comment vous savez qu'il est temps de grandir

Bien que votre bébé ne puisse former les mots pour vous dire ce qui se passe, il peut tout de même communiquer un peu. Voici quelques signes qu'il se prépare à faire son premier bond.

Il se peut qu'il soit très contrarié

À ce moment, il est très probable que votre bébé hurle, pleure, crie et refuse d'aller dormir dans son berceau tant qu'il n'a pas rendu fou toute la maisonnée. Ce sont des indices que votre bébé est sur le point de faire son premier bond ! Il se dit qu'avec un peu de chance, sa détresse vous fera courir vers lui, le prendre dans vos bras, le tenir bien serré, et le laisser se blottir contre vous.

Il se peut qu'il désire ardemment être tout près de vous

S'il est encore plus chanceux, après que vous l'ayez pris dans vos bras, il se peut également que vous le laissiez téter. Parfois, il ne s'abandonnera au sommeil que s'il est blotti contre sa maman avec la plus grande proximité possible : verrouillé contre le sein. Fournir cette sorte de réconfort physique avec le sein ou une bouteille peut être la seule façon de créer le monde sûr qu'il cherche si désespérément à ce moment.

> « Normalement, mon bébé est très facile, mais elle s'est soudainement mise à pleurer sans interruption pendant presque 2 jours. Au début, j'ai pensé que c'était juste des crampes d'estomac. Mais ensuite j'ai remarqué qu'elle s'arrêtait dès que je la posais sur mes genoux, ou quand je la laissais dormir entre nous. Dans ce cas elle s'endormait sur-le-champ. Je passais mon temps à me demander si je la gâtais trop en lui autorisant cela. Mais la période de pleurs à cessé aussi soudainement qu'elle avait commencé, et maintenant elle est aussi facile qu'avant. »
>
> La maman d'Eve, 5e semaine

Comment ce bond peut vous affecter

Comme ces changements importants affectent votre bébé, il est impossible qu'ils ne vous affectent pas également. Voici quelques émotions que vous pourriez ressentir.

Il se peut que vous perdiez confiance en vous

Toutes les mères veulent savoir pourquoi leur bébé est difficile et agité afin de pouvoir lui rendre les choses plus faciles. Généralement, elle essaieront tout d'abord de voir si le bébé a faim. Puis elles regarderont si la couche a gonflé. Elles changeront la couche. Puis elle essaieront de le réconforter avec tout l'amour et toute la douceur qu'elles peuvent réunir dans ces moments éprouvants. Mais ça n'est pas facile. Bientôt, elle découvriront que toute l'attention et le réconfort du monde n'empêchent pas la petite boule de nerfs de reprendre ses pleurs incessants.

Pour la plupart des mères, un changement soudain dans le comportement de leur bébé est une expérience horrible. Cela sape leur confiance et est très stressant.

> « Mon fils voulait être avec moi tout le temps, et je le tenais soit contre moi, soit sur mes genoux, même quand nous avions de la visite. J'étais extrêmement inquiète. Une nuit, j'ai à peine pu dormir. J'ai passé toute la nuit à le tenir et à lui faire des câlins. Puis ma sœur est venue et m'a remplacé pour une nuit. Je suis allé dans l'autre chambre et j'ai dormi comme une souche durant toute la nuit. Je me suis sentie comme neuve quand je me suis réveillée je lendemain. »
>
> La maman de Léo, 5e semaine

Il se peut que vous soyez très inquiète

Souvent, les mères ont peur que quelque chose aille de travers avec leur petit pleureur. Elles pensent qu'il a mal, ou qu'il souffre peut-être d'une anomalie ou d'un trouble qui jusque là n'avait pas été détecté. D'autres craignent de ne pas lui donner une quantité suffisante de lait lors des séances d'allaitement. Cela parce que le bébé donne l'impression de constamment vouloir téter et d'avoir toujours faim. Certaines mères amènent le bébé chez le docteur pour faire un bilan de santé. Bien entendu, ils disent dans la majorité des cas que les bébés sont en parfaite santé et renvoient les mères s'inquiéter seules chez elles. (En cas de doute, consultez toujours votre médecin de famille ou allez à votre centre pédiatrique.)

> « La fille pleurait tant que j'ai craint qu'il y ait un grave problème. Elle voulait constamment que je l'allaite. Je l'ai amenée voir le pédiatre, mais il n'a rien trouvé de problématique. Il a dit qu'elle voulait juste du temps pour s'habituer à mon lait et que de nombreux nourrissons passaient par une phase de pleurs similaire aux environs de leur 5e semaine. J'ai trouvé que c'était une explication étrange, car elle n'avait eu aucun problème avec mon lait jusque là. Son cousin, qui avait le même âge, pleurait également sans cesse, mais lui était nourri au biberon. Quand j'ai dit cela au docteur, il a fait comme s'il n'avait rien entendu. Cependant, je n'ai pas insisté. J'étais assez contente de savoir qu'il n'y avait rien de grave. »
>
> La maman de Juliette, 5e semaine

Comme votre bébé sent que quelque chose est en train de changer, il perd confiance en lui et a des besoins accrus en contacts très rapprochés. Ces étreintes rapprochées apparaissent comme le type de contact physique le plus réconfortant quand il est contrarié. Accordez-lui tous les câlins dont il a besoin et autant de contacts que vous le pouvez en de tels moments. Il lui faut du temps pour s'ajuster à ces nouveaux changements et pour grandir dans son nouveau monde. Il s'est habitué à l'odeur et la chaleur de votre corps, à votre voix et à votre toucher. Avec vous, il se relaxera un petit peu et sera de nouveau satisfait. Durant cette période éprouvante, vous pouvez vous occuper de lui de la manière tendre et affectueuse dont il a besoin.

« Parfois, ma fille va rester téter durant une demi-heure et refuser de quitter mon sein. "Enlève-la donc au bout de 20 minutes, et laisse-la pleurer. Elle finira par comprendre.", voilà le conseil que me donnent les gens. Mais au fond de moi je pense "Il peuvent dire ce qu'ils veulent, c'est moi qui décide ce qui est le mieux." »

La maman de Nina, 5e semaine

Vous remarquerez peut-être que le contact physique rapproché aide durant ces crises de pleurs, et qu'une petite créature bruyante réagira mieux et plus rapidement quand elle est avec vous. Essayez si possible de transporter votre bébé dans un porte-bébé pendant que vous vaquez à vos tâches ménagères, ou de le garder sur vos genoux quand vous lisez ou faites d'autres activités sédentaires. Un massage délicat ou des caresses peuvent également s'avérer utiles.

« Quand mon bébé passait son temps à pleurer, elle avait l'air complètement perdue. J'ai dû la masser longtemps avant qu'elle ne se calme un peu. Je me sentais épuisée mais extrêmement satisfaite. Quelque chose a changé après ça. J'ai l'impression que maintenant, ça ne prend plus aussi longtemps de la calmer. Quand elle pleure, je ne trouve pas ça si difficile de faire revenir son monde à la normale. »

La maman de Nina, 4e semaine

Astuces d'apaisement

Si vous voulez réconforter un tout petit bébé, un rythme délicat peut jouer un très grand rôle. Tenez votre bébé tout contre vous, ses fesses dans un bras tandis que votre autre bras garde sa tête couchée contre votre épaule. Dans cette position, il peut entendre le battement apaisant de votre cœur.

Voici quelques autres méthodes recommandées par des mamans pour apaiser un petit pleureur.

- Lui faire des câlins et le caresser.
- Le bercer doucement dans vos bras, ou s'asseoir avec lui dans une chaise à bascule.
- Marcher lentement en le portant.
- Lui parler ou lui chanter.
- Le tapoter doucement sur les fesses.

Toutes ces idées ne conviendront pas forcément à votre bébé, donc si vous ne réussissez pas du premier coup, continuez à essayez jusqu'à découvrir ce qui marche pour lui. Le meilleur moyen de réconforter un bébé qui pleure est de faire les choses qu'il préfère quand il est de bonne humeur.

Les mères qui portent leur bébé avec elles quand ceux-ci sont d'humeur agitée peuvent penser qu'ils sont « extrêmement dépendants ». Ces bébés n'aiment rien plus qu'être étendu calmement contre leur mère et être caressés, bercés ou câlinés. Il est possible qu'ils s'endorment sur les genoux de leurs mères, mais se remettent à pleurer dès qu'on essaye de les glisser discrètement dans leur berceau.

Les mères qui gardent toujours les mêmes heures d'allaitement et de sommeil remarquent souvent que leurs bébés s'endorment pendant l'allaitement. Certaines se demandent si c'est parce que les bébés sont trop épuisés d'avoir pleuré et manquent tant de sommeil qu'il n'ont même plus d'énergie pour téter. Cela peut paraître logique, mais ça n'explique pas tout. Il est plus probable que si le bébé s'endort, c'est parce qu'il est content d'être où il se trouve. Il est enfin avec sa maman, ce qui le satisfait, et lui permet de s'endormir.

Comment fabriquer un porte-bébé

Les porte-bébés sont extrêmement facile à fabriquer et aussi confortable pour vous que pour votre bébé. Un porte-bébé vous aidera à reposer vos bras en supportant le poids de votre bébé, lequel se sentira parfaitement en sécurité. De plus, ils ne coûtent presque rien à fabriquer. Votre bébé peut utiliser un porte-bébé presque immédiatement après sa naissance étant donné que cela lui permet d'être étendu de tout son long. Voici comment en faire un.

Prenez un bout de tissu solide d'un mètre sur 3,5 mètres. Passez le tissu par-dessus votre épaule gauche si vous êtes droitière, et par-dessus votre épaule droite si vous êtes gauchère, et nouez les bouts au niveau de la hanche opposée. Tournez le nœud vers l'arrière. Vérifiez si la longueur du porte-bébé vous paraît bonne. Si c'est le cas, il est prêt à être utilisé. Mettez votre bébé dedans et soutenez-le avec vos mains. C'est aussi simple que ça !

« Les deux premiers jours, mon fils pleurait tout le temps. Je faisais de mon mieux pour en rester aux heures de coucher habituelles, mais ça s'est avéré être un fiasco total. Cela nous a conduit tous deux droit dans le mur. À présent, je le garde sur mes genoux aussi longtemps qu'il le veut sans me sentir coupable. J'aime bien ça. C'est agréable, chaud et confortable. Il est évident qu'il adore ça. J'ai aussi laissé tomber les repas à heures fixes. Je ne respecte plus le planning. Maintenant, il se contente de me laisser savoir quand il a faim. Parfois il tète assez longtemps, mais parfois pas. Il est bien plus satisfait maintenant, tout comme moi. »

La mère de Enzo, 5e semaine

Plusieurs signes montrent que les bébés d'environ 4 à 5 semaines traversent d'énormes changements affectant leurs sens, leur métabolisme et leurs organes internes. C'est le moment où survient le premier bond : la vivacité du bébé quant au monde des sensations s'accroît drastiquement. À ce moment, votre bébé perd certaines de ses compétences de nouveau-né. Il ne suivra pas un visage ou regard ni ne se retournera vers un son. Cela signifie que ces compétences originelles étaient contrôlées par des parties primitives du cerveau, qui disparaissent pour laisser la place à des développements dans les parties les plus avancées du cerveau. Bientôt, vous verrez émerger des comportements similaires, mais cette fois ils auront l'air d'être bien mieux contrôlés par votre bébé. À cet âge, vous bébé se

Astuces de dodo

Un bébé qui a du mal à s'endormir le fera plus rapidement quand il est avec vous. La chaleur de votre corps, vos mouvements délicats, et la douceur de votre voix aideront à l'apaiser. Voici quelques astuces sur les meilleurs moyens de le faire s'endormir :

- Donnez-lui un bain chaud, allongez-le sur une serviette chauffée puis massez-le doucement avec de l'huile pour bébé.

- Nourrissez-le, au sein ou au biberon, car téter l'aidera à se relaxer et à s'apaiser.

- Marchez avec lui en le mettant dans un porte-bébé.

- Promenez-le en poussette.

- Faites-lui faire un tour en voiture.

- * Couchez-le à votre côté dans votre lit.

mettra également à quitter l'âge des problèmes qu'il a pu avoir initialement avec son système digestif.

Entre ses 4e et 5e semaines, votre bébé passe par tout un ensemble de changements qui affectent ses sens : la façon dont il expérimente le monde, la façon dont il sent les choses, et même la manière dont il digère la nourriture. C'est son monde toute entier qui a l'air différent, aussi bien au niveau de la vue et des odeurs que des sons. Certains de ces changements ont des conséquences directes que vous pouvez voir. Par exemple, vous le verrez peut-être verser pour la première fois de vraies larmes. Il se peut qu'il reste éveillé plus longtemps et semble plus intéressé par le monde qui l'entoure. Juste après sa naissance, il était seulement capable de se concentrer sur des objets situés à moins de 30 centimètres, mais maintenant il peut fixer des choses plus lointaines. Il n'est donc pas étonnant qu'un bébé sente qu'il est temps de s'activer un petit peu.

Les bébés de cinq à six semaines sont même prêts à mettre la main à la pâte pour vivre des sensations intéressantes. Des expériences scientifiques en laboratoires ont montré que des bébés pouvait ajuster la mise au point d'un film en couleur en tétant plus ou moins fort sur une tétine. Aussitôt que le bébé cessait, le film redevenait flou. Les bébés de cet âge ont du mal à téter et regarder en même temps, donc ils n'y arrivaient que pendant quelques secondes. Pour vérifier que c'était réellement ce qu'ils essayaient de faire, on a ensuite fait en sorte que les bébés doivent s'arrêter de téter pour que l'image cesse d'être floue. Ils ont également réussi à faire cela !

Les bébés peuvent également commencer à utiliser leur sourire lors de contacts sociaux pour influencer leurs expériences. C'est vers cet âge que les sourires de votre bébé passent de quelque chose de superficiel, presque

🔆 Des changements dans le cerveau

Aux environs de la 3e ou 4e semaine, la circonférence du crâne d'un bébé augmente considérablement. Le métabolisme du glucose, dans son cerveau, change également.

Mon journal

Comment mon bébé explore le nouveau monde des sensations changeantes

Cochez les cases ci-dessous à mesure que votre bébé change. Arrêtez de remplir ceci au début de la période d'agitation suivante, qui annonce le prochain bond.

CENTRES D'INTÉRÊT DANS LE MONDE QUI L'ENTOURE

❑ Regarde les choses plus longtemps et plus souvent

❑ Écoute plus souvent et y prête plus attention

❑ À une plus grande conscience d'être touché

❑ À une plus grande conscience de différentes odeurs

❑ Sourit pour la première fois, ou plus souvent qu'avant

❑ Gazouille de plaisir plus souvent

❑ Exprime le plaisir ou le déplaisir plus souvent

❑ Exprime plus souvent ses attentes

❑ Reste éveillé plus longtemps, et est plus vif

CHANGEMENTS PHYSIQUES

❑ Respire plus régulièrement

❑ Sursaute et tremblote moins souvent

❑ Verse de vraies larmes pour la première fois, et plus souvent qu'avant

❑ S'étouffe moins

❑ Vomit moins

❑ Rote moins

AUTRES CHANGEMENTS REMARQUÉS

_____

_____

robotique, à des sourires sociaux. Mères et pères sont très heureux lorsqu'ils voient un sourire avant ce moment, mais une fois qu'ils ont vu le « sourire social », ils ne pourront qu'admettre la différence.

Les choix de votre bébé : une clé pour comprendre sa personnalité

Les sens de tous les bébés se développent rapidement à ce moment, et ils s'intéresseront tous clairement plus à leur environnement. Tout d'abord, cela peut sembler évident ou non, mais chaque bébé commencera à avoir ses propres préférences. Certains nourrissons au regard vif apprécieront vraiment de voir et de regarder tous les gens et les objets qui les entourent. D'autres écouteront avec attention la musique et les sons autour d'eux et rien ne les attirera plus que les objets qui font du bruit, comme les hochets. D'autres bébés adoreront être touchés, et rien ne leur plaira plus que jouer à des jeux impliquant d'être touché ou caressé par quelqu'un. D'autres bébés ne montreront aucune préférence marquée. Même à ce si jeune âge, vous verrez que chaque bébé est différent.

En parcourant la liste « Mon journal » de la page 47, vous pourrez vouloir marquer ou souligner les comportements qui concernent à présent votre bébé. Il peut n'en montrer que quelques-uns, et d'autres peuvent ne pas apparaître avant plusieurs semaines. Un nourrisson qui s'intéresse plus à certaines expériences sensorielles qu'à d'autres vous montre qu'il est déjà un individu.

« J'ai amené ma fille à mes cours de chant chaque jour. Durant les première semaines, c'est à peine si elle réagissait au son, et je dois avouer que je m'inquiétais pas mal. Et là, soudainement, les bruits de toute sorte la préoccupent grandement quand elle est éveillée. Si elle se réveille de mauvaise humeur et que je lui chante quelque chose, elle s'arrête immédiatement de pleurer. Par contre, quand ce sont mes amis qui chantent, elle ne s'arrête pas ! »

La maman d'Anna, 6e semaine

Des moments difficiles pour tout le monde

Passer par un grand changement peut être aussi stressant pour votre bébé que pour vous, et parfois, il se peut que vous trouviez tous deux la pression insupportable. Le manque de sommeil peut vous épuiser, tout comme l'anxiété peut vous empêcher de bien dormir. Voici un exemple du fonctionnement de ce cercle vicieux.

- Le bébé est désorienté et pleure.
- Les pleurs incessants rendent la mère peu sûre d'elle et anxieuse.
- La tension monte, et la mère n'arrive plus à gérer la situation.
- Le bébé sent la tension supplémentaire, s'agite encore plus, et pleure encore plus fort qu'avant.
- Le cycle se répète, encore et encore.

Quand la pression devient trop forte, rappelez-vous qu'il est normal de se sentir comme ça. Essayez de prendre du temps pour vous reposer. Votre bébé en bénéficiera autant que vous.

Utilisez le contact physique et l'attention pour réconforter votre bébé. Cela lui permettra de s'adapter plus facilement aux changements, et à son propre rythme, et lui donnera également plus de confiance en lui. Il saura qu'il y a quelqu'un pour lui quand il a besoin de réconfort.

En tant que mère, vous avez besoin de soutien, et non de critique, de la part de la famille et des amis. Alors que les critiques ne feront que saper encore plus votre confiance en vous déjà diminuée, le soutien vous rendra capable de mieux gérer les périodes difficiles.

Ce que vous pouvez faire pour Aider

Le meilleur moyen d'aider votre bébé est de s'occuper de lui avec une tendresse affectueuse et de le soutenir. Il est impossible de le gâter à cet âge, donc ne vous sentez jamais coupable de le réconforter, particulièrement quand il pleure.

Aidez votre bébé dans son voyage d'exploration. Vous découvrirez qu'il s'intéresse généralement plus au monde qui l'entoure. Il est plus perspicace, et reste souvent éveillé pendant plus longtemps pour apprécier son environnement. Essayez de trouver quelles activités il préfère en observant attentivement ses réactions. Aussi petit qu'il soit, il est déjà capable de vous faire savoir ce qui lui plaît ou lui déplaît. Une fois que vous savez ce que votre bébé apprécie, vous serez capable de lui présenter avec ménagements de nouvelles activités, de nouveaux jeux et jouets.

Comment déterminer ce qu'il préfère ?

Votre bébé sourira quand on lui donnera les choses qu'il préfère. Ce peut être quelque chose qu'il voit, entend, sent, goûte ou ressent. Comme ses sens se sont développés et qu'il peut à présent percevoir un peu plus du monde, il sourira plus souvent. Essayer de trouver quelles activités produisent ces merveilleux sourires sera donc toujours récompensé.

« Je danse autour de mon bébé et quand j'arrête, il sourit. »
La maman de Nathan, 6e semaine

« Quand j'approche mon visage de celui de ma fille en souriant et que je lui parle, elle me regarde dans les yeux et sourit. C'est merveilleux. »
La maman de Laura, 5e semaine

« Ma fille sourit à toutes ses poupées et tous ses ours en peluche. »
La maman de Léa, 6e semaine

Les bébés, c'est comme ça !

Les bébés aiment tout ce qui est nouveau, et il est important que vous reconnaissiez les nouvelles compétences et les nouveaux intérêts de votre bébé. Il appréciera que vous partagiez ces nouvelles découvertes, et les progrès de son apprentissage seront plus rapides si vous l'encouragez..

Aidez votre bébé à explorer son nouveau monde par la vue

À présent, votre bébé regarde plus longuement les objets qui l'intéressent. Plus leurs couleurs sont vives, plus ils les trouvera fascinants. Il aime également les objets rayés ou tordus. Et bien entendu, votre visage.

Si vous vous promenez avec votre bébé, vous remarquerez automatiquement ce qu'il préfère regarder. Laissez-lui le temps de bien regarder les choses, et n'oubliez pas que son champ de vision nette est limité à une trentaine de centimètres. Certains bébés aiment regarder encore et encore les mêmes objets, tandis que d'autres s'ennuient si on ne leur en montre pas un différent à chaque fois. Si vous remarquez que votre bébé s'ennuie, montrez-lui des objets semblables à ceux qu'il aime mais légèrement différents.

« Mon bébé est bien plus conscient de tout ce qu'elle voit, à présent. Ce qu'elle préfère, ce sont les barres de son berceau, qui contrastent avec les murs blancs, les livres sur l'étagère, notre plafond, recouvert de longues lattes en bois entrecoupées de bandes noires, et un dessin à l'encre en noir et blanc sur le mur. La nuit, ce qui semble l'intéresser le plus, c'est la lumière. »

La maman d'Émilie, 5e semaine

« Mon fils me regarde droit dans les yeux et me scrute pendant quelques temps. Il trouve ça drôle quand je mange. Il regarde ma bouche et m'observe en train de mâcher. On dirait qu'il trouve ça fascinant. »

La maman de Kevin, 6e semaine

« Quand je fais osciller une balle jaune et verte lentement de gauche à droite, ma fille la suit en tournant la tête. Elle a l'air de trouvant ça très amusant, bien que sa très fière maman y prenne sûrement encore plus de plaisir qu'elle. »

La maman d'Emma, 5e semaine

Aidez votre bébé à explorer son nouveau monde par le son

Les sons fascinent généralement les bébés. Bourdonnements, grincements, sonneries, bruissements ou sifflement, tous les sons sont intéressants. Les bébés trouvent également les voix humaines très intrigantes. Les voix haut perchées sont extrêmement intéressantes, bien que rien ne puisse battre le son de la voix maternelle, même si celle-ci n'est pas une soprano née.

Même à 5 semaines, vous pouvez avoir d'agréables petites discussions avec votre bébé. Choisissez un endroit où s'asseoir confortablement et placez votre visage en face du sien. Parlez-lui de sa grande beauté, de la vie quotidienne, ou de tout de ce qui vous viendrait en tête. Arrêtez de parler de temps à autre pour lui laisser l'occasion de « répondre ».

« Je pense vraiment qu'à présent mon fils m'écoute. C'est remarquable. »
La maman de Matthieu, 5e semaine

« Parfois mon bébé me répond quand je lui parle. Elle parle plus longuement maintenant, et parfois c'est comme si elle essayait vraiment de me dire quelque chose. C'est adorable. Hier, elle a parlé à son lapin dans son berceau. »
La maman d'Anna, 5e semaine

Aidez votre bébé à explorer son nouveau monde par le toucher

Tous les bébés acquièrent une conscience plus aiguë du toucher à cet âge. Si trop de visiteurs leur font des câlins, certains bébés trouveront soudain que cela est exagéré, tandis que d'autres apprécieront énormément l'attention. Chaque bébé est différent ! À présent, vous entendrez peut-être votre bébé rire à gorge déployée pour la première fois, peut-être quand quelqu'un le chatouillera. Mais pour la plupart des bébés de cet âge, les chatouilles sont quelque chose qui n'est pas très appréciable.

« Ma fille s'est mise à rire très fort, à gorge déployée même, quand son frère s'est mis à la chatouiller. Tout le monde a sursauté, et s'est arrêté de parler. »
La maman d'Émilie, 5e semaine

S'occuper du bébé

N'en faites pas trop

Laissez les réactions de votre bébé vous guider. Votre bébé est devenu plus sensible, vous devez donc faire attention à ne pas trop le stimuler. Gardez ceci en tête quand vous jouez avec lui, quand vous lui faites des câlins, que vous lui montrez des choses ou que vous lui faites écoutez quelque chose. Il vous faut vous adapter à lui. Arrêtez dès que vous remarquez qu'il commence à ne plus supporter quelque chose.

Votre bébé n'est pas encore capable de se concentrer pendant une longue durée, il lui faut donc de courtes pauses pour se reposer. Vous penserez peut-être qu'il a perdu tout intérêt pour l'activité en cours, mais ce n'est pas le cas. Soyez patient. Généralement, il mourra d'envie de s'y remettre si vous lui laissez le temps de se reposer un peu..

Faites-lui savoir que vous le comprenez

Votre bébé peut utiliser une gamme plus large de pleurs et de gazouillis qu'avant, et il se peut qu'il produise ces sons plus fréquemment à cet âge. Il disposera peut-être de différents sons adaptés à différentes situations. Les bébés émettront souvent de petits pleurnichements avant de s'endormir. Si un bébé est vraiment contrarié, vous pourrez le dire par la manière dont il pleure, car c'est un son totalement différent. Il vous indique que quelque chose ne va pas. Votre bébé peut aussi produire d'autres bruits, comme des gazouillis pour montrer qu'il est heureux, particulièrement quand il regarde ou écoute quelque chose. Ces sons vont aideront à mieux le comprendre. Si vous comprenez ce que votre bébé essaye de vous dire, faites-le lui savoir. Les bébés adorent interagir.

> « Je sais exactement quand mon bébé gazouille de plaisir ou quand il grommelle parce qu'elle est en colère. Parfois elle gazouille de plaisir en voyant son mobile, et elle aime quand j'imite les bruits qu'elle fait. »
>
> La maman d'Anna, 6e semaine

Aux environs de la 6e semaine, le bond est terminé, et une période de tranquillité relative se lève. Les bébés sont alors plus joyeux, plus vifs, et se préoccupent plus de regarder et d'écouter. De nombreuses mères prétendent que leurs regards ont l'air plus vifs. Les bébés sont également capables d'exprimer ce qui leur plaît ou non à cet âge. En résumé, la vie semble un peu moins compliquée qu'avant.

« Maintenant, nous communiquons plus. Soudain, les heures où mon fils ne dort pas paraissent plus intéressantes. »

La maman de Lucas, 6e semaine

« Je me sens plus proche de mon bébé. Notre lien est plus fort. »

La maman de Léo, 6e semaine

chapitre 4

La semaine miracle 8:
Le monde des modèles

*A*ux environs de la 8e semaine, votre bébé commencera à vivre d'une nouvelle manière. Il deviendra capable de reconnaître des modèles simples dans le monde qui l'entoure et dans son propre corps. Bien que cela puisse être difficile à imaginer pour nous au premier abord, cela concerne l'ensemble des sens, et pas juste la vision. Par exemple, il se peut qu'il découvre ses pieds et ses mains et passe des heures à pratiquer ses compétences pour contrôler une certaine position de son bras ou de sa jambe. Il sera fasciné sans fin par la façon dont la lumière projette des ombres sur le mur de sa chambre. Vous remarquerez peut-être qu'il étudie les détails des boîtes de conserve sur les rayons du supermarché ou qu'il s'écoute en train de faire des bruits isolés, comme « Ah », « Eh », « Ouh ».

Tout cela, et bien d'autres choses encore, signale un grand changement dans le développement mental de votre bébé. Ce changement lui permettra d'apprendre un nouvel ensemble de compétences qu'il aurait été incapable d'apprendre à un âge plus précoce, quelle que soit la quantité d'aide et d'encouragement que vous lui auriez fournis. Mais tout comme pour son bond de développement précédent, l'ajustement à ce nouveau monde ne sera d'abord pas vraiment facile.

Le changement dans la façon dont le bébé perçoit le monde qui l'entoure le fera tout d'abord se sentir désarçonné, perdu, et perplexe, étant donné que le monde familier est mis sans dessus dessous. Soudain, il voit, entend, sent, goûte et ressent d'une manière complètement différente, et il lui faudra du temps pour s'ajuster. Pour arriver à se faire à ce qui lui arrive maintenant, il lui faut un endroit sûr et familier. Jusqu'à ce qu'il commence à se sentir à l'aise dans ce nouveau monde, il voudra s'agripper à sa maman à la recherche de réconfort. Cette fois, la phase d'agitation pourrait durer de quelques jours à 2 semaines.

Note: Ce bond vers le monde perceptif des « modèles » est lié à l'âge et prévisible. Il lance le développement de tout un ensemble de compétences et d'activités. Cependant, l'âge auquel ces compétences et ces activités apparaissent pour la première fois varie grandement et dépend des préférences de votre bébé, ainsi que de ses expériences et de son développement physique. Par exemple, la capacité à percevoir des modèles émerge vers la 8e semaine, et c'est une condition nécessaire à « s'asseoir sans support minimal », mais cette compétence apparaît normalement entre le 2e et le 6e mois. Les compétences et les activités sont mentionnées dans ce chapitre à leur âge d'apparition le plus bas possible, afin que vous puissiez surveiller leur apparition et les reconnaître. (Parfois seulement sous une forme rudimentaire tout d'abord.) De cette manière, vous pouvez réagir au développement de votre bébé et le faciliter.

Si vous remarquez que votre bébé est plus grincheux que d'habitude, regardez-le de près. Il essaye probablement de maîtriser une nouvelle compétence.

Une fois que vous aurez passé les moments difficiles, vous aurez probablement l'impression que ce second bond est une étape réellement décisive dans le développement de votre enfant. Alors qu'il commence à apprendre à contrôler son corps et à utiliser ses sens pour explorer ce qui l'intéresse, il se mettra à exprimer ses propres préférences. Vous verrez ce qu'il aime et n'aime pas, s'il préfère écouter certains types de sons, quelles couleurs il préfère, quels types de jouets et d'activités il apprécie, et quels visages lui procurent le plus de joie (après le vôtre, bien entendu). Ce sont les premiers signes de la personnalité nouvellement émergente de votre bébé.

Les signes d'agitation de cette semaine

Quelque part entre la 7e et la 9e semaine, votre bébé devrait devenir plus exigeant. Il pleurera peut-être plus souvent, ce qui est sa façon d'exprimer à quel point ces changements sont stressants. À cet âge, les pleurs sont le moyen le plus efficace pour montrer qu'il se sent perdu et qu'il a besoin d'attention. Les bébés plus sensibles sangloteront et crieront encore plus à ce moment qu'avant et pourront rendre fous leurs parents. Même quand tout est fait pour calmer ces petits hurleurs, il continuent parfois à vagir.

Cependant, la plupart des bébés se calmeront lorsqu'ils font l'expérience du contact physique, bien que pour certains bébés il semblerait qu'il n'y ait jamais assez de proximité. Si ces petits affamés de câlins savaient comment s'y prendre, ils ramperaient jusqu'à leur maman. Ils voudraient être totalement enveloppés dans les bras, les jambes et le corps de leur maman. Ils exigeront peut-être l'attention exclusive de leur maman et pourront protester dès que celle-ci diminue.

Comment vous savez qu'il est temps de grandir

Voici de nouveau venu le temps de changer ! Voici quelques indices que ce bond approche.

Il se peut qu'il demande plus d'attention

Il se peut que votre bébé veuille que vous passiez plus de temps à le distraire. Il peut même vouloir que vous vous consacriez uniquement à lui, et à personne d'autre. À ce moment, la plupart des bébés ne veulent plus rester allongés dans les berceaux ou sur un tapis posé au sol, même si cela leur convenait parfaitement jusque là. Il est possible qu'ils ne protestent pas si on les met dans une chaise à bébé, à condition que leur mère soit proche. Ils veulent que leur maman s'occupe d'eux, leur parle et joue avec eux.

> « Soudain, mon bébé n'aime plus aller au lit la nuit. Elle s'agite et commencer à crier et à pleurer et refuse de se calmer. Mais nous aussi, nous avons besoin de calme et de tranquillité. Alors nous la gardons avec nous sur le canapé, ou nous la tenons pour lui faire des câlins, et alors tout va bien pour elle. »
>
> La maman d'Eve, 8e semaine

Il se peut que les inconnus l'intimident

Vous remarquerez peut-être que votre sympathique bout de chou ne sourit pas aussi facilement avec les gens qu'il ne voit pas souvent, ou qu'il lui faut plus de temps pour se sentir mieux avec eux. Parfois, certains bébés peuvent même se mettre à pleurer si d'autres personnes essaient de se rapprocher quand ils sont en train de se blottir contre leur maman, tout satisfaits. Certaines mères pensent que c'est bien dommage : « Et dire qu'avant il était toujours joyeux. » D'autres en sont secrètement ravies : « Après tout, c'est moi qui suis là pour lui tout le temps. »

> « Ma fille a l'air de sourire plus pour moi que pour quiconque. Ça lui prend un peu plus de temps pour se détendre avec les autres maintenant. »
>
> La maman d'Emma, 9e semaine

Il se peut qu'il perde son appétit

À ce moment, vous aurez peut-être l'impression que si votre bébé pouvait décider, il passerait ses journées à votre sein ou avec son biberon. Mais bien qu'il soit agrippé fermement au mamelon, il se peut qu'il ne prenne presque pas de lait. De nombreux bébés feront cela, à ce moment. Tant qu'ils sentent un mamelon dans ou contre leur bouche, ils sont satisfaits. Mais dès qu'on les arrache du sein ou du biberon, ils commencent à protester et pleurent jusqu'à ce qu'ils sentent de nouveau le mamelon.

Cela arrive généralement seulement avec les bébés que l'on laisse décider seuls du moment où ils veulent téter. Certaines mères qui allaitent pourraient se mettre à penser que quelque chose ne va pas avec leur lait, tandis que d'autres se demanderont si la décision d'allaiter était la bonne, après tout. À ce moment, il n'est pas nécessaire d'arrêter d'allaiter. Au contraire, ce ne serait pas un très bon moment pour sevrer votre bébé. Durant cette période orageuse, le sein est moins utile comme moyen de nutrition que comme réconfort pour le bébé. Cela explique pourquoi certains bébés suceront plus souvent leur pouce ou leurs doigts durant cette période.

> « Parfois, j'ai l'impression d'être une brique de lait ambulante, prête 24h/24. Cela m'irrite beaucoup. Je me demande si d'autres mères qui allaitent traversent la même chose. »
>
> La maman de Matthieu, 9e semaine

Il se peut qu'il s'agrippe à vous plus fermement

En ce moment, il se peut que votre bébé s'agrippe à vous encore plus fermement dès qu'il a l'impression que vous vous apprêtez à le déposer. Il s'accrochera à vous nous seulement avec ses doigts, mais pourra même se cramponner avec ses doigts de pieds ! Cette démonstration de dévotion rend souvent difficile pour la mère la dépose du bébé, aussi bien littéralement que figurativement. On peut trouver cela à la fois touchant et déchirant.

> « Quand je me penche pour déposer mon nourrisson, elle s'accroche à mes cheveux et mes vêtements comme si elle était terrifiée à l'idée de perdre contact avec moi. C'est vraiment mignon, mais j'aimerais qu'elle ne le fasse pas, car ça me fait me sentir extrêmement coupable de l'enlever de mes bras. »
>
> La maman de Laura, 9e semaine

Il se peut qu'il dorme mal

À un moment aussi difficile que celui-ci, il se peut que votre bébé ne dorme plus aussi bien qu'avant. Il peut se mettre à pleurer au moment où vous l'amenez dans sa chambre, ce qui explique que certains parents pensent parfois que leur bébé a peur de son berceau. De nombreux problèmes de sommeil peuvent affecter votre petit chéri. Certains bébés ont du mal à s'endormir, tandis que d'autres se réveillent facilement et n'arrivent pas à dormir très longtemps. Quel que soit le problème de sommeil qui touche votre bébé, le résultat est le même : tout le monde manque de sommeil dans la maison. Malheureusement, cela signifie aussi que votre bébé est éveillé plus souvent, ce qui lui donne plus d'occasion pour pleurer.

Il se peut qu'il pleure sans cesse

Autour de la 8e semaine, il est normal que votre bébé soit pris d'un envie urgente de « revenir vers maman ». Bien entendu, certains nourrissons manifesteront ce besoin plus que d'autres. Il est possible qu'un bébé pleurnichard et pot de colle fasse irruption dans votre vie quotidienne à ce moment. C'est un signe que votre bébé fait des progrès sains, qu'il réagit aux changements qu'il subit, et qu'il est en train de faire un bond en avant dans son développement.

Votre petit bout est contrarié tout simplement parce qu'il n'a pas eu le temps de s'ajuster à ces changements et qu'il est toujours désarçonné. C'est pourquoi il a besoin de votre proximité. Il veut retourner « chez lui », vers son havre de paix, là où il peut se sentir en sécurité dans un environnement familier. Avec vous, il acquerra une confiance suffisante pour explorer son nouveau monde.

Imaginez ce que ce doit être de se sentir contrarié sans personne pour vous réconforter. Vous sentiriez la tension monter sans savoir quoi faire. Vous aurez besoin de toute votre énergie rien que pour gérer la tension, et vous n'auriez plus beaucoup d'énergie restante pour résoudre vos problèmes. Votre bébé n'est pas différent. Chaque fois qu'un changement majeur survient dans son développement mental, il a l'impression de s'être éveillé dans un monde complètement neuf. Il sera confronté à bien plus d'impressions nouvelles que ce qu'il peut supporter. Il pleure, et il continuera à pleurer jusqu'à être assez habitué à son nouveau monde pour

Mon journal

Les signes que mon bébé grandit de nouveau

Entre les 7e et 9e semaines, vous remarquerez peut-être que votre bébé commence à montrer certains des comportements suivants. Ils indiquent probablement qu'il est prêt à faire le prochain bond, quand le monde des modèle s'ouvrira à lui. Cochez les caches près des comportements que manifeste votre bébé.

❑ Pleure plus souvent

❑ Veut que vous le teniez occupé

❑ Perd de l'appétit

❑ Est plus timide avec les inconnus

❑ S'agrippe plus

❑ Dort mal

❑ Suce son pouce, ou le fait plus souvent qu'avant

AUTRES CHANGEMENTS QUE VOUS AVEZ REMARQUÉS

_____

_____

s'y sentir bien. Si on ne le réconforte pas, toute son énergie sera utilisée à pleurer, et il gâchera un temps précieux qu'il pourrait mettre à meilleur usage pour découvrir ce nouveau monde si intrigant.

Comment ce bond peut vous affecter

Ces changements majeurs dans votre bébé auront également un effet énorme sur vous. Voici quelques-unes des manières qu'ils auront de vous affecter.

Il se peut que vous vous inquiétiez

Quand un bébé passe par une crise de pleurs inexplicable, la vie peut s'effilocher pour tous ceux qui vivent avec lui. Les bébés qui pleurent plus souvent qu' peuvent abaavantttre même la plus assurée des mamans. Si vous vous retrouvez dans cette situation, vous vous demanderez peut-être si vous êtes vraiment à la hauteur de la tâche. Mais ne désespérez pas : ce qui vous arrive est tout ce qu'il y a de plus normal. En général, les bébés vont pleurer beaucoup plus que d'habitude, et seront également beaucoup plus difficiles à réconforter. Seule un nombre très limité de mères sont assez chanceuses pour ne pas avoir de problèmes particuliers avec leur bébé à ce moment. Ces mères ont des nourrissons qui sont étrangement faciles à vivre et calmes, qui ne pleurent pas plus que d'habitude, et qui sont plus faciles à réconforter.

Les bébés caractériels et irritables sont les plus difficiles à gérer. Ce sera comme s'ils pleuraient 10 fois plus fort et plus souvent qu'avant, et ils agiteront leurs petits poings comme s'ils étaient sur un ring. Leurs mères craignent parfois que la famille tout entière se dissolve.

« C'est un cauchemar, la façon dont ma petite pleure sans arrêt. Pour le moment, elle pleure tout le temps et ne dort presque jamais. Notre Mariege est en train de s'effondrer. Mon mari rentre le soir à la maison en traînant les pieds, parce qu'il ne peut pas supporter une nouvelle nuit de tourment. Nous nous disputons en permanence au sujet de la façon de faire cesser ses horribles cris. »

La maman de Léa, 7e semaine

« Quand mon fils ne veut pas s'arrêter de pleurer, je vais toujours le voir, bien que j'ai atteint le stade où je pourrais être d'accord avec des déclarations telles que : « Parfois, les enfants ont juste besoin de pleurer. » Je me sens complètement drainée. Puis je me mets à penser à combien les murs de ces appartements sont fins, et je finis toujours pas aller le voir, en espérant que cette fois j'arriverai à le calmer.

La maman de Enzo, 9e semaine

« Parfois, quand me fille pleure et qu'elle ne veut pas s'arrêter quoi que je fasse, je suis si énervée que tout retombe sur mon pauvre mari. Souvent, je me mets moi aussi à pleurer, ce qui aide vraiment à faire retomber la tension. »

La maman d'Émilie, 10e semaine

« Certains jours, quand je suis au plus bas, je me demande si je fais ce qu'il faut, si je donne à mon fils assez d'attention, ou au contraire trop. Typiquement, c'est lors de l'une de ces journées difficiles que j'ai lu que les bébés souriaient à leur mère aux environs de la 6e semaine. Le mien ne le faisait jamais. Il ne souriait qu'à lui-même, et cela sapait vraiment ma confiance en moi. Et soudain, ce soir, il m'a souri. Les larmes ont envahi mes yeux, c'était tellement touchant. Je sais que ça a l'air ridicule, mais pendant un moment j'ai cru qu'il allait essayer de me dire que tout allait bien, qu'il était avec moi tout du long. »

La maman de Léo, 9e semaine

À ce moment, quand votre bébé pleure plus que d'habitude, vous vous arracherez peut-être les cheveux à essayer de comprendre pourquoi. Il se peut que vous vous demandiez : « Est-ce que je commence à ne plus avoir assez de lait ? Est-ce qu'il est malade ? Est-ce que je fais quelque chose mal ? Est-ce qu'il a mouillé sa couche ? Quand il est sur mes genoux, tout va bien ; est-ce que ça veut dire que je le gâte trop ? »

Quand toutes les autres hypothèses ont été étudiées, certaines mères finissent par décider que c'est la colique qui doit irriter leurs bébés. Les petits hurleurs semblent se tortiller beaucoup, après tout. Certaines mères se mettent parfois à pleurer un bon coup, elles aussi. C'est un moment particulièrement difficile pour les mères qui ont leur premier enfant, qui tendent à s'accuser de ces problèmes. Parfois, une mère ira voir le médecin, ou elle ira en parler à un pédiatre.

« Normalement mon bébé ne pleure jamais. Il est si facile à vivre, aussi facile qu'on puisse l'espérer. Mais cette semaine il a eu d'affreux problèmes : des crampes d'estomac, j'imagine. »

La maman de Nathan, 9e semaine

Quoi que vous fassiez, ne désespérez pas : dites-vous que ce n'est pas votre faute ! Essayez de vous rappeler que ce n'est que la façon qu'a votre bébé de vous dire qu'il est maintenant capable d'apprendre de nouvelles compétences, ce qui signifie que son esprit se développe bien. À cet âge, ses pleurs sont normaux et seulement temporaires.

Il se peut que vous soyez irritée et sur la défensive

Dès que vous aurez acquis la conviction que votre bruyant petit nourrisson n'a pas de raison valable de continuer à pleurer et à s'agripper à vous, vous pourrez vous sentir irritée. Vous penserez peut-être que votre bébé est ingrat et trop gâté. Vous avez encore tant de tâches ménagères à accomplir, et ses pleurs vous rendent folle. De plus, vous êtes épuisée. Et bien, vous n'êtes pas la seule. La plupart des mères ressentent cela. De nombreuses mères craignent que le père de leur bébé, leur famille ou leurs voisins ne perçoivent « le petit bout de chou à sa maman » comme une « nuisance absolue ». Elle peuvent se retrouver sur la défensive quand d'autres personnes leur disent d'être plus sévères avec leur bébé.

> « C'est pour ça que j'ai abandonné mon travail ? 8 semaines de pleurs ? Je suis au bout de mes forces. Je ne vois vraiment pas ce que je pourrais faire de plus. »
>
> **La maman de Léa, 8e semaine**

> « Cela me met vraiment hors de moi quand j'arrive enfin à endormir mon bébé après l'avoir réconfortée pendant une heure, et qu'elle recommence à gémir au moment même où je la repose. Elle n'est heureuse que quand elle est dans mes bras. Ça m'énerve au plus haut point. Je n'ai pas l'opportunité de faire quoi que ce soit d'autre. »
>
> **La maman de Laura, 8e semaine**

> « Je dois passer la journée à occuper mon fils. Rien n'aide vraiment. J'ai essayé les promenades, les caresses et le chant. Au début, j'étais complètement désespérée et déprimée et puis tout d'un coup, c'est la frustration qui l'a emporté. Je me suis assise et j'ai commencé à sangloter. Du coup, j'ai demandé à la crèche si je pouvais le leur déposer deux après-midi par semaine, juste pour me laisser quelque heures pour recharger mes batteries. Ses pleurs me vident parfois complètement. Je suis si fatiguée. J'aimerais juste savoir combien lui et moi pouvons encore encaisser. »
>
> **La maman de Léo, 9e semaine**

S'occuper du bébé

Les secousses peuvent être dangereuses

Éprouver des sentiments violents envers un petit brailleur exigeant n'est pas dangereux, mais passer au acte l'est. Quoi que vous fassiez, ne vous laissez jamais aller à faire quelque chose qui pourrait lui faire du mal. Ne secouez jamais un bébé. Secouer un jeune enfant et l'une des pires choses que vous puissiez faire. Cela pourrait aisément causer des saignements internes juste sous le crâne, ce qui endommage le cerveau et peut conduire à des difficultés d'apprentissage plus tard voire à la mort.

Il se peut que vous pétiez vraiment les plombs

Ce n'est que rarement qu'une mère admettra avoir été un peu plus rude que nécessaire en reposant son bébé parce que ses cris et ses pleurs l'énervaient. Si cela arrive, c'est toujours une expérience dérangeante, particulièrement parce que cela semble être une réaction instinctive sur le moment.

> « Ma fille a crié encore plus cette semaine que la semaine dernière. Cela m'a rendu folle. J'avais déjà largement assez de choses à faire sans ça. Je la tenais dans mes bras et, dans le feu de l'action, je l'ai jetée sur son matelas à langer. Juste après, j'étais choquée par ce que j'avais fait, et dans le même temps, je réalisais que cela n'avait pas arrangé la situation du tout. Elle criait encore plus fort. Après cet événement, j'ai compris ce qui conduisait certains parents à maltraiter leurs enfants durant ces « crise de coliques », mais je n'aurais jamais pensé que je ferais moi-même quelque chose de la sorte. »
>
> La maman de Juliette, 9e semaine

Comment émergent les nouvelles compétences de votre bébé

Comme le fait que votre bébé vous colle vous inquiétera, vous l'observerez automatiquement de manière plus rapprochée. Au fond de votre esprit, vous aurez peut-être ces doutes lancinants : « Qu'est-ce qui ne

Les câlins : le meilleur réconfort

Un bébé de cet âge adore être pris dans les bras, caressé, et câliné. On ne peut jamais trop lui donner de cette bonne chose.

va pas avec elle ? Pourquoi est-elle si difficile ? Que puis-je faire ? Est-ce que je la gâte trop ? Est-elle en retard pour son âge ? Est-ce qu'elle s'ennuie ? Pourquoi n'arrive-t-elle pas à s'amuser toute seule ? » Bientôt, vous réaliserez ce qui se passe vraiment ; votre enfant essaye de maîtriser de nouvelles compétences.

Aux environs de la 8e semaine, vous remarquerez que votre bébé s'ouvre à un nouveau monde : un monde d'observation et d'expérimentation à partir de modèles simples. Il sera prêt à acquérir plusieurs compétences liées aux modèles à ce moment-là, mais votre bébé, avec ses inclinations uniques, ses préférences, et son tempérament, choisira quelles découvertes il veut faire. Vous pouvez l'aider à faire ce qu'il est prêt à faire.

N'essayez pas de le pousser. Alors que vous pourriez penser qu'il devrai s'entraîner à tenir une balle (pour sa future carrière dans le tennis), il se peut qu'il préfère faire ses premières tentatives de parole en babillant à ses jouets. Laissez-le aller à son propre rythme et respectez ses préférences. Cela peut être difficile si vous êtes dure d'oreille et que votre enfant est attiré par les sons. N vous inquiétez pas. Il n'a pas besoin de symphonies pour le moment, entendre simplement votre voix et d'autres bruits doux sera largement suffisant.

Le bond en avant miraculeux

Vers cet âge, votre bébé ne vivra plus le monde et lui-même comme un seul et même univers. Il commencera à reconnaître des formes, des modèles et des structures récurrents. Par exemple, il se peut que ce soit à ce moment que votre bébé découvre que ses mains lui appartiennent, et qu'il se mettent à les regarder avec émerveillement et à les agiter dans tous les sens. Une fois qu'il a réalisé qu'elles lui appartiennent, votre bébé peut aussi essayer d'utiliser ses mains en les mettant autour d'un jouet, par exemple. À ce moment, votre bébé commence non seulement à distinguer des modèles dans le monde qui l'entoure, mais il peut aussi se mettre à distinguer des modèles dans les sons, les odeurs, les goûts et les textures. En d'autres termes, votre petit chenapan perçoit à présent des modèles avec l'ensemble de ses sens. Cette conscience nouvelle n'est pas simplement confinée à ce qui arrive hors de son corps, cela inclut aussi une perception accrue de ce qui arrive à l'intérieur de son corps. Par exemple, il se peut qu'à présent votre bébé réalise que tenir son bras en l'air, ça n'est pas comme le laisser retomber. Au même moment, il se peut également qu'il se contrôle mieux de l'intérieur. Votre enfant peut s'avérer capable de maintenir certaines positions, non seulement avec sa tête, son corps, ses bras et ses jambes, mais aussi avec des parties de son corps plus petites. Par exemple, il peut commencer à faire toutes sortes de grimaces, maintenant qu'il contrôle mieux ses muscles faciaux. Il se peut qu'il fasse des bruits d'explosion, car il peut maintenir ses cordes vocales dans une certaine position. Il peut concentrer son regard plus précisément sur un objet parce qu'il contrôle mieux ses muscles oculaires.

La plupart des réflexes dont votre bébé disposait à la naissance vont commencer à disparaître vers cet âge. Ils seront remplacés par quelque chose de similaire à des mouvements volontaires. Votre bébé n'a plus besoin du réflexe de préhension, par exemple, car maintenant il est capable d'apprendre comment fermer sa main autour d'un jouet ou de toute autre objet. Votre bébé n'utilise plus le réflexe de succion, car il est capable de saisir un mamelon d'un seul mouvement, plutôt que de le trouver par ce qui semble être une pure coïncidence après avoir farfouillé pendant un moment. À présent, votre nourrisson ne dépend plus complètement de ses réflexes. En général, les bébés n'auront recours à leurs vieux réflexes que s'ils ont faim ou sont énervés.

Des changements dans le cerveau

Aux environs de la 7e ou de la 8e semaine, la circonférence crânienne du bébé augmente fortement. Des chercheurs ont observé des changements dans les ondes cérébrales des bébés âgés de 6 à 8 semaines.

(suite à la page 71)

Mon journal

Comment mon bébé explore le nouveau monde des modèles

Cochez les cases ci-dessous à mesure que vous remarquez que votre bébé change. Arrêtez de les remplir lorsqu'approche la période orageuse suivante, qui annonce la venue d'un nouveau bond.

Un nouveau monde plein de possibilité s'ouvre à votre bébé quand il a 8 semaines. Il est impossible qu'il découvre d'un seul coup tout ce qu'il y a à explorer dans ce nouveau monde, même si certains bébés essaieront de tout tester. Le moment exact où votre bébé essaiera de faire une chose précise dépendra de ses préférences et des opportunités qui lui sont offertes.

À partir de maintenant, chaque chapitre listera des comportements que votre bébé pourrait manifester qui signalent qu'il est entré dans son nouveau monde. Suivez les sections appelées « Comment mon bébé explore le nouveau monde ». Chaque liste est divisée en zones d'activités, comme « contrôle corporel » ou « regarder et voir ». Tandis que vous avancez dans le livre, vous devriez voir un modèle émerger. Chaque bébé dispose d'un profil complètement distinct et vous devez être consciente que votre bébé ne développera par à ce moment l'ensemble des compétences listées ci-dessous ; certaines apparaîtront plus tard et d'autres seront complètement ignorées. N'oubliez pas : tous les bébés ont des talents différents.

CONTRÔLE CORPOREL

❑ Garde la tête bien droite quand il est en état de vivacité maximale

❑ Tourne sa tête consciemment vers quelque chose d'intéressant

❑ Passe consciemment en roulant de son côté à son ventre

❑ Passe consciemment en roulant de son côté à son dos

❑ Donne des coups de pieds et remue les bras

❑ Donne des coups de pieds dans les joujoux, avec des mouvements brusques

☐ Se laisse asseoir quand il était couché
☐ Se laisse mettre debout quand il était couché
☐ Essaye de relever sa tête et son corps quand il est couché sur le ventre
☐ Montre un désir croissant de s'asseoir
☐ Est capable de regarder à gauche et à droite quand il est couché sur le ventre
☐ Fait des grimaces

CONTRÔLE DE LA MAIN

☐ Donne des coups dans des jouets

☐ Essaye de saisir des objets à sa portée mais n'y parvient pas

☐ Entoure de ses mains des objets tout près de lui

☐ Tient des jouets et les bouge brusquement dans tous les sens

☐ Touche et éprouve des objets sans les tenir

REGARDER ET VOIR

☐ Découvre ses mains

☐ Découvre ses pieds

☐ Découvre ses genoux

☐ Regarde des gens bouger ou travailler

☐ Est fasciné par des enfants qui jouent à proximité

☐ Aime regarder des images qui vont vite à la télé

☐ Regarde des animaux manger ou bouger

☐ Est fasciné par des rideaux qui bougent

☐ Découvre des objets lumineux, comme une flamme de bougie vacillante

(suite)

 Mon journal (suite)

❏ Regarde le haut des arbres à l'extérieur et est particulièrement fasciné par des mouvements comme le bruissement des feuilles

❏ Regarde les objets en vente sur les rayons du supermarché

❏ Regarde des formes et des couleurs complexes, comme de l'art abstrait, particulièrement quand on le balance

❏ Est fasciné par les habits brillants ou les bijoux

❏ Aime regarder des gens manger

❏ Aime regarder et écouter des gens parler

❏ Observe les expressions faciales

ÉCOUTER ET PARLER

❏ Aime écouter des voix, du chant et des sons haut perchés

❏ Émet de petits bruits soudains comme « ah », « ouh », « hé », « mmm » et s'écoute les produire.

❏ Émet une série de sons, de murmures et de gazouillis, comme s'il racontait une histoire

❏ Répète ces sons si vous l'y encouragez

❏ Chante pour vous accompagner si vous dansez et chantez avec lui

❏ « Discute » avec vous et sourit aux peluches

❏ Émet consciemment le son « Hé ! » pour attirer l'attention

❏ Interrompt des personnes qui parlent

AUTRES CHANGEMENTS QUE VOUS AVEZ REMARQUÉS

_____

_____

Malgré tout, les premiers mouvements intentionnels de votre bébé sont très différents de ceux d'un adulte. Ses mouvements se font par à-coups et sont rigides et raides, comme ceux d'une marionnette, et ils resteront tels jusqu'à l'arrivée du prochain grand changement.

Les choix de votre bébé : une clé pour comprendre sa personnalité

Pourquoi chaque bébé est-il unique ? Ils sont tous passés par les mêmes changements et sont tous entrés dans le même nouveau monde avec de nouvelles découvertes à faire et de nouvelles compétences à apprendre. Mais chaque bébé décide pour lui-même ce qu'il veut apprendre, et quand, et comment. Il choisira ce qu'il considère le plus attirant. Certains bébés essaieront d'apprendre le plus possible de nouvelles compétences, en utilisant un ou plusieurs sens. Certains s'intéresseront particulièrement à explorer ce nouveau monde avec leurs yeux. Certains préféreront améliorer leurs compétences d'élocution et d'audition. D'autres essaieront de gagner en maîtrise de leur corps. Ceci explique pourquoi le bébé d'un ami peut faire quelque chose que votre bébé ne parvient pas à faire, ou n'aime pas faire, et vice-versa. Les goûts et dégoûts d'un bébé son déterminés par sa constitution personnelle : sa carrure, son poids, son tempérament, ses penchants et ses intérêts.

Les bébés aiment tout ce qui est nouveau. Il est très important que vous réagissiez quand vous remarquez de nouvelles compétences ou de nouveaux centres d'intérêt. Votre bébé appréciera que vous partagiez ces nouvelles découvertes avec lui, et son apprentissage progressera plus rapidement.

Le meilleur moyen d'aider votre bébé à bien passer ce bond est de l'encourager à développer les compétences qu'il trouve les plus intéressantes. Lorsque vous remarquez qu'il travaille sur une nouvelle compétence, montrez-lui votre enthousiasme à chaque tentative qu'il fait pour apprendre quelque chose de nouveau. Si vous le félicitez, vous le faites se sentir bien, et cela l'encourage à continuer. Essayez de trouver le bon équilibre entre lui proposer un nombre suffisant de défis et en attendre trop de lui. Essayez de découvrir ce qu'il préfère le plus faire. Et surtout, arrêtez dès que vous sentez qu'il se lasse d'un jeu ou d'un jouet.

Il se peut que votre bébé veuille ou ai besoin de pratiquer seul des jeux ou des activités. Tant que vous montrez de l'enthousiasme, cela suffira à lui donner l'assurance qu'il se débrouille bien.

Aidez-le à explorer son nouveau monde par la vue

Si votre bébé adore explorer son monde avec les yeux, vous pouvez l'aider en lui offrant toutes sortes de « modèles » visuels, par exemple en lui montrant des objets aux couleurs vives. Assurez-vous de bouger lentement l'objet dans son champ de vision, ce qui attirera son attention plus vite et maintiendra son intérêt plus longtemps. Vous pouvez également essayer de bouger l'objet lentement d'avant en arrière, mais faites en sorte que votre bébé soit toujours capable de le voir bouger, ou il perdra tout intérêt.

Quand votre bébé est d'humeur joueuse, il se peut qu'il s'ennuie s'il voit, entend ou touche toujours les mêmes objets dans le même environnement familier. Il est très normal pour des bébés de cet âge d'exprimer l'ennui, comme leur conscience nouvelle des modèles signifie également qu'ils comprennent lorsque les choses sont répétitives. Pour la première fois de sa vie, votre bébé pourra se lasser du même joujou, de la même vue,

Comment dire s'il en a assez

Pratiquer une nouvelle compétence est amusant, mais cela peut également être éprouvant pour un bébé. Quand il en a assez pour un moment, il vous le fera généralement savoir par des signaux corporels très précis. Par exemple, il peut regarder au loin, ou s'il est assez fort physiquement, il peut détourner son corps de vous.

Arrêtez le jeu ou l'activité dès que vous avez remarqué que votre bébé en a assez. Parfois, il voudra juste faire une brève pause avant de reprendre le jeu ou l'activité avec un enthousiasme accru, mais ne le forcez pas. Il lui faut du temps pour tout assimiler. Laissez toujours les réactions de votre bébé vous guider.

du même son, de la même sensation qu'offre un objet au toucher, et des mêmes goûts. Il recherchera avant tout la variété, et celle-ci lui apprendra des choses. S'il a l'air de s'ennuyer, continuez à la stimuler. Promenez-le dans vos bras ou fournissez-lui des objets différents à regarder.

À ce moment, les jouets peuvent s'avérer moins intéressants pour votre bébé que la kyrielle de « vraies choses » intéressantes qui peuplent son monde. Votre foyer est rempli d'objets qui peuvent fasciner votre bébé : livres, photographies, animaux familiers, outils de cuisine, voire vos lunettes. Si votre bébé préfère soudainement une « vraie chose » à ses jouets, il aura besoin de votre aide. À cet âge, il ne peut s'approcher tout seul assez près des objets. Il a besoin de vous soit pour l'amener à l'objet soit pour le prendre et le lui montrer. Si vous remarquez qu'il aime regarder les « vraies choses », aidez-le à faire cela.

> « Mon bébé aime regarder toutes sortes de choses : des peintures, des livre sur des étagères, des objets qui se trouvent dans le placard de la cuisine. Je dois l'amener partout. Je la porte même dans mes bras quand je sors ou quand je vais faire les courses. »
>
> La maman d'Anna, 11e semaine

À cet âge, il se peut que votre bébé remarque que des objets familiers ne cessent de passer rapidement dans son champ de vision. S'il enquête, il découvrira qu'il s'agit de ses mains ou de ses pieds. Il se peut qu'il les regarde, émerveillé, et qu'il se mette à les étudier en détail. Chaque bébé a sa propre manière d'enquêter sur ce nouveau phénomène. Certains bébés auront besoin de beaucoup de temps pour achever ces enquêtes, et d'autres non. La plupart des bébés ont un penchant particulier pour leurs mains. Peut-être cela est-il dû au fait que ses petites mains sont très souvent dans les parages.

Aidez votre bébé à explorer son nouveau monde par le toucher

Les mains et les bras peuvent se trouver dans une myriade de positions différentes. Chaque position est un nouveau modèle à voir et à éprouver. Laissez votre bébé étudier ses mains aussi longtemps et aussi souvent qu'il

le désire. Un bébé doit apprendre ce que ses mains sont avant de pouvoir apprendre à les utiliser convenablement. Ainsi, il est très important pour lui de tout apprendre sur ce « dispositif de toucher ».

« Mon petit chéri étudie chaque détail des mouvements de ses mains. Il joue assez délicatement avec ses doigts. Quand il est sur le dos, il tient sa main en l'air puis écarte ses doigts. Parfois il ouvre et referme ses doigts, l'un après l'autre. Ou alors il serre ses mains ou les fait se toucher. C'est un mouvement en flux continu. »

La maman de Léo, 9e semaine

Avez-vous remarqué que votre bébé essaye d'utiliser ses mains pour saisir un hochet, par exemple ? Et lorsqu'il tient quelque chose, cela implique un modèle lié aux sensations que procurent cette position de la main et l'objet qui touche la paume de la main. Les premières tentatives d'un bébé pour attraper un objet sont généralement loin d'être des réussites. Montrez-lui que l'effort qu'il fait vous enthousiasme et encouragez chaque tentative sérieuse. Vos félicitations l'encourageront à continuer.

« Mon fils essaye d'attraper des choses ! Ses petites mains tâtonnent dans la direction de son hochet, ou bien il essaye de le frapper. Un instant plus tard, il essaye de saisir le hochet, en utilisant un mouvement de préhension correct. Il y laisse beaucoup d'efforts. Quand il pense pouvoir l'attraper, il ferme son poignet, mais le hochet était encore à quelques centimètres. Le pauvre chou réalise son erreur, en tire de la frustration, et commence à pleurer. »

La maman de Paul, 11e semaine

Veuillez garder en tête qu'à cet âge, votre bébé n'est définitivement pas encore en mesure de tendre le bras pour toucher les choses qu'il désire saisir. Il est seulement capable de fermer son poignet autour d'un objet. Assurez-vous de toujours placer des jouets faciles à attraper à proximité de ses mains agitées. Votre bébé sera alors capable de toucher les objets et de pratiquer l'ouverture et la fermeture de ses mains à volonté.

Aidez votre bébé à explorer son nouveau monde par le son

L'une des plus grande passion des bébés sont les nouveaux sons qu'ils parviennent à faire eux-mêmes. Voilà pourquoi vous devez essayer de réagir à chaque son qu'émet votre jeune nourrisson. La plus grande passion de votre bébé peut être les bruit forts et brefs, parce que depuis ce bond en avant, il peut maintenir ses cordes vocales dans une certaine position. Tout comme la position d'une main, la position d'une corde vocale est un modèle de sensation. Essayez d'imiter les sons de votre bébé pour qu'il puisse les entendre venant de quelqu'un d'autre. Réagissez quand il utilise des sons pour attirer votre attention. Ces « conversations » sont essentielles pour son processus d'apprentissage, et elles lui apprendront à attendre son tour, à écouter et à imiter, des compétences qui forment les bases de la communication. Ces discussions lui apprendront également que sa voix est un outil important, tout comme ses mains.

> « Mon bébé papote toute la journée pour essayer d'attirer mon attention. Elle écoute ma voix aussi. C'est merveilleux. »
>
> La maman d'Anna, 11e semaine

Chaque mère essaye d'encourager son bébé à « papoter ». Bien entendu, certaines mères parlent à leurs bébés tout au long de leurs heures d'éveil, tandis que d'autres ne le font qu'à certains moments, par exemple quand leur bébé se trouve sur leurs genou. Le désavantage des sessions de discussion planifiées est que le bébé ne sera pas toujours disposé à écouter et réagir. Il apparaît que les bébés dont les mères « planifient » les sessions de discussion ne comprennent pas toujours ce que l'on attend d'eux, et que leurs mères se découragent plus facilement puisqu'elles pensent que leur bébé n'est pas encore capable de réagir convenablement.

Aidez votre bébé à explorer son nouveau monde par les positions du corps

Votre bébé est peut-être prêt pour des jeux de traction. Un petit hercule qui est capable de lever sa tête de lui-même pourrait adorer lorsqu'il est assis être tiré par les bras pour être mis debout. Prenez garde à bien soutenir sa lourde tête. S'il est très fort, il pourrait même participer activement. Ce jeu apprend au bébé les sensations liées à différentes positions et comment il peut maintenir celles-ci. Chacune de ces positions est un autre « modèle » que votre bébé peut percevoir au sein même de son corps. S'il coopère au jeu de traction, il fera des mouvements brusques et mal assurés d'une position à l'autre. Une fois qu'il se sera mis dans une position donnée, il voudra la conserver pendant un moment. Bien que ses mouvements soient encore loin d'être souples, il adorera garder une position donnée durant un court instant. Il peut même s'avérer très déçu si vous décidez qu'il est temps de mettre fin au jeu.

« Mon fils se met à bouger dans tous les sens quand je le tire pour le dresser sur ses pieds. Il fait également de brusques mouvements spasmodiques quand il est allongé, nu, sur son matelas à langer. Je ne sais pas si c'est normal. Cela m'inquiète un peu. »

La maman de Kevin, 11e semaine

« Si mon bébé pouvait faire ce qu'elle veut, elle passerait ses journées sur ses pieds, à m'écouter lui dire combien elle est forte. Si je ne me presse pas pour la complimenter, elle commence à se plaindre. »

Emma's mom, 10th week

Les pères sont généralement les premiers à découvrir que les bébés apprécient ces jeux de traction, puis les mères suivront, bien qu'elle aient tendance à être un peu plus enthousiaste avec les bébés garçons qu'avec les bébés filles.

(suite à la page 80)

Quelques choses à garder en tête

Votre bébé aura une grande soif de savoir quand il sera en train de découvrir un nouveau monde. Il apprendra plus vite, plus facilement, et ce sera pus amusant, si vous lui donnez des choses qui correspondent à sa personnalité.

Les bébés très exigeants obtiendront automatiquement plus d'attention, étant donné que leurs mères font tout leur possible pour les garder amusés et satisfaits. Les bébés nécessitant beaucoup d'intérêt peuvent devenir les meilleurs étudiants de demain si on leur donne l'aide et les encouragements adéquats lors de leurs premières années.

On pardonne facilement aux bébés calmes, car ils ne demandent pas autant d'attention à leurs mères. Essayez d'encourager et de stimuler un peu plus un bébé calme pour tirer le meilleur de lui.

Il se peut que vous pensiez que votre nourrisson devrait à présent être capable d'être un peu plus indépendant, car vous remarquez le grand plaisir qu'il prend à son environnement, à ses jeux, à ses pieds et mains, et parce qu'il apprécie d'être allongé au sol sur le dos. C'est à ce moment que vous pouvez commencer à utiliser le parc pour bébé. C'est un bon endroit pour mettre des jouets à portée de main de votre bébé, et lui permettre de leur flanquer des coups, ou de les balancer d'avant en arrière. Vous pouvez aussi essayer de laisser votre bébé s'amuser tout seul aussi longtemps que possible, en lui présentant de  nouveaux jouets lorsqu'il se lasse des précédents. Avec votre aide, il se peut que votre bébé soit capable de s'amuser tout seul pendant environ 15 minutes à cet âge.

Les meilleurs jeux pour cette semaine miracle

Ces jeux et activités peuvent être utilisés quand votre bébé entre le monde des modèles. Avant que vous ne commenciez à parcourir la liste, revenez à « Comment mon bébé explore le nouveau monde des modèles », à la page 68, pour vous rappeler ce que votre bébé aime faire. Et rappelez-vous que les jeux qui ne marchent pas pour votre bébé maintenant pourraient fonctionner plus tard quand il sera prêt.

LES MAINS OU LES PIEDS, UN DES JOUETS PRÉFÉRÉS

Donnez à votre bébé le temps et l'espace dont il a besoin pour regarder ses pieds et ses mains. Il aura besoin de liberté de mouvement pour assimiler chaque détail. La meilleure chose à faire est de le déposer sur une grande serviette ou une grande couverture. S'il a assez chaud, laissez-le jouer sans vêtements, car il appréciera vraiment la liberté offerte par sa nudité. Si vous voulez, vous pouvez accrocher un ruban de couleur à son pied ou à sa main pour les rendre encore plus attirants. Si vous faites ceci, assurez-vous cependant que le ruban soit bien attaché et surveillez le bébé de près pour qu'il évite de s'étouffer accidentellement avec le ruban, si celui-ci venait à se desserrer.

DES CONVERSATIONS CHALEUREUSES

Lorsque votre bébé est d'humeur à « parler », assez-vous confortablement. Assurez-vous que votre dos soit bien positionné, levez les genoux, et couchez votre bébé sur vos cuisses. De cette position, il peut vous voir convenablement, et vous serez capable de suivre toutes ses réactions. Parlez-lui de tout et de n'importe quoi : sa beauté, la douceur de sa peau, ses yeux, ce qui s'est passé durant la journée, ou vos projets pour plus tard. La chose la plus importante est le rythme de votre voix et vos expressions faciales. Assurez-vous de lui laisser assez de temps pour répondre. Cela signifie qu'il faut être patiente, attentive, souriante, et lui faire des signes de la tête pour qu'il comprenne qu'il faut être deux pour mener une conversation. Observez les réactions de votre bébé pour découvrir ce qu'il trouve intéressant. Rappelez-vous qu'une bouche en train de parler assortie à un visage qui passe régulièrement d'une expression à une autre fait généralement un tabac !

À LA DÉCOUVERTE DE LA MAISON

À cet âge, un bébé curieux est toujours incapable de saisir les objets qui l'intéresse pour les regarder de plus près. Jusqu'à ce qu'il arrive à faire cela de lui-même, et lui faudra se reposer sur vous pour lui amener des objets intéressants. Rappelez-vous, il y a de nombreuses choses intéressantes dans la maison qui exciteront sa curiosité. Expliquez-lui ce qu'il voit. Il aimera écouter l'intonation de votre voix. Laissez-le toucher et éprouver tout ce qu'il semble apprécier.

LE JEU DE TRACTION

Vous pouvez seulement jouer à ce jeu si votre bébé est capable de lever la tête de lui-même. Asseyez-vous et mettez-vous à l'aise. Assurez-vous que votre dos soit bien positionné. Levez vos genoux et posez votre bébé sur vos jambes et votre ventre afin qu'il soit dans une position à moitié assise. Il se sentira mieux comme cela. À présent, prenez ses bras et tirez-le lentement, jusqu'à ce qu'il se tienne debout, tout en l'encourageant dans le même temps, par exemple en lui expliquant combien il est intelligent. Observez ses réactions attentivement, et ne continuez que si vous êtes sûre qu'il coopère et s'amuse.

PRENDRE UN BAIN ENSEMBLE

L'eau est elle-même un superbe jouet. À ces âge, les « bébés nageurs » en particulier apprécieront de regarder l'eau qui bouge. Placez votre bébé sur votre ventre et montrez-lui les gouttes et les petits ruisseaux d'eau qui coulent depuis votre corps vers le sien. Les bébés aimeront également que l'on fasse s'écraser de petites vagues contre leur corps. Allongez-le sur le dos contre votre ventre et jouez tous les deux au rameur. Bougez lentement d'avant en arrière comme si vous ramiez et faites de petites vagues. Il appréciera la sensation des vagues léchant sa peau. Après la liberté du bain, il est probable qu'il apprécie d'être enveloppé douillettement en toute sécurité dans une serviette chaude avant de recevoir un bon câlin !

Un mot de consolation : un bébé exigeant peut être un génie

Certains bébés s'intéressent rapidement à de nouveaux jeux et jouets, puis se lassent tout aussi rapidement de faire les mêmes choses, d'un jour à l'autre. Ils veulent de nouveaux défis, une action continuelle, des jeux compliqués et beaucoup de variété. Cela peut être extrêmement épuisant pour les mères de ces bébés pleins de vitalité, car elles se retrouvent à court d'imagination, et leurs enfants hurlent si on ne leur présente pas de nouveaux défis l'un après l'autre.

C'est un fait prouvé que de nombreux enfants extrêmement doués étaient des bébés exigeants et jamais satisfaits. Ils étaient généralement heureux tant qu'on leur offrait des défis nouveaux et exaltants.

La conscience nouvelle d'un nouveau monde offrira de nouvelles opportunités d'apprendre de nouvelles compétences. Certains bébés exploreront leur nouveau monde et feront des découvertes avec un grand enthousiasme, mais ils exigent pour cela une attention et une aide constantes. Leur soif de savoir est infinie. Malheureusement, ils découvrent leur nouveau monde à une vitesse extrême. Ils acquièrent après les avoir expérimentées presque toutes les compétences que le nouveau monde a à leur offrir, puis les expérimentent encore un peu avant de s'en lasser de nouveau. Pour les mères de tels bébés, il n'y a pas grand chose d'autre à faire que d'attendre l'arrivée du prochain grand changement.

Les meilleurs jouets pour cette semaine miracle

Voici quelques objets et choses que les bébés apprécient tandis qu'ils explorent le monde des modèles.

- Les objets qui pendouillent au-dessus d'eux
- Un mobile qui bouge ou qui fait de la musique
- Une boîte musicale avec des figurines qui bougent
- Des objets à frapper ou à toucher
- Des peluches à qui parler ou de qui rire
- Maman... vous êtes toujours au top du classement de ses jouets préférés !

« À chaque fois que j'ai fini de le nourrir, je met mon fils dans son parc pendant un moment. Parfois, je le mets sous un mobile musical qu'il aime regarder, et parfois je le met sous un trapèze d'où pendent des jouets, auxquels il donne de grands coups de temps à autre. Je dois avouer qu'il devient assez bon pour les frapper à présent. »

La maman de Lucas, 11e semaine

Autour de la 10e semaine, une nouvelle période de calme relatif s'installe. Il semblerait que la plupart des mères parviennent rapidement à mettre les soucis et les angoisses des semaines précédentes derrière elles. Elles chantent les louanges de leur bébé et parlent d'eux comme s'ils avaient toujours été des bébés faciles à vivre et joyeux.

Quels changements pouvez-vous voir dans votre bébé à ce stade ? À environ 10 semaines, votre bébé peut ne plus nécessiter autant d'attention que par le passé. Il est plus indépendant. Il s'intéresse à ce qui l'entoure, aux personnes, aux animaux et aux objets. On dirait que soudain, il comprend et reconnaît tout un ensemble de nouvelles choses. Son besoin d'être en permanence avec vous est également peut-être en train de diminuer à ce moment. Si vous le prenez dans vos bras, il se peut qu'il se tortille, gigote d'inconfort et essaye de s'asseoir dans vos bras autant que cela lui est possible. Le seul moment où il semble avoir besoin de vous à présent est quand vous êtes désireux de lui montrer des choses dignes d'intérêt. Votre bébé peut être devenu si joyeux et occupé à s'amuser tout seul que la vie est bien plus facile pour vous. Il se peut que vous ressentiez un regain d'énergie. De nombreuses mères ont l'habitude de mettre les bébés de cet âge dans leur parc, car elles pensent que leurs enfants y sont maintenant prêt.

« Ma fille a d'un seul coup eu l'air bien plus intelligente. Elle a perdu la dépendance du nouveau-né. Je ne suis pas la seule à l'avoir remarqué. Maintenant, tout le monde lui parle en français, plutôt que de lui faire de drôles de bruits sans signification. »

La maman d'Émilie, 10e semaine

« Mon bébé a l'air plus sage. Elle est devenue plus amicale, plus heureuse, et se set même à hurler de rire de temps à autre. Dieu merci elle a cessé de crier sans discontinuer ! La vie a connu un changement profond, passant de « Comment puis-je supporter ses hurlements ? » à apprécier sa présence à mes côtés. Même son père est pressé de la voir le soir ces temps-ci. Avant, il venait à la maison en traînant des pieds, craignant la torture qu'étaient ses pleurs incessants. Maintenant, il adore être avec elle. Il la nourrit et la lave tous les soirs. »

La maman de Léa, 10e semaine

« Mon fils n'a plus l'air aussi vulnérable. Je vois à présent en lui un changement certain. Il a progressé, avant il restait simplement assis sur mes genoux et maintenant il est un peu plus indépendant et il joue tout seul. »

La maman de Enzo, 10e semaine

« Je pense que mon bébé commence vraiment à devenir une véritable petite personne, avec sa vie propre. Au début, elle ne faisait rien d'autre que manger et dormir. Maintenant, elle s'étire un bon coup quand je la sors du lit, tout comme le font les adultes. »

La maman de Nina, 10e semaine

« Je ne sais pas s'il y a le moindre rapport, mais j'ai remarqué que j'avais à coup sûr bien plus d'énergie cette semaine, et cela a coïncidé avec l'indépendance nouvellement acquise de mon petit garçon. Je dois dire que j'apprécie vraiment de voir les progrès qu'il fait. Je trouve fascinantes sa façon de rire, de s'amuser tout seul, et de jouer. J'ai l'impression que nous communiquons mieux à présent. Je peux laisser mon imagination se débrider avec ses peluches, lui chanter des chansons, et inventer différents jeux. Maintenant que j'arrive à avoir un peu de retour de sa part, c'est en train de devenir un petit ami. Je trouve cet âge bien plus facile que quand il se contentait de téter, pleurer et dormir. »

La maman de Léo, 10e semaine

chapitre 5

Semaine miracle 12:
Le monde des
transitions en douceur

À environ 11 ou 12 semaines, votre bébé entrera encore dans un nouveau monde en vivant le troisième bond de développement majeur depuis sa naissance. Vous vous rappelez peut-être que l'un des développements physiques majeurs qui survenait à 8 semaines était la capacité de votre bébé à frapper des objets avec ses mains ou ses pieds. Ces premiers mouvements rappellent souvent ceux d'une poupée en train de se débattre. À 12 semaines, ces déplacements brusques sont sur le point de changer. Comme Pinocchio, votre bébé est prêt à passer de marionnette à vrai petit enfant.

Bien sûr, cette transformation ne se passera pas du jour au lendemain, et quand elle survient, elle n'implique pas uniquement le mouvement physique, bien que ce soit généralement ce que les parents remarquent le plus. Elle affectera également la capacité qu'a votre bébé de percevoir avec ses autres sens la façon dont les choses changent autour de lui, comme le changement de registre d'une voix, les déplacements furtifs du chat sur le plancher, et la lumière qui s'affaiblit dans une pièce à mesure que le soleil s'enfonce dans les nuages. Le monde de votre bébé devient un endroit plus organisé tandis qu'il découvre le flux constant de changements qui l'environne.

La réalisation de ces subtilités permettra à votre bébé d'apprécier la vie d'une nouvelle manière. Mais il n'est pas facile d'entrer dans un monde qui se défile sous vos pieds. En l'espace de quelques jours, le monde de votre bébé change. Rien n'a plus l'air stable.

Gardez en tête que si votre bébé paraît d'un coup plus agité, c'est probablement qu'il apprend à maîtriser de nouvelles compétences. Observez-le de près durant ces moments enthousiasmants.

Dans ce monde en changement, vous êtes la seule constante, son gouvernail sur mer agitée. Est-il vraiment étonnant qu'il veuille s'accrocher à vous plus que tout quand il entre dans ce prochain bond de développement

Note: Ce bond vers le monde perceptif des « transitions en douceur » est lié à l'âge et prévisible. Il lance le développement de tout un ensemble de compétences et d'activités. Cependant, l'âge auquel ces compétences et ces activités apparaissent pour la première fois varie grandement et dépend des préférences de votre bébé, ainsi que de ses expériences et de son développement physique. Par exemple, la capacité à percevoir des transitions en douceur émerge vers la 12e semaine, et c'est une condition nécessaire à « essayer de s'asseoir avec l'aide d'un adulte », mais cette compétence apparaît normalement entre le 3e et le 8e mois. Les compétences et les activités sont mentionnées dans ce chapitre à leur âge d'apparition le plus bas possible, afin que vous puissiez surveiller leur apparition et les reconnaître. (Parfois seulement sous une forme rudimentaire tout d'abord.) De cette manière, vous pouvez réagir au développement de votre bébé et le faciliter..

majeur ? Heureusement, cette période d'agitation ne devrait pas durer aussi longtemps que la précédente. Certains bébés retrouveront un comportement normal au bout d'une petite journée, tandis que d'autres auront besoin d'une semaine entière avant de se sentir de nouveau eux-mêmes.

Les signes d'agitation de cette Semaine

Quand un changement survient, tous les bébés crient plus souvent et plus longtemps, bien que certains crient encore plus que d'autres. Certains bébés seront inconsolables, tandis que d'autres seront agités, grognons, lunatiques ou encore apathiques. Un bébé peut être particulièrement difficile la nuit, tandis qu'un autre tendra à être difficile la journée. Tous les bébés seront généralement un peu moins pleurnichards si on les porte sur soi ou si on leur accorde un petit surcroît d'attention et de câlins. Mais même dans ces conditions, quiconque connaissant bien le bébé le soupçonnera de vouloir se remettre à pleurer ou s'agiter dès qu'il en aura l'occasion.

Comment vous savez qu'il est temps de grandir

Voici les principaux signes que votre bébé est sur le point de faire ce bond de développement.

Il se peut qu'il demande plus d'attention

Au moment même où vous pensiez que votre bébé avait appris à s'amuser tout seul, il semble ne plus le faire aussi bien qu'avant. On dirait qu'il veut que vous jouiez avec lui plus souvent et que vous la distrayiez tout le temps. Se contenter de s'asseoir près de lui peut ne pas suffire ; il se peut qu'il veuille aussi que vous le surveilliez et lui parliez. Ces changements dans son comportement seront d'autant plus évidents s'il vous avait déjà montré qu'il pouvait être indépendant après le deuxième bond en avant. Vous risquez de penser qu'il est en pleine régression. Vous vous direz peut-être qu'après avoir fait trois pas en avant, votre bébé en fait maintenant deux vers l'arrière.

« Mon fils dépend terriblement de moi maintenant. Il n'est heureux qu'à condition que je le serre fort dans mes bras. S'il devait décider, je pense qu'il me ferait danser avec lui toute la journée. »

La maman de Léo, 12e semaine

Il se peut qu'il devienne plus timide avec les inconnus

À ce moment, certains bébés seront timides avec tout le monde excepté leur maman. Si votre bébé est timide, vous remarquerez qu'il s'accroche à vous à chaque fois que vous avez de la visite. Il peut se mettre à pleurer quand un étranger lui parle, voire le regarde. Parfois, il peut refuser de s'asseoir sur les genoux de n'importe qui d'autre que vous. S'il est blotti en sécurité contre vous, il arrive qu'il accorde à quelqu'un d'autre un sourire timide, mais s'il est particulièrement timide, il enfoncera sa tête dans votre épaule juste après.

Il se peut qu'il s'accroche à vous plus fermement

Quand vous le porterez, votre bébé s'accrochera peut-être à vous si fermement qu'il vous semblera qu'il a peur d'être lâché. Les bébés qui font cela peuvent même parfois pincer leurs mères assez violemment.

Il se peut qu'il perde l'appétit

À ce moment, il se peut que votre bébé fasse traîner chaque session d'allaitement. Les bébés nourris au sein qui sont autorisés à décider eux-mêmes quand il veulent téter se comportent comme s'ils voulaient manger en permanence. Les bébés nourris au biberon prennent plus de temps à finir leurs bouteilles, s'ils parviennent à aller jusque là. Ces buveurs indisciplinés passent leur temps à mâchonner et à mordiller les mamelons sans vraiment boire. Ils font ceci pour se rassurer et se cramponnent de toutes leurs forces, effrayés de laisser aller. Souvent, il se laisseront aller au sommeil alors qu'ils ont encore un mamelon dans leur bouche. Votre bébé peut même essayer de se tenir à votre sein ou de l'agripper durant l'allaitement, même s'il est nourri au biberon, car il a peur d'abandonner sa seule source de réconfort.

« Quand je nourris au biberon ma fille, elle enfonce sa petite main dans mon chemisier. Nous appelons ça « tâter le sein » ».

La maman d'Émilie, 12e semaine

Il se peut qu'il dorme mal

Votre bébé dormira probablement avec plus de difficultés à présent. La plupart des bébés se réveillent plusieurs fois par nuit et exigent d'être nourris. D'autres bébés se réveillent très tôt le matin. Et d'autres encore refusent de faire des siestes durant la journée. Pour beaucoup de familles, la routine quotidienne est devenu un chaos absolu à cause du changement drastique des habitudes régulières d'allaitement et de sommeil du bébé.

Il se peut qu'il suce son pouce plus souvent

Votre nourrisson découvrira peut-être à ce moment son pouce pour la première fois, ou se mettra à sucer son pouce plus longtemps et plus régulièrement qu'avant. Tout comme téter le sein ou un biberon, ceci est un réconfort qui peut éviter d'autres sessions de pleurs. Certaines mères introduisent à ce moment une tétine pour aider à soulager leur bébé.

Il se peut qu'il soit apathique

Votre bébé peut avoir l'air plus calme ou moins vif que d'habitude. Il se peut également qu'il reste allongé sans bouger pendant un certain temps, en regardant autour de lui ou droit devant lui. Cela n'est que temporaire. Ses sons et mouvements antérieurs seront bientôt remplacés par d'autres.

> « La seule chose que mon bébé aime faire en ce moment s'est de se blottir contre moi dans son porte-bébé. Elle est très calme est absolument pas embêtante : elle ne fait à peu près rien d'autre que dormir. Pour être honnête, cependant, je préférerais la voir pleine de vie. »
>
> La maman de Nina, 12e semaine

Comment ce bond peut vous affecter

Votre bébé ne sera évidemment pas le seul à être affecté par les changements qui surviennent en lui. Sa famille tout entière souffre, et particulièrement sa mère. Voici quelques-uns des sentiments que vous pourrez vivre durant cette période de turbulence.

Mon journal

Les signes que mon bébé s'est remis à grandir

Entre les 11e et 12e semaines, il se peut que votre bébé montre certains de ces comportements. Ce sont probablement des signes qu'il est prêt à faire le prochain bond, dans le monde des transitions en douceur. Cochez les signes que votre bébé montre.

❏ Pleure plus souvent

❏ Veut que vous le teniez occupé

❏ Perd l'appétit

❏ Est plus timide avec les étrangers

❏ S'accroche plus souvent

❏ Veut plus de contacts physiques durant l'allaitement

❏ Dort mal

❏ Suce son pouce, ou le fait plus souvent qu'avant

❏ Est moins vif

❏ Est plus calme, moins bruyant

AUTRES CHANGEMENTS REMARQUÉS

_____

_____

Il se peut que vous vous inquiétiez

Il est normal de ressentir de l'angoisse quand vous remarquez que votre nourrisson auparavant si vif est devenu plus agité, pleure plus souvent, dort mal, ou allaite mal. Il se peut que vous craigniez que votre bébé ait régressé dans sa production de sons et de mouvements ou semble avoir perdu l'indépendance qu'il avait si récemment acquise. Les mères s'attendent généralement à voir des progrès, et s'il ne leur semble pas que cela arrive, même pour un bref moment seulement, elles s'inquiètent. Elles se sentent peu à leur aise, et se demandent ce qui se passe. « Est-ce qu'il y a un problème avec le bébé ? Serait-il malade ? Est-ce qu'il serait anormal après tout ? » sont les interrogations les plus communes. Le plus souvent, aucune d'entre elles n'a de réponse positive. (En cas de doute, n'hésitez pas à toujours consulter votre médecin de famille.) Au contraire, votre bébé montre des signes de progrès. C'est une monde complètement neuf qu'il peut maintenant découvrir, mais quand ce monde se révèle à lui, le bébé devra tout d'abord gérer les défis que celui-ci apporte. Ce n'est pas facile pour lui, et il aura besoin de votre soutien. Vous pouvez le lui apporter en lui montrant que vous comprenez qu'il passe par une période difficile.

> « Quand mon bébé ne s'arrête pas de pleurer et veut être porté en permanence, je me sens sous pression. Je me sens incapable d'accomplir ne serait-ce que les choses les plus simples. J'ai l'impression de perdre toute ma confiance en moi et ça sape toute mon énergie. »
>
> **La maman de Juliette, 12e semaine**

> « J'essaye de trouver la raison des pleurs continus de mon bébé. J'aimerais savoir ce qui la trouble tant pour essayer de régler le problème. Alors je retrouverai un peu de paix d'esprit. »
>
> **La maman de Laura, 12e semaine**

> « Je ne trouve aucun moyen de gérer les pleurs de mon fils. Je n'arrive juste plus à les supporter. Je préférerais sortir de mon lit quatre fois par nuit pour m'occuper d'un bébé qui ne pleure pas que deux fois par nuit pour m'occuper d'un petit brailleur. »
>
> **La maman de Paul, 11e semaine**

Il se peut que vous deveniez irritable

Durant cette période de nombreuses mères s'énervent de l'irrégularité des temps de repas et de sommeil de leur bébé. Elles se rendent compte qu'il est impossible de prévoir quoi que ce soit. Tout le planning doit être jeté à la poubelle. Souvent, elles subissent aussi la pression de la famille ou des amis.

L'instinct maternel leur dit de concentrer leur attention sur les malheurs de leur enfant, mais d'autres personnes semblent souvent désapprouver que l'on s'occupe trop des bébés. Les mères se sentent prises au piège entre ces deux extrémités.

« À chaque fois que mon fils commence à s'agiter, ça m'énerve, parce que j'ai l'impression qu'il n'arrive pas à s'amuser tout seul ne serait-ce qu'un bref instant. Il veut me garder occupé toute la journée. Bien entendu, tout le monde aime me donner des conseils sur la façon de m'occuper de lui, particulièrement mon mari. »

La maman de Kevin, 12e semaine

« J'ai l'impression de mieux arriver à gérer le comportement erratique de mon bébé si je ne prépare rien à l'avance. Par le passé, comme mes programmes étaient complètement chamboulés, je m'énervais. J'ai donc changé d'attitude. Et croyez-le ou non, j'arrive parfois à trouver quelques heures pour moi ! »

La maman de Laura, 12e semaine

Il se peut que vos nerfs craquent

Parfois les mères sont incapables de réprimer leur colère plus longtemps, ou n'en ont plus le courage, et elles font savoir à leurs petites créatures exigeantes qu'elles n'en peuvent plus.

« Mon garçon était très agité. Je n'arrêtais pas de m'inquiéter de ce que les voisins pouvaient penser du bruit. Dimanche après-midi, ça a été la goutte d'eau qui fait déborder le vase. J'ai tout essayé pour le calmer, mais rien n'aidait. Tout d'abord, je me suis sentie inutile, puis c'est la colère qui m'a envahie car je ne pouvais plus le supporter, donc je l'ai laissé dans sa chambre. J'ai moi-même pleuré un bon coup, ce qui m'a un peu calmé. »

La maman de Léo, 12e semaine

« On avait de la visite, et mon fils était terriblement pénible. Tout le monde me donnait des conseils à trois sous, ce qui n'a fait que me vexer. Quand je suis monter le coucher, j'ai perdu mes nerfs, l'ai agrippé et l'ai secoué un bon coup. »

La maman de Matthieu, 11e semaine

S'occuper du bébé

Les secousses peuvent être dangereuses

Alors qu'il normal de ressentir de la frustration ou de la colère envers votre bébé de temps en temps, ne secouez jamais un bébé. Secouer un jeune enfant peut facilement causer des saignements internes juste en-dessous du crâne, ce qui peut conduire à l'endommagement du cerveau et à des difficultés d'apprentissage par la suite, voire à la mort.

Il se peut que vous ressentiez une pression énorme

Si une mère s'inquiète trop au sujet de son bruyant petit bout de chou, et si sa famille et ses amis ne la soutiennent pas assez, il se peut qu'elle s'épuise complètement. Si elle souffre également d'un manque de sommeil, alors elle peut facilement perdre le contrôle de la situation, aussi bien mentalement que physiquement.

Les conseils malvenus, ajoutés à la panique et à l'épuisement, peuvent rendre n'importe quelle mère encore plus irritable et agressive ; et son partenaire en est souvent la cible. Parfois, cependant, c'est le nourrisson désespéré qui portera le poids de la frustration mal contenue d'une mère, et il peut s'avérer qu'elle soit avec lui un peu plus rude que nécessaire. Quand une mère admet avoir frappé son bébé, cela a presque toujours lieu durant l'une de ces périodes d'agitation. Ce n'est certainement pas parce qu'elle n'aime pas le pauvre nourrisson, mais simplement parce qu'elle désirerait le voir heureux, et se sent menacée par les critiques extérieures. Elle a l'impression de n'avoir personne vers qui se tourner pour partager ses problèmes ; elle se sent seule. Même si ces sentiments de frustration sont très compréhensibles, il ne faut jamais se laisser guider par ceux-ci. Les petites claques, et tout autre forme de maltraitance, ne sont pas acceptables.

« À chaque fois que mon bébé arrêtait de crier, je me sentais comme si un poids avait été ôté de mes épaules. Avant cela, je n'avais pas remarqué combien j'étais tendue. »

La maman d'Émilie, 11e semaine

« Après que les collègues de mon mari lui ont dit que mon fils et lui se ressemblaient comme deux gouttes d'eau, il a arrêté de critiquer l'attention sou-

tenue que j'accordais à son petit reflet grognon. En fait, mon mari refuserait que j'agisse d'une quelconque autre manière, alors qu'avant il trouvait que je sur-réagissais et que je gâtais le bébé. Les choses vont beaucoup mieux maintenant, et je ne suis plus aussi tendue qu'avant quand le bébé s'énerve, et lui aussi à l'air de sentir ça, d'ailleurs. Je me sens bien mieux maintenant. »

La maman de Matthieu, 12e semaine

Quand la tension s'accumule trop, rappelez-vous ceci : les choses ne peuvent aller que mieux. À ce stade, certaines mètres craignent que ces horribles accès de pleurnicherie ne s'arrêtent jamais. C'est une supposition logique parce que jusque là les période d'agitation se sont succédé rapidement avec des intervalles de 2 ou 3 semaines. Cela laisse à peine aux mères assez de temps pour reprendre leur souffle. Mais ne désespérez pas, à partir de maintenant, les intervalles entre les périodes d'agitation seront plus long. Les périodes d'agitation elles-mêmes sembleront moins intenses.

Comment émergent les nouvelles compétences de votre bébé

Quand votre bébé est énervé, il vous faudra généralement lui accorder une attention accrue car vous voudrez savoir ce qui ne va pas. En faisant cela, il se peut que vous remarquiez soudainement qu'en fait, votre maîtrise de nouvelles compétences ou essaye de le faire. À vrai dire, vous découvrirez que votre bébé est en train de faire son grand bond suivant, vers le monde des transitions en douceur.

À environ 12 semaines, votre bébé sera capable de percevoir la diversité des manières dont les choses changent subtilement autour de lui, non pas abruptement mais doucement et graduellement. Il sera prêt à faire lui-même l'expérience de telles transitions en douceur.

Votre bébé fera de nombreuses nouvelles découvertes dans son nouveau monde. Il sélectionnera les choses qui l'attirent particulièrement et qu'il est prêt à tenter physiquement et mentalement. Comme toujours, il vous faudra veiller à ne pas trop le pousser mais à l'aider à ne faire que ce qu'il est prêt à faire. Cependant, il restera le plus souvent dépendant de votre aide. Il aura besoin de vous pour lui montrer les choses de son monde, pour mettre ses jouets là où il peut les voir et les attraper, et pour réagir à ses tentatives toujours plus nombreuses de communication.

Des changements dans le cerveau

À environ 10 ou 11 semaines, la circonférence de la tête des bébés augmente considérablement.

Le bond en avant miraculeux

En pénétrant le monde des transitions en douceur, votre bébé sera pour la première fois capable de reconnaître des changements continus dans les paysages, les choses qu'il voit, entend, goûte, sent ou touche. Par exemple, il pourra à présent remarquer comme une voix passe d'un ton à un autre, ou comment un corps passe d'une position à une autre. Non seulement votre nourrisson peut reconnaître ces transitions dans le monde extérieur, mais il peut maintenant apprendre à les faire lui-même. Ce permettra à votre bébé de s'entraîner à de nombreuses compétences importantes.

Vous verrez que maintenant les mouvements de votre bébé deviennent beaucoup plus doux, plus fluides, et plus proches de ceux d'un adulte. Ce nouveau contrôle s'applique à son corps dans son ensemble comme aux parties de celui-ci qu'il peut déplacer consciemment : ses mains, ses pieds, sa tête, ses yeux et même ses cordes vocales. Vous remarquerez que lorsqu'il tend les bras vers un jouet, le mouvement est plus doux qu'il ne l'était juste quelques semaines avant. Lorsqu'il plie ses genoux pour s'asseoir ou pour se mettre debout, l'ensemble de l'exercice paraît plus délibéré et mature.

Ses mouvements de tête paraissent également plus doux, et il peut maintenant faire varier leur vitesse. Il peut observer la chambre à la manière des enfants plus vieux et suivre un mouvement continu. Ses yeux parviennent à se concentrer plus intensément sur ce qu'ils voient et sa vision sera bientôt aussi bonne que celle d'un adulte.

Quand votre bébé est né, il avait un réflexe qui faisait déplacer son regard en direction de tout son nouveau. Ceci disparaît quelque part entre la 4e et la 8e semaine après la naissance, mais maintenant il peut faire la même chose consciemment, et la réaction sera plus rapide. Il sera capable de suivre quelqu'un ou quelque chose avec ses yeux d'une manière contrôlée et bien coordonnée. Il
(suite à la page 96)

Mon journal

Comment mon bébé explore le nouveau monde des transitions en douceur

Cochez les cases ci-dessous lorsque vous remarquez que votre bébé change.

CONTRÔLE CORPOREL

❑ Arrive presque à garder sa tête droite tout seul

❑ Mouvement de tête subtils quand il se tourne sur le côté

❑ Mouvements oculaires subtils quand il suit un objet qui bouge

❑ Est généralement plus vif et énergique qu'avant

❑ Lève ses fesses malicieusement quand on change ses couches

❑ Fait des demi-tours sur lui-même tout seul, dans les deux sens, en s'agrippant à vos doigts

❑ Met ses doigts de pied dans la bouche et se tortille

❑ S'assied droit quand il s'appuie contre vous

❑ Se met de lui-même en position assise en se tenant à vos doigts

❑ Est capable de se mettre debout quand il est assis sur vos genoux, en tenant deux de vos doigts

❑ Utilise ses pieds pour essayer de se mettre debout quand il est assis dans une chaise ou qu'il est couché dans un parc

CONTRÔLE DES MAINS

❑ Saisit et empoigne des objets avec les deux mains

❑ Secoue un hochet de temps à autre

❑ Étudie vos mains et joue avec

❑ Étudie votre visage, vos yeux, votre bouche et vos cheveux et les touche

❑ Étudie vos vêtements et joue avec

❏ Met tout dans sa bouche

❏ Frotte sa tête, du cou aux yeux

ÉCOUTER ET PARLER

❏ Découvre les cris et les gargouillis ; peut facilement alterner entre les tons doux et forts, les tons haut et bas

❏ Produit de nouveaux sons qui ressemblent aux voyelles du discours réel : « aaah », « eeeh », « iiih », « hooo », « huuuu »...

❏ Utilise ces sons pour « discuter »

❏ Est capable de faire des bulles de salive et rigole car il trouve cela très amusant

REGARDER ET VOIR

❏ Tourne ses mains et étudie les deux côtés

❏ Étudie le mouvement de ses propres pieds

❏ Étudie un visage, des yeux, une bouche et des cheveux

❏ Étudie les vêtements de quelqu'un

AUTRES COMPÉTENCES

❏ Exprime du plaisir à observer, voir, écouter, saisir ou à « parler » puis à attendre votre réaction

❏ Se comporte de manière différente en fonction des personnes

❏ Exprime l'ennui s'il voit, entend, touche, goûte ou fait les mêmes choses trop souvent ; soudain, la variété devient importante

AUTRES CHANGEMENTS REMARQUÉS

_____

_____

peut même commencer à le faire sans tourner la tête. Il sera capable de suivre des gens ou des objets qui s'approchent ou s'éloignent de lui. En fait, il sera capable d'arpenter du regard la pièce toute entière. Pour la première fois, vous aurez peut-être l'impression qu'il fait vraiment partie de la famille, vu qu'il remarquera les allées et venues de tout le monde.

Cette capacité de réaction nouvelle est améliorée par de nouvelles possibilités vocales tandis que le bébé commence à reconnaître les changements dans la hauteur et le volume des sons. Il expérimenter celle-ci en gargouillant et en criant. Cette coordination améliorée l'aide même à avaler plus facilement.

Bien que des développements remarquables aient eu lieu dans l'esprit et le corps de votre bébé, ce qu'il ne peut pas faire, c'est gérer ces changements rapides l'un après l'autre. Ne vous attendez pas à ce qu'il soit capable de suivre un objet qui bouge de haut en bas en même temps que de gauche à droite ou un jouet dont on change rapidement la direction ou le mouvement. Et quand il bouge sa propre main, il fera toujours une pause notable avant de changer de direction, presque comme un petit chef d'orchestre qui agite sa baguette.

Les parents se font généralement moins de soucis si leur bébé répugne à s'amuser tout seul à ce stade. Il sont trop fiers des accomplissements de leur bébé et des efforts qu'il fait dans tant de directions. Il y a tant de nouvelles découvertes à faire et tant de nouvelles choses à apprendre et à pratiquer, et pour le moment c'est ce qui importe le plus.

Les choix de votre bébé : une clé pour comprendre sa personnalité

Si vous observez de près votre bébé, vous serez capable de déterminer quels sont ses centres d'intérêts. À mesure que vous marquerez les choses que vous voyez qu'il arrive à faire dans ce monde, ayez conscience du caractère unique de votre enfant.

Certains bébés ont une conscience aiguë du monde qui les entoure, et ils préfèrent regarder, écouter et faire l'expérience de sensations qu'être physiquement actifs eux-mêmes. La plupart du temps, les professionnels comme les amis et la famille évaluent le développement d'un bébé en regardant les évolutions physiques, comme la capacité de préhension, les roulés-boulés, la capacité à ramper, s'asseoir, se mettre debout et marcher. Ceci peut donner un point de vue unilatéral sur les progrès vu qu'un bébé « sensoriel » (qui préfère regarder, écouter et ressentir) donne l'impression d'être plus lent. Ces bébés prennent généralement plus de temps à commencer à agripper les objets, mais une fois qu'ils ont commencé, il les examinent de très près. Quand on lui donne un nouvel objet, un bébé sensoriel le retournera pour le regarder, l'écoutera, le frottera et même le sentira. En fait, ces bébés font quelque chose de très compliqué qui leur donne un large base pour les compétences d'apprentissage ultérieures.

Par contraste, les bébés qui sont plus actifs physiquement se concentrent généralement sur le fait de saisir l'objet lui-même, et une fois qu'il ont pris possession de l'objet, ils perdent rapidement intérêt et le laissent tomber en faveur de la recherche d'un autre défi. Les bébés aiment tout ce qui est nouveau, et il est important que vous réagissiez quand vous remarquez de nouvelles compétences ou de nouveaux intérêts. Votre bébé appréciera si vous partagez avec lui ces nouvelles découvertes, et son apprentissage progressera plus vite.

Ce que vous pouvez faire pour Aider

Plus votre bébé jouera avec une nouvelle compétence ou en fera l'expérience, et plus il sera apte. L'entraînement est également très efficace en ce qui concerne les bébés. Votre bébé peut vouloir pratiquer une nouvelle compétence encore et encore. Même s'il joue et s'entraîne de lui-même, votre participation et vos encouragements sont vitaux. Tout comme vous le félicitez quand il fait quelque chose de bien, vous pouvez l'aider quand il traverse une passe difficile et qu'il a envie d'abandonner. À ce point, vous pouvez rendre la tâche plus facile pour lui, généralement en réarrangeant le monde pour qu'il soit un peu plus accueillant. Cela peut être en changeant un jouet de sens pour qu'il soit plus facile à saisir, en soulevant votre enfant pour qu'il puisse voir un chat par la fenêtre, ou peut-être en imitant les sons qu'il essaye de faire.

Vous pouvez aussi l'aider à pratiquer une activité plus complexe ou la varier un petit peu pour qu'il la poursuive un peu plus longtemps et soit juste un petit peu plus mis au défi. Prenez garde à observer les signes qui montrent que votre bébé en a assez. Rappelez-vous qu'il ira à son propre rythme.

Tout comme chaque bébé est différent, c'est également le cas de leurs mères. Certaines mères ont plus d'imagination que d'autres dans certains domaines. Cela peut s'avérer une épreuve particulière si votre bébé est du type physique mais que vous préférez parler, chanter ou raconter des histoires. Rassemblez de nouvelles idées dans des livres, auprès de vos amis et de des membres de votre famille. Le père du bébé et des enfants plus âgés peuvent également aider : la plupart des enfants seront capable de continuer à suivre le désir de répétition du bébé bien après qu'il vous aura épuisé. Mais quel que soit le type de bébé que vous ayez et quel que soit le type de mère que vous soyez, votre enfant bénéficiera toujours d'un peu d'aide de votre part.

Aidez votre bébé à explorer son nouveau monde par le son

Si votre bébé aime particulièrement les bruits, encouragez-le à utiliser sa voix. À présent, il peut commencer à pousser des cris perçants, à faire des gargouillis ou à émettre de lui-même des sons de voyelles. S'il commence également à faire des bulles de salive, ne l'en découragez pas. En faisant ces choses, il joue avec les « transitions en douceur » et exerce les muscles de ses cordes vocales, les lèvres, sa langue, tout comme son palais. Il est possible que votre bébé s'entraîne souvent quand il est tout seul, et donne l'impression d'être quelqu'un qui parle tout haut simplement pour s'amuser. Il fait ceci parce que la gamme des sons voyelles parcourue du grave à l'aigu et entrecoupée de petits sons aigus ressemble beaucoup à un discours.

Les garçons et les filles

Les bébés garçons semblent prendre plus du temps de leur mère que les bébés filles durant les premiers mois. Cela est probablement lié au fait que les garçons pleurent plus et de dorment pas aussi bien que les filles.

De plus, les mères de petites filles réagissent plus vite aux bruits produits par les filles que les mères de petits garçons. Les mères ont également tendance à « discuter » plus à leur bébé si c'est une fille.

Parfois un bébé rira même de ses propres sons.

La plupart des bébés aiment avoir des conversations chaleureuses avec leur maman. Bien entendu, il faut qu'un bébé soit d'humeur à faire ceci. Le meilleur moment pour discuter est quand il attire votre attention avec sa voix. Vous vous surprendrez peut-être à parler dans un ton un peu plus haut perché que d'habitude, ce qui convient parfaitement aux oreilles d'un bébé. Il est très important que vous en restiez aux règles de la conversation : votre bébé dit quelque chose, puis vous répondez. Assurez-vous de le laisser finir. Parce que si on ne lui laisse pas le temps de répondre, il aura l'impression que vous ne l'écoutez pas, et il ne se familiarisera pas au rythme d'une conversation : votre bébé dit quelque chose, puis vous répondez. Si cela arrive, si vous ne lui laissez pas assez de temps pour répondre, il pourrait se vexer ou sombrer dans la perplexité du fait que vous ne l'écoutiez pas. Les sujets de vos conversations n'importent pas vraiment à cet âge, mais c'est mieux si vous vous en tenez au territoire familier et aux expériences partagées. De temps à autre, essayez d'imiter les sons qu'il produit. Certains bébés trouveront cela si drôle qu'ils exploseront de rire. Ceci est un terrain d'essai très important pour le développement ultérieur du langage.

Il est très important de parler fréquemment à votre bébé. Les voix à la radio ou à la télévision, ou celles de gens qui parlent dans la même pièce, ne peuvent se substituer à une conversation en tête-à-tête. Votre bébé est encouragé à parler car il y a quelqu'un qui l'écoute et lui répond. Votre enthousiasme jouera un rôle important ici.

« Je répond toujours aux sons que fait mon fils. Ensuite il attend un petit peu, se rend compte que c'est son tour, et répond avec un sourire, ou en se tortillant. S'il est de bonne humeur, il me répondra en gargouillant. Si je réponds de nouveau, cela l'enthousiasme tellement qu'il secoue les bras et les jambes dans tous les sens et parfois explose de rire aussi. Quand il en a assez, il se détourne et regarde quelque chose d'autre. »

La maman de Nathan, 13e semaine

Votre bébé peut utiliser l'un de ses sons les plus récents lorsqu'il veut quelque chose. C'est souvent un « cri d'alarme » spécial. S'il le fait, répondez-lui toujours. C'est important puisque cela lui donnera l'impression que vous comprenez ce qu'il essaye de communiquer, même si vous n'avez pas le temps de vous arrêter pour jouer avec lui à cet instant. Il commencera à utiliser sa voix pour attirer votre attention. C'est un peu important vers la langage.

Quand il est content, un bébé utilisera souvent un « cri de joie » spécial. Il l'utilisera quand il remarque quelque chose qu'il trouve amusant. Il est naturel de réagir à ces cris de joie par un baiser, un câlin, ou des mots d'encouragement. Le plus vous arrivez à faire cela, le mieux ce sera. Cela montre à votre bébé que vous partagez son plaisir et que vous le comprenez.

> « Quand mon fils a vu que j'étais sur le point de le nourrir, il a poussé un cri d'excitation et a attrapé mon sein alors que mon chemisier n'était qu'à moitié ouvert. »
>
> La maman de Matthieu, 13e semaine

Aidez votre bébé à explorer son nouveau monde par le toucher

Comme votre bébé vit maintenant dans le monde des transitions en douceur, vous remarquerez peut-être qu'il tend son bras vers les jouets avec plus de douceur. Aidez-le. Il vient juste d'entrer dans ce nouveau monde et il lui est encore difficile d'atteindre les objets. Tenez un jouet à portée des mains de

Quand votre bébé rit, c'est le roi du monde

Quand vous faites rire votre bébé, vous avez réussi à toucher sa corde sensible. Vous l'avez stimulé exactement de la bonne manière. N'en faites pas trop pour ne pas l'intimider. D'un autre côté, les tentatives à moitié convaincues de votre part peuvent le conduire à l'ennui le plus profond. Il vous faut trouver le juste milieu que votre bébé pourra apprécier.

votre bébé et regardez-le pour voir s'il est capable de tendre les bras pour l'attraper. Tenez l'objet juste devant lui, en gardant en tête qu'à cet âge il est seulement capable de faire un mouvement contrôlé avec son bras que dans une seule direction. Et maintenant accordez une attention soutenue à ce qu'il fait. S'il est seulement en train d'apprendre à maîtriser cet atout, il réagira probablement à peu près comme ce bébé.

> « Mon fils est vraiment en train de se mettre à tendre les bras pour attra-
> per des choses ! Il a attrapé des deux mains un jouet qui était suspendu
> devant lui. Il a mis sa main droite d'un côté du jouet et sa main gauche
> de l'autre côté du jouet. Ensuite, quand les deux mains se sont retrouvées
> juste devant le jouet, il les a serrées... et a manqué le jouet ! Il a essayé
> vraiment très fort, ça n'est donc pas du tout étonnant qu'il se soit retrouvé
> très déçu quand il a compris qu'il n'avait rien entre les mains. »
>
> La maman de Paul, 12e semaine

Si votre enfant cherche à atteindre des objet et les manque, encouragez-le à réessayer, ou rendez le jeu un peu plus facile pour lui afin qu'il commence à goûter le succès. À cet âge, il n'est pas encore capable d'estimer de manière précise la distance entre ses main et le jouet qu'il essaye de saisir. Il ne pourra pas apprendre cela convenablement avant d'être entre sa 23e et sa 26e semaine.

À mesure que votre bébé devient de plus en plus apte à saisir des objets, il voudra jouer à attraper des choses de plus en plus souvent. Comme il peut tourner sa tête doucement et regarder tout autour de la pièce, il peut choisir ce qu'il veut dans le monde entier des choses qui n'attendent maintenant plus qu'il les saisisse, les éprouve et les touche. Après le bond de développement précédent, les plupart des bébés passaient presque un tiers de leur temps d'éveil à jouer et à faire des expériences avec leurs mains. Après environ 12 semaines, ce temps double soudainement aux deux tiers de leurs heures d'éveil.

Si vous remarquez que votre bébé aime caresser des choses avec ses mains, encouragez cette activité autant que vous le pouvez. Non seulement le mouvement de la caresse implique une « transition en douceur », mais la sensation que cause dans sa main le déplacement au contact de l'objet

(suite à la page 104)

Les meilleurs jouets pour cette semaine miracle ----------

Voici quelques jeux et activités qui marchent bien pour des bébés à ce moment de leur développement. À cet âge, votre bébé appréciera particulièrement les jeux où vous faites bouger son corps tout entier. Essayez de faire ceci doucement, au moyen de mouvements lents et réguliers, en vous rappelant que ce sont les seuls que votre bébé parvient bien à comprendre. Mieux vaut jouer à plusieurs jeux différents à la suite, plutôt que de continuer le même jeu pendant trop longtemps.

L'AVION

Soulevez votre bébé lentement, tout en faisant un bruit de plus en plus fort, ou passant du grave à l'aigu. Il étendra son corps automatiquement tandis que vous le ferez passer au-dessus de votre tête. Puis commencez la descente, en continuant à faire les bruits d'avion appropriés. Quand il est face à votre visage, accueillez-le en enfouissant votre visage dans son cou et lui mordillant des lèvres. Vous vous rendrez vite compte qu'il s'attend à ce que vous fassiez ceci et il ouvrira sa bouche pour vous mordiller en retour. Vous verrez également votre bébé rouvrir la bouche, comme s'il anticipait le mordillement, quand il veut rejouer à l'avion.

LE TOBOGGAN

Asseyez-vous sur le sol ou sur un canapé, inclinez-vous vers l'arrière, et gardez le corps aussi droit que possible. Mettez votre bébé aussi haut que vous le pouvez sur votre poitrine et laissez-le glisser doucement jusqu'au sol, tandis que vous émettez le bruit de glissement approprié.

LE PENDULE

Placez le bébé sur vos genoux de sorte à ce qu'il soit en face de vous et balancez-le lentement de gauche à droite. Essayez de produire toutes sortes de bruits d'horloge, comme un tic-tac rapide et aigu, ou un ding-dong lent et grave. Essayez de produire de sons de toutes les hauteurs et à tous rythmes, ou n'importe quel son d'horloge que votre enfant apprécie, selon ce que vous avez remarqué. Assurez-vous que vous le tenez fermement et que les muscles de sa tête et de son corps sont assez solides pour bouger en rythme.

LE CHEVAL À BASCULE

Placez le bébé sur vos genoux de sorte à ce qu'il soit en face de vous et faites des mouvements de pas avec vos jambes, de sorte à ce que votre bébé oscille de haut en bas comme s'il était à cheval. Vous pouvez aussi faire le clip-clop approprié ou des bruits de cavalcade que les bébés adorent à cet âge-là.

LE JEU DU MORDILLEMENT

Asseyez-vous face à votre bébé et faites en sorte qu'il vous regarde. Déplacez lentement votre visage vers son petit ventre ou son nez. Entre temps, produisez un son qui n'en finit pas, de volume croissant, ou de ton changeant, comme « tchoooooomp » ou « kaaaaaboum », ou des sons similaires à ceux que le bébé fait lui-même.

TOUCHER DES TISSUS

Voici un moyen de jouer tout en faisant ses tâches ménagères ! Pliez votre linge quand votre bébé est près de vous et laissez-le toucher différentes sortes de tissus, comme de la laine, du coton, du tissu-éponge, ou du nylon. Passez sa main sur les tissus pour lui permettre de sentir également les différentes textures. Les bébés aiment toucher le tissu de leurs doigts ou leur bouche. Essayez également des choses moins habituelles comme le chamois, le cuir, ou le feutre.

SAUTER ET REBONDIR

Un bébé très actif physiquement aime répéter les mêmes mouvements fluides encore et encore quand il est sur vos genoux. Laissez-le se lever et s'asseoir de nouveau à son propre rythme. Il peut vouloir répéter indéfiniment ce jeu d'« assis, couché, assis, couché ». Cela le fera aussi probablement rire, mais, là encore, tenez-le fermement et surveillez sa tête.

l'implique aussi. Transportez votre bébé dans la maison et dans le jardin, laissez-le toucher toute sorte d'objets et éprouver leurs propriétés : dur, doux, rugueux, lisse, collant, ferme, flexible, épineux, froid, mouillé et chaud. Indiquez-lui ce que sont ces objets et décrivez les sensations. Aidez-le à vous comprendre en utilisant le ton de votre voix pour exprimer la sensation que procure un objet ou une surface. Il sera en vérité capable de comprendre bien plus qu'il n'est en mesure de vous le dire.

> « J'ai lavé les mains de ma petite en les passant sous de l'eau courante, et ça l'a fait hurler de rire. On aurait dit qu'elle était incapable de s'en lasser. »
>
> La maman de Léa, 15e semaine

De nombreux bébés aiment examiner le visage de leur maman. Quand votre petit chéri passe ses mains sur votre visage, il se peut qu'il s'attarde un peu plus longuement près de vos yeux, votre né et votre bouche. Il peut tirer vos cheveux ou votre nez, juste parce qu'ils sont faciles à saisir. Les vêtements sont également intéressants. Les bébés aiment caresser et tâter le tissu. Et surtout, faites attention à vos boucles d'oreilles !

Certains bébés s'intéressent aux mains de leur mère. Ils les étudieront, les toucheront et les caresseront. Si votre bébé aime jouer avec vos mains, aidez-le à le faire. Retournez lentement votre main, et montrez-lui la paume et le dos de votre main. Laissez-le regarder pendant que vous déplacez votre main ou que vous prenez un jouet. Essayez de ne pas faire de mouvements trop rapides ni de changer de direction trop rapidement, ou vous pourrez perdre son attention. Les mouvements simples sont les seuls qu'il puisse gérer dans ce monde. Votre bébé ne parviendra pas à traiter des mouvements plus compliqué jusqu'à un autre grand changement dans son système nerveux, qui indique d'ailleurs le début du prochain bond de développement.

Aidez votre bébé à explorer son nouveau monde par les mouvements corporels

À cet âge-là, tous les bébés gagnent en vivacité. Ils jouent avec les transitions en douceur qui surviennent au sein de leurs corps, tandis qu'il donne des coups de pieds et agitent les bras en tous sens. Certains bébés font des acrobaties. Par exemple, ils peuvent mettre leurs pieds dans leur bouche et presque tourner entièrement sur eux-mêmes dans le feu de l'action. Évidemment, certains bébés sont bien plus vifs et forts que d'autres. Certains bébés ne s'intéressent pas aux accomplissements athlétiques, alors que d'autres seront frustrés si leurs forces physiques ne sont pas encore à la hauteur de la tâche.

> « Mon fils bouge dans tous les sens son corps, ses bras et ses jambes, comme un fou, en poussant de petits grognements et gémissements. Il est évident qu'il essaye de faire quelque chose, mais quoi que ce soit, il n'y parvient pas et il finit généralement par avoir une bruyante crise de colère. »
>
>
>
> La maman de Lucas, 14e semaine

Quel que soit le tempérament de votre bébé, il saura tirer profit d'un petit peu de temps passé sans ses vêtements dans un environnement bien chauffé. Il se peut que vous ayez déjà remarqué qu'il est très vif lorsque vous le changez, car il apprécie l'opportunité de bouger librement sans être entravé par la couche ou les vêtements. Il lui est plus facile de plier ses petites membres, d'onduler, de donner des coups et de se rouler quand il est nu. La réussite vient plus facilement, et le bébé en viendra à mieux connaître son corps et à le contrôler plus précisément.

Certains bébés essayent de rouler sur eux-mêmes à cet âge, mais presque tous auront besoin d'un peu d'aide pour faire cela. Si votre petit hurleur essaye de rouler sur lui-même, laissez-le se tenir à un de vos doigts tandis qu'il s'entraîne. Un bébé très persévérant qui est également très fort physiquement pourrait arriver à passer du ventre au dos. Certains y arrivent dans l'autre sens et passent du dos au ventre. Cependant, aussi persévérant qu'il soit, un nourrisson n'y arrivera pas à moins que son développement physique soit suffisant. Alors aidez-le et soutenez-le, mais soyez également prêt à l'aider à affronter sa frustration s'il n'arrive juste pas à faire quelque chose qu'il aimerait vraiment bien faire.

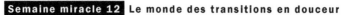

Les meilleurs jeux pour cette semaine miracle

Voici les quelques jeux et objets que les bébés apprécient particulièrement lorsqu'ils explorent le monde des transitions en douceur :

- Des jouets qui culbutent et reprennent rapidement leur posi-
  tion initiale quand le bébé tape dedans
- Le battant à l'intérieur d'une cloche
- Une chaise à bascule
- Les jouets qui émettent un lent couinement, un carillon, ou
  tout autre bruit simple
- Les hochets
- Les poupées au visage réaliste

De nombreux bébés aiment se soulever avec leurs jambes. Si votre bébé
aime faire cela, il s'entraînera à se soulever dans son parc, sur son siège à
bascule, sur sa table à table (faites attention à celui-là !) ou alors qu'il est
assis sur vos genoux. Il vous faudra le tenir fermement un petit qui se tortille tout le temps. Si votre bébé est capable de se lever de la sorte sans aide,
laissez-lui beaucoup d'opportunités de s'entraîner.

Si votre bébé est doté d'une grande force physique, il se peut également
qu'il essaye de se mettre de lui-même en position assise quand il est sur vos
genoux. S'il aime faire cela, vous pouvez aussi l'aide en en faisant un jeu.

Entre les 12e et 13e semaines, une autre période de calme relatif s'installe. Les parents, la famille et les amis remarqueront que votre bébé est devenu une joyeuse petite personne et admireront les progrès merveilleux qu'il a faits. Il se peut que votre bébé vous paraisse bien plus intelligent à présent. Quand on le transportera ou qu'il est assis sur vos genoux, il agit comme une petite personne. Il tourne la tête immédiatement en direction de quelque chose qu'il veut voir ou entendre. Il rit avec tout le monde et répond quand on lui parle. Il change de position pour avoir une meilleure vue sur quelque chose qu'il veut voir, et il garde l'œil sur tout ce se passe autour de lui. Il est joyeux et actif. Vous serez peut-être frappé par le fait que d'autres membres de la famille montrent bien plus d'intérêt envers lui en tant que personne à présent. Il semblerait qu'il ait gagné sa propre place dans la famille. Il en fait partie !

« Ma fille s'est mise à s'intéresser à un très grand nombre de choses maintenant. Il parle ou crie à différents objets, et quand on la regarde de plus près, on pense « Mon dieu, tu peux déjà faire ça ? » ou « N'es-tu pas fort intelligente de remarquer toutes ces choses ? » »

La maman de Léa, 13e semaine

« Ma petite chérie est définitivement plus sage. Elle n'est qu'yeux tout au long de la journée. Un rien la fait réagir et elle tourne immédiatement sa petite tête en réaction aux sons. D'un coup, elle a gagné sa propre petite place dans la famille. »

La maman d'Anna, 14e semaine

« C'est merveilleux de voir mon bébé s'amuser tant toute seule et parler affectueusement avec ses peluches et aux gens. »

La maman de Juliette, 14e semaine

« Nous avons bien plus d'interactions avec mon enfant maintenant car elle réagit à tout. Quand j'ai fini de jouer avec elle, je peux dire si elle s'attend à ce que je joue de nouveau. Elle « répond » aussi bien plus maintenant. »

La maman d'Ahsley, 13e semaine

« Avant, ma fille était aussi facile à vivre que calme, mais maintenant c'est devenu une vraie petite pipelette. Elle rigole et gazouille bien plus souvent. J'aime vraiment la sortir de son lit pour voir quelle sera la prochaine chose qu'elle fera. »

La maman d'Eve, 14e semaine

« Mon fils est bien plus intéressant à regarder maintenant que les progrès qu'il a faits sont vraiment évidents. Il réagit immédiatement avec un sourire ou un gazouillis, et arrive aussi à tourner sa tête dans la bonne direction. Il est si doux et si dodu que j'adore lui faire un bon gros câlin. »

La maman de Lucas, 14e semaine

chapitre 6

Semaine miracle 19:
Le monde des
événements

N ous, adultes, tenons pour acquis que ce que nous vivons est fractionné en événements familiers. Par exemple, si nous voyons quelqu'un lâcher une balle, nous savons qu'elle rebondira et continuera à rebondir pendant quelques temps. Si quelqu'un saut vers le ciel, nous savons qu'il ne peut que redescendre. Nous reconnaissons les mouvements initiaux d'un swing, au golf, ou d'un service, au tennis, et nous savons ce qui va suivre. Mais pour votre bébé, tout est nouveau, et rien n'est prévisible.

Suite au précédent bond en avant, votre bébé était capable de percevoir des transitions en douceur dans les sons, mouvements, lumières, goûts, odeurs et textures. Mais il fallait que toutes ces transitions soient simples. Dès qu'elles devenaient plus complexes, votre enfant n'était plus capable de les suivre.

Aux environs de la 19e semaine (ou entre les 18e et 20e), sa capacité à comprendre le monde qui l'entoure se développe bien plus, et se rapproche un peu plus de la nôtre. Il commencera à faire l'expérience des événements. Le mot « événement » a ici un sens particulier, et n'a rien à voir avec un événement au sens d'occasion spéciale, comme une fête, une célébration ou un anniversaire. En fait, il signifie ici une successions brève et familière de transitions en douceur d'un modèle au suivant. Vous n'avez rien compris ? Essayons d'expliquer ce que ça veut dire.

Alors qu'à 12 semaines votre bébé avait besoin de se concentrer intensément rien que pour saisir des deux mains un objet que vous teniez devant lui, il commencera maintenant à comprendre qu'il peut étirer ses bras vers un jouet, le saisir d'une main, le secouer, le tourner dans tous les sens pour l'inspecter, et le mettre dans sa bouche. Ce type d'activité physique est bien moins simple qu'il n'y paraît et va bien plus loin que la simple

Note: La première phase (période d'agitation) de ce bond vers le monde perceptif des « événements » est liée à l'âge et prévisible, et débute entre 14 et 17 semaines. La majorité des bébés entame la deuxième phase (voir l'encadré « Les moments privilégies : une lubie contre nature », à la page 17) de ce bond 19 semaines après une naissance à terme. Les moments où le bébé commence à percevoir des choses dans ce monde des événements lance le développement de tout un ensemble de compétences et d'activités. Cependant, l'âge auquel ces compétences et ces activités apparaissent pour la première fois varie grandement et dépend des préférences de votre bébé, ainsi que de ses expériences et de son développement physique. Par exemple, la capacité à percevoir des événements est une condition nécessaire à « saisir un cube en utilisant son pouce indépendamment du reste des doigts », mais cette compétence peut apparaître normalement n'importe quand entre le 4e et le 8e mois. Les compétences et les activités sont mentionnées dans ce chapitre à leur âge d'apparition le plus bas possible, afin que vous puissiez surveiller leur apparition et les reconnaître. (Parfois tout d'abord sous une forme rudimentaire uniquement.) De cette manière, vous pouvez réagir au développement de votre bébé et le faciliter..

maîtrise physique des bras et des jambes. Il dépend en fait d'un haut degré de développement neurologique. Ce changement permettra à votre bébé de développer tout un nouvel ensemble de compétences.

Bien que les subtilités de ces compétences puissent tout d'abord vous échapper, elles deviendront graduellement de plus en plus évidentes. Pendant un moment, les sons que votre enfant émet continueront peut-être à ressembler pour vous à un babillage indistinct, mais en fait ils sont en train de devenir de plus en plus complexes. Vous le remarquerez à coup sûr lorsqu'il liera consonnes et voyelles pour dire « maman » et « papa ». Vous n'échapperez pas non plus à ses tentatives pour rouler sur lui-même et pour ramper. Dans toutes ces activités, il est maintenant capable d'apprendre comment les modèles simples et les transitions s'associent pour devenir ce que nous adultes reconnaissons comme des événements.

Ce processus est également vital pour que votre bébé puisse comprendre quelque chose que nous adulte considérons comme complètement acquis : que le monde est fait d'objets qui continuent à exister que nous puissions les voir ou non. Comme vous pouvez le constater, votre bébé travaille très dur dans la première année de sa vie pour donner du sens à son monde.

La conscience qu'à votre bébé des nouveaux changements qui accompagnent ce bond dans son développement commence en fait autour de la 15e semaine (ou entre les 14e et 17e semaines). Ces changements affectent la manière dont il voit, entend, sent, éprouve par le goût et ressent. Il a besoin de temps pour s'habituer à toutes ces nouvelles impressions, de préférence dans un lieu où il se sent bien en sécurité. De nouveau, il montrera un besoin marqué d'être avec sa maman, de s'agripper à elle pour être réconforté, et de progresser à son propre rythme dans son nouveau monde. À partir de ce moment, les périodes d'agitation dureront plus longtemps qu'avant. Celle-ci durera souvent 5 semaines, bien qu'elle puisse durer aussi peu qu'une semaine ou aussi longtemps que 6. Si votre bébé est agité, observez-le attentivement pour voir s'il essaye de maîtriser de nouvelles compétences.

Comme votre bébé est désarçonné par ce qui lui arrive, il se mettra à pleurer bien plus rapidement à ce moment. Les bouts de chou très exigeants pleureront, gémiront et grogneront ostensiblement de manière bien plus fréquente qu'avant. Il ne feront pas de mystère sur le fait qu'il veillent être avec leur maman.

En général, votre bébé pleurera moins s'il est avec vous, bien qu'il puisse insister sur le fait que vous deviez lui accorder votre attention absolue. Non seulement pourra-t-il vouloir que vous le transportiez en permanence, mais il se pourrait également qu'il veuille être tout le temps diverti lorsqu'il est éveillé. Si on le l'occupe pas, il pourrait rester super pénible même quand il est sur vos genoux.

Comment savoir que le moment de grandir est arrivé

Observez ces indices parfois subtils, parfois non, qui indiquent que votre bébé change et est sur le point de bondir vers le monde des événements.

Il pourrait avoir du mal à s'endormir

Il se peut qu'à présent votre bébé ait du mal à se bien se comporter durant la nuit. Il sera peut-être plus difficile de le mettre au lit le soir, ou il pourrait resté éveillé durant la nuit. Il pourrait de nouveau vouloir être nourri durant la nuit, voire le demander plusieurs fois par nuit. Il se peut également qu'il se réveille plus tôt le matin.

Il pourrait être timide des inconnus

Il est possible que votre bébé refuse de s'asseoir sur d'autres genoux que les vôtres, ou qu'il ait l'air effrayé si un inconnu le regarde ou lui parle. Il pourrait même avoir peur de son propre père s'il n'est pas présent avec lui durant la journée. Généralement, sa timidité sera encore plus marquée avec les gens qui ont l'air très différents de vous.

« Quand ma fille voit ma sœur, elle perd complètement ses moyens et se met à hurler à pleins poumons et à enfouir son visage dans mes vêtements, comme si le simple fait de regarder ma sœur lui faisait peur. Ma sœur à des yeux marrons et utilise un maquillage sombre pour ses yeux, ce qui

tend à lui donner un regard plutôt sévère. Je suis blonde et ne porte presque pas de maquillage. Peut-être que cela joue. »
La maman de Nina, 16e semaine

« Mon fils ne sourit plus aux personnes qui portent des lunettes. Il se contente de les regarder avec un regard dur et refuse de leur sourire tant qu'ils n'ont pas enlevé leurs lunettes. »
La maman de Nathan, 16e semaine

Il pourrait demander plus d'attention

Il se peut que votre bébé veuille que vous l'amusiez en faisant des choses avec lui, ou qu'au moins vous le regardiez tout le temps. Il pourrait même se mettre à pleurer dès que vous vous éloignerez.

« J'accorde à mon fils plus d' attention entre les allaitements. Avant, il restait tranquillement dans son coin. Maintenant, il veut être diverti. »
La maman de Nathan, 17e semaine

Sa tête pourrait avec besoin d'être plus soutenue

Quand vous transporterez votre bébé alors qu'il est agité, vous remarquerez peut-être que vous devez soutenir sa tête et son corps plus souvent. Il se peut qu'il s'affaisse un petit peu dans vos bras quand vous le tiendrez, particulièrement durant les crises de pleurs. Lorsque vous le transporterez, vous serez peut-être frappés par le fait qu'il ne ressemble plus au petit nouveau-né qu'il avait été.

Il pourrait vouloir être avec vous en permanence

Votre bébé pourrait refuser d'être déposé par terre, bien qu'il puisse accepter de rester dans sa chaise à bascule tant que vous restez près de lui et le touchez fréquemment.

« Ma petite chérie veut rester près de moi, ce qui n'était pas dans ses habitudes. Si je la laisse seule ne serait-ce qu'une seconde, elle se met à pleurer, mais dès que mon mari ou moi la prenons, tout redevient normal. »
La maman d'Eve, 17e semaine

Il pourrait perdre son appétit

Qu'ils soient nourris au sein ou au biberon, tous les bébés peuvent temporairement avoir moins d'appétit en approchant de ce bond. Ne vous inquiétez pas si votre bébé est plus aisément distrait qu'avant par les choses qu'il voit ou entend autour de lui, ou s'il se met rapidement à jouer avec le mamelon ou la tétine. De temps à autre, certains bébés peuvent même se détourner du biberon ou du sein et tout simplement refuser de boire. Parfois, un mangeur agité peut par exemple manger son fruit mais refuser son lait. Presque toutes les mères qui allaitent comprennent ce refus comme un signe qu'elles doivent passer à d'autres types de nourriture. Ce n'est pas du tout le cas. Votre bébé est simplement énervé. Il n'est pas nécessaire d'arrêter d'allaiter à ce moment. Au contraire, ce serait un mauvais moment à choisir pour sevrer votre bébé.

« Aux environs de la 15e semaine, ma fille s'est soudain mise à téter moins. Après 5 minutes, elle se mettait à jouer avec mon mamelon. Après deux semaines comme ça, j'ai décidé de commencer à accompagner mon lait de lait maternisé, mais elle n'en voulait pas non plus. Cette phase a duré 4 semaines. Pendant ce temps, j'avais peur qu'elle souffre d'une sorte de déficience nutritive, particulièrement quand ma réserve de lait a commencé à diminuer. Mais maintenant elle s'est remise à boire comme avant, et ma réserve de lait est aussi abondante que jamais. En fait, j'ai même l'impression d'en avoir plus. »

La maman d'Anna, 19e semaine

Il pourrait être lunatique

À ce moment, certains bébés peuvent connaître d'énormes sautes d'humeur. Un jour il ne sont que sourires, et le suivant il ne sont que pleurs. Ces variations d'humeur peuvent survenir à n'importe quel moment. Une minute ils rient à gorge déployée, et la suivante ils pleurent à chaudes larmes. Parfois, ils se mettent même à pleurer au beau milieu d'un éclat de rire. Certaines mères disent que rires comme larmes semblent théâtraux et exagérés, presque irréels.

Mon journal

Les signes que mon bébé grandit de nouveau

Entre les 14e et 17e semaines, vous remarquerez peut-être que votre bébé adoptera certains des comportements suivants, signe qu'il est prêt à faire le prochain bond vers le monde des événements. Cochez les signes qui apparaissent chez votre bébé dans la liste ci-dessous.

❏ Pleure plus souvent, est souvent de mauvaise humeur, pénible, ou agité

❏ Veut que vous l'occupiez

❏ A besoin que l'on soutienne plus sa tête

❏ Dort mal

❏ Perd l'appétit

❏ Est plus timide qu'avant avec les inconnus

❏ Est plus calme, moins sonore

❏ Est moins vif

❏ Montre des variations d'humeur prononcée

❏ Veut plus de contact physique durant l'allaitement

❏ Suce son pouce, ou le suce plus souvent qu'avant

AUTRE CHANGEMENTS REMARQUÉS

_____

_____

Il pourrait être immobile

Il se peut que votre bébé cesse de produire ses bruits familiers pendant une courte période, voire que parfois il reste assis sans bouger, regardant en l'air ou tripotant ses oreilles, par exemple. Il est très commun pour les

bébés de cet âge d'avoir l'air immobile et préoccupé. De nombreuses mères trouvent le comportement de leur enfant particulier et inquiétant. Mais en fait, cette appétit n'est qu'une accalmie avant la tempête. Cet interlude est un signe que votre bébé est sur le point de faire de nombreuses découvertes dans un nouveau monde où il apprendra à acquérir de nombreuses nouvelles compétences.

Comment ce bond peut vous affecter

D'un côté, vous aurez parfois du mal à croire que votre bébé a 19 semaines, de l'autre, il se pourrait que vous ayez senti passer chaque heure de ces 19 semaines, ayant passé tant d'entre elles à réconforter un bébé en larmes. Voici quelques façons desquelles ce dernier bond pourrait vous affecter.

Vous pourriez être (encore) épuisée

Durant une période d'agitation, le plupart des mères se plaignent de plus en plus de fatigue, de maux de têtes, de nausées, de mal de dos ou de problèmes émotionnels. Certaines mères moins chanceuses affrontent plus d'un de ces problèmes à la fois. Elles rendent responsables de leurs symptômes le manque de sommeil, l'attention constante à apporter à leur petit hurleur, ou leur inquiétude vis-à-vis de leur enfant malheureux. La cause réelle de ces symptômes est cependant le stress lié au fait de gérer un bébé pénible. Certaines mères rendent visite à leur médecin de famille et reçoivent des prescriptions de fer, ou vont voir un physiothérapeute pour leurs problèmes de dos, mais leur vrai problème est qu'elles sont au bout du rouleau. C'est à ce moment précis qu'il faut prendre du temps pour vous, et vous faire plaisir de temps en temps. Mais rappelez-vous que votre bébé finira par vous venir en aide en apprenant les compétences dont il a besoin pour affronter son nouveau monde ; alors, le soleil brillera de nouveau.

> « Quand, plusieurs nuits de suite, ma fille n'arrive pas à rester calme et veut que je la promène en permanence, je suis prise de terribles douleurs au dos. À des moments comme ça, j'aimerais qu'elle disparaisse juste pour une nuit. Je suis une vraie épave. »
>
> La maman d'Émilie, 17e semaine

Vous pourriez vous sentir piégée

Vers la fin du période d'agitation, une mère se sent parfois si captive des exigences de son bébé qu'elle se sent presque en prison. Elle a l'impression que c'est le bébé qui mène la barque et se sent irritée par cet « égoïsme ». Il n'est pas étonnant que, parfois, des mères souhaitent que leur bébé disparaisse pour un moment. Certaines se mettent même à rêvasser de combien ce serait parfait si le bébé pouvait sortir de leur esprit pour une petite nuit.

> « Cette semaine, à certains moments, j'aurais aimé oublié complètement que j'avais un fils. Les êtres humains sont quand même des créatures étranges, non ? Parfois, je me sens vraiment prisonnière. Il fallait que je m'échappe de tout ça, et c'est donc ce que j'ai fait. »
>
> La maman de Léo, 18e semaine

> « Quand je fais les courses avec mon bébé et qu'il se réveille et se met à pleurer, tout le monde me regarde. Je rougis de honte. Parfois, je pense : « Pourquoi ne la fermes-tu pas, petit idiot ! » ».
>
> La maman de Enzo, 18e semaine

Vous pourriez devenir rancunière

Après quelques semaines à vivre avec un bébé agité, vous aurez peut-être la désagréable surprise de vous rendre compte que vous commencez à ressentir de la rancune envers cette petite personne exigeante qui perturbe tant votre vie. Ne vous en tenez pas rigueur. C'est étonnamment une réaction aussi compréhensible que normale. La plupart des mères sont plus irritées vers la fin d'une période d'agitation. Elles sont convaincues que leur bébé n'a pas de raison valable pour faire un tel tintouin, et elles tendent à laisser leur bébé pleurer un peu plus longtemps qu'avant. Certaines commencent à réfléchir au sens de « gâter », et se disent qu'elles cèdent peut-être un peu trop à ses caprices. Elles peuvent également se mettre à se demander si elles devraient apprendre à leurs bouts de chou à prendre en considération le fait que leur mère n'est pas un robot.

De temps en temps, un mère peut ressentir une bouffée d'agressivité à l'encontre de leur inlassable petit hurleur, particulièrement quand le bébé ne s'arrête pas de pleurer et que la mère est à bout de nerfs. Éprouver ces sentiments n'a rien d'anormal ni de dangereux, mais se laisser guider par eux, si. Faites-vous aider avant de perdre le contrôle. Secouer, en particulier, peut être dangereux. N'oubliez pas ceci : alors qu'il est normal de ressentir frustration et colère envers son bébé de temps en temps, ne secouez jamais un bébé. Secouer un jeune enfant peut facilement causer des saignements internes de l'épine dorsale juste sous le crâne, ce qui peut résulter en des dégâts au cerveau ayant pour conséquence des difficultés ultérieures d'apprentissage, voire la mort.

« Mon fils refusait de continuer à manger et a commencé à sombrer dans une incroyable colère pleine de pleurs, alors que je me contentais d'essayer de faire descendre le lait dans sa gorge. Quand la même terrible chose est arrivée avec le biberon suivant, je me suis sentie envahie par la colère car aucune de mes petites astuces pour le distraire ne fonctionnait. J'avais vainement l'impression de tourner en rond. Alors je l'ai mis par terre à un endroit sûr et je l'ai laissé crier à pleins poumons. Quand il a fini par s'arrêter, je suis revenue dans la pièce, et il a fini son biberon. »

La maman de Léo, 19e semaine

« J'ai commencé à sentir que j'avais de moins en moins de patience à chaque fois que ma fille se lançait dans une de ses crises de pleurs juste parce que l'avais laissé seule pendant une seconde. Alors je l'ai laissé continuer et je l'ai ignorée. »

La maman d'Emma, 17e semaine

« Les quatre dernières soirées, mon fils s'est mis à hurler à 20h. Après l'avoir consolé deux nuits de suite, j'en ai eu assez. Alors je l'ai laissé pleurer jusqu'à 22h30. S'il y a quelque chose que je veux bien lui accorder, c'est sa persévérance ! »

La maman de Kevin, 16e semaine

Comment émergent les nouvelles compétences de votre bébé

Comme cette phase d'agitation dure plus longtemps que les précédentes, de nombreuses mères comprennent sur-le-champ que cette période est différente. Elles s'inquiètent de la progression apparemment plus lente de leur bébé et du fait que le bébé semble se mettre soudainement à prendre en grippe des choses qu'il aimait auparavant. Mais ne vous inquiétez pas. À partir de cet âge, les nouvelles compétences sont bien plus compliquées à apprendre. Votre petit chéri a besoin de plus de temps.

« J'ai l'impression que mon bébé progresse tellement lentement. Avant sa 15e semaine, il se développait bien plus vite. C'est presque comme s'il en restait au point mort ces dernières semaines. Parfois, je trouve cela très déstabilisant. »

La maman de Matthieu, 17e semaine

« C'est un peu comme si mon fils était sur le point de faire de nouvelles découvertes, mais que quelque chose le retenait. Quand je joue avec lui, je peux sentir que quelque chose manque, mais je ne sais pas ce que c'est. Alors moi aussi j'attends. »

La maman de Enzo, 17e semaine

« Ma fille a essayé de faire de nombreuses nouvelles choses cette semaine. Tout d'un coup, je suis frappé par tout ce qu'elle peut faire à tout juste 4 mois, et pour vous dire la vérité, je me sens très fière d'elle. »

La maman de Léa, 18e semaine

Aux environs de sa 19e semaine, vous remarquerez que votre bébé essaye d'apprendre encore et encore de nouvelles compétences, parce que c'est l'âge auquel les bébés commencent généralement à explorer le monde des événements. Ce monde offre un très large répertoire de compétences liées aux événements. Votre bébé choisira les talents les plus adaptés à sa personne, ceux qu'il veut vraiment explorer. Vous pouvez l'aider à faire ce qu'il est vraiment prêt à faire, plutôt que d'essayer de le pousser dans toutes les directions possibles et imaginables.

Le bond en avant miraculeux

Suite au dernier bond en avant, votre bébé était capable de voir, entendre, sentir, percevoir par le goût et ressentir des transitions en douceur

fluides. Mais il fallait que toutes ces transitions soient relativement simples, comme le déplacement régulier d'un jouet sur le sol devant lui. Dès qu'elles se complexifiaient, il n'était plus capable de les suivre. Dans le nouveau monde que les bébés commencent à explorer à environ 19 semaines, le plupart d'entre eux commenceront à percevoir et faire l'expérience de séquences courtes et familières. Cette nouvelle capacité affectera le comportement tout entier du bébé.

Dès qu'un bébé est capable de faire plusieurs mouvements fluides à la suite, cela lui donne plus d'opportunités avec les objets à sa portée. Ainsi, il pourrait être capable de répéter plusieurs fois de suite le même mouvement fluide. Il est à présent possible que vous le voyiez essayer de secouer des jouets de gauche à droite ou de haut en bas. Il pourrait également tenter de presser, pousser, heurter ou frapper de manière répétée un jouet. En plus de répéter le même mouvement, il peut maintenant apprendre à réaliser sans heurt une brève séquence de mouvements différents. Par exemple, il peut saisir un objet d'une main puis essayer de le faire passer dans l'autre main. Ou il peut saisir un jouet et essayer sur-le-champ de le mettre dans sa bouche. Il est capable de faire tourner un jouet et de le regarder sous toutes les coutures. À partir de maintenant, il est capable d'examiner en profondeur tout objet à sa portée.

De plus, votre bébé peut maintenant apprendre comment ajuster les mouvements de son corps, et en particulier de son bras, sa main et ses doigts, pour atteindre l'endroit précis où se trouvent les jouets, et il peut apprendre à corriger ses mouvements pendant leur réalisation. Par exemple, si un jouet se trouve un peu plus loin sur la gauche, son bras se dirigera vers la gauche en dans le même mouvement fluide. S'il est un peu plus sur la droite, son bras se dirigera immédiatement vers le point correct. La même chose se produit pour un objet à portée de main immédiate, un qui est plus loin, ou un jouet qui se trouve plus haut ou plus bas. Il le verra, essaiera de l'atteindre, le saisira et le tirera vers lui, le tout en un seul mouvement délicat. Tant qu'un objet est à portée de sa longueur de bras, votre bout de chou sera maintenant capable de tendre le bras et de saisir l'objet de son choix.

Lorsque votre bébé envisage ces mouvements, il se peut que vous le voyiez gigoter et se retourner. Il pourrait à présent apprendre à se retourner sur le dos plus facilement. Il se peut également qu'il fasse ses premières

Des changements dans le cerveau

Des enregistrements des ondes cérébrales de bébés montrent que des changements primordiaux interviennent aux environs du 4e mois. La circonférence crânienne des bébés augmente également soudainement entre les 15e et 18e semaines.

tentatives pour ramper, parce qu'il est maintenant capable de lever ses genoux, de pousser sur ses pieds, et de se tendre.

Il se peut également qu'il apprenne à présent a produire de courtes séries de sons. S'il fait cela, il améliorera son babillage, lequel avait commencé suite au bond précédent, en y inclurant des alternance de sons consonne et voyelle. Progressivement, il utilisera l'ensemble de ces sons pour parler en faisant des « phrases ». Son « abba baba tata » est ce que les adulte appellent affectueusement le « langage de bébé ». On peut maintenant dire qu'il est maintenant capable d'acquérir avec sa voix la même flexibilité qu'avec le reste de son corps.

Tout autour du monde, des bébés commencent à produire ces courtes phrases quand ils atteignent cet âge. Par exemple, les bébés russes, chinois et français bafouillent tous la même langue initialement. Ensuite, les bébés se mettront à développer leur babillage en mots corrects de leur propre langue, et ils cesseront d'utiliser le gazouillis universel. Chaque bébé deviendra plus compétent pour imiter la langue qu'il entend parler autour de lui car c'est quand il produira quelque chose de proche de ce qu'il entend qu'il recevra le plus de réactions et de félicitations

Apparemment, les ancêtres communs à tous les hommes devaient avoir l'impression qu'on s'adressait à eux personnellement quand ils entendaient leur progéniture dire « papa » ou « mama » parce que les mots pour « maman » et « papa » sont très proches dans de nombreuses langues différentes. La vérité, cependant, est que le petit babilleur mène de nombreuses expérimentations techniques avec de courtes séquences associés les mêmes éléments sonores familiers, comme « pa » ou « ma », que ses parents répètent souvent.

À présent, il se peut que votre bébé commence à reconnaître une courte série de sons fluides. Il pourrait être fasciné par une série de notes qui parcourent lentement la portée de haut en bas. Il se peut qu'à présent il

(suite à la page 126)

 Mon journal

COMMENT MON BÉBÉ EXPLORE LE NOUVEAU MONDE DES ÉVÉNEMENTS

Cochez les cases ci-dessous à mesure que vous remarquez que votre bébé change. Cessez de remplir ceci au début de la prochaine période orageuse, qui annonce l'arrivée du prochain bond.

Le grand changement qui finira par permettre à votre bébé de donner sens au monde des événements commence aux environs de la 15e semaine. Le bond vers ce monde est plutôt grand, et les compétences qui l'accompagnent ne commencent à prendre leur envol qu'aux environs de la 19e semaine. Et même à ce moment, cela peut prendre du temps avant que vous ne voyiez ne serait-ce qu'une des compétences listées ici. Il est plutôt probable qu'il lui faille des mois pour acquérir nombre de ces compétences.

CONTRÔLE CORPOREL

☐ Se met à bouger quasiment toutes les parties de son corps dès qu'il est déposé par terre

☐ Passe du dos au ventre en roulant sur lui-même

☐ Passe du ventre au dos en roulant sur lui-même

☐ Est capable d'étirer complètement les bras quand il est sur le ventre

☐ Lève ses fesses et essaye de se lever ; n'y arrive pas

☐ Commence à se mettre à quatre pattes quand il est sur le ventre, puis essaye d'avancer ; n'y arrive pas

☐ Essaye de ramper, parvient à glisser un peu vers l'avant ou l'arrière

☐ Se soutient avec les avants-bras, et lève la partie supérieure de son corps

☐ S'assied droit (tout seul) quand il s'appuie à vous

☐ Essaye de s'asseoir droit quand il est tout seul et y arrive brièvement en s'appuyant sur ses avants-bras et en amenant la tête vers l'avant

❑ Reste droit dans sa chaise haute si des coussins le soutiennent

❑ Apprécie de bouger sa bouche ; plisse les lèvres de différentes manières, tire la langue

SAISIR, TOUCHER ET ÉPROUVER

❑ Parvient à saisir des objets

❑ Saisit des choses avec n'importe laquelle des deux mains

❑ Est capable de saisir un objet avec n'importe laquelle des deux mains si celle-ci entre en contact avec l'objet, même s'il ne le regarde pas

❑ Est capable de faire passer des objets d'une main à l'autre

❑ Met votre main dans sa bouche

❑ Touche votre bouche ou y met la main quand vous parlez

❑ Met des objets dans sa bouche pour les éprouver et les mord

❑ Est capable d'enlever tout seul un tissu placé sur son visage, d'abord lentement

❑ Reconnaît un jouet ou tout autre objet familier même s'il est partiellement recouvert par quelque chose mais abandonne rapidement les tentatives infructueuses de récupérer le jouet

❑ Essaye de secouer un jouet

❑ Essaye de frapper un jouet sur le dessus de table

❑ Jette intentionnellement un jouet par terre

❑ Essaye de saisir des choses tout juste hors de sa portée

❑ Essaye de jouer avec une table d'activités

❑ Comprend le but d'un jouet précis ; par exemple, il compose des numéro sur son téléphone en plastique

❑ Étudie les objets de près ; s'intéresse particulièrement aux détails précis des jouets, aux mains et aux bouches

(suite)

Mon journal (suite)

OBSERVER

☐ Observe de manière fascinée les activités répétitives, comme des gens qui font de la corde à sauter, coupent du pain ou se brossent les cheveux

☐ Observe de manière fascinée les mouvements de vos lèvres et de votre langue quand vous parlez

☐ Vous cherche et est capable de se tourner pour faire ceci

☐ Regarde un objet connu qui est partiellement caché

☐ Réagit à son propre reflet dans le miroir ; soit il a peur, soit il rit

☐ Tient un livre dans ses mains et regarde les images

ÉCOUTER

☐ Écoute intentionnellement les sons qui viennent de vos lèvres

☐ Répond à son nom

☐ Est maintenant capable de distinguer un son donné dans un brouhaha de différents sons, et peut ainsi réagir à son nom même s'il y a des bruits parasitaires

☐ Comprend vraiment un ou plusieurs mots ; par exemple, regarde son nounours si on lui demande : « Où est ton nounours ? » (Ne répond pas correctement si le jouet n'est pas à sa place habituelle.)

☐ Répond de manière appropriée à un ton approbateur ou critique

☐ Reconnaît les premières notes d'une chanson

PARLER

☐ Produit de nouveaux sons avec la langue et ses lèvres comme « ffft-ffft », « vvvv », « zzzz », « sssss », « brrrrr », « hrrrr », « gr-rrr », prrrr ». Ce « rrr » est connu sous le nom de « r labial ». Il se peut que votre bébé apprécie particulièrement de le faire avec de la nourriture dans la bouche.

❏ Utilise les consonnes b, d l et m.

❏ Babille. Prononce ses premiers « mots » : maman, papa, baba, tata, adadada

❏ Fait du bruit en baillant et est conscient de ces bruits

LANGAGE CORPOREL

❏ Tend ses bras pour être porté

❏ Fait du bruit avec ses lèvres quand il a faim ; agite les bras et les jambes

❏ Ouvre la bouche et déplace son visage vers la nourriture et la boisson

❏ « Crache » quand il a assez mangé

❏ Repousse le sein ou le biberon quand il a assez mangé

❏ Se détourne de lui-même de la source d'alimentation quand il est repu

AUTRES COMPÉTENCES

❏ Exagère parfois ses actions : par exemple, quand vous réagissez à son éternuement, éternue de nouveau, puis rit

❏ Devient grognon quand il s'impatiente

❏ Hurle s'il échoue à faire ce qu'il semble en train d'essayer de faire

❏ A un doudou privilégié, comme une petite couverture

AUTRE CHANGEMENTS REMARQUÉS

_____

_____

réagisse à toutes les voix qui expriment l'approbation, et que les voix qui grondent le fassent sursauter. La langue utilisée pour exprimer ces sentiments importe peu, puisqu'il qu'il saura percevoir la différence dans les tons de la voix. Pour la première fois, il est maintenant capable de discerner une voix spécifique au milieu d'un brouhaha.

Il se peut également que votre bébé commence à reconnaître de courtes mélodies familières. À 19 semaines, des bébés sont même capables d'entendre si des interruptions dans un morceau en train d'être joué sont intentionnelles où n'appartiennent pas à ce morceau en particulier, même s'il n'ont jamais entendu cette musique auparavant. Dans une expérience originale, des chercheurs ont découvert que si on jouait à des bébés un bout d'un menuet de Mozart, il réagissaient systématiquement lorsque la mélodie était interrompue par des pauses aléatoires. Des bébés peuvent également commencer à reconnaître des mots pour la toute première fois.

Il se peut que votre bébé commence à présent à apprendre à voir de courtes séquences familières d'images. Par exemple, il peut être fasciné par le mouvement répétitif d'une balle qui rebondit. On peut trouver un nombre infini d'exemples, qui se cachent tous sous des activités ou des événements normaux de la vie de tous les jours, comme quelqu'un qui agite un biberon de haut en bas, qui agite une poêle, qui frappe au marteau un clou, qui ouvre et ferme une porte, qui tranche du pain, qui lime ses ongles, qui brosse ses cheveux, le chien qui se gratte, quelqu'un qui tourne en rond dans une pièce, et tout un tas d'autres événements et activités.

Il nous faut mentionner ici deux autres caractéristiques de base du monde des événements. Tout d'abord, en tant qu'adultes, nous faisons généralement l'expérience d'un événement comme d'un tout inséparable. Nous ne voyons pas une balle qui tombe, remonte, retombe, etc. ; nous voyons une balle qui rebondit. Tant que ça continue, ça reste un seul et même événement, un événement pour lequel nous avons un nom. Deuxièmement, la plupart des événements sont définis par l'observateur. Par exemple, lorsque nous parlons, nous ne séparons pas les mots clairement, mais nous les faisons se succéder sans marque de pause. C'est l'auditeur qui crée les frontières entre les mots, lui donnant l'impression qu'il les entend l'un après l'autre. C'est exactement ce pouvoir perceptif spécial qui commencera à être disponible pour votre bébé entre les 14e et 17e semaines.

Les choix de votre bébé : une clé pour comprendre sa personnalité

Le monde des événements offre une large gamme de nouvelles compétences à votre bébé. Parmi ces opportunités qui deviennent disponibles, votre petit bout de chou fera sa propre sélection, en fonction de ses inclinations, de ses intérêts et de ses caractéristiques physiques. Certains bébés pourraient vouloir se concentrer sur les compétences liées aux sensations, tandis que d'autres pourraient choisir celles liées à la vue, et un autre groupe encore se spécialiser dans les activités physiques. Évidemment, il y a également des bébés qui apprennent une variété de compétences différentes sans se spécialiser dans aucune d'entre elles. Chaque bébé fait ses propres choix, car chaque bébé est unique.

Observez de près votre bébé pour déterminer ses intérêts précis. Si vous respectez ses choix, vous découvrirez le modèle particulier qui rend votre bébé unique. Tous les bébés aiment la nouveauté. Il est important que vous réagissiez quand vous remarquez de nouvelles compétences ou de nouveaux intérêts. Votre bébé appréciera que vous partagiez ces nouvelles découvertes, et son apprentissage progressera plus rapidement.

Ce que vous pouvez faire pour **Aider**

Plus votre bébé entre en contact avec des événements et joue avec eux, plus il peut les comprendre et en devenir un expert. Quelles découvertes il choisit de faire dans ce nouveau monde importe peu. Il se peut qu'il s'intéresse de près à la musique, aux sons et aux mots. Ou il pourrait choisir de regarder et d'observer, ou bien les activités physiques. Plus tard, il lui sera facile de faire bon usage du savoir et de l'expérience qu'il a acquis en apprenant une compétence pour en apprendre un autre.

En plus de vouloir expérimenter les découvertes qu'il fait dans ce monde des événements, votre bébé développera également un intérêt énorme pour tout ce qui se passe autour de lui. Cela pourrait dorénavant occuper la majorité de ses heures éveillées, car il voudra regarder et écouter tout ce qu'il peut. Encore mieux (ou pire !), chaque jouet, chaque objet ménager et chaque ustensile de cuisine ou de jardinage à portée de son petit bras sera là pour qu'il le prenne. Vous n'êtes plus son seul jouet. Il peut essayer de s'impliquer dans le monde qui l'entoure en se poussant vers l'avant avec ses mains et ses pieds, ce qui est nouveau, et l'éloigne de sa maman. Il se peut qu'à présent il ait moins de temps à consacrer à son habitude de se blottir. Certains parents se sentent quelque peu rejetés à cause de cela.

Malgré tout, il aura toujours autant besoin de votre aide qu'avant. La fascination de votre bébé pour le monde qui l'entoure est typique de cet âge. Vous avez probablement commencé à percevoir ces nouveaux besoins, et votre contribution principale peut être de fournir à votre bébé assez de jouets et d'attention pour voir comment il réagit. C'est n'est que si vous remarquez qu'il a de réelles difficultés à comprendre comment un jouet fonctionne que vous devez l'aider. Il vous faudra aussi garder l'œil sur votre bébé pour vous assurer qu'il utilise ses mains, pieds, membres et son corps correctement quand il tend le bras pour saisir des objets. Si vous voyez qu'il a des problèmes précis, vous pouvez l'aider à pratiquer des activités comme faire des roulés-boulés, se retourner, et parfois même ramper, s'asseoir ou se tenir debout.

Aidez votre bébé à explorer son nouveau monde par le mouvement du corps

Peut-être avez-vous vu votre bébé tourner le dos et se tortiller en essayant de passer du ventre au dos en se retournant. Si c'est le cas, vous avez vu votre petit bout de chou envisager une brève séquence de mouvements fluides de plusieurs parties du corps. Il peut maintenant faire ceci parce qu'il vit dans le monde des événements. Cependant, être capable de faire plusieurs mouvements fluides à la suite ne signifie pas automatiquement qu'il parvienne à rouler sur lui-même ou à ramper. Il lui faut généralement pas mal d'essais et d'échecs pour y parvenir.

« Ma petite chérie essaye de faire un demi-tour sur elle-même quand elle est sur le dos. Pour l'instant, ses essais ne sont guère couronnés de succès, et cela la frustre terriblement. Cela l'exaspère vraiment. »

La maman d'Emma, 20e semaine

« Mon fils s'entraîne comme un fou à apprendre à se retourner correcte-ment. Mais quand il est sur le ventre, il pousse à la fois sur ses bras et ses jambes en même temps, faisant de gros efforts en grognant comme un fou, et il ne va pas plus loin. »

La maman de Nathan, 21e semaine

« Ma fille ne parvient à se retourner que lorsqu'elle se met vraiment en colère. Et c'est elle la première surprise de cette réussite, si je puis me permettre. »

La maman de Laura, 20e semaine

Voici un moyen ludique d'aider votre bébé à s'entraîner à passer de son dos à son ventre en roulant sur lui-même. Allongez-le sur le dos, et tenez un jouet coloré près de lui. Pour l'atteindre, il lui faudra étendre son corps et se tourner de sorte à ce qu'il ne puisse rien faire d'autre que faire un tour sur lui-même. Bien entendu, vous devez encourager ses efforts et louer ses tentatives.

Vous pouvez également rendre ludique l'aide que vous lui fournissez pour qu'il passe du ventre au dos en roulant. Un moyen est d'étendre votre bébé sur le ventre et de tenir un jouet coloré derrière lui, à sa gauche ou à sa droite. Quand il se tourne pour l'atteindre, reculez le jouet plus loin derrière son dos. À un certain point, votre bébé roulera sur lui-même, sim-plement parce qu'il s'est tourné un petit peu trop en tendant le bras vers le jouet. La lourdeur de sa tête l'aidera automatiquement au cours de l'action.

Vers cet âge, les bébés essayent souvent de ramper. Le problème avec le fait de ramper est la partie où il faut aller de l'avant. La plupart des bébés aimerait avancer, et c'est ce qu'ils essayent de faire. Certains bébés se mettent dans la bonne position de départ (ils glissent leurs genoux sous leur corps, lèvent leurs fesses en l'air, et poussent), mais il n'arrivent pas à ramper. D'autres bébés se mettent dans la bonne position mais se contentent de rebondir de haut en bas. Certains petits tortilleurs se retrouvent à glisser vers l'arrière à cause de la force avec laquelle ils appuient sur leurs mains. D'autre n'exercent de pression qu'avec un pied, et se retrouvent à tourner en rond. Certains bébés plus chanceux, après avoir cafouillé pendant un bout moment, arrivent à aller de l'avant un peu par hasard. C'est plutôt l'exception que la règle à cet âge.

« Je pense que mon bébé veut ramper, mais j'ai le sentiment qu'il ne sait pas encore comment faire. Il se tortille et gigote, mais n'avance pas d'un centimètre. Cela le contrarie fortement. »

La maman de Lucas, 20e semaine

De nombreuses mères essaient d'aider leur bébé à ramper. Elles poussent précautionneusement vers l'avant les fesses que leur nourrisson tortille, et mettent toutes sortes d'objets attirants tout juste hors de sa portée dans une tentative de l'amadouer à aller vers l'avant. Parfois, ces manœuvres font l'affaire, et le bébé parvient d'une manière ou d'une autre à avancer un petit peu. Certains bébés le font en se jetant vers l'avant avec un bruit sourd. D'autres restent sur leur ventre et poussent en avant avec leurs jambes, tout en utilisant leurs bras pour se diriger dans la bonne direction.

Si vous imitez les tentatives de votre bébé, il se pourrait qu'il trouve cela tout à fait hilarant. Il se peut également qu'il apprécie réellement de vous regarder lui montrer comment ramper correctement. Presque tous les enfants qui ont du mal à ramper seront fascinés par vos tentatives. Essayez et vous verrez !

Laissez-le se tortiller tout nu

Votre bébé doit s'entraîner s'il veut apprendre à faire des tours sur lui-même, se retourner, et ramper correctement. Cela sera bien plus amusant, et bien plus facile pour lui, s'il ne porte ni vêtements ni couche. Faire beaucoup d'exercice physique lui donnera l'opportunité d'apprendre à connaître son corps et l'aider à accroître son contrôle sur celui-ci..

Aidez votre bébé à explorer son nouveau monde par la manipulation et l'observation approfondie

Dans le monde des événements, les bras, mains et doigts de votre bébé sont comme le reste de son corps : capables de faire plusieurs mouvements fluides à la suite. En conséquence, il est capable de s'entraîner à tendre le bras, saisir, et tirer vers lui un jouet en un mouvement régulier et de le manipuler de toutes sortes de manière, comme le secouer, le frapper ou le tapoter. C'est ainsi qu'il peut examiner les objets sur lesquels il met la main. Et c'est juste ce qu'il veut faire à cet âge, bien que là encore il ait besoin de beaucoup de pratique pour atteindre une maîtrise parfaite.

Laissez-le explorer autant d'objets qu'il le désire. Il se peut qu'il les tourne dans tous les sens, les secoue, les frappe, les fasse glisser en haut en bas, et fourre une partie intéressante dans sa bouche pour la goûter et éprouver sa texture. Une « table d'activités » offre un ensemble d'exercices pour les doigts et la main sur un seul tableau. Il y a généralement un élément que l'on peut tourner. Il peut également avoir un bouton qui fait un bruit quand on le presse. Il pourrait y avoir des animaux à faire glisser de haut en bas, des cylindres qui tournent et des boules à manipuler, et ainsi de suite. Chaque activité différente émettra un son particulier lorsque votre bébé le manipulera. La plupart des bébés adorent leur table d'activités. Mais ne vous attendez pas à ce que votre bout de chou comprenne et utilise toutes ses caractéristiques du premier coup. C'est encore un débutant !

Quand vous voyez que votre bébé essaye de faire quelque chose sans vraiment y parvenir, vous pouvez l'aider en lui tenant la main pour lui montrer comment le faire correctement. Ou bien si votre bébé préfère observer comment les choses se font, laissez-le regarder votre main le faire. De toutes les manières, vous l'encouragerez à être adroit de ses mains et à les utiliser intelligemment.

« Cela faisait des semaines que nous avions mis une table d'activité dans le parc de notre fils. Il la regardait de temps en temps, mais il n'en faisait rien. Mais cette semaine, il s'est soudainement mis à l'utiliser. Maintenant, il adore toucher et tourner tous les boutons. On peut voir qu'il explore réellement toute la table. Cependant, il se fatigue rapidement, car il lui faut s'appuyer sur une main tout le temps. »

La maman de Paul, 18e semaine

Si votre bébé se fatigue parce qu'il doit s'appuyer sur une main tout le temps, tenez-le pour qu'il puisse utiliser ses mains librement. Par exemple, mettez-le sur vos genoux et examinez un objet avec lui. Il adorera pouvoir jouer tout en étant assis confortablement. De plus, quand il est assis, il est capable de regarder ses jouets d'un angle complètement différent. Contentez-vous de le regarder pour voir s'il fait des choses différentes avec les jouets quand il est assis confortablement. Vous pourrez même peut-être voir de nouvelles activités.

> « J'ai mis mon bébé dans sa chaise pour la première fois et l'ai soutenu avec un coussin. Il a immédiatement découvert qu'assis, on peut faire certaines choses avec des jouets que l'on ne peut pas faire quand on est allongé par terre. Quand je lui ai donné un porte-clé en plastique, il a d'abord commencé à le taper sur le dessus de table, puis à le lancer par terre. Il l'a fait environ 20 fois de suite. Il trouvait cela très drôle et ne pouvait pas s'arrêter de rire. »
> La maman de Paul, 19e semaine

Si votre bébé est un explorateur rodé, vous pouvez enrichir son environnement en lui offrant des jouets et d'autres objets de différentes formes, comme des choses rondes ou carrées, ou faites de différentes matières, comme du bois ou du plastique. Donnez-lui du tissu de différentes textures, ou de papier doux, dur ou lisse avec lesquels jouer. De nombreux bébés aiment les petits sacs en plastique vides, parce qu'ils changent lentement de forme et font de merveilleux bruits de craquements quand on les froisse. Donnez à votre bébé des objets aux coins irréguliers ou avec des dents. La plupart des bébés ont un faible pour les formes bizarres. La forme d'une clé en pastique, par exemple, les motivera à mener une inspection plus poussée. De nombreux bébés trouvent les coins en dent de scie particulièrement intrigants et voudront les toucher, les regardent et les goûter.

Certains bébés sont attirés par les détails les plus insignifiants. Si votre bébé est un tel petit chercheur, il est probable qu'il regarde un objet sous toutes les couture pour, l'examinera très minutieusement. Il prendra vraiment son temps et observera de très près l'objet. Il fera tout un foin de la moindre protubérance. Cela peut prendre une éternité avant qu'il n'ait fini de caresser, éprouver, et frotter les textures et d'examiner les formes et les couleurs. Rien ne semble échapper à son regard et son esprit inquisiteur. Si c'est vous qu'il décide d'examiner, il fera également cela méticuleusement. S'il étudie votre main, il commencera généralement par un doigt,

 S'occuper du bébé

Rendez votre maison sûre pour les bébés

Cela fait sûrement longtemps que vous vous êtes mis à faire ceci, mais puisque votre bébé commence maintenant à devenir de plus en plus mobile, il est temps de faire une rapide vérification de sécurité pour être sûre qu'il est en sécurité.

- Ne laissez jamais à proximité de votre bébé de petits objets tels que des boutons, des épingles et des pièces

- Quand votre bébé est sur vos genoux pendant l'allaitement, assurez-vous qu'il ne puisse pas saisir soudainement une tasse ou un bol contenant une boisson chaude

- Ne laissez jamais de boissons chaudes sur une table à portée de votre bébé. Évitez même d'en laisser sur une grande table. Si le bébé essaye de les atteindre en tirant le pied de la table (ou, pire, la nappe), il pourrait renverser la boisson sur lui

- Barrez l'accès à la cuisinière et à la cheminée

- Tenez hors de portée de votre enfant les substances dangereuses comme la térébenthine, la javel et les médicaments et entreposez-les dans des récipients difficiles à ouvrir pour un enfant

- Faites en sorte que les prises électriques soient protégées par un cache et qu'aucun fil ne traîne

caressera l'ongle, puis regardera et éprouvera la façon dont celui-ci bouge, avant de passer au doigt suivant. S'il examine votre bouche, il inspectera généralement chaque dent l'une après l'autre. Stimulez son appétit pour les détails en lui donnant des jouets et des objets qui l'intéresseront.

« Je suis sûre que ma fille finira par devenir dentiste. Je suis à deux doigts d'étouffer à chaque fois qu'elle inspecte ma bouche. Elle cherche partout et enfonce pratiquement tout son poing dans ma bouche. Elle laisse entendre très clairement qu'elle n'apprécie pas d'être interrompue quand elle travaille quand j'essaye de fermer ma bouche pour lui donner un baiser sur la main. »

La maman d'Émilie, 21e semaine

Est-ce que votre bébé essaye d'attraper tout ce que vous mangez ou buvez ? C'est le cas de la plupart des bébés. Alors, faites attention à ne pas boire de thé ou de café chaud quand vous avez un bébé qui gigote sur vos genoux. Dans un moment d'inattention, il pourrait soudainement décider d'attraper votre tasse et renverser son contenu bouillant partout sur vos mains et votre visage.

« Mon fils essaye d'attraper mon sandwich avec sa bouche en ouvrant la bouche par anticipation. Quoi qu'il essaye d'attraper, il l'avale immédiatement. La chose marrante est qu'il semble tout apprécier. »

La maman de Kevin, 19e semaine

Aidez votre bébé à explorer son nouveau monde par la vue

Votre bébé est-il un vrai observateur ? Dans chaque foyer, le train-train quotidien est plein d'événements que votre bébé pourrait apprécier observer. Le plupart des bébés aiment regarder leur mère préparer de la nourriture, mettre la table, s'habiller ou jardiner. Ils sont à présent capables de comprendre les différentes actions ou événements impliqués dans diverses activités, comme mettre des assiettes sur la table, couper du pain, faire des sandwiches, se brosser les cheveux, se limer les ongles et tondre la pelouse. Si votre bébé aime observer, laissez-le observer vos activités quotidiennes. Tout ce que vous avez à faire est de vous assurer qu'il est dans une parfaite position pour les observer. Cela ne vous donnera pas plus de travail que ça, mais sera une expérience d'apprentissage appréciable pour lui.

> « Ma petite chérie fait du bruit avec ses lèvres, donne des coups de pieds, et tend les bras dès qu'elle me voit préparer des sandwiches. Il paraît évident qu'elle est consciente de ce que je fais et qu'elle demande à être nourrie. »
>
> La maman d'Anna, 20e semaine

À cet âge, certains bébés apprécient déjà de regarder des livres d'images dans lesquels des événements sont montrés. Si votre bébé apprécie cela, il se peut qu'il veuille tenir le livre lui-même, en utilisant ses deux mains, et qu'il contemple les illustrations d'un air émerveillé. Il se peut qu'il s'efforce réellement de tenir le livre et de se concentrer sur les images... mais après un moment le livre finira généralement dans sa bouche.

Vous pouvez commencer à jouer à cache-cache et à « Devine qui c'est ! » à cet âge. Dès que votre bébé s'habitue au monde des événements, il peut reconnaître un jouet, même s'il ne peut en voir qu'une partie. Si vous le voyer regarder d'un air perplexe un jouet partiellement dissimulé, ou si vous voulez faire de ses tentative à récupérer un jouet une partie de cache-cache, déplacer un petit peu l'objet pour le rendre plus facile à reconnaître. À cet âge, les bébés abandonnent rapidement. L'idée qu'un objet continue à exister tout le temps, où qu'il soit, n'est pas encore à la portée de leur esprit.

(suite à la page 138)

Les meilleurs jeux pour cette semaine miracle -----

Voici quelques jeux et activités que la plupart des bébés apprécient particulièrement à présent. Rappelez-vous que tous les bébés sont différents. Voyez ce à quoi votre bébé réagit le mieux.

DES CONVERSATIONS ENJOUÉES

Parlez aussi souvent que possible à votre bébé des choses qu'il perçoit par la vue, l'ouïe, le goût et le toucher. Parlez des choses qu'il fait. Essayez de faire des phrases aussi simples que possible. Insistez sur les mots importants. Par exemple : « Touche ces brin d'herbe », « Papa arrive », « Écoute la sonnette » ou « Ouvre le bouche ».

QU'EST-CE QUI VA SE PASSER APRÈS ?

Tout d'abord, dites : « Je vais... (pause théâtrale) pincer ton nez. » Puis attrapez son nez et triturez-le un petit peu. Vous pouvez faire la même chose avec ses oreilles, ses mains et ses pieds. Trouvez ce qu'il préfère. Si vous jouez régulièrement à ce jeu, il finira pas savoir exactement ce que vous allez faire ensuite. Puis il regardera vos mains avec un excitation accrue et hurlera de rire quand vous saisirez son nez. Ce jeu le familiarisera à la fois avec son corps et avec les mots pour les parties de celui-ci à mesure que vous y jouerez ensemble.

REGARDEZ DES IMAGES

Montrez à votre bébé une image aux couleurs vives dans un livre. Il se peut met qu'il veuille regarder plusieurs images. Assurez-vous que les images soient vives, simples, et incluent des choses qu'il puisse reconnaître. Parlez ensemble des images, et pointez l'objet réel s'il se trouve dans la pièce.

CHANTEZ DES CHANSONS

De nombreux bébés aiment réellement les chansons, particulièrement si elles sont accompagnées de mouvements, comme « Savez-vous planter les choux, à la mode, à la mode... » Mais ils apprécient également d'être bercé au rythme d'une chanson ou d'une berceuse. Les bébés reconnaissent les chansons par leur mélodie, leur rythme et leur intonation.

LE JEU DES CHATOUILLES

Il se peut que votre bébé aime les chatouilles. Vous pouvez accompagner celles-ci d'une petite chansonnette, où vous nommez les parties que vous allez chatouiller avant de le faire, comme :

Je vais te chatouiller... le dos

Je vais te chatouiller... les genoux

Je vais te chatouiller... le ventre

« DEVINE QUI C'EST ! »

Recouvrez le visage de votre bébé d'une petite couverture et demandez : « Où est... ? » Voyez s'il peut l'enlever de son visage tout seul. S'il n'y parvient pas encore, aidez-le en lui prenant la main et en tirant lentement le tissu avec lui. À chaque fois qu'il peut vous revoir, dites « coucou ! » Cela l'aide à marquer l'événement. Faites en sorte que ce jeu reste simple à cet âge, sinon, ce sera trop difficile pour lui

LE JEU DU MIROIR

Regardez ensemble un miroir. Généralement, un bébé préférera tout d'abord regarder et sourire à son propre reflet. Mais ensuite, c'est votre reflet qu'il regardera, puis il reviendra au vrai vous. Généralement, cela l'étonne grandement, et il regardera l'un après l'autre vous et votre reflet, comme s'il n'arrivait pas à décider qui était sa vrai mère. Si vous commencez à lui parler, il sera encore plus ébahi, car seule sa mère peut parler comme ça. Cela peut le rassurer, en lui confirmant qu'il est avec la bonne personne. Il se peut alors qu'il se mette à rire avant de se lover contre vous.

Aidez votre bébé à explorer son nouveau monde par le langage et la musique

Votre bébé fait-il des « phrases » en babillant ? Parfois, on dirait presque que votre bout de chou est vraiment en train de vous raconter une histoire. Cela est lié au fait que dans le monde des événements, votre bébé devient tout simplement aussi flexible avec sa voix qu'avec le reste de son corps. Il commence à répéter les syllabes qu'il connaît déjà et à les faire se succéder pour former des « phrases » comme « dadadada » et « babababa ». Il se peut aussi qu'il fasse des expériences avec l'intonation et le volume. Quand il s'entend produire un nouveau son, il se peut qu'il s'arrête pendant un moment et se mette à rire avant de reprendre la conversation.

Il est important de parler avec votre bébé aussi souvent que possible. Essayez de répondre à ce qu'il dit, d'imiter ses nouveaux sons, et de répondre quand il « demande » ou « dit » quelque chose. Vos réactions l'encouragent à utiliser sa voix.

Il se peut que vous remarquiez que votre bébé comprend un mot ou une phrase courte, bien qu'il ne puisse pas prononcer le mot lui-même. Essayez de demandez dans un environnement familier « Où est ton nounours ? » et vous verrez qu'il se mettra à regarder son nounours.

Dans le monde des événements, les bébés sont capables de comprendre de courtes séquences de sons familiers comme « Tu veux aller dehors ? » Cela ne veut pas dire qu'il comprend une phrase de la même manière qu'un enfant plus âgé ou qu'un adulte. Ce que votre bébé entend est un modèle familier de syllabes accompagné de l'intonation de votre voix qui n'est qu'un seul événements sonore. C'est simplement le genre de succession simple de modèles et de changements qui forment un événement dans son petit monde.

Être capable de reconnaître la phrase du nounours ne signifie même pas que votre bébé peut reconnaître les événements sonores en toute circonstance. Si vous étiez en train de regarder par la fenêtre d'un magasin de jouet avec votre bébé et voyiez un ours en peluche identique au sien, par exemple, il se pourrait que vous essayiez « Où est ton nounours ? » sans aucun succès, puisqu'il ne sera vraiment pas capable de comprendre le sens dans un contexte aussi éloigné de son environnement familier.

Les meilleurs jouets pour cette semaine miracle

Voici les jouets et autres objets que la plupart des bébés préfèrent tandis qu'ils explorent le monde des événements. Votre bébé sera attiré par presque tous les objets à usage quotidien de votre foyer. Essayez de trouver ceux qu'il préfère. Prenez garde, cependant, à écarter tout ceux qui pourraient être dangereux pour lui.

- Les jouets pour le bain. Votre bébé appréciera de jouer avec divers objets du quotidien dans le bain : verres mesureurs, passoires en plastique, vaporisateurs parfumés, arrosoirs, repose-savon, et bouteilles de shampoing en plastique.

- Une table d'activité

- Une balle avec des encoches faciles à agripper, de préférence avec une clochette à l'intérieur

- Un hochet en plastique ou gonflable

- Un récipient au couvercle vissé à l'intérieur duquel se trouve du riz

- Du papier qui fait du bruit quand on le froisse

- Un miroir

- Des photographies ou des images d'autres bébés

- Des photographies ou des images d'objets ou d'animaux dont il reconnaît le nom

- Des chansons pour enfant

- Une roue qui tourne vraiment, comme celles que l'on trouve sur une petite voiture

Comme les mère répètent encore et encore sans y prendre garde des phrases identiques ou très similaires tandis qu'elle vaquent à leur train-train quotidien, les bébés en viennent progressivement à les reconnaître. C'est la seule façon pour eux de commencer à apprendre des choses au sujet de la parole, et tous les bébés comprennent des mots et des phrases bien avant de pouvoir les prononcer.

« Dans notre salon, il y a une peinture de fleurs sur un mur et une photo de mon fils sur l'autre. Quand je lui demande : « Où sont les fleurs ? » ou « Où est Paul ? », il regarde toujours la bonne image. Ce n'est pas moi qui me fait des idées, vu que les images sont chacune d'un côté opposé de la pièce. »

La maman de Paul, 23e semaine

Vous serez aussi enthousiaste que fière quand vous découvrirez que votre bébé comprend ses premières courtes phrases. Au début, vous aurez peut-être du mal à croire ce qui vous arrive. Il se peut que vous répétiez la phrase jusqu'à ce que vous soyez persuadée que ce n'était pas qu'une coïncidence. Ensuite, vous pourrez créer une nouvelle situation pour pratiquer la petite phrase que votre bébé sait déjà reconnaître. Par exemple, vous pourrez mettre l'ours en peluche dans tous les endroits imaginables d'un pièce pour tester si votre bébé sait où il est. Vous pourrez même lui montrer des photographies de l'ours en peluche pour voir s'il le reconnaît ? De nombreuses mères changent la manière dont elles parlent à leur bébé à cet âge. Elles prononceront des phrases plus lentement à leur bébé, et souvent elles n'utiliseront que de simples mots plutôt que des phrases entières.

Votre bébé est un mélomane en puissance ? Dans le monde des événements, il se peut qu'il soit fasciné par une série de note montant et descendant régulièrement la gamme, et qu'il soit capable de reconnaître de courtes mélodies familières comme les premières notes d'une publicité à la télévision. Aidez-le à développer ses talents musicaux. Laissez-le écouter la musique qu'il préfère. Votre mélomane peut aussi apprécier tous types de sons. Si c'est le cas, cela vaut la peine de stimuler et d'encourager cet intérêt. Certains bébés attrapent des jouets et des objets avant tout pour découvrir s'ils feront un bruit quelconque. Ils tournent et retournent des objets producteurs de bruits non pour les inspecter, mais pour voir si les bruits changent quand l'objet est retourné plus ou moins rapidement. Ces bébés presseront un jouet de diverses manières pour voir s'il produit différents sons. Donnez-lui des jouets qui font du bruit et aidez-le à les utiliser convenablement.

Patience est mère de vertu

Lorsque votre bébé apprend de nouvelles compétences, il peut parfois éprouver votre patience. Lui comme vous devez vous ajuster à sa progression et renégocier les règles pour restaurer la paix et l'harmonie. Rappelez-vous qu'à partir de maintenant, votre bébé ne dépendra plus entièrement de vous pour son amusement, puisqu'à présent, il est en relation avec le monde qui l'entoure. Il peut faire et comprendre bien plus de choses que par le passé et, bien sûr, pense tout savoir. Peut-être trouverez-vous qu'il est difficile. Lui pense que c'est vous qui l'êtes ! Si vous reconnaissez ce comportement, vous pouvez dire que vous êtes en train de mener la première guerre d'indépendance avec votre nourrisson.

> « À chaque fois que ma fille s'assied avec moi sur ma chaise préférée, elle essaye d'attraper les fils qui pendent de l'abat-jour. Comme je n'aime pas qu'elle fasse ça, je la tire en arrière et lui dit : « non ». »
>
> La maman de Léa, 20e semaine

Ce qui irrite de nombreuses mères plus que tout est l'obsession des bébés à attraper tout ce qui est à leur portée ou sur leur pasage, particulièrement quand ils semblent préférer faire cela à jouer avec leur mère. Certaines trouvent cela antisocial, parfois même un peu égoïste, de la part de leur petit chéri. D'autres pensent que le bébé est toujours trop jeune pour toucher tout ce qui apparaît dans son champ de vison : plantes, tasses de café, livres, matériel audio, lunettes ; rien n'est à l'abri de leurs mains exploratrices. De nombreuses mères essayent de contenir ces velléités d'indépendance en arrêtant de toutes les manières possibles leur bébé quand ils cherchent à s'éloigner d'elle pour se rapprocher des choses qui attirent leur attention à ce moment-là. Souvent, des mères essayent de distraire leur enfant en les blottissant ou les serrant contre elles tandis que le bébé gigote et se tortille pour atteindre quelque chose. Mais ces deux méthodes auront presque toujours l'effet opposé : le bébé se tortillera et gigotera avec encore plus de détermination dans sa lutte pour se libérer de sa fort patiente mère. D'autres mères essayent de décourager cette frénésie d'attrapage en disant fermement « non ». Parfois, cela fonctionne.

L'impatience peut être une nuisance. De nombreuses mères pensent que leur bébé devrait apprendre à devenir un peu plus patient à cet âge. Elles ne réagissent pas toujours à leur bébé aussi rapidement qu'elles le faisaient. Quand le bébé veut quelque chose, ou veut faire quelque chose, il se peut qu'à présent, sa mère le fasse attendre pendant quelques instants. Elle peut insister pour qu'il se tienne droit, pour être ailleurs s'il s'y passe des choses plus intéressantes, et pour rester quelque part aussi longtemps qu'elle le désire. C'est la même chose pour les repas et le sommeil. Pour de nombreuses mères, un bébé qui attrape de la nourriture impatiemment est particulièrement irritant. Certaines y mettent immédiatement le holà.

S'occuper du bébé

Ne perdez pas votre sang-froid

De temps à autre, une mère peut ressentir des poussées d'agressivité envers son petit fauteur de trouble. Gardez en tête qu'il n'est ni anormal ni dangereux d'éprouver ces sentiments, mais qu'agir en les suivant l'est. Essayez de rester calme, et si vous n'y arrivez pas, assurez-vous d'aller chercher de l'aide avant de perdre votre sang-froid.

« Ma fille est devenue folle furieuse dès qu'elle a vu son bol de nourriture. C'est comme si elle ne pouvait pas l'engloutir assez vite. J'ai trouvé ça terriblement ennuyeux, et lui ai donc dit d'attendre jusqu'à ce que nous soyons tous assis à table. Maintenant elle n'est plus impatiente. Elle attend vraiment et nous regarde servir le dîner. »

La maman de Nina, 22e semaine

Faire mal à quelqu'un n'est pas drôle. Maintenant que le bébé est plus fort et comprend le monde des événements, il est également capable de causer de la douleur physique. Il se peut qu'il morde, mâchonne et tire votre visage, vos bras, vos oreilles et vos cheveux. Il se peut qu'il pince et torde votre peau. Parfois, il le fera avec assez de force pour que cela fasse vraiment mal. De nombreuses mères trouvent que leur bébé pourrait aisément montrer un peu plus de considération et de respect pour les autres. Les mordillements, les tiraillements et les pincements ne les amusent plus.

Certaines mères réprimandent leur bébé s'il s'excite trop. Elles font cela en lui faisant savoir immédiatement qu'il est allé trop loin. Généralement, elles font cela en disant « Aïe ! » d'une voix forte et sévère. Si elles remarquent que leur bébé se préparer à lancer une nouvelle attaque, elles l'avertissent en disant « Attention... ». À cet âge, les bébés sont parfaitement capable de comprendre un voix menaçante. Parfois, certaines mères peuvent vraiment exploser.

« Quand mon bébé mord mon sein vraiment très fort, je dois vraiment prendre sur moi pour rester calme. Ma réaction immédiate est un désir ardent de lui mettre une baffe. Avant d'avoir un bébé, je n'arrivais pas comprendre comment des gens pouvaient frapper leurs enfants. Maintenant, si. »

La maman de Matthieu, 20e semaine

La maman de Matthieu est très honnête quant à ses sentiments. Heureusement, elles ne se laisse pas guider par eux. Bien que votre bébé puisse vous infliger de la douleur physique durant cette période difficile, il ne le fait pas « exprès ». Rendre à votre bébé la monnaie de sa pièce n'est pas acceptable et n'est certainement d'aucune efficacité pour lui apprendre à ne pas faire mal à sa mère.

Après le bond

Entre les 20e et 22e semaines, une autre période de calme relatif commence. La plupart des mères louent d'initiative de leur bébé et leur amour de l'entreprise. Les bébés semblent maintenant pourvus d'une énergie sans borne.

Vous n'êtes plus le seul jouet de votre bébé. Il explore son environnement avec beaucoup de détermination et de plaisir. Il s'impatiente de plus en plus rapidement s'il n'a que sa mère avec qui jouer. Il veut de l'action. Il se peut qu' à la moindre opportunité, il essaye de quitter vos genoux en tortillant s'il repère quelque chose d'intéressant. Il est clair qu'il est à présent bien plus indépendant.

« Aujourd'hui, j'ai rangé les premiers vêtements de bébé de mon fils et j'ai senti un petit serrement au cœur. Comme le temps passe vite… Le laisser grandir n'est pas facile. C'est une expérience très douloureuse. Il a soudain l'air si grand. J'ai un nouveau type de relation avec lui à présent. Il est devenu un peu plus sa propre petite personne. »

La maman de Léo, 23e semaine

« Maintenant, mon bébé boit son biberon en me tournant le dos, assise bien droit, sans rien vouloir manquant du monde qui l'entoure. Elle veut même tenir le biberon tout seul. »

La maman de Laura, 22e semaine

« Quand mon fils est sur mes genoux, il essaye de rester très droit pour ne rien manquer de ce qui se passe au-dessous de lui. »

La maman de Lucas, 23e semaine

« Maintenant, je ne mets presque plus mon bébé dans le parc. Je pense qu'il est trop limité dans un si petit espace. »

La maman de Léo, 22e semaine

« Mon fils commence à ne plus apprécier d'être promené dans le porte-bébé. Tout d'abord, j'ai pensé qu'il voulait plus d'espace car il est très actif. Puis je l'ai retourné, le visage vers l'avant, et maintenant qu'il est capable de tout voir, il est heureux. »

La maman de Enzo, 21e semaine

Les bébés qui aiment l'activité physique n'ont plus besoin qu'on leur tende les objets qu'ils veulent, car ils se remuent et se tournent dans tous les sens pour les avoir eux-mêmes.

« Ma fille fait des demi-tours sur elle-même, gigote et se tortille dans tous les coins pour attraper un jouet, ou bien elle rampe jusqu'à lui. Elle n'arrête pas de bouger toute la journée. Elle n'a même pas le temps de pleurer. Je dois dire qu'elle a l'air plus heureuse que jamais, tout comme nous. »

La maman de Léa, 21e semaine

« Mon bébé rampe et se roule dans tous les sens. Je n'arrive pas à l'arrêter. Elle essaye de sortir de sa chaise haute pour monter en rampant dans le sofa. L'autre jour nous l'avons trouvée à moitié dans le panier du chien. Elle est aussi très active dans le bain. Il ne reste presque plus d'eau une fois qu'elle l'a vidé quasi entièrement. »

La maman d'Émilie, 22e semaine

Pendant ce temps, qui n'est qu'une accalmie avant la prochaine tempête, la plupart des bébés sont plus gais. Même les bébés exigeants et pénibles sont plus joyeux à ce stade. Peut-être cela est-il dû au fait qu'ils sont à présent capables de faire plus de choses et s'ennuient moins. Les parents se réjouissent durant ce moment moins troublé... et fort mérité.

« Mon petit bout de chou est d'humeur si joyeuse à présent. Elle rit et « raconte des histoires ». C'est merveilleux de la regarder. »

La maman de Juliette, 23e semaine

« J'apprécie de nouveau chaque minute que je passe avec sa fille. Elle est trop mignonne, vraiment facile à vivre. »

La maman d'Emma, 22e semaine

« Mon fils est soudainement devenu moins difficile. Il a repris son train-train habituel et dort mieux. »

La maman de Lucas, 23e semaine

« Mon fils est étonnamment doux et joyeux. Il va se coucher sans se plaindre, ce qui est un véritable exploit en soi. Il dort maintenant bien plus longtemps dans l'après-midi, par rapport aux semaines passées. Il est si différent maintenant de ce qu'il était il y a plusieurs semaines quand il pleurait toute la journée. Hormis quelques petites rechutes de temps à autre, les choses s'améliorent régulièrement. »

La maman de Paul, 22e semaine

chapitre 7

Semaine miracle 26 :
Le monde des relations

Aux environs de sa 26e semaine, votre bébé commencera a montrer les signes d'encore un autre bond important dans son développement. Si vous l'observez de près, vous le verrez faire ou tenter de faire de nombreuses choses nouvelles. À ce stade, qu'il rampe ou non, il deviendra bien plus mobile tandis qu'il apprendra à coordonner les actions de ses bras, de ses jambes et du reste de son corps. À partir de sa connaissance des événements, il est maintenant capable de commencer à comprendre les différentes relations entre les choses qui constituent son monde.

Une des relations les plus importantes que votre bébé peut maintenant percevoir est la distance entre une chose et une autre. Pour nous adultes, c'est quelque chose d'évident, mais pour un bébé c'est une découverte inquiétante, un changement vraiment radical de son univers. Le monde devient brusquement un endroit très très grand dans lequel il n'est plus qu'un tout petit point (qui peut cependant être très bruyant !). Parfois, il peut vouloir quelque chose qui se trouve tout en haut d'une étagère, ou hors de portée de son lit de bébé, et il n'a aucun moyen de l'atteindre. Quand sa mère part, même si elle se contente d'aller dans la pièce d'à côté, pour lui c'est comme si elle était partie en Chine s'il ne parvient pas à la retrouver parce qu'il est bloqué dans son lit ou qu'il ne maîtrise pas encore le rampement. Et même s'il rampe très bien, il se rend compte qu'elle se déplace bien plus vite que lui et qu'elle peut s'éloigner de lui.

Cette découverte peut être effrayante pour un bébé, et déboucher sur quelques semaines très difficiles pour ses parents. Mais lorsque vous comprendrez la source de cette peur, de ce malaise, il y a de nombreuses choses que vous serez capable de faire pour l'aider. Naturellement, une fois que votre bébé aura appris à négocier l'espace qui l'entoure et à contrôler la

Note: La première phase (période d'agitation) de ce bond vers le monde perceptif des « relations » est liée à l'âge et prévisible, et débute vers le 23e semaine. La majorité des bébés entame la deuxième phase (voir l'encadré « Les moments privilégies : une lubie contre nature », à la page 17) de ce bond 26 semaines après une naissance à terme. Il lance le développement de tout un ensemble de compétences et d'activités. Cependant, l'âge auquel ces compétences et ces activités apparaissent pour la première fois varie grandement et dépend des préférences de votre bébé, ainsi que de ses expériences et de son développement physique. Par exemple, la capacité à percevoir des relations spatiales est une condition nécessaire à « ramper à l'intérieur de choses ou en-dessous de celles-ci », mais cette compétence apparaît normalement n'importe quand entre les 6e et 11e mois. Les compétences et les activités sont mentionnées dans ce chapitre à leur âge d'apparition le plus bas possible, afin que vous puissiez surveiller leur apparition et les reconnaître. (Parfois tout d'abord sous une forme rudimentaire uniquement.) De cette manière, vous pouvez réagir au développement de votre bébé et le faciliter.

distance entre les choses qu'il veut et lui, il sera capable de faire bien plus de choses tout seul qu'avant. Mais il y aura une période durant laquelle il aura besoin de beaucoup de soutien.

L'entrée dans le monde des relations affectera tout ce que votre bébé fait et perçoit. Il ressent le début de ces changements à environ 23 semaines, et c'est alors que les ennuis commencent. Pris dans un enchevêtrement de nouvelles impressions, il a besoin de revenir au valeurs sûres, vers sa maman, et de la coller en quête de réconfort. Le sentiment de sécurité et la chaleur familiers qu'elle procure l'aideront à se détendre, permettront à la nouveauté d'être absorbée, et le feront grandir dans le nouveau monde à son propre rythme. Cette période d'agitation dure souvent environ 4 semaines, bien qu'elle puisse être aussi brève qu'une semaine et aussi longue que 5. Puisqu'une des compétences importantes qu'il doit apprendre durant ce bond est comment gérer la distance entre sa mère et lui, il se peut que votre bébé redevienne agité pendant quelques temps aux environs de la 29e semaine, après que ses nouvelles compétences auront commencé à prendre leur envol. Rappelez-vous que si votre bébé est agité, il faut l'observer de près pour voir s'il essaye de maîtriser de nouvelles compétences.

Les signes d'agitation de cette Semaine

Quand votre bébé se sera rendu compte que son monde est en train de changer, il pleurera généralement plus facilement. De nombreuses mètres peuvent à présent trouver que leur bébé est pénible, de mauvais poil, geignard ou insatisfait. Si votre bébé est déjà doté d'un fort caractère, il se peut qu'il s'avère encore plus agité, impatient et ennuyeux. Presque tous les bébés pleurent moins lorsqu'il sont pris dans les bras pour être dorlotés et se blottir contre leur maman, ou qu'au moins celle-ci leur tient compagnie tandis qu'ils jouent.

> « Mon bébé commence de plus en plus à se battre pour elle-même. Elle exige des choses, m'ordonnant sur un ton énervé de venir près d'elle ou de rester avec elle. De cette manière, elle s'assure que je suis là pour l'aider à attraper ses jouets. »
>
> La maman d'Anna, 25e semaine

Comment savoir que le moment de grandir est arrivé

Voici quelques-uns des signaux que votre bébé peut vous envoyer pour vous faire savoir qu'il approche ce bond dans le monde des relations.

Il pourrait mal dormir

Il se peut que votre bébé dorme moins que ce à quoi vous vous étiez habitué. La plupart des bébés ont des difficultés à s'endormir, ou se réveillent plus tôt. Certains refusent de faire une sieste durant la journée, et d'autres ne veulent pas aller au lit la nuit. Certains refusent même les deux.

« Le moment du coucher et celui de la sieste sont accompagnés de terribles crises de hurlements. Mon fils braille furieusement et donne quasiment l'impression de perdre les pédales. Il hurle à pleins poumons et finit par s'essouffler tout seul. Je n'en peux vraiment plus. C'est comme si je ne le voyais plus jamais rester tranquillement dans son petit lit. J'espère juste que ça ne dure pas pour toujours. »

La maman de Léo, 26e semaine

« Le rythme de mon bébé est complètement décalé car il ne cesse de se réveiller un peu plus tôt chaque jour. Mais à part ça, il dort normalement. »

La maman de Lucas, 25e semaine

Il pourrait faire des « cauchemars »

Votre bébé dormira peut-être avec difficulté à ce moment. Parfois, les bébés se tournent, se retournent et s'agitent tant dans tous les sens qu'on dirait qu'ils sont en train de faire des cauchemars.

« Ma fille est une dormeuse très agitée. Parfois, elle laisse échapper un cri tout en gardant les yeux fermés, comme si elle faisait un cauchemar. Alors je la soulève pendant un instant pour la réconforter. Ces temps-ci, je la laisse généralement jouer dans la baignoire le soir. J'espère que ça la calmera et lui donnera plus envie de dormir. »

La maman d'Émilie, 23e semaine

Il pourrait devenir plus timide

Votre bébé refusera peut-être que d'autres gens le regardent, lui parlent ou le touchent, et il refusera à coup sûr de s'asseoir sur leurs genoux.Il se peut même qu'à présent il commence à vouloir que vous soyez plus souvent dans son champ de vision, même quand il n'y a pas d'inconnu dans les parages. Presque toutes les mères remarqueront cela à ce moment. À cette âge, la timidité est particulièrement évidente, pour une très bonne raison : votre bébé est maintenant capable de comprendre que vous pouvez partir en le laissant tout seul.

« Jour après jour, mon bébé est de plus en plus timide. Il faut que je sois en permanence à un endroit où il peut me voir, et il veut rester près de moi. Si je m'en vais, il essaiera de ramper à ma poursuite. »
La maman de Matthieu, 26e semaine

« Même quand je suis assise, je peux à peine bouger sans que ma fille ne se mettre à pleurer d'effroi. »
La maman d'Emmae, 23e semaine

Il pourrait exiger plus d'attention

Il se peut que votre bébé veuille que vous restiez plus longtemps avec lui, jouiez plus avec lui, ou tout simplement que vous ne regardiez plus que lui.

« Ma fille est très difficile à satisfaire et je dois la tenir occupée. Quand elle se réveille dans son petit lit, par exemple, elle est vraiment désireuse de voir sur-le-champ l'un d'entre nous. De plus, elle réagit très rapidement. Elle ne se contente pas de pleurer, elle s'énerve vraiment très fort. Elle est en train de développer son libre-arbitre. »
La maman d'Anna, 26e semaine

« Tout ce que désire mon bébé c'est sortir de son parc. Il faut vraiment que je le garde occupé sur mes genoux ou que je me promène avec lui. »
La maman de Lucas, 27e semaine

« Ma fille mijotait des bêtises en permanent, se comportant mal et agissant de manière pénible quand elle voulait de l'attention. Je devais jouer avec elle ou trouver quelque moyen de l'occuper à longueur de temps. Tant que je faisais cela, tout allait bien. »

La maman de Léa, 25e semaine

Il pourrait vouloir passer tout son temps avec vous

Il se peut que votre bébé insiste pour rester dans vos bras. De nombreux bébés ne veulent pas trop être mis par terre. Mais certains ne se satisfont pas de la sieste paisible sur les genoux de maman pour laquelle ils ont tant pleuré. Dès qu'il atteignent leur but, ils commencent à bouger et à chercher à atteindre des choses d'intérêt dans le monde qui les entoure.

« Mon fils passe son temps à m'embêter pour s'asseoir sur mes genoux. Mais dès que je le prends, il devient presque impossible de le contrôler. Il rampe sur moi et tâtonne comme un singe en agrippant tout ce sur quoi il peut mettre ses mains. Ça m'embête. J'essaye de faire des jeux, mais c'est une perte de temps. Qu'il ne veuille pas jouer avec moi, je veux bien, mais qu'au moins il arrête d'être aussi difficile. Pour être honnête, je me sens rejetée quand il refuse de jouer avec moi, et donc je le repose dans son parc. Mais dès que je fais ça, il se remet immédiatement à gémir pour que je revienne. »

La maman de Matthieu, 27e semaine

Les garçons et les filles

Les filles qui recherchent le contact physique sont généralement d'accord pour jouer avec leurs mères, mais les garçons qui recherchent le contact physique insistent en même temps pour explorer le monde qui les entoure.

Il pourrait perdre l'appétit

Les bébés nourris au sein comme au biberon boivent parfois moins de lait, voire refusent complètement d'en boire. D'autres types de nourritures et de boisson peuvent également être rejetés. Souvent, les bébés mettent également plus de temps à finir leurs repas. Il semble en quelque sorte qu'ils préfèrent le réconfort qu'offre le fait de téter ou de jouer avec le mamelon ou la tétine au contenu du sein ou du biberon.

> « Le matin et le soir, mon bébé refuse toujours de téter. Il se contente de pousser sur mon sein, ce qui fait vraiment mal. Puis, quand il est couché et n'arrive pas à s'endormir, il veut téter. Il boit un peu et se met à somnoler avant même d'avoir fini. »
>
> La maman de Matthieu, 26e semaine

Il pourrait être apathique

Il se peut que votre bébé cesse d'émettre ses sons habituels ou qu'il reste sans bouger à scruter les alentours ou à regarder droit devant lui. Les mères trouvent toujours ce comportement étrange et inquiétant.

> « Parfois, d'un seul coup, mon petit bout de chou se met à fixer ou à contempler les environs en silence. Les jours où elle fait cela plus d'une fois, ça me met mal à l'aise. Je commence à me demander si peut-être quelque chose ne va pas. Je ne suis pas habituée à la voir de la sorte. Si molle. Comme si elle était malade ou souffrait de retard mental. »
>
> La maman de Juliette, 24e semaine

Il pourrait refuser que l'on change sa couche

Il se peut que votre bébé pleure, donne des coups de pied et se tourne dans tous les sens quand on l'allonge pour le changer ou l'habiller. De nombreux bébés font cela. C'est juste qu'il ne veulent pas que leur mère trifouillent leurs vêtements.

Mon journal

Les signes que mon bébé grandit de nouveau

Entre les 22e et 26e semaines, vous remarquerez peut-être que votre bébé commencera à adopter certains des comportements suivants. Ce sont probablement des signes qu'il est prêt à faire le prochain bond dans le monde des relations. Cochez les signes que vous voyez dans la liste ci-dessous.

❑ Pleure plus et est plus souvent de mauvaise humeur, pénible, ou geignard

❑ Veut que vous l'occupiez

❑ Veut plus de contact physique

❑ Dort mal

❑ Perd l'appétit

❑ Refuse d'être changé

❑ Est plus timide avec les étrangers que d'habitude

❑ Est plus calme, moins bruyant

❑ Est moins vif

❑ Suce son pouce, ou le suce plus souvent qu'avant

❑ A besoin d'un doudou, ou en a besoin plus souvent qu'avant

AUTRES CHANGEMENT REMARQUÉS

_____

_____

« À chaque fois que j'allonge mon bébé sur le dos pour changer sa couche, il se met à pleurer. Généralement, ça ne dure pas très longtemps, mais c'est toujours la même chose. Parfois je me demande si elle n'a pas un problème au dos. »

La maman de Juliette, 23e semaine

« Presque à chaque fois que j'habille ou que je change mon bébé, il se met à crier comme un cochon qu'on égorge. Quand je dois passer un pull par-dessus sa tête, il s'en donne vraiment à cœur joie. Ça me rend folle. »

La maman de Léo, 24e semaine

Il pourrait avoir besoin d'un doudou

Certains bébés ont besoin plus souvent d'un ours en peluche, d'une pantoufle, d'une couverture ou d'une serviette. Pour la plupart des bébés, n'importe quel objet doux fera l'affaire, mais certains bébés n'accepteront qu'une seule chose en particulier. Parfois, ils le serreront contre eux en suçant leur pouce ou en tripotant leur oreille. Il semblerait qu'un doudou les fasse se sentir en sécurité, particulièrement quand maman est occupée.

« Quand ma fille comprend que geindre et se plaindre ne lui permettra pas de sortir du parc, elle abandonne. Elle s'assied et suce son pouce en tenant dans la main sa couverture. C'est adorable. »

La maman d'Emma, 24e semaine

« Sucer son pouce est vraiment son truc en ce moment. Souvent, quand mon fils commence à se sentir fatigué, il met son pouce dans sa bouche, pose la tête sur son nounours, puis s'endort. C'est tellement touchant. »

La maman de Enzo, 23e semaine

Comment ce bond peut vous affecter

Votre bébé vous fait certainement savoir comment ces changements l'affectent. Cela ne peut que vous affecter en retour. Voici quelques émotions qu'il se peut que vous ressentiez à ce moment.

Vous pourriez être (encore plus) épuisée

Les périodes d'agitation peuvent vous mettre sur les nerfs. Les mères d'enfants particulièrement exigeants peuvent avoir l'impression d'être de vraies épaves vers la fin. Elles se plaignent de maux de ventre, de dos, de tête et aussi de tension.

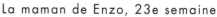

Un bébé agité n'est pas forcément en train de faire ses dents

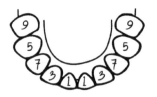

L'illustration à gauche montre l'ordre dans lequel les dents émergent généralement. Rappelez-vous juste que les bébés ne sont pas des machines. Votre bébé fera sa première dent quand il sera prêt. La rapidité avec laquelle les dents apparaissent n'a rien à voir avec l'état de développement physique ou mental du bébé. Tous les bébés peuvent faire leurs dents tôt ou tard, rapidement ou lentement.

En général, les dents du bas de devant apparaissent vers 6 mois. À son premier anniversaire, un bébé a généralement 6 dents. Vers 2 ans et demi, les dernières molaires émergent, complétant ainsi la dentition du bébé. Le nourrisson a alors 20 dents.

Malgré les vieilles idées reçues, une température élevée ou la diarrhée n'ont rien à voir avec le fait de faire ses dents. Si votre bébé montre l'un de ces symptômes, appelez son pédiatre.

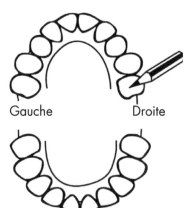

Gauche   Droite

Date

L1	....	R1	....
L2	....	R2	....
L3	....	R3	....
L4	....	R4	....
L5	....	R5	....
L6	....	R6	....
L7	....	R7	....
L8	....	R8	....
L9	....	R9	....
L10	....	R10	....

« Les pleurs de mon fils me tapent tant sur les nerfs que je n'ai plus qu'une obsession : éviter de me mettre à fondre en larmes. La tension que cela crée avale toute mon énergie. »

La maman de Enzo, 25e semaine

« Une nuit, j'ai dû passer mon temps à faire des allers-retours pour mettre la tétine dans la bouche de ma fille. Soudain, à minuit trente, elle était complètement réveillée. Elle est restée éveillée jusqu'à 2h30. J'avais déjà eu une journée occupée, accompagnée de nombreux maux de tête et de dos à cause de mes allers et venues avec elle. Je me suis complètement effondrée. »

La maman d'Émilie, 27e semaine

Vous pouvez vous sentir inquiète

Il est naturel que vous vous sentiez troublée ou nerveuse à chaque fois qu'il semble y avoir un problème sans parvenir à voir ce que c'est. Quand de très jeunes bébés sont impliqués, les mères se disent généralement après avoir y avoir réfléchi qu'ils doivent souffrir de colique car rien d'autre ne semble aller mal. À cet âge, cependant, les mères ont tendance à tirer des conclusions rapidement et elles adoptent l'idée que leur bébé est agité car il fait ses dents. Après, c'est vers cet âge que la plupart des bébés commencent à faire leurs dents. Cependant, il n'y a aucun rapport entre la pénibilité due à un grand changement dans le développement mental de l'enfant et le fait de faire ses dents. Il y a autant de bébés qui commencent à faire leurs dents pendant une période d'agitation qu'entre celles-ci. Bien entendu, si votre bébé commence à faire ses dents en même temps qu'il traverse un grand changement dans son développement mental, il peut devenir vraiment très ennuyeux.

« En ce moment, ma fille est d'extrêmement mauvais poil, et ne veut rien d'autre que s'asseoir sur mes genoux. C'est peut-être ses dents. Ça fait maintenant 3 semaines qu'elles l'embêtent. Elle a l'air assez mal à l'aise, mais elles ne sont toujours pas sorties. »

La maman de Léa, 25e semaine

« Mon petit gars devient un petit pleurnichard. Selon le docteur, il a tout plein de dents qui attendent de sortir. »

La maman de Paul, 27e semaine
(Ce n'est que 7 semaines plus tard qu'il a fait sa première dent.)

Vous pourriez vous lasser

De nombreuses mères s'énervent dès qu'elles ont l'impression que leur bébé n'a pas de raison d'être aussi ennuyeux et agité. Ce sentiment tend à se renforcer vers la fin de la période d'agitation. Certaines mères, particulièrement celles qui ont des bébés très exigeants, ne peuvent tout simplement plus le supporter.

> « Ce fut une semaine vraiment très éprouvante. Un rien faisait crier mon fils. Il exigeait une attention constante. Il était debout jusqu'à 22h, et agité. J'ai passé mon temps à le balader dans le porte-bébé. Ça, il aimait bien. Mais je me sentais vraiment très très fatiguée à cause de tout ce temps passé à le trimbaler et de ses pleurs continuels. Quand il a commencer à avoir l'une de ces crises de colères au lit la nuit, c'était comme s'il avait franchi la ligne rouge. Je sentais que je me mettais vraiment en colère. C'est arrivé souvent cette dernière semaine. »
>
> **La maman de Léo, 25e semaine**

Ne perdez pas le contrôle de vos nerfs. Rappelez-vous que ressentir des sentiments de colère et de frustration de temps en temps n'est ni anormal ni dangereux, mais qu'il l'est de suivre ses pulsions. Essayez de vous faire aider avant de perdre votre self-contrôle.

Vous pourriez commencer à vous disputer

Des disputes peuvent survenir au moment des repas. La plupart des mères détestent tant que leur bébé refuse de manger qu'elles continuent à les nourrir. Elles essayent de le faire de manière ludique, et tentent de les forcer à manger. Quelle que soit l'approche, elle n'est généralement d'aucune efficacité.

À cet âge, les bébés dotés d'une forte personnalité peuvent exprimer leur refus d'une manière extrêmement têtue. Cela met parfois leur mère, elle aussi souvent têtue (mais ceci est une autre affaire !), très en colère. Et c'est ainsi que les repas peuvent devenir des champs de bataille.

Si cela vous arrive, essayez de garder votre calme. Ne vous battez pas à ce sujet. De toute façon, vous ne pouvez pas le forcer à manger. Durant cette phase d'agitation, de nombreux bébés mangent mal. C'est quelque chose de temporaire. Si vous en faites toute une histoire, il y a des chances que votre bébé continue à refuse la nourriture même une fois la période d'agitation achevée. Cela sera devenu une habitude pour lui.

À la fin de la période d'agitation, vous aurez peut-être l'impression, à raison, que votre bébé est capable de bien plus de choses que vous ne l'en croyiez capable. C'est le cas de nombreuses mères. C'est pourquoi un nombre croissant de mères commencent à en avoir marre que leur bébé soit un pot de colle et décident qu'il est moment d'y mettre fin.

> « Ma petite fille passe son temps à geindre pour attirer mon attention ou pour que je la prenne dans mes bras. C'est vraiment ennuyeux et, le pire, c'est qu'elle a aucune sorte de raison ! J'ai largement assez à faire sans ça. Alors maintenant quand j'en ai marre, pour elle, c'est le lit. »
>
> La maman de Juliette, 26e semaine

Comment les nouvelles compétences de votre bébé émergent

Vers la 26e semaine, vous découvrirez que votre bébé est de nouveau en train d'essayer d'apprendre une ou plusieurs nouvelles compétences. C'est l'âge auquel les bébés commencent généralement à explorer le monde des relations. Ce monde leur offre de nombreuses opportunités pour développer des compétences qui dépendent de leur compréhension des relations entre les objets, les gens, les sons et les sens. Votre bébé, selon son tempérament, ses inclinations, ses préférences et sa constitution physique, se concentrera sur les types de relations qui lui paraissent le plus attirantes. Il utilisera cette compréhension pour développer les compétences qui conviennent le mieux à sa personnalité. Vous pouvez l'aider au mieux en l'encourageant à faire ce qu'il est prêt à faire, plutôt qu'en essayant de le pouvez dans des directions qui ne l'intéressent pas. Cela sera de toute façon de plus en plus difficile à faire, à mesure que sa personnalité commencera à émerger et que ses propres idées commenceront à dominer.

> « Je commence à voir ce modèle d'une période difficile, parfois extrêmement éprouvante, qui atteint son apogée vers la fin, et qui est suivie par une période plus calme. À chaque fois je me dis que je ne peux plus le supporter, puis mon petit gars change de comportement et soudain se met à faire toutes ces nouvelles choses. »
>
> La maman de Léo, 26e semaine

(suite à la page 164)

Mon journal

Comment mon bébé explore le nouveau mondes des relations

Le monde des relations ouvre tant de possibilités que votre bébé pourrait être incapable de toutes les explorer même s'il le voulait. Les aspects de ce monde qu'il explorera dépendront entièrement de la sorte d'enfant qu'il devient en grandissant et de ce que ses talents sont. Un bébé très physique utilisera la perception de la distance pour améliorer son équilibre et pour ramper à votre poursuite s'il en est capable. Les bébés qui sont dans l'écoute trouveront plein de choses pour l'occuper tandis qu'il essaiera de comprendre comment donc fonctionne ce monde. Tandis que vous lisez la liste de possibilités suivante, vérifiez celles qui s'appliquent à votre bébé en ce moment. Il se peut que vous fassiez ceci deux ou trois fois avant que ne survienne le prochain bond, étant donné que les compétences que votre bébé développera n'apparaîtront pas toutes en même temps. En fait, certaines n'apparaîtront que bien plus tard.

ÉQUILIBRE

❏ S'assied tout seul quand il est allongé

❏ Arrive à tenir debout tout seul ; se met debout tout seul

❏ S'assied tout seul après avoir été debout

❏ Tient debout sans aide

❏ Marche sans aide

❏ Fait un mouvement de saut sans quitter le sol

❏ Attrape un jouet qui se trouve sur une étagère ou une table plus grande que lui

CONTRÔLE CORPOREL

❏ Marche autour d'un lit, d'une table ou d'un parc en se tenant à lui

❏ Se balade en poussant une boîte devant lui

❏ Va d'un meuble à l'autre

❏ Rampe à l'intérieur ou sous des choses, comme des chaises ou des boîtes

☐ Rampe en avant et en arrière par-dessus de petites marches

☐ Entre et sort en rampant de pièces

☐ Rampe autour de la table

☐ Se penche ou se tient droit sur son ventre pour attraper quelque chose qui est sous le canapé ou sous une chaise

ATTRAPER, TOUCHER ET PERCEVOIR

☐ Utilise son pouce et son index pour attraper de petits objets

☐ Peut jouer avec quelque chose en utilisant les deux mains

☐ Soulève un petit tapis pour regarder en-dessous

☐ Tient un jouet dans le mauvais sens pour entendre les bruits à l'intérieur

☐ Fait rouler une balle sur le sol

☐ Attrape à chaque fois une balle qui roule vers lui

☐ Renverse la corbeille à papier pour la vider de son contenu

☐ Balance des choses

☐ Arrive à mettre des jouets dans une corbeille ou à côté, dans une boite ou à côté, sous une chaise ou dessus, et les pousse hors du parc

☐ Essaye de faire rentrer un jouet dans un autre

☐ Essaye de faire sortir quelque chose d'un jouet, comme le battant d'une sonnette

☐ Enlève ses chaussettes

☐ Défait vos lacets

☐ Vide les armoires et les étagères

☐ Lance des objets de sa chaise haute pour voire comment quelque chose tombe

☐ Met de la nourriture dans la bouche du chien, de maman ou de papa

☐ Ferme les portes en les poussant

(suite)

Mon Journal (suite)

VISION

- [ ] Observe des activités d'adulte, comme mettre des choses dans, sur ou à travers d'autres choses
- [ ] Regarde un animal après l'autre dans différents livres d'image
- [ ] Regarde une personne après l'autre sur différents photographies
- [ ] Regarde un jouet, un objet ou un bout de nourriture après l'autre dans ses mains
- [ ] Observe les déplacements d'un animal, particulièrement quand ils sont peu fréquents, comme le crépitement des pas d'un chien sur un parquet
- [ ] Observe les mouvements d'une personne qui se comporte de manière inhabituelle, comme papa qui marche sur ses mains
- [ ] Explore son corps, particulièrement son pénis ou son vagin
- [ ] Accorde beaucoup d'attention aux minuscules détails ou parties de jouets et d'autres objets, comme des étiquettes sur des serviettes
- [ ] Choisit un livre à regarder
- [ ] Choisit un jouet avec lequel jouer

ÉCOUTE

- [ ] Établit des liens entre les actions et les mots ; comprend des ordres brefs, comme « non, ne fais pas ça » et « viens, on y va »
- [ ] Écoute consciemment des explications et semble les comprendre
- [ ] Aime entendre les bruits des animaux quand elle regarde des images d'animaux
- [ ] Écoute consciemment des voix au téléphone
- [ ] Prête attention aux sons que sont liés à une activité précise, comme la découpe des légumes. Écoute les sons qu'il produit lui-même, par exemple quand il fait gicler de l'eau

PAROLE

❑ Comprend le lien entre les actions et les mots. Prononce ses premiers mots dans le bon contexte. Par exemple, dit « ou » (pour « oups ») quand il tombe et « atchoum » quand vous éternuez

❑ Soupire et souffle

DISTANCE MÈRE-BÉBÉ

❑ Proteste quand sa mère s'éloigne

❑ Rampe à la suite de sa maman

❑ Entre en contact de manière répétée avec sa maman bien qu'il soit occupé à jouer de lui-même

GESTES D'IMITATION

❑ Imite le geste de dire au revoir avec les bras

❑ Frappe ses mains à la demande

❑ Imite les cliquetis de langue

❑ Imite le fait de secouer sa tête de gauche à droite ou de haut en bas, bien que souvent il se contente de bouger ses yeux

DIVERS

❑ Danse au son de la musique (agite son ventre)

AUTRES CHANGEMENTS REMARQUÉS

_____

_____

_____

Le bond en avant miraculeux

Pour la première fois, votre bébé peut percevoir toutes sortes de relations et agir en conséquence. Il peut maintenant découvrir qu'il y a toujours une distance physique entre deux objets ou deux personnes. Et bien entendu, la distance avec vous est l'une des premières choses qu'il remarquera et à laquelle il réagira. En observant ce phénomène, il découvrira que vous pouvez mettre une distance trop grande à son goût, et cela lui pèse de ne pouvoir rien y faire. Il sait maintenant qu'il a perdu le contrôle sur cette distance, et s'en effraie. Il se mettra donc à pleurer.

> « Nous avons un problème. Ma fille ne veut plus être mise dans son parc. Ses lèvres commencent à trembler si jamais je me penche au-dessus d'elle. Quand je l'y mets, elle se met à crier. Par contre, si je la mets au sol juste à côté de la « cage », ça va. Elle se met sur-le-champ à rouler, pivoter et se tortiller dans ma direction. »
>
> **La maman de Nina, 25e semaine**

La juxtaposition d'objets apparaît comme une vraie révélation pour votre bébé quand l'idée apparaît pour la première fois. Il commence à comprendre que quelque chose peut être « à l'intérieur de », « à l'extérieur de », « au-dessus de », « sur », « à côté de », « sous » ou « au milieu de » quelque chose d'autre. Il adorera pratiquer ces notions.

> « Mon fils passe ses journées à sortir des jouets de sa boîte de jouets et à les y remettre. Parfois, il balance tout à côté du parc. D'autres fois, il fait

passer soigneusement chaque objet à travers les barreaux. Il débarrasse les armoires et les armoires et verser de l'eau depuis des bouteilles et des récipients dans la baignoire le ravit. Mais le meilleur était que je le nourrissais. Il a laissé partir mon mamelon, l'a étudié d'un air sérieux, a secoué mon sein de haut en bas, a tété une fois, a regardé de nouveau, et à continué de la sorte pendant un moment. Il n'avait jamais fait cela avant. C'est comme s'il essayait de comprendre comment quelque chose pouvait sortir de là. »

La maman de Matthieu, 30e semaine

Ensuite, il se peut que votre bébé commence à comprendre qu'il peut déclencher certaines choses. Par exemple, il peut appuyer sur un bouton qui met en marche de la musique ou faire s'allumer la lumière. Il commence à être attiré par des objets comme le matériel audio, les télévisions, les télécommandes, les interrupteurs et les petits pianos en plastiques.

Il se peut maintenant qu'il commence à saisir que les gens, les objets, les sons et les situations peuvent être liées les uns aux autres. Ou qu'un son est lié à un objet dans une situation précise. Il sait, par exemple, que du brouhaha dans la cuisine signifie que quelqu'un fait à manger, que le bruit de la clé dans la serrure signifie « papa est rentré », que le chien a sa propre nourriture et ses propres jouets, et que maman, papa et lui sont intimement liés. La compréhension que votre bébé a de la « famille » est encore loin d'être aussi sophistiquée que la notre, mais il a bien sa propre compréhension de ce que cela signifie d'être intimement lié.

Ensuite, votre bébé peut commencer à comprendre que les animaux et les personnes coordonnent leurs mouvements. Même si deux personnes marchent séparément, il remarque toujours qu'il prennent en compte les mouvements de l'autre. Ça aussi c'est une « relation ». Il peut aussi voir quand quelque chose ne va pas. Si vous faites tomber quelque chose, lâchez un cri, et vous penchez rapidement pour le rattraper, si deux personnes se rentrent dedans par accident, ou si le chien tombe du canapé, il comprend que cela sort de l'ordinaire. Certains bébés trouvent cela très amusant ; d'autres en deviennent blancs de peur. Et d'autres encore deviennent curieux ou prennent cela très sérieusement. Après, c'est quelque chose qui ne devait pas arriver. Chaque observation nouvelle ou chaque compétence peuvent, ainsi, rendre votre bébé méfiant jusqu'à ce que ces choses s'avèrent inoffensives.

« J'ai remarqué que mon fils avait peur de la machine à couper le pain à la boulangerie. Quand le pain y entre, il me regarde comme pour me demande « Tu est sûre que tout va bien ? » Il prend alors un air effrayé, puis me regarde, puis reprend son air effrayé, puis me regarde de nouveau. Après un moment, il se calme. »

La maman de Paul, 29e semaine

Votre bébé commencera aussi peut-être à découvrir qu'il peut coordonner les mouvements de son corps, de ses membres et de ses mains et que ceux-ci fonctionnent ensemble comme un tout. Une fois qu'il a compris ceci, il peut apprendre à ramper plus efficacement. Ou alors il peut essayer de s'asseoir tout seul ou de se pousser tout seul pour se mettre debout ou s'asseoir. C'est alors que certains bébés feront leurs premiers pas, avec un peu d'aide. Et les bébés exceptionnels le feront même sans aide, juste avant que ne commence le prochain bond. Tout cet exercice physique peut aussi être effrayant pour un bébé. Il comprend pleinement qu'il peut perdre le contrôle de son corps. Il a toujours besoin d'apprendre comment garder l'équilibre. Et pouvoir garder son équilibre est très lié à la familiarité avec l'idée de distance.

Quand votre bébé commencera à être actif dans le monde des relations, il le fera de sa propre manière. Il utilisera les compétences et les concepts qu'il a acquis lors des précédents bonds dans son développement mental. Ainsi, il ne sera capable de percevoir et d'expérimenter que les relations qui impliquent des choses qu'il comprend déjà, des choses qu'il a apprises dans les mondes des modèles, des transitions en douceur, et des événements.

Les choix de votre bébé : une clé pour comprendre sa personnalité

Entre les 26e et 34e semaines, vous pouvez découvrir ce que votre bébé préfère dans le monde des relations. Regardez bien ce que fait votre bébé. Utilisez la liste « Mon journal » pour vous aider à déterminer où résident ses intérêts, et pour respecter les choix de votre bébé. Il n'est que très naturel de faire des comparaisons avec les observations que font d'autres mères de leurs bébés, mais ne vous attendez pas à ce que tous les bébés soient identiques. La seule chose dont vous pouvez être certaine est qu'ils ne le seront pas !

Gardez en tête que les bébés aiment tout ce qui est nouveau. Dès que vous remarquez que votre bébé montre une nouvelle compétence ou un nouvel intérêt, assurez-vous de réagir. Votre bébé appréciera que vous partagiez ces nouvelles découvertes. Votre intérêt l'aidera à accélérer son processus d'apprentissage. C'est tout simplement comment fonctionnent les bébés.

Ce que vous pouvez faire pour Aider

Tous les bébés ont besoin de temps, de soutien et de nombreuses opportunités pour pratiquer et expérimenter leurs nouveaux talents. Vous pouvez l'aider en l'encourageant quand il réussit et en le réconfortant quand il échoue (selon ses propres normes de bébé). S'il persiste trop longtemps à essayer quelque chose qu'il n'est pas encore capable de maîtriser, vous pouvez arriver à le distraire en lui proposant quelque chose qu'il peut faire.

La plupart de vos activités d'adultes sont fermement enracinées dans le monde des relations : charger la voiture, s'habiller, mettre des cartes postales dans une enveloppe, mener une conversation, suivre une vidéo d'aérobic, parmi d'autre choses. Laissez votre bébé observer ces activités et les partager lorsqu'il le peut. Laissez-le partager votre expérience de la vue, des sons, des sensations, des odeurs et des goûts dès qu'il le désire. Vous restez encore son guide dans ce monde complexe.

Gardez toujours en tête qu'il se spécialisera très certainement dans certains types d'activités aux dépens d'autres. Il n'importe pas vraiment que votre bébé apprenne ce que sont les relations uniquement via les domaines de la vue ou de l'ouïe. Plus tard, il sera rapidement et facilement capable de mettre cette compréhension à bon usage dans d'autres domaines.

Montrez-lui que vous ne l'abandonnez pas

Dans le monde des relations, presque tous les bébés commencent à réaliser à ce moment que leur maman peut accentuer la distance entre eux et qu'elle peut partir en les laissant. Auparavant, ses yeux pouvaient le voir, mais il ne saisissait pas complètement ce que signifiait partir. Mais qu'il le sait, cela pose un problème. Il prend quand il comprend soudainement que sa mère est imprévisible et qu'il ne la contrôle pas : elle peut l'abandonner n'importe quand ! Même s'il sait déjà ramper, maman peut facilement le distancer. Il comprend qu'il ne peut pas contrôler la distance entre sa mère et lui, et cela le fait se sentir impuissant. Au début, il est difficile de bien vouloir voir en cela un progrès, mais c'est un signe clair d'un bond mental vers l'avant. Votre bébé doit apprendre à gérer ce développement et à en faire une composante de son nouveau monde afin qu'il ne soit plus effrayant. Votre tâche est de l'aider à y parvenir. Cela requiert de la compréhension, de la compassion, de l'entraînement et, avant tout, du temps.

Si votre bébé montre des signes de peur, acceptez cette peur. Il réalisera bientôt qu'il n'y a pas de quoi avoir peur, puisque sa mère ne l'abandonne pas. Généralement, le pic de panique des bébés se situe vers la 29e semaine. Ensuite, cela s'améliore quelque peu, jusqu'au déclenchement du bond suivant.

« Mon fils fait son petit caprice quand il crie jusqu'à ce qu'on le prenne dans les bras. Quand je le fais, il rit, complètement satisfait de lui-même. »
La maman de Lucas, 31e semaine

« Tout va bien tant que ma fille peut me voir. Sinon, elle ne met à pleurer de peur. »
La maman d'Eve, 29e semaine

« Ma petite fille était avec la baby-sitter, comme d'habitude. Elle refusait de manger, de dormir, de faire quoi que ce soit. Elle ne faisait que pleurer, encore et encore. Je ne l'avais jamais vu se comporter comme ça. Je me sentais coupable de l'abandonner comme ça. J'envisage de travailler moins tard, mais je ne vois pas comment m'organiser pour ça. »
La maman de Laura, 28e semaine

« Si ma fille a le moindre soupçon que je vais la mettre par terre pour la laisser jouer, elle se met à gémir et à s'agripper à moi avec une passion intense. Du coup maintenant je la transporte sur ma hanche pendant toute la journée. Elle a également arrêté de sourire de la façon habituelle. Pas plus tard que la semaine dernière, elle souriait à tout le monde. Maintenant, elle le fait nettement moins. Ça lui était déjà arrivé une fois avant, mais elle finissait toujours par arborer un petit sourire sur le visage. Maintenant, c'est hors de question. »
La maman de Nina, 29e semaine

« Ce fut une semaine de souffrance. Tant de larmes. Cinq minutes tout seul, c'était déjà trop long pour mon petit gars. Si je faisais ne serait-ce qu'un pas hors de la chambre, il y avait une crise de pleurs. Je le mettais beaucoup dans mon porte-bébé. Mais au moment du coucher, la tempête se déchaînait. Après trois jours, j'étais claquée. C'était trop pour moi. J'ai commencé à me sentir extrêmement en colère. C'était comme si je commençais à entrer dans un cercle vicieux. Je me donnais vraiment à fond, mais me sentais seule et complètement épuisée. Je passais mon temps à casser des trucs, aussi : ils tombaient de mes mains, tout simplement. C'est à ce moment que je l'ai amené à la crèche pour la première fois. Pour pourvoir respirer un peu, sans plus. Mais ça n'a pas marché, alors je suis rapidement allé le chercher. Je me sentais vraiment mal de l'avoir balancé quelque part, mais dans le même temps, j'y avais beaucoup réfléchi et avais estimé que c'était la meilleure solution. Parfois, je me donne trop, et cela a pour seul résultat de me faire sentir seule, agressive et captive. Je passe également mon temps à me demander si ça ne vient pas de moi, si ce n'est pas moi qu'il faut blâmer pour mon inconséquence ou pour le fait que je le gâte trop. »

La maman de Léo, 29e semaine

Pour calmer l'anxiété de votre bébé, assurez-vous qu'il ressente votre proximité dans les cas où il a vraiment besoin de vous. Donnez-lui l'opportunité de s'habituer à la nouvelle situation à son propre rythme. Vous pouvez l'y aider en le portant plus souvent ou en restant un peu plus près de lui. Avertissez-le de quelque manière avant de vous en aller et quand vous êtes dans la pièce d'à côté. De cette manière, il apprendra que vous êtes toujours là, même s'il ne peut plus vous voir. Vous pouvez aussi vous entraîner à « partir » en jouant à « Devine qui c'est ! » Par exemple, vous pouvez vous cacher derrière un journal alors que vous êtes assise près de votre bébé, ensuite vous pouvez vous cacher derrière le canapé près de votre bébé, puis derrière le placard un peu plus loin, et enfin derrière la porte.

Si votre bébé est déjà un petit peu autonome, vous pouvez le rassurer quand à la question de l'abandon en l'aidant à vous suivre. Essayez tout d'abord de lui dire que vous partez, ce qui permettra à votre bébé d'apprendre qu'il n'a pas à vous surveiller et qu'il peut continuer à vous à son gré. Ensuite, allez-vous en lentement, afin qu'il puisse vous suivre. Ajustez en permanence votre rythme à celui de votre bébé. Bientôt, votre bébé apprendra qu'il peut contrôler la distance entre vous deux. Il en viendra aussi à vous faire confiance pour que vous ne disparaissiez pas que vous devez aller chercher quelque chose dans une autre pièce, et il ne vous embêtera plus autant.

« Au début, mon fils s'agrippait à ma jambe comme un singe et chevauchait mon pied quand je marchais. Je devais traîner ce « boulet » partout. Après quelques jours, il a commencé à maintenir une courte distance. Je pouvais faire quelques pas sur le côté avant qu'il ne se mette à ramper vers moi. Maintenant je peux aller à la cuisine tandis qu'il est en train de ramper dans les environs. En fait, il ne viendra pas me voir à moins que je reste là longtemps. »

La maman de Léo, 31e semaine

Souvent, le désir d'être près de vous est si fort que même ceux qui ont beaucoup de difficultés à ramper sont prêt à faire un peu plus d'efforts et finissent par améliorer leur façon de ramper. Le désir de suivre sa maman, tout comme la coordination qu'il est capable d'utiliser à ce moment, pourraient justement fournir l'incitation nécessaire supplémentaire.

Si votre bébé arrivait déjà un peu à se déplacer après le dernier bond, vous verrez maintenant une grande différence. Ses pénibles voyages l'amenaient loi de vous, et il restait loin plus longtemps que maintenant. Soudain, il fait des tours autour de vous et fait de brefs sprints en avant et en arrière, entrant à chaque fois en contact avec vous.

 « Mon bébé ne s'arrête pas de ramper en avant et en arrière. Ensuite il va s'asseoir sous ma chaise pendant un moment. Il reste également plus près de moi qu'avant. »

La maman de Nathan, 31e semaine

Offrez à votre bébé l'opportunité de faire l'expérience des allers et venues, avec vous comme point central. Si vous vous asseyez par terre, vous remarquerez qu'il interrompra ses excursions pour ramper vers vous.

Après quelques semaines, les parents s'énervent de plus en plus s'ils n'ont pas l'opportunité de poursuivre leurs activités habituelles. Une fois que leur bébé a atteint la 29e semaine, la plupart des mères disent stop. Elles commencent à casser progressivement les vieilles habitudes (« Je suis toujours disponible pour que tu t'accroches à moi ») et mettent en place une nouvelle règle (« Moi aussi j'ai besoin de temps et d'espace pour bouger »). Le plus souvent, elles le font en distrayant le bébé, parfois en ignorant ses gémissements pendant un moment, ou en le mettant au lit si elles en ont vraiment assez de son comportement.

Les garçons et les filles

Les garçons sont-ils différents des filles après tout ?

Les mères de garçons semble parfois avoir plus de mal avec leur bébé que les mères de filles. Souvent, elles ne comprennent pas leur fils. Veut-il ou non jouer avec sa maman ?

« Souvent, mon fils gémit pour pour recevoir de l'attention ou du contact. Je réagis toujours. Mais quand je le prends dans mes bras pour faire un jeu, il apparaît clairement que ce n'est pas ce qu'il a en tête. Il va alors repérer quelque chose, et d'un seul coup ce sera ce qu'il veut, et il tend les bras et geint pour pouvoir s'en approcher. On dirait qu'il veut deux choses : explorer et être près de moi. Mais il fait toujours tout un foin de ces aventures. Il va prendre quelque chose assez rudement et le balancer violemment sur le côté. Il aime traverser toute la maison de cette manière. J'aurais aimé qu'il soit un peu plus câlin. On pourrait parler, faire des jeux – tout simplement faire des choses sympa ensemble et s'amuser un peu. Alors que maintenant, j'essaie en permanence d'éviter que surviennent des accidents. Parfois je me sens moi-même insatisfaite. »

La maman de Matthieu, 32e semaine

Les mères ayant un garçon et une fille trouvent généralement qu'elles peuvent faire plus de choses avec leur fille. Elles ont l'impression de mieux parvenir à ressentir ce qu'une fille veut. Elles partagent plus d'intérêts similaires dans des moments qu'elles trouvent conviviaux et amusants.

« J'arrive mieux à faire la maman avec ma fille. Nous faisons toutes sortes de choses ensemble. Quand je parle, elle écoute vraiment. Elle apprécie mes jeux et en redemande. Son frère était bien plus indépendant. »

La maman d'Eve, 33e semaine

Quoi que vous décidiez de faire, prenez en compte combien votre bébé peut saisir avant de prendre vraiment peur. Savoir que vous pouvez le quitter quand vous le voulez peut être très effrayant pour lui et très difficile à gérer.

> « La façon qu'il a de rester accroché à mes jambes quand j'essaye de cuisiner est vraiment très enquiquinante. C'est comme s'il choisissait d'être encore plus difficile parce que je suis occupée. Alors je le mets au lit. »
>
> La maman de Kevin, 30e semaine

Aidez votre bébé à explorer son nouveau monde en vagabondant dans son environnement

Si votre bébé aime ramper, laissez-le vagabonder librement dans une pièce où il ne peut pas se blesser. Observez-le pour voir comment il s'en sort. Quand il entre dans le monde des relations, un bébé qui a appris tôt à ramper commence à comprendre qu'il peut ramper « dans », « hors de », « dessous », « dessus », « au milieu de », « au-dessus de » et « à travers » quelque chose. Il adorera jouer avec ces diverses relations entre lui et les objets de son environnement.

> « J'aime regarder mon fils jouer dans le salon. Il monte en rampant sur le canapé, regarde en-dessous, s'assied sur lui, rampe rapidement vers l'armoire, rentre dedans en rampant, en sort à toute allure, rampe sur le tapis, le soulève, regarde en dessous, se diriger vers une chaise sous laquelle il rampe, et paf ! le voilà parti vers un autre placard dans lequel il rampe, reste bloqué, pleure un petit peu, puis comprend comment en sortir et ferme la porte. »
>
> La maman de Enzo, 30e semaine

Si votre bébé prend plaisir à faire ces choses, laissez traîner des objets qu'il l'encourageront à poursuivre ses explorations. Par exemples, vous pouvez faire de petites collines de couvertures, de couettes ou d'oreillers qu'il pourra escalader en rampant. Bien entendu, il vous faudra ajuster son circuit ludique pour convenir à ce que votre bébé peut faire.

Vous pouvez également faire un tunnel de boîtes et de chaises dans lequel il pourra ramper. Avec un drap, vous pouvez faire une tente dans laquelle il rampera, avant de sortir et de repasser en-dessous. De nombreux bébés apprécient d'ouvrir et de ferme les portes. Si votre bébé aussi aime cela, vous pouvez inclure une porte ou deux. Surveillez juste ses doigts. Si vous rampez avec lui, cela ne fera que doubler le plaisir. Essayez également de varier un peu en jouant à « Devine qui c'est ! » ou à cache-cache.

Si votre bébé aime déplacer ses jouets, faites-en un jeu. Donnez-lui l'opportunité de mettre des choses dans, sur, à côté de ou sous d'autres objets. Laissez-le jeter ses jouets : c'est important pour pouvoir comprendre comment fonctionne le monde. Laissez-le poussez des jouets à travers quelque chose, comme les pieds d'une chaise ou une boîte transformée en tunnel. Un observateur extérieur peut avoir l'impression qu'il passe comme une tornade d'un objet à l'autre, mais cette activité frénétique lui fournit exactement les données dont son cerveau à besoin pour comprendre ce nouveau monde des relations.

> « Mon bébé met ses cubes, sa tétine et son nounours dans un panier. Quand elle se tient debout, elle prend des jouets par terre et les jette sur la chaise. Elle pousse également des choses hors de son parc à travers ses barreaux. Si elle se trouve dans le parc, elle balance tout par-dessus les barreaux. Elle aime regarder ce qu'elle a fait. C'est une vrai petite vaurienne. »
>
> La maman de Léa, 30e semaine

Donnez à votre bébé un placard ou un tiroir à lui, qu'il peut vider et que vous pouvez facilement remettre en ordre. Donnez-lui une boîte à l'intérieur de laquelle il peut mettre ses affaires. Retournez une boîte, pour qu'il puisse poser des objets dessus. Laissez-le poussez des choses hors du parc à travers les barreaux, ou les jeter par-dessus ceux-ci. C'est un moyen idéal pour les bébés qui ne s'intéressent pas encore à ramper pour explorer des relations comme l'intérieur, l'extérieur, le dessous et le dessus.

Un autre moyen pour votre bébé de jouer avec les relations est en jetant, lâchant et retournant les objets. Il peut faire cela pour voir et entendre ce qui arrive. Peut-être veut-il simplement découvrir comment un objet particulier se brise en plusieurs morceaux. Vous pouvez l'observer renverser des tours de cubes, que vous devez reconstruire en permanence. Mais il prendra autant de plaisir à renverser la corbeille à papier, retourner la gamelle du chat, renverser un verre de lait ou un bol de céréales de sa chaise haute, ou toute autre activité destinée à mettre le bazar.

« Ma fille adore expérimenter la façon dont les choses tombent. Elle essaye avec toutes sortes de choses : sa tétine, ses cubes et sa tasse. Ensuite, je lui donne une plume de son gros perroquet en peluche. Cela la prend par surprise. Elle préfère les choses qui font beaucoup de bruit ! »
La maman de Nina, 28e semaine

« Mon dieu, comme mon fils a ri quand j'ai fait tomber une assiette et qu'elle a explosé en mille morceaux. Je ne l'avais jamais vu rire si fort. »
La maman de Nathan, 30e semaine

Dans le monde des relations, il se peut que votre bébé découvre que les choses peuvent être mises en pièces. Donnez-lui des choses précisément destinées à cet usage : des cubes qui s'emboîtent ou des lacets colorés noués lâchement entre eux. Il tirera les choses qui sont attachées à des objets ou à des jouets : des étiquettes, autocollants, yeux et nez de peluches, roues et portes de petites voitures. Mais faites attention : les boutons de vêtements, les boutons et fils qui traînent de matériel électronique et les bouchons de bouteilles sont tout aussi attirants et tout autant sujets à être mis en pièces dès que possible. Pour votre bébé, il n'y a pas de choses interdites dans ce nouveau monde fort excitant.

 S'occuper du bébé

Rendez votre maison sûre pour le bébé

Rappelez-vous que votre bébé peut être fasciné par des choses potentiellement dangereuses pour lui. Il peut mettre un doigt ou la langue dans tout ce qui a des trous ou des fentes, y compris des choses comme des prises électriques, du matériel électronique, des canalisations ou la bouche du chien. Il peut aussi ramasser et manger de petites choses trouvées au sol. Restez en permanence à proximité de votre bébé quand vous le laissez explorer la maison librement..

« Mon fils passe son temps à enlever ses chaussettes. »

La maman de Lucas, 31e semaine

Si votre bébé aime passionnément voir des choses disparaître dans d'autres, invitez-le à observer vos activités quotidiennes. Peut-être trouvez-vous que cuisiner est quelque chose d'ordinaire, mais pour lui c'est comme de la magie de voir tous les ingrédients disparaître dans la même casserole. Mais gardez l'œil ouvert vous aussi, parce qu'il se peut qu'il cherche lui-même à faire disparaître des choses.

« Ma fille aime regarder le chien vider sa gamelle. Plus elle peut s'approcher, le mieux c'est. Ça me paraît assez dangereux, car à cause de toute cette attention, le chien engloutit sa nourriture de plus en plus vite. D'un autre côté, j'ai aussi l'impression que le chien fait également plus attention à ma fille quand c'est elle qui mange. Elle est assise à table dans sa chaise haute, avec le chien juste à côté d'elle. Devinez quoi ? Il s'est avéré qu'elle faisait tomber de petits morceaux de pain et le regardait les engloutir. »

La maman de Laura, 31e semaine

Certains bébés aiment mettre des choses à l'intérieur d'autres. Mais cela n'arrive que par coïncidence. Il ne peut pas encore distinguer les différentes formes et tailles.

« Ma fille essaie de faire rentrer toutes sortes de choses l'une dans l'autre. Souvent, la taille est bonne, mais jamais la forme. Et puis elle n'est pas assez précise. Mais si ça ne marche pas, elle pète les plombs. »

La maman de Léa, 29e semaine

« Mon fils a découvert ses narines. Il fourre un doigt curieux dans l'une d'entre elles. J'espère qu'il ne fera pas la même chose avec des perles! »

La maman de Nathan, 32e semaine

Si votre bébé est intrigué par un jouet qui couine quand on appuie dessous, ou par un piano miniature qui fait une note quand il appuie sur une touche. Laissez-le explorer ces choses. Elles concernant la relation entre une action et un effet. Mais attention, il pourrait également retourner un récipient rempli de vernis à ongle, de parfum ou de toute autre substance dangereuse.

« J'ai tenu un nounours en peluche parlant à l'envers pour qu'il grogne. Puis j'ai mis l'ours par terre, et mon fils a rampé vers lui sur-le-champ et l'a retourné jusqu'à ce qu'il fasse ce bruit. Il a été si fasciné qu'il n'a pas cessé de faire tourner l'ours encore et encore, toujours plus rapidement. »

La maman de Paul, 33e semaine

Aidez votre bébé à explorer son nouveau monde en utilisant son corps

Dans le corps de votre bébé, il y a de nombreuses relations entre des diverses parties du corps. Sans les efforts de tous les muscles, les relations entre les diverses parties du squelette seraient perdues et nous nous effondrerions comme un sac d'os. Vers ce moment, votre bébé pourrait commencer à essayer de s'asseoir tout seul, en fonction de ses compétences d'équilibrer.

« Mon fils sait s'asseoir à présent. Il a commencé en restant en équilibre sur une fesse avec les deux mains à plat sur le sol devant lui. Puis il a enlevé une main. Maintenant il peut s'asseoir sans utiliser ses mains du tout. »

La maman de Matthieu, 25e semaine

« Maintenant mon bébé s'assoit tout seul sans aucune peur de perdre l'équilibre. La semaine dernière, elle n'y arrivait pas. Parfois, elle prend des choses, les tient sur sa tête avec les deux mains, puis les balance au loin. »

La maman de Léa, 28e semaine

« Quand mon petit bout de chou s'assied, il roule souvent sur lui-même. Il lui arrive également de se renverser vers l'avant ou l'arrière. Quand cela arrive, je me mets rapidement à rire. Alors lui aussi se met souvent à rire. »

La maman de Léo, 26e semaine

Si votre bébé n'arrive pas encore à s'asseoir de manière assez assurée pour avoir confiance en lui, aidez-le. Essayez de voir si vous pouvez le rendre plus confiant en faisant des jeux d'équilibre dans lesquels il doit récupérer son équilibre à chaque fois qu'il se met à vaciller. Regardez nos jeux d'équilibres préférés à la section « Les meilleurs jeux pour cette semaine miracle » en page 187.

Certains bébés essayent de se mettre debout. Si c'est le cas du votre, comment s'en sort-il ? Aidez votre bébé s'il ne se tient pas bien droit, ou 'il a peur de tomber. Faites des jeux d'équilibre avec lui, ils lui permettront de se familiariser avec la position debout. Mais n'essayez jamais de forcer votre bébé à s'asseoir ou à se tenir debout s'il n'y arrive pas tout seul. Si vous vous y mettez trop tôt pour son goût, il peut prendre peur et vous pourriez même retarder son développement.

« Nous avons essayé de mettre mon fils debout près de la table. Il est resté debout là, très peu stable, oscillant comme une marionnette sur un fil, ayant l'air d'être sur le point de tomber à la renverse. C'est trop tôt pour lui. »

La maman de Enzo, 31e semaine

« Ma fille commence à se tenir debout, mais elle ne sait pas comment se rasseoir ensuite. C'est fatigant. Aujourd'hui, je l'ai trouvée debout dans son lit pour la première fois, à gémir. Cela m'irrite. Elle est supposée dormir quand elle est au lit. J'espère simplement que cela ne prenne pas trop longtemps et qu'elle trouvera bientôt comment se rasseoir. »

La maman de Juliette, 31e semaine

« Mon bébé insiste pour pour que je la rasseye une fois qu'elle s'est mise debout. Elle n'autorise pas sœur à l'aider, bien qu'il y ait de nombreuses choses qu'elle la laisse faire. Elle a clairement l'air d'avoir peur qu'elle ne s'en sorte pas assez bien. »

La maman d'Emma, 32e semaine

« Mon bébé n'arrête pas d'essayer de se hisser debout cette semaine, et elle a finit par réussir. En s'aidant de ses mains, elle a réussit à se mettre debout en un rien de temps, et aussi à rester debout. Maintenant elle arrive vraiment à le faire. Elle se met debout en s'aidant du lit, du parc, d'une table, d'une chaise ou des jambes de quelqu'un. Elle se tient également près du parc et prend des jouets qui s'y trouvent avec son autre main. »

La maman de Léa, 28e semaine

Si vous remarquez que votre bébé prend beaucoup de plaisir à marcher, et dans ce cas seulement, prêtez-lui main forte. Tenez-le fermement, car son équilibre est généralement instable. Faites avec lui des jeux qui l'habitueront à garder l'équilibre, particulièrement au moment où il fait passer son poids d'une jambe à l'autre. Ne vous lancez jamais dans des balades d'une heure avec lui. Il n'apprendra vraiment pas plus vite de cette manière. Votre bébé ne commencera pas à marcher avant d'y être prêt.

« Quand je tiens les mains de mon bébé, elle marche en gardant parfaitement l'équilibre. Elle arrive à traverser le petit espace entre la chaise et la télévision quand elle est debout. Elle longe la table, tournant aux coins. Elle parcourt la pièce en poussant une boîtes Pampers. Hier, la boîte s'est échappée, et elle a fait trois pas toute seule. »

La maman de Léa, 34e semaine

« La mauvaise coordination de mon fils m'exaspère. Il ne rampe pas, il n'arrive pas à se hisser. Il reste juste là à trifouiller ses jouets. »

La maman de Lucas, 29e semaine

Rappelez-vous que votre bébé n'a pas encore de raison pour apprendre à marcher ou à ramper en ce moment. De nombreuses autres activités lui apprendront des choses qui valent la peine d'être sues. Pour lui, ce sont ces choses qui sont les plus importantes à présent.

Les bébés qui entrent dans le monde des relations peuvent également commencer à comprendre le lien entre ce que font ses deux mains, et il peuvent parvenir à mieux les contrôler. De cette manière, il peuvent gérer deux choses à la fois. Si vous remarquez que votre bébé essaye d'utiliser ses deux mains en même temps, poussez-le à continuer. Laissez-le tenir un jouet dans chaque main et les frapper l'un contre l'autre. Ou bien laissez-le faire le mouvement de choc sans jouets, afin qu'il applaudisse. Laissez-le jeter des jouets par terre ou contre le mur. Encouragez-le à faire passer des jouets d'une main à l'autre. Et laissez-le balancer par terre deux jouets en même temps, et les ramasser de nouveau.

« Ma fille est frappé du syndrome du choc. Elle donne des coups dans tout ce sur quoi elle peut poser la main. »

La maman de Léa, 29e semaine

Les premiers pas

Une fois que votre bébé a compris comme percevoir et expérimenter les relations, il peut comprendre ce qu'est marcher, mais ce n'est pas parce qu'il le comprend qu'il se mettra à le faire. Pour vraiment commencer à marcher, il devra le choisir. Et même si c'est le cas, il se pourrait qu'il échoue car son corps n'est pas prêt. Votre bébé n'apprendra pas à marcher à cet âge à moins que les proportions entre le poids de ses os, ses muscles et la longueur de ses membres par rapport à son torse ne rencontrent certaines conditions. Si votre bébé est occupé par quelque chose d'autre, par exemple de la parole, des sons ou de la musique, il se pourrait simplement qu'il n'ait plus de temps disponible pour marcher. Il ne peut pas tout faire en même temps.

Si votre bébé essaye de maîtriser l'action concertée entre deux doigts, par exemple le pouce et l'index, il joue là encore avec les relations entre les deux. Au cours de cette action, il est occupé à inventer un nouvel outil, la pince des doigts, qu'il peut mettre en usage immédiatement. Il peut apprendre comment attraper de tout petits objets, comme des fils du tapis. Il peut apprendre à cueillir des brins d'herbes, et il se peut qu'il prenne grand plaisir à toucher et à caresser du doigt toutes sortes de surfaces. Et il peut s'amuser énormément à examiner chaque détail de très petits objets.

« Mon bébé traverse tout la pièce et repère les plus petites irrégularités, la moindre miette au sol, les ramasse entre son pouce et son index, et les met dans sa bouche. Je dois vraiment veiller à ce qu'elle ne mange pas quelque chose de dangereux. Maintenant, je la laisse manger toute seule de petits morceaux de pain. Au début, c'est son pouce qu'elle passait son temps à mettre dans la bouche plutôt que le pain qu'elle tenait entre les doigts. Mais maintenant, elle commence à s'améliorer. »

La maman d'Anna, 32e semaine

Aidez votre bébé à explorer la nouveau monde par le langage et la musique

Les bébés qui étaient particulièrement sensibles aux sons et aux gestes par le passé, peuvent commencer à saisir les liens entre de courtes phrases et leur sens, ou entre des gestes particuliers et leur sens dès qu'ils entrent dans le monde des relations. En fait, il peuvent même faire un lien entre les mots et les gestes qui les accompagnent. Mais vous trouvez toujours que ces bébés ne peuvent comprendre ces choses que dans leur propre environnement et comme élément d'un train-train quotidien. Si vous passiez les même phrases sur une cassette audio dans un endroit étrange, ils n'auraient aucun réaction. Cette compétence ne se développe que bien plus tard.

Si votre bébé aime jouer avec les mots et les gestes, utilisez ceci à votre avantage. Il y a plusieurs choses que vous pouvez faire pour aider votre bébé à comprendre ce que vous dites. Utilisez des phrases courtes accompagnées de gestes clairs et évidents. Expliquez les choses que vous êtes en train de faire. Laissez-le voir, toucher, sentir et goûter les choses dont vous parler. Il comprend plus de choses que vous ne le croyez.

« Une fois, j'ai dit à mon fils de regarder le lapin, et il a compris ce que je disais. Il écoute très attentivement. »

La maman de Paul, 26e semaine

« J'ai l'impression que mon fils sait ce que je veux dire que j'explique quelque chose ou que je fais une suggestion, comme « On va faire un petit tour ? » ou « Je pense qu'il est temps d'aller au lit ! » C'est tellement mignon : il a horreur d'entre le mot « lit » ! »

La maman de Léo, 30e semaine

« Quand nous disons « Tape dans tes mains », ma fille le fait. Et quand nous lui disons « Saute », elle plie les genoux et se redresse rapidement mais ses pieds ne quittent pas le sol. »

La maman de Léa, 32e semaine

« Quand je dis « Au revoir, dit au revoir » en faisant un signe de la main à papa qui s'en va, ma famille agite la main tout en gardant un regard attentif sur ma main qui bouge. »

La maman de Nina, 32e semaine

Son premier mot

Une fois que votre bébé a acquis la capacité de percevoir et d'expérimenter les relations, il peut découvrir son premier mot. Cela ne veut cependant pas dire qu'il commencera à parler. L'âge auquel les bébés commence à utiliser les mots varie grandement. Ne vous inquiétez donc pas s'il le repousse pour quelques mois encore. La plupart des bébés produisent leur premier vrai mot durant le 10e ou le 11e mois.

Si votre bébé est obsédé par quelque chose d'autre, comme ramper et se tenir debout, il se peut simplement qu'il n'ai plus de temps restant pour les mots. Il ne peut pas tout faire en même temps.

Si votre bébé essaye de dire ou de demander quelque chose au moyen d'un son ou d'un geste, assurez-vous de lui faire savoir que son potentiel vous émerveille. Parlez lui et réagissez. La meilleure façon d'apprendre à votre bébé à parler est de lui parler beaucoup vous-même. Appelez les objets du quotidien par leur nom. Posez-lui des questions comme « Tu veux un sandwich ? » quand vous posez son assiette devant lui. Faites-lui entendre des comptines, et jouez à chanter avec lui. En bref, rendez attirant la parole.

> « Dès que mon fils veut faire quelque chose, il lève la main et me regarde. C'est comme s'il me demandait : « Je peux ? » Il comprend également « non ». Bien entendu, cela ne l'empêche pas d'essayer, mais il sait ce que ça veut dire. »
>
> La maman de Léo, 32e semaine

> « La semaine dernière, ma fille a dit « oups » pour la première fois en tombant. Nous avons aussi remarqué qu'elle commençait à imiter certains de nos sons, alors nous avons commencé à lui apprendre à parler. »
>
> La maman de Léa, 29e semaine

> « Ma fille est une vraie pipelette. Elle est particulièrement bavarde quand elle rampe, quand elle reconnaît quelqu'un ou quelque chose. Elle parle à ses peluches et à nous quand elle est sur nos genoux. C'est comme si elle racontait des histoires entières. Elle utilise toutes sortes de voyelles et de consonnes. Les variations semblent infinies. »
>
> La maman d'Anna, 29e semaine

> « Mon fils hoche la tête en faisant toujours le même son. Si je l'imite, il se met à glousser sans pouvoir s'arrêter. »
>
> La maman de Paul, 28e semaine

Si votre bébé aime la musique, assurez-vous de souvent chanter, danser et frapper dans les mains avec lui. De cette manière vitre bébé peut s'entraîner à utiliser les mots et les gestes. Si vous ne connaissez pas beaucoup de chansons pour enfants, achetez un CD. Certaines bibliothèques peuvent également en prêter.

« Alors que nous étions en train de chanter pendant un séance de bébés nageurs, mon bébé s'est soudainement mit à nous accompagner. »

La maman de Nina, 30e semaine

« Quand mon bébé entend de la musique ou que je commence à chanter, elle se met à remuer le ventre sur-le-champ. »

La maman d'Eve, 32e semaine

Encourager les progrès en augmentant les attentes

Quelles que soient les choses que votre bébé puisse comprendre, il ne faut rien exiger de plus de lui, mais également rien de moins. Briser les vieilles habitudes et instaurer de nouvelles règles est également un moyen de développer de nouvelles compétences. Quand votre bébé est occupé à apprendre de nouvelles compétences, cela peut le rendre très énervant. C'est parce que les vieilles manières de faire les choses et les règles comportementales établies peuvent ne plus convenir au progrès actuel du bébé. La mère comme le bébé doivent renégocier de nouvelles règles pour restaurer la paix et l'harmonie.

Tout d'abord, les parents s'inquiètent quand leur bébé entre dans une nouvelle phase d'agitation. Elles s'énervent quand elles découvrent qu'il n'y a pas de problème avec leur bébé et, qu'au contrainte, il est prêt à être plus indépendant. C'est alors qu'elles peuvent commencer à exiger que leur bébé fasse les choses qu'elles le pensent capable de faire. En conséquence, elles encouragent sa progression.

« Je l'ai toujours bercé pour l'endormir quand je l'allaitais. Mais maintenant cela m'énerve. J'ai l'impression qu'il est assez grand pour aller au lit directement. Mon mari aime le mettre au lit, lui aussi, mais maintenant c'est hors de question. Et on ne sait jamais, parfois il faudrait que quelqu'un d'autre le fasse. J'ai commencé à l'habituer à aller directement au lit une fois par jour. Mais il ne se laisse jamais faire. »

La maman de Matthieu, 31e semaine

(suite à la page 190)

Les meilleurs jeux pour cette semaine miracle

Voici quelques jeux et activité particulièrement adaptés aux bébés qui explorent le monde des relations. Quel que soit le type de jeu que vous choisissiez, la parole peut maintenant commencer à jouer un grand rôle dans vos jeux..

« DEVINE QUI C'EST ! » ET CACHE-CACHE

Ce sont des jeux très populaires à cet âge. Les variations sont infinies.

« DEVINE QUI C'EST !" » DERRIÈRE UN MOUCHOIR

Mettez un mouchoir sur votre tête et voyez si votre bébé l'enlèvera en tirant. Demandez « Où est maman ? » Votre bébé comprendra que vous êtes toujours là, car il peut vous entendre. S'il ne fait aucune tentative pour retirer le mouchoir, prenez sa main et retirez-le ensemble. Dites « Devine qui c'est ! » quand vous réapparaissez

VARIANTES DE « DEVINE QUI C'EST ! »

Cachez votre visage derrière vos mains et enlevez-les, ou surgissez de derrière un journal ou d'un libre tenu entre vous et le bébé. Les bébés aiment également quand vous apparaissez de derrière une plante ou une table. Après tout, ils arrivent encore à voir des parties de vous.

Vous pouvez aussi vous cacher derrière un endroit évident, comme les rideaux. De cette manière, il pourra suivre le mouvement des rideaux. Assurez-vous que le bébé vous voie disparaître. Par exemple, annoncez que vous allez vous cacher (pour les bébés qui ne rampent pas encore), ou qu'il doit venir vous chercher (pour les bébés qui rampent déjà). Si ne vous regarde pas, ou qu'il est distrait un instant par quelque chose d'autre, criez son nom. Essayez également de le faire dans l'embrasure de la porte. Cela lui apprendra que le fait de partir est suivi par le retour. Récompensez-le à chaque fois qu'il arrive à vous trouver. Levez-le en l'air ou faites-lui un câlin, n'importe quoi qu'il aime beaucoup.

OÙ EST LE BÉBÉ ?

Beaucoup de bébés découvrent qu'ils peuvent se cacher derrière ou sous quelque chose. Généralement, ils commencent avec un vêtement ou un bout de tissu quand on est en train de les changer. Profitez de chaque opportunité pour développer un jeu que le bébé a initié. De cette manière, il apprendra qu'il peut prendre l'initiative.

CACHER DES JOUETS

Essayez de cacher des jouets sous une couverture. Assurez-vous d'utiliser quelque chose que votre bébé aime ou auquel il est attaché. Montrez-lui comment et quand vous le cachez. Faites en sorte que les premières fois, ce soit facile. Veillez à ce qu'il puisse toujours voir un petit bout du jouet.

CACHER DES JOUETS DANS LA BAIGNOIRE

Utilisez la mousse du bain dans la baignoire et autorisez votre bébé à jouer avec. Essayez de cacher des jouets sous la mousse pendant quelques temps et invitez-le à les chercher. S'il arrive à souffler, essayez de souffler sur la mousse. Ou donnez-lui une paille et encouragez-le à souffler dedans.

JEUX PARLÉS

Vous pouvez rendre la parole attirante en parlant fréquemment à votre bébé, en l'écoutant, en lisant des livres avec lui et en jouant à chuchoter, à chanter ou à réciter des mots.

REGARDEZ UN LIVRE D'IMAGES TOUS LES DEUX

Mettez votre bébé sur vos genoux, chose qu'il aime généralement

(suite)

Les meilleurs jeux pour cette semaine miracle (suite)

vraiment beaucoup. Laissez-le choisir un livre que vous puissiez regarder ensemble. Nommez tout ce que votre bébé regarde. Si c'est un livre avec des animaux, imitez les sons que font les animaux. Généralement, les bébés adorent entendre et produire des sons comme « ouaf ouaf », « meeeuuuuh » ou « coin coin ». Laissez-le tourner les pages de lui-même, s'il le désire.

JOUER À CHUCHOTER

La plupart des bébés adore quand on chuchote des mots ou des sons à leur oreille. Il est également intéressant de souffler de petites bouffées d'air qui chatouillent son oreille, car il est à présent possible qu'il comprenne le fait de souffler.

JOUER À CHANTER EN BOUGEANT

Ces jeux peuvent être utilisez pour encourager à la fois le chant et la parole. Ils permettent également d'exercer le sens de l'équilibre du bébé.

À DADA SUR MON BIDET

Dressez votre bébé sur vos genoux, sa tête face à vous, tout en chantonnant :

À dada sur mon bidet !
Quand il trotte il est trop laid
Au galop, il est trop beau

Tenez-le par-dessous les bras et faites le rebondir doucement, en accélérant légèrement le rythme à mesure que la chanson progresse :

Au pas, au pas, au pas,
Au trot, au trot, au trot,
Au galop, au galop, au galop,
Ouiiiiiiii !

Finissez en lui levant les bras. Vous pouvez aussi ouvrir les jambes pour qu'il glisse légèrement entre vos genoux. Généralement, cette chanson le fera beaucoup rire.

JEUX D'ÉQUILIBRE

Beaucoup de jeux chantés, comme ceux évoqués ci-dessus, sont également des jeux d'équilibre. En voici quelques autres.

DES JEUX ASSIS

Assez-vous confortablement. Mettez votre bébés sur vos genoux. Prenez ses mains, et faites le aller doucement de gauche à droite, de sorte à ce qu'il fasse porter son poids d'une fesse sur l'autre. Essayez également de le laisser se pencher en avant ou en arrière avec soin. Les bébés aiment surtout le second. Vous pouvez aussi lui faire faire des cercles plus ou moins grands, vers la gauche, l'arrière, la droite et l'avant. Adaptez-vous toujours à votre bébé. Le mouvement doit le stimuler juste assez pour qu'il veuille trouver l'équilibre tout seul. Vous pouvez aussi le laisser se balancer comme le balancier d'une horloge en chantonnant « tic, tac, tic, tac » en rythme.

DES JEUX DEBOUT

Agenouillez-vous confortablement par terre et laissez-le se tenir devant vous tandis que vous soutenez ses hanches ou ses mains et le faites osciller lentement de gauche à droite, de sortir à ce qu'il transfère le poids de son corps d'une jambe à l'autre. Faites la même chose dans un plan différent de sorte à ce que son corps passe d'arrière en avant. Adaptez-vous à votre bébé. Il faut que ça le stimule juste assez pour qu'il veuille trouver l'équilibre tout seul.

L'AVION

Saisissez votre bébé fermement, soulevez le, et faites-le « voler »

(suite)

Les meilleurs jeux pour cette semaine miracle (suite)

dans la pièce. Faites-le monter et descendre. Tournez à gauche et à droite. Volez en petits cercles, en ligne droite, et vers l'arrière. Variez les mouvements et la vitesse autant que possible. Si votre bébé aime ça, alors essayez en faisant très attention de le faire atterrir la tête la première. Naturellement, il vous faudra accompagner l'ensemble du vol des vrombissements, bourdonnements et crissements appropriés. Plus vous réagirez rapidement à ses réactions, et plus il sera facile pour vous d'adapter ce jeu pour qu'il soit juste parfait pour lui.

LA TÊTE EN BAS

Les bébés les plus actifs physiquement adorent chahuter et qu'on les mette la tête en bas. Cependant, d'autres trouvent qu'avoir la tête en bas est effrayant, ou sont trop excités par cet exercice. Ne jouez à ce jeu que si votre bébé aime jouer les durs. C'est un exercice sain pour lui. Veillez à soutenir son corps complètement tandis que vous le tenez la tête en bas.

JEUX AVEC DES JOUETS

Au moment présent, les meilleurs « jouets » sont les choses que le bébé peut trouver dans la maison. Les meilleurs jeux sont le vidage d'armoire et d'étagère, le lâchage d'objet et la projection de choses.

LE PLACARD DE BÉBÉ

Organisez un placard pour le bébé et remplissez-le de choses qu'il trouve très très attirantes, comme par exemple des boîtes vides, des boîtes d'œufs vides, des rouleaux de papier toilette vides, des assiettes en plastique et des bouteilles en plastiques bien refermées après avoir été rempli de choses qui font du bruit. Incluez également des choses avec lesquelles il peut faire beaucoup de bruit, comme une poêle, des cuillères en bois ou un vieux trousseau de clés.

LE JEU DE LA CHUTE

Certains bébés aiment entendre beaucoup de bruit quand ils lâchent quelque chose. Si c'est le cas de votre bébé, vous pouvez en faire un jeu en le mettant dans une chaise haute et en plaçant un plateau en métal au sol. Tendez-lui des cubes, et montrez-lui comment les lâcher pour qu'ils tombent sur le plateau et fassent un grand bruit sourd.

JEUX D'EXTÉRIEUR

Les bébés aiment beaucoup être dans le siège à bébé d'une bicyclette, dans une poussette de jogging, ou dans un sac porte-bébé. Arrêtez-vous régulièrement en cours de route pour lui montrer des choses sur le chemin et parlez à votre bébé de ce qu'il est en train de voir..

BÉBÉS NAGEURS

De nombreux bébés aiment jouer dans l'eau. Certaines piscines sont dotées d'un bassin spécialement chauffé pour les petits enfants et ont des heures réservées pour qu'un groupe de bébés puisse jouer dans l'eau avec leurs parents.

LES FERMES PÉDAGOGIQUES

Visiter une ferme pédagogique ou une mare au canard peut être extrêmement amusant pour votre bébé. Il verra les animaux de son livre d'image. Il appréciera de les voir tituber, trottiner ou sauter. Et il aimera particulièrement nourrir les animaux et les regarder manger.

Tout comme certaines mères se fâchent lorsque leur bébé ne cesse d'insister pour qu'on l'endorme en le berçant, il y a au moins trois autre situations où vous pourriez ressentir l'envie de formuler des exigences : les moments des repas contrariants, ceux où vous devez interdire des choses et quand votre bébé fait preuve d'impatience.

À cet âge, de nombreux bébés s'agitent quand ils sont face à de la nourriture, alors qu'avant ils appréciaient tout ce qu'ils prenaient de votre bouche. Dans le monde des relations, de nombreux bébé en viennent à comprendre que certains aliments ont meilleur goût que d'autres. Alors pourquoi ne pas choisir le meilleur ? De nombreuses mères trouvent tout d'abord cela amusant. Cependant, presque toutes les mères deviennent peu après furieuses quand leur bébé s'agite. Elles se demandent si leur bébé mange assez. Elles essayent de distraire le mangeur agité afin de mettre la cuillère dans sa bouche au moment où il s'y attend le moins, ou bien elles courent après lui toute la journée avec de la nourriture.

Ne faites pas cela. Les bébés dotés d'un fort caractère ne feront que résister encore plus à toute tentative de leur imposer quelque chose contre leur gré. En en retour, une mère inquiète réagira à cela. Du coup, les repas deviennent un champ de bataille. Cessez de vous disputer. Vous ne pouvez pas forcer un bébé à avaler, alors n'essayez même pas. Si vous le faites, il se pourrait que vous ne fassiez qu'accroître son manque de goût pour tout ce qui est lié à la nourriture. Recourez à différentes tactiques et utilisez les nouvelles compétences que votre bébé peut maintenant apprendre. Il peut maintenant essayer de tenir quelque chose entre son pouce et son index, mais il a encore besoin de beaucoup d'entraînement, donc c'est bon pour sa coordination de se nourrir lui-même. Un bébé de cet âge aime également prendre ses propres décisions, et avoir la liberté de manger tout seul lui rendra le fait de manger bien plus agréable. Utilisez ces nouvelles compétences à son avantage. Tandis qu'il se nourrit avec les doigts, il se pourrait qu'il soit de meilleur humeur et vous autoriser à le nourrir également. Même s'il met un sacré bazar, encouragez-le. Continuez à mettre deux morceaux de nourriture sur son assiette, pour qu'il s'occupe tout seul. Généralement, il sera facile de le nourrir en passant.

Vous pouvez aussi rendre les repas plus agréables pour votre bébé en le nourrissant face à un miroir. De la sorte, il peut vous observer tandis que vous mettez une cuillerée de nourriture dans sa bouche ou dans la vôtre. Ne vous inquiétez pas si ça ne marche pas la première fois. De nombreux bébés passent par des troubles de l'alimentation, et ils finissent par les surmonter.

Enfin, certaines mères trouvent énervantes certaines habitudes alimentaires, alors que d'autres les trouveront parfaitement normales.

« Ce qui m'insupporte vraiment est qu'elle veut toujours mettre son pouce dans la bouche après chaque bouchée. Je refuse qu'elle fasse ça ! Mais ce n'est qu'un petit désagrément. »

La maman d'Emma, 29e semaine

Maintenant que le bébé est en plein dans l'apprentissage de nouvelles compétences, de nombreuses mères se trouvent en permanence à devoir lui interdire des choses. Un bébé qui rampe est particulièrement enclin à inspecter l'ensemble de vos possessions. Après tout, ce qui lui plaît n'est en aucune sorte identique à ce qui vous plaît à vous. Donc tout ce qui pourra rendre la vie plus facile pour chacun d'entre vous vaudra la peine. Essayez d'éviter ce que vous ne pouvez permettre et de l'assister dans les activités qui l'intéressent. Et surtout, rappelez-vous que vous n'êtes pas la seule mère à être confrontée à ce problème.

« Je dois en permanence lui interdire des choses. Ma fille passe d'une chose à l'autre comme une tornade destructrice. Ses cibles favorites sont le casier à bouteilles, le lecteur DVD, mon nécessaire à couture, les placards et les chaussures. Un autre de ses passe-temps préférés est de renverser les plantes ou de les déterrer, et de manger la nourriture du chat. Je fais déjà le maximum pour l'en dissuader. Alors parfois, je donne une petite tape sur sa main quand je trouve qu'elle a poussé le bouchon un peu trop loin. »

La maman de Léa, 31e semaine

Les meilleurs jouets pour cette semaine miracle

Voici les jouets et les choses avec lesquelles on peut jouer qui conviennent aux nouveaux talents que votre bébé est en train de développer tandis qu'il explore le monde des relations.

- Son placard ou son étagère personnel
- Les portes (attention aux doigts !)
- Les boîtes en carton de toutes tailles, ainsi que les boîtes d'œufs
- Les cuillères en bois
- Les objets gigognes
- Les cubes en bois
- Les balles (assez légères pour rouler)
- Livres d'images
- Les livres de photographie
- Les CD de chansons pour enfants
- Les jeux pour le bain : des choses à remplir et à vider, telles que des bouteilles en plastique, des tasses en plastique, une passoire, un entonnoir ou un arrosoir
- Des petites voitures aux roues qui tournent et dont les portes peuvent être ouvertes
- Des peluches qui font du bruit quand on les retourne
- Des jouets qui font des bruits aigus
- Les tambours
- Les pianos miniatures
- Les faux téléphones

Il est important de mettre de côté ou de sécuriser les prises électriques, les fils, les clés, les canalisations, les escalier, les bouteilles en verre (parfum, vernis à ongle, démaquillant, etc.), les tubes (dentifrice, antiseptique, etc.), l'équipement audio, les télécommandes, les télévisions, les plantes, les corbeilles à papier, les poubelles, les radios-réveils et les montres.

Votre bébé n'apprend rien d'une petite tape « de réprimande » sur la main. Et, ce qui est plus important, frapper un bébé est absolument inacceptable, même s'il s'agit « seulement » d'une petite tape de réprimande. Mieux vaut éloigner votre bébé des choses qu'il n'est pas autorisées à toucher. Et dire « non » clairement quand il fait quelque chose qui va contre vos règles. Après ce bond, les bébés peuvent devenir très impatients. Cela peut être lié à plusieurs facteurs. Ils ne veulent pas finir leur nourriture. Ils s'énervent si un jouet refuse de se comporter comme ils l'auraient voulu, si on leur interdit quelque chose, ou si maman ne prête pas assez attention à eux. Malheureusement, si les bébés ont une idée de ce qu'ils veulent avoir ou réussir, ils ne peuvent pas comprendre pourquoi leur maman ne le leur permet pas ni pourquoi il ne peuvent à l'avoir en un tournemain. Ils en retirent de la frustration, alors soyez compréhensive tout en cherchant à voir ce que vous pouvez faire pour mettre fin au problème du « Je veux ça maintenant ! ».

« Ma fille est en train de devenir très impatiente. Elle veut tout avoir, et pique des crises de colère si elle n'arrive pas à mettre la main sur quelque chose ou si je lui dis « non ». Alors elle se met à vraiment hurler. Cela m'énerve et me fait penser qu'elle ne fait cela que parce que je travaille. Elle est bien plus douce avec la baby-sitter. »
                              La maman de Laura, 31e semaine

« Toute la semaine passée, j'ai mis mon bébé au lit parce qu'elle faisait des histoires pas possible et passait les dîners à crier. Elle a l'impression que ça ne va pas assez vite, alors elle se met à hurler, à se tortiller, et à gigoter après chaque bouchée. Une fois que j'ai réussi à ravalé ma colère, au bout d'environ 5 minutes, nous reprenons. Nous nous étions alors toutes deux calmées. »
                              La maman d'Emma, 28e semaine

Entre la 30e et la 35e semaine, une autre période relativement plus facile commence. Pendant une à trois semaines, on admirera même votre bébé pour sa joie, son indépendance et ses progrès.

« Ma fille devient de moins en moins timide. Elle rigole beaucoup. Et elle arrive bien à s'occuper toute seule. Elle est redevenue très agile et vive. En fait, j'ai commencé à voir cette évolution la semaine dernière, mais on dirait que ça continue à progresser. »

La maman de Nina, 33e semaine

« Ma petite était devenue si gentille que j'avais l'impression d'avoir un enfant complètement différent. Avant, elle pleurait et gémissait beaucoup. Sa façon de raconter des histoires est également très charmante. En fait, c'est déjà un vrai petit bambin qui trottine partout dans sa chambre. »

La maman de Léa, 35e semaine

« Mon fils étant extrêmement joyeux, il était donc facile de s'amuser avec lui. J'apprécie également de le voir un peu plus actif et vif au sens physique. Mais il est au top quand il peut observer des gens. Il est très bavard aussi, c'est un super enfant. »

La maman de Lucas, 30e semaine

« Il apparaît clairement que ma fille grandit et mûrit. Elle réagit à tout ce que nous faisons. Elle regarde tout. Et elle veut faire tout ce que nous faisons. Je dirais presque qu'elle veut nous assister. »

La maman d'Emma, 34e semaine

« Enfin un peu de repos après une longue période de changements constants. Une semaine merveilleuse. Il est passé par un autre changement. Il pleure moins et dort plus. Je peut de nouveau voir un certain modèle commencer à se développer, pour la énième fois. Je lui parle bien plus. J'ai remarqué que je lui expliquais tout ce que je faisais. Quand je vais préparer son biberon, je lui dit. Quand c'est l'heure pour lui d'aller au lit, je lui dit. Je lui explique pourquoi il doit faire une sieste. Et j'ai l'impression que ces discussions me font du bien. À la crèche aussi ça se passe bien, maintenant. »

La maman de Léo, 30e semaine

« J'ai l'impression que nous avons une relation différente maintenant. C'est comme si le cordon ombilical avait enfin été coupé. La sensation de dépendance absolue a également disparu. Je suis plus prompte à me fier à la baby-sitter. J'ai également remarqué que je donnas beaucoup plus de liberté à mon fils. Je n'ai pas à le surveiller en permanence. »

La maman de Léo, 31e semaine

« Ce fut une semaine vraiment agréable. Mon bébé est joyeux et il peut s'occuper tout seul plutôt bien avec ses jouets. Tout se passe toujours bien à la crèche. Il réagit d'une manière amicale aux autres enfants. C'est un gentil petit garçon, et il est bien plus indépendant. »

La maman de Léo, 32e semaine

chapitre 8

Semaine miracle 37 :
Le monde des catégories

Vers 37 semaines (ou 36 et 40 semaines), vous remarquerez peut-être que votre bébé essaye de faire de nouvelles choses. À cet âge, les explorations d'un bébé semblent souvent très méthodiques. Ainsi, vous remarquerez peut-être votre bout de chou ramasser de petits objets tombés par terre et les garder entre son pouce et son index pour les examiner studieusement. Il se pourrait également qu'un petit chef en puissance réarrange la nourriture déposée dans son plat en éprouvant la façon dont une banane ou des épinard s'écrasent entre de petits doigts. Il gardera une expression des plus sérieuses, restant pleinement absorbé, lorsqu'il mènera ces enquêtes. En effet, c'est bien ce dont il s'agit : des enquêtes qui vont aider le petit chercheur à commencer à catégoriser son monde.

Votre bébé est maintenant capable de comprendre que certains objets, sensations, animaux et personnes appartiennent collectivement à des groupes ou des catégories. Par exemple, que les bananes diffèrent par l'aspect, le goût et le toucher des épinards, mais que tous deux sont de la nourriture. Arriver à organiser ces distinctions et similarités est important. Ce bond vers le monde des catégories affectera chaque sens : la vue, l'ouïe, l'odorat, le goût et le toucher. Votre bébé en apprendre plus sur les autres gens, ainsi que sur ses propres émotions. Les compétences langagière se développeront. Votre bébé n'utilisera pas forcément lui-même des mots, mais il en comprendra bien plus.

Comme avec tous les mondes précédents, l'arrivée de ces nouvelles perceptions aura d'abord pour effet de chambouler complètement le monde de votre bébé. Les ondes cérébrales des bébés montres des changements très importants vers ce moment. Ces changements commenceront d'abord par altérer la façon dont votre bébé perçoit le monde, ce qui pourrait être déroutant pour lui en premier lieu. Vous pouvez vous attendre au commencement du

Note: La première phase (période d'agitation) de ce bond vers le monde perceptif des « catégories » est liée à l'âge et prévisible, et débute vers 34 semaines. La majorité des bébés entame la deuxième phase (voir l'encadré « Les moments privilégiés : une lubie contre nature », à la page 17) de ce bond 37 semaines après une naissance à terme. La perception initiale du monde des catégories met en marche le développement de tout un ensemble de concepts globaux, comme par exemple « animal ». Cependant, il acquiert les premières catégories par l'expérience en temps réel de tentatives et d'erreurs qui doivent être corrigées in comparant des choses et en apprenant les similitudes qui permettent d'inclure dans une catégorie et les différences qui permettent d'exclure. En conséquence, il se peut qu'il y ait un différence de plusieurs semaines voir de plusieurs mois entre deux bébés quant à la maîtrise d'un concept en particulier. Les compétences et les activités sont mentionnées dans ce chapitre à leur âge d'apparition le plus bas possible, afin que vous puissiez surveiller leur apparition et les reconnaître. (Parfois tout d'abord sous une forme rudimentaire uniquement.) De cette manière, vous pouvez réagir au développement de votre bébé et le faciliter.

période d'agitation vers 4 semaines, ou entre 32 et 37 semaines. Cette période d'agitation durera souvent 4 semaines, mais elle peut durer de 3 à 6 semaines. Tandis que votre bébé entre dans cette phase d'agitation, observez-le de près pour voir s'il essaye de maîtriser de nouvelles compétences.

Tandis qu'ils se préparent à bondir dans le monde des catégories, tous les bébés pleureront plus facilement que durant les semaines précédentes. Leurs mères les trouveront pénibles, geignards, agités, grognons, de mauvaise humeur, impossibles à satisfaire, irritables, ingérables ou impatients. Tout ceci est très compréhensible.

Votre petit bout de chou subit à présent une pression supplémentaire : depuis son dernier bond, il sait que vous pouvez partir quand bon vous semble et le laisser seul. Tout d'abord, la plupart des bébés ont été bouleversés par cette découverte, mais au fil des semaines suivantes, ils ont appris à la gérer de leur propre manière. Tout semblait aller de mieux en mieux, puis le grand changement suivant est arrivé et a tout fait capoter. À présent, le petit anxieux veut de nouveau rester avec sa maman, tout en comprenant parfaitement que celle-ci peut s'en aller quand elle le désire. Cela rend le bébé encore moins sûr de lui et aggrave son stress.

> « Ces derniers jours, ma fille insiste pour rester en permanence sur mes genoux. Sans aucune raison apparente, j'ajouterai. Quand je ne la promène pas avec moi, elle hurle. Quand je la sors dans sa poussette, au moment même où elle peut penser que j'ai arrêté, elle demande à ce que je la prenne dans mes bras. »
>
> La maman d'Emma, 34e semaine

> « Mon bébé est pénible et j'ai l'impression qu'elle s'ennuie. Elle prend tout ce qui traîne et se contente de le balancer de nouveau. »
>
> La maman de Laura, 35e semaine

> « Tout va bien tant que ma petite fille peut être assise sur les genoux de quelqu'un. Autrement, elle geint et gémit. Elle ne m'avait pas habitué

à ce comportement. C'est comme si tout l'ennuyait très vite, où qu'elle soit : dans le parc, sur sa chaise haute ou par terre. »

La maman d'Eve, 34e semaine

Généralement, un bébé agité pleurera moins quand il est avec sa mère, particulièrement quand il a sa mère pour lui tout seul.

« Mon fils n'arrêtait pas de hurler, de grogner et de se comporter n'importe comment. Tout allait bien tant que je restais avec lui ou le mettais sur mes genoux. Je l'ai mis au lit plusieurs fois quand j'en ai eu assez de ses exigences. »

La maman de Lucas, 36e semaine

Comment savoir que le moment de grandir est arrivé

Voici quelques indices révélateurs que votre petit chéri est ur le point de faire un autre bond dans son développement.

Il pourrait s'agripper à vos vêtements

Il se peut que votre bébé devienne nerveux quand vous vous promenez. Ceux qui ne rampent pas ne pourront rien faire d'autre que pleurer. Pour certain, le moindre pas de leur maman est cause de panique profonde. Les bébés qui rampent sont capables de suivre leur mère, et parfois ils s'agrippent à elle si fort qu'elle peut à peine bouger.

« Ça a été une autre semaine difficile avec beaucoup de pleurs. Mon fils s'agrippe littéralement à ma jupe. Quand je quitte la pièce, il se met à pleurer et à ramper à ma poursuite. Quand je cuisine, il vient derrière moi en rampant, saisit mes jambes, et maintient son étreinte d'une telle manière que je ne peux plus bouger. Il ne veut jouer que si je joue avec lui. Parfois, ça devient juste insupportable. Le mettre au lit est un combat de tous les instants. Il s'endort très tard. »

La maman de Léo, 38e semaine

« En ce moment, ma fille est une vrai petite fifille à sa maman. Tant qu'elle peut me voir, tout va bien. Sinon, elle hurle. »

La maman de Léa, 38e semaine

« J'appelle mon bébé ma petite sangsue. Elle s'entête à s'agripper à mon pantalon. Une fois de plus, elle veut rester en permanence près de moi, avec moi ou sur moi. »

La maman d'Émilie, 36e semaine

Il pourrait être timide

À présent, votre bébé voudra peut-être maintenir une plus grande distance avec les autres personne qu'à son habitude. Son désir d'être près de vous peut même devenir plus marqué en présence d'autres gens, parfois même quand cette autre personne est son père, son frère ou sa sœur. Souvent, sa mère est la seule personne autorisée à le regarder ou à lui parler. Et c'est presque toujours la seule autorisée à le toucher.

« De nouveau, ma fille est plus timide avec les étrangers. »

La maman d'Anna, 34e semaine

« Quand des inconnus parlent à mon fils ou le prennent dans leurs bras, il se met à hurler sur-le-champ. »

La maman de Paul, 34e semaine

« Quand des visiteurs arrivent, mon fils se rue vers moi, grimpe sur mes genoux, se colle à moi, m'agripper, et c'est seulement à ce moment qu'il regarde qui est là. »

La maman de Kevin, 34e semaine

« Ma fille s'est remise à être timide en présence d'étrangers. Elle prend vraiment très peur quand quelqu'un veut la toucher ou la prendre dans ses bras. »

La maman d'Émilie, 36e semaine

Elle pourrait vous serrer plus fermement

Quand il est assis sur votre genoux ou que vous le transportez, il se peut que votre bébé vous serre aussi fort qu'il le peut. Il se peut même qu'il réagisse avec fureur si vous osez le déposer par terre.

« Mon bébé se met en colère si je la dépose ne serait-ce qu'une seconde. Ensuite, quand je la reprends dans mes bras, elle me pince à chaque fois. Quand notre pauvre vieux toutou à la malchance de se trouver à sa portée, elle le pince avant même que je puisse la prendre. »

La maman d'Émilie, 35e semaine

« Mon fils veut que je le porte en permanence, et quand je le fais il s'agrippe à mon cou ou à mes cheveux très fermement. »

La maman de Matthieu, 36e semaine

« Je finirais presque par croire qu'il y a un problème avec le lit de ma fille. Je la monte vers sa chambre, en plein sommeil, et dès qu'elle sent le matelas, ses yeux s'ouvrent grand. Et voilà qu'elle se met à beugler ! »

La maman de Laura, 33e semaine

Il pourrait exiger de l'attention

La plupart des bébés se mettent à exiger plus d'attention, et même les bébés faciles ne se satisfont pas forcément d'être laissés tout seul. Certaines petites personnes exigeantes ne sont pas satisfaites tant que l'attention complète de leur mère n'est pas tournée vers eux. Certains peuvent devenir vraiment très ennuyeux dès que leur mère ose tourner son attention vers quelqu'un ou quelque chose d'autres, comme s'ils étaient jaloux.

« Quand je parle à d'autres personnes, mon fils se met toujours à hurler bruyamment pour attirer l'attention. »

La maman de Paul, 36e semaine

« Mon bébé a plus de mal à rester tout seul dans le parc. Il commence clairement à exiger de l'attention. Il aime que nous soyons près de lui. »

La maman de Lucas, 34e semaine

Il pourrait mal dormir

Il se peut que votre bébé commence à moins bien dormir. C'est le cas de la plupart d'entre eux. Il se peut qu'il refuse d'aller au lit, qu'il s'endorme moins facilement, et qu'il se réveille plus tôt. Certains sont particulièrement difficiles à faire s'endormir durant la journée. Pour d'autres c'est la nuit. Et certains restent éveillés plus longtemps à la fois le jour et la nuit.

> « Mon fils n'arrête pas de se réveiller la nuit. Parfois, il va se mettre à jouer dans son berceau pendant 90 minutes à 3 heures du matin. »
>
> La maman de Matthieu, 33e semaine

> « Ma fille reste éveillée tard le soir et ne veut pas aller au lit. Elle ne dort pas beaucoup. »
>
> La maman d'Anna, 35e semaine

> « Mon bébé pleure jusqu'à ce qu'elle s'endorme. »
>
> La maman de Juliette, 33e semaine

Il pourrait avoir des « cauchemars »

Un bébé agité peut également être un dormeur très agité. Parfois, il se peut qu'il hurle, bouge et se tourne tant que vous puissiez penser qu'il est en train de cauchemarder.

> « Mon fils se réveille souvent pendant la nuit. Une fois, on aurait dit qu'il avait fait un mauvais rêve. »
>
> La maman de Paul, 37e semaine

> « Ma fille n'arrête pas de se réveiller au milieu de la nuit en criant. Quand je la prends dans mes bras, elle redevient calme. Puis je la repose dans son berceau et elle se remet à dormir. »
>
> La maman d'Émilie, 35e semaine

Il pourrait être inhabituellement gentil

À cet âge, il se peut que votre bébé emploie des tactiques entièrement nouvelles pour rester près de vous. Au lieu de geindre et de se plaindre, il se peut qu'il opte pour quelque chose de tout à fait différent et vous fasse des bisous et des câlins. Souvent, il alternera rapidement entre un comportement pénible et gentil, testant ce qui marche le mieux pour attirer votre attention. La mère d'un bébé indépendant est souvent agréablement surprise quand son bébé se met enfin à lui faire des câlins !

204

« Parfois, mon bébé ne veut rien. D'autres fois, elle devient très très câline. »

La maman d'Emma, 36e semaine

« Mon fils est plus affectueux qu'il ne l'a jamais été. Dès que je m'approche de lui, il m'agrippe et me serre très fort dans ses bras. Mon corps est plein de marques rouges dues à ses bisous et ses câlins. Parfois, il va rester assis calmement pour que je lise un livre avec lui. J'adore ça ! Il accepte aussi enfin de jouer avec moi. »

La maman de Matthieu, 35e semaine

« Mon bébé exprime son côté pot de colle en agissant plus gentiment et plus affectueusement : il vient s'allonger près de moi et me faire des câlins. J'apprécie sa présence. »

La maman de Enzo, 36e semaine

Il pourrait être apathique

Il se peut que votre bébé devienne vraiment beaucoup plus calme. Vous l'entendrez babiller moins souvent, ou vous le verrez moins souvent se déplacer ou jouer. D'autres fois, il pourrait s'arrêter de faire quoi que ce soit pendant un bref instant et se contenter de rester là, le regard perdu dans le lointain. Ne vous inquiétez pas, ce n'est que temporaire.

« Mon fils est plus calme et reste souvent assis à regarder dans le vide. Je me demande si quelque chose l'embête, voire s'il est en train de tomber malade. »

La maman de Enzo, 36e semaine

Il pourrait refuser que l'on change ses couches

Quand vous allongez votre bébé pour l'habiller, le déshabiller ou le changer, il se peut qu'il proteste, crie, s'agite, s'impatiente et soit ingérable. C'est à présent le cas de la majorité des bébés.

Mon journal

Les signes que mon bébé grandit de nouveau

Entre 32 et 37 semaines, vous remarquerez peut-être que votre bébé commence à adopter certains de ces comportements. Ce peut être des signes qu'il est prêt à faire le prochain bond. Cochez ci-dessous les signes dont votre bébé fait montre.

❑ Pleure plus souvent et est fréquemment de mauvaise humeur ou pénible

❑ Passe rapidement du rire aux larmes

❑ Veut que vous le teniez occupé, ou le veut plus souvent qu'avant

❑ S'agrippe à vos vêtements, ou s'y agrippe plus souvent qu'avant

❑ Agit avec une gentillesse inhabituelle

❑ A des crises de colère, ou en a plus souvent qu'avant

❑ Est plus timide

❑ Désire un contact physique plus rapproché qu'avant

❑ Dort mal

❑ Semble avoir des cauchemars, ou en avoir plus qu'avant

❑ Perd l'appétit

❑ Babille moins

❑ Est moins vif

❑ Se contente parfois de rester sans bouger à rêvasser tranquillement

❑ Refuse que l'on change ses couches

❑ Suce son pouce, ou le fait plus souvent qu'avant

❑ Va chercher son doudou, ou le fait plus souvent qu'avant

❑ A un comportement plus puéril

AUTRES CHANGEMENTS REMARQUÉS

_____

_____

« L'habillage, le déshabillage et le changement des couches sont un cauchemar. Mon bébé se met à crier dès que je l'allonge. Ça me rend folle. »

La maman de Juliette, 35e semaine

« Ma fille s'est mise à détester être habillée et déshabillée. Générale-ment, elle continue comme si elle allait mourir demain. »

La maman d'Émilie, 36e semaine

Il pourrait sembler plus puéril

Pour la première fois, certaines mères remarqueront le retour de comporte-ments infantiles qu'elles pensaient dépassé depuis longtemps. Elles avaient sûrement déjà fait l'expérience de régressions, mais plus le bébé vieillit et plus celles-ci deviennent évidentes. Les mères n'aiment pas les régressions. Elles leur font perdre confiance en elles, mais elles sont tout ce qu'il y a de plus normal. Elles sont la promesse que quelque chose de nouveau est sur le point d'arriver. Essayez de découvrir ce que c'est. De brèves périodes de régression peuvent survenir durant chaque phase d'agitation. Ne vous en inquiétez pas, tout va bien pour votre bébé.

« Mon bébé a du mal à s'endormir. Elle se met à pleurer de la même manière que quand elle venait tout juste de naître. »

La maman de Juliette, 32e semaine

« Il faut de nouveau que je berce mon bébé en chantonnant pour l'en-dormir chaque nuit, comme au début. »

La maman de Enzo, 35e semaine

Il pourrait perdre l'appétit

À ce moment, de nombreux bébés ont l'air moins intéressés par la nourri-ture et la boisson. Certains semblent ne plus avoir d'appétit, et pourront camper sur leurs positions en refusant certains repas dans leur intégralité. D'autres ne mangeront que lorsqu'ils mettent eux-mêmes la nourriture dans leur bouche. D'autres encore seront difficiles, renverseront des boissons et recracheront des choses. À cause de tout cela, les repas peuvent durer plus longtemps qu'avant.

Si vous avez un mangeur agité, il se peut aussi qu'il soit ingérable durant les repas, refusant de manger sa nourriture quand elle est devant lui, et la demandant dès qu'on l'aura enlevée. Il peut aussi exiger beaucoup de nourriture un jour et refuser de manger le suivant. Tout est possible.

« Mon fils a refusé mon sein pendant 3 jours. C'était horrible. J'avais l'impression d'être sur le point d'exploser. Puis, juste quand j'avais décidé qu'il serait peut-être temps d'arrêter de le nourrir au sein, il a décidé qu'il voulait téter toute la journée. Je me suis alors mise à avoir peur de ne pas en avoir assez car il ne mangeait plus rien d'autre. Mais on dirait que tout va bien. Jusque là, je ne l'ai pas entendu se plaindre. »

La maman de Matthieu, 34e semaine

Comment ce bond peut vous affecter

Comme pour les bonds qui ont précédé celui-ci, les changements que votre bébé traverse vous affecteront à coup sûr. Voici quelques émotions auxquelles vous serez peut-être confrontée.

Vous pourrez perdre confiance en vous

L'agitation d'un bébé inquiète généralement sa mère. Elle désire comprendre ce qui le fait se comporter de cette manière, et quand elle pense avoir trouvé une bonne explication, cela la tranquillise. À cet âge, la plupart des mères pensent que l'agitation est lié aux dents qui poussent, mais ça n'est pas forcément cela.

« Ses dents du haut passent leur dents à embêter ma fille. Elle ne cesse de vouloir que je fasse des choses avec elle, comme des promenades ou des jeux. »

La maman d'Eve, 34e semaine
(Elle a attendu la 42e semaine pour faire sa première dent)

Vous pourriez être épuisée

Si vous avez un petit garnement exigeant qui n'a pas besoin de beaucoup de sommeil, il se peut que vous ressentiez une fatigue extrême, en particulier vers la fin de la phase d'agitation. La plupart des mères de bébés exigeants s'épuisent complètement. Elles peuvent se dire qu'elles ne pourront pas continuer encore longtemps. Certaines se plaignent aussi de maux de tête et de dos, et de nausées.

« Je me sens tellement découragée quand mon petit bout de chou ne s'endort pas avant minuit, même si elle se contente de jouer joyeusement. Quand elle finit par s'endormir, je m'effondre complètement. Je me sens drainée et incapable de penser correctement. Mon mari ne soutient absolument pas. Il se met même en colère que j'accorde autant d'attention à notre fille. Sa philosophie c'est "Laisse-la donc crier." »

La maman de Nina, 37e semaine

« Les jours semblent s'éterniser quand mon fils est pénible, pleure et boude tout le temps. »

La maman de Léo, 35e semaine

Vous pourriez vous énerver

Presque toutes les mères s'irritent de plus en plus du comportement de leur bébé durant les périodes d'agitation. La mauvaise humeur, l'impatience, les pleurs, les gémissement et les exigences constantes de contact physique ou d'attention les contrarient de plus en plus. Elles sont énervées par le fait que leur bébé s'agrippe constamment à elles, par le mal qu'elles se donnent à le changer ou l'habiller et par les difficultés à le faire manger.

« Quand mon bébé passe par l'une de ses crises, à ne rien vouloir et à être terriblement agitée, je la mets au lit. Je suis complètement claquée, et ça m'embête beaucoup. »

La maman de Léa, 37e semaine

« Alors que j'étais en train d'habiller ma fille, ses gémissements m'ont vraiment insupporté, et je l'ai reposée très brusquement. Je ne supportais plus de l'entendre geindre et de la voir se débattre. Elle avait passé la journée à gémir. »

La maman de Juliette, 35e semaine

« Comme mon fils devenait complètement ingérable quand je le chan-
geais, je l'ai posé par terre dans sa chambre et l'ai laissé là. Cela l'a
fait se calmer sur-le-champ. Un peut plus tard, il est venu vers moi en
pleurnichant. À ce moment il était prêt à être un peu plus coopératif. »

La maman de Kevin, 37e semaine

« Cette semaine, mon bébé m'a mis en colère une fois. Cela faisait
tellement longtemps qu'il était en train de crier que soudain j'ai hurlé
d'un ton rageur "Ferme-le maintenant!" Cela l'a fait mourir de peur. Tout
d'abord il m'a regardé de yeux grand ouverts puis il a baissé brusquement la tête, comme s'il avait vraiment honte de son comportement.
C'était tellement touchant à voir. Ensuite, il est devenu bien plus calme. »

La maman de Paul, 37e semaine

« J'ai décidé de ne laisser mon fils téter que deux fois par jour. J'en ai
marre qu'il fasse le difficile. Un jour, il ne veut que ça, le lendemain il ne
veut rien. À la maison, je ne laisse plus non plus s'endormir sur ma poitrine. Ça a l'air de ne pas trop le déranger. Mais quand nous sommes
chez quelqu'un d'autre, je continue à le faire. »

La maman de Matthieu, 37e semaine

Vous pourriez vous disputer

Vers la fin de chaque période d'agitation, la plupart des mères qui allaitent
envisagent d'arrêter. Le comportement capricieux du bébé, qui parfois
veut allaiter, parfois ne le veut plus, les irrite. Et la manière exigeante de
laquelle un petit bout de chou essaye continuellement d'obtenir ce qu'il
veut est une autre raison qui peut faire penser sérieusement aux mères
d'arrêter d'allaiter.

« Mon fils veut mon sein uniquement quand ça l'arrange. Et dans ce cas,
il le veut tout de suite. S'il s'avère que cela est d'une façon ou d'une
autre impossible pour moi, il se lance dans une colère monstrueuse. Je
crains que ces crises commencent à devenir une habitude et que bientôt
il essaye d'obtenir ce qu'il veut à chaque fois en donnant des coups et
en hurlant. Je pense donc arrêter dès maintenant. »

La maman de Enzo, 36e semaine

Les disputes peuvent aussi survenir lorsqu'une mère et son bébé ne parviennent pas à tomber d'accord sur la quantité de contact physique et d'attention que la petite personne veut et celle que sa maman est prête à lui accorder.

> « Les gémissement de mon bébé et le fait qu'il s'agrippe à moi m'exaspèrent de plus en plus. Quand des amis nous rendent visite, il me lâche à peine. Du coup, j'ai l'impression que je le repousse, et c'est parfois ce que je dois faire. Mais ça ne fait que l'énerver encore plus. »
>
> La maman de Kevin, 37e semaine

C'est la vie. Ressentir de la colère ou de la frustration de temps en temps n'est ni anormal ni dangereux, c'est agir en suivant ces pulsions qui l'est. Il est d'une importance capitale que vous vous fassiez aider avant de perdre le contrôle.

Comment émergent les nouvelles compétences de votre bébé

Quand votre bébé approchera sa 37e semaine, vous remarquerez qu'il devient plus calme. Si vous observez minutieusement, il se peut que vous voyiez qu'il essaye ou qu'il fait de nouvelles choses.

Par exemple, il se peut que vous le voyiez tenir ses jouets différemment, qu'il apprécie de nouvelles choses, ou qu'il se comporte avec plus de concentration et de curiosité. Félicitations ! Votre bébé est train de faire un nouveau bond. Il commence à explorer le monde des catégories.

> « J'ai remarqué un grand changement. Les jouets de mon fils restent dans un coin. Ça fait maintenant quelques semaines qu'ils sont là. Je pense qu'il faut que je lui fournisse des jouets plus stimulants qui lui fourniront un vrai défi. Mais quand on est dehors, il est très vif car il y a plein de choses à voir. »
>
> La maman de Léo, 36e semaine

Le bond en avant miraculeux

Après le dernier bond, votre bébé a commencé à comprendre les relations entre les différentes choses qu'ils rencontraient, à la fois dans le monde extérieur et en tant qu'ils étaient liés à son propre corps. Il a acquis une meilleure compréhension de chaque aspect de son monde. Il a découvert qu'il est le même genre d'être que sa mère et qu'il peut bouger d'exactement la même manière qu'elle. Il a appris que d'autres choses peuvent bouger aussi, mais qu'elles bougent d'une manière très différente des êtres humains, et que d'autres choses encore ne peuvent pas bouger du tout d'elles-mêmes.

Une fois que votre bébé a acquis la capacité à percevoir les catégories, et à en faire l'expérience, il commence à comprendre qu'il peut classifier son monde en groupes. Il se rendra compte que certaines choses sont très similaires, qu'elles se ressemblent, ou qu'elles font le même bruit, ou que leur goût, le odeur ou leur texture est la même. En résumé, il découvre que différentes choses peuvent partager les mêmes traits.

Par exemple, il peut à présent découvrir le sens du mot « cheval ». Il peut apprendre que chaque cheval entre dans cette catégorie, qu'il soit marron, blanc ou tacheté ; qu'il s'agisse d'un cheval dehors dans un champ, dans une étable, sur une photographie, sur un tableau ou dans un livre illustré ; que ce soit un cheval en terre cuite ou un cheval vivant. C'est toujours un cheval.

Naturellement, cette nouvelle compréhension n'arrivera pas du jour au lendemain. Il doit d'abord apprendre à bien connaître les gens, les animaux et les objets. Il doit réaliser que les choses doivent posséder certaines similarités afin d'appartenir à une certaine catégorie. En conséquence, il doit être capable de repérer ces similarités, et cela nécessite de la pratique et du temps. Quand bébé aura acquis la capacité à percevoir les catégories, il commencera à en faire l'expérience. Il commencera à étudier les gens, les animaux et les objets d'une manière particulière. Il les observera, les comparera, et les arrangera en fonction de similitudes, puis les placera dans des catégories spécifiques. La compréhension qu'à votre bébé d'une catégorie est la conséquence de recherches approfondies qu'il a menées à peu près comme l'aurait fait un vrai chercheur. Il observe, écoute, sent, goûte et expérimente à la fois avec les similarités et les différences. Votre bébé s'échine vraiment sur ses investigations.

Plus tard, quand votre enfant commencera à parler, vous constaterez qu'il a déjà découvert nombre des catégories que nous utilisons et que parfois il auront forgé ses propres noms pour elles. Par exemple, il pourrait appeler le garage la « maison de la voiture », un immeuble une « maison en cube » ou une fougère une « plante à plumes ». Les noms qu'il utilisera feront directement référence au trait qu'il aura trouvé le plus caractéristique.

Dès que votre bébé aura acquis la capacité à diviser son monde en catégories, il commencera à catégoriser. Non seulement examinera-t-il ce qui fait de quelque chose un cheval, un chien ou un ours, mais aussi ce qui rend quelque chose grand, petit, lourd, léger, rond, doux ou collant, tout autant que ce qui donne quelque chose triste, joyeux, doux ou méchant.

Les jeux pratiqués durant des recherches avec des bébés montrent clairement qu'à partir de cet âge, les réactions des bébés montrent un important changement qualitatif. Certains chercheurs pensent que c'est à cet âge que l'intelligence commence à apparaître. Au premier regard, on pourrait penser que c'est vrai, mais on ne doit pas en conclure qu'avant cet âge, les bébés n'avaient jamais eus de pensée. En fait, ils avaient leur propre manière de penser qui correspondait parfaitement à chaque étape de leur développement. Malheureusement, ces manières sont perdues pour les adultes, et nous pouvons seulement imaginer à quoi elles pourraient ressembler. Quand le bébé commence à classifier le monde en groupes comme nous le faisons, cependant, sa manière de penser se rapproche de celle des adultes. Comme il commence à penser de la même manière que nous, nous parvenons à mieux le comprendre.

Cette capacité à percevoir les catégories et à en faire l'expérience affecte tout ce que fait le bébé. Sa manière de faire l'expérience des choses change, et il est maintenant temps pour lui d'en tirer du sens.

Les choix de votre bébé : une clé pour comprendre sa personnalité

Un nouveau monde, plein de possibilités, s'ouvre à votre bébé dans le monde des catégories. Entre les âges de 37 et 42 semaines, votre bébé fera sa propre sélection dans la large gamme de choses qui s'offrent à son expérimentation. Il choisira ce qui lui convient le mieux à cette étape de son développement selon ses intérêts. Vous pourrez le voir consolider certains penchants qu'ils avaient démontré précédemment, ou il se peut qu'il se lance dans de nouveaux territoires à ce moment. C'est un monde très étendu qui s'offre à ses explorations, et il est important de ne pas trop comparer votre bébé aux autres. Chaque bébé est unique.

Observez de près votre bébé tandis que vous cochez les compétences qu'il choisit dans la liste « Comment mon bébé explore le nouveau monde des catégories », à la page 214. Vous découvrirez là où résident ses intérêts et ce qui le rend unique. Respectez ses choix, et aidez-le à explorer les choses qui l'intéressent.

Les bébés adorent tout ce qui est nouveau et il est important que vous répondez quand vous remarquez toute nouvelle compétence ou tout nouvel intérêt. Il appréciera que vous partagiez ces nouvelles découvertes, et son apprentissage n'en progressera que plus rapidement.

Des changements dans le cerveau

Les ondes cérébrales de votre bébé montreront des changements profonds aux environs du 8e mois. De plus, à cet âge, la circonférence de la tête du bébé augmente, et le métabolisme du glucose dans le cerveau change.

(suite à la page 216)

$\mathcal{M}$on journal

Comment mon bébé explore le nouveau monde des catégories

Ne vous inquiétez pas si nombre de ces activités n'apparaissent pas avant bien plus tard. Ce que votre bébé est vraiment en train d'apprendre dans ce monde est le concept de catégories, et une fois qu'il a saisit cela en apprenant une compétence, il sera tôt ou tard entraîné vers d'autres compétences. La règle d'or est : « Aidez-le, ne le pressez pas. »

RECONNAÎTRE LES ANIMAUX ET LES OBJETS

❏ Montre qu'il peut reconnaître une catégorie, comme un animal, en dessin, en jouet et dans la vraie vie

❏ Montre qu'il distingue les formes

❏ Montre qu'il pense que quelque chose est sale, par exemple en liant le nez

❏ Montre qu'il pense que quelque chose est drôle ou bon en faisant un bruit ou un mouvement caractéristique

❏ Comprend les noms d'animaux et d'objets comme brosse à dent, chaussette, baguette, chat, agneau ou canard. Quand vous demandez « Où est… ? » il le regarde. Quand vous dites « Va chercher ton… » il va parfois le chercher

❏ Répète les mots que vous prononcez de temps en temps

❏ Compare les choses vues directement à celles vues à travers quelque chose, par exemple un tamis, un grillage ou du verre

RECONNAÎTRE LES GENS EN TANT QUE GENS

❏ Communique plus avec les autres gens en utilisant des sons et des gestes

❏ Imite d'autres personnes plus souvent, reproduit leurs gestes

❏ Veut clairement jouer avec d'autres personnes plus souvent

❏ Appelle les membres de sa famille. Chacun a son propre son

RECONNAÎTRE LES GENS DANS DIFFÉRENTES CIRCONSTANCES

❏ Reconnaît les gens, même dans des situations inédites
❏ Fait des grimaces à son reflet et rit
❏ Regarde une chose ou une personne dans la pièce puis essaye de trouver la même chose ou personne dans le miroir

RECONNAÎTRE LES ÉMOTIONS

❏ Devient jamais pour la première fois quand un autre enfant reçoit l'attention maternelle
❏ Réconforte une peluche tombée ou jetée par terre
❏ Agit avec une gentillesse accrue quand il veut quelque chose
❏ Exagère son humeur pour que tout le monde sache comment il se sent
❏ Se met à pleurer quand un autre enfant pleure

ÉCHANGER LES RÔLES

❏ Peut lancer un jeu lui-même
❏ Joue à « Devine qui c'est ! » avec un autre bébé plus jeune
❏ Utilise le biberon pour nourrir sa maman
❏ Demande à sa mère de chanter une chanson, puis se met à applaudir
❏ Demande à jouer à cache-cache en rampant sous quelque chose
❏ Vous demande de construire quelque chose en vous tendant ses cubes

AUTRE CHANGEMENTS REMARQUÉS

_____

_____

Ce que vous pouvez faire pour Aider

Votre bébé a besoin de temps et d'aide pour arriver à comprendre pourquoi quelque chose entre ou n'entre pas dans une certaine catégorie. Vous pouvez l'aider en lui donnant l'opportunité et le temps pour faire expérience et jouer d'une telle manière qu'il apprendra pourquoi quelque chose appartient à une certaine catégorie. Vous pouvez l'encourager et le consoler quand cela s'avère nécessaire, et lui présenter de nouvelles idées.

Donnez à votre bébé l'opportunité d'améliorer sa compréhension des catégories.Les catégories qu'il commence par explorer n'ont aucune importance. Une fois qu'il a saisi l'idée d'une ou deux catégories, il lui sera plus facile d'appliquer cette compréhension à d'autres catégories plus tard. Certains bouts de chou préféreront commencer avec la reconnaissance des objets, tandis que d'autres commenceront avec celle des gens. Laissez votre bébé vous guider. Après tout, il lui est impossible de tout apprendre d'un coup.

Aidez votre bébé à explorer son nouveau monde par l'investigation

Quand votre bébé commencera à faire l'expérience des catégories, vous remarquerez qu'en fait, il est occupé à examiner tout un ensemble de caractéristiques et à les comparer. Il utilise les relations pour déterminer ce que sont les catégories. En faisant cela, il apprendre les caractéristiques les plus importantes de ce qu'il examine. Il découvrira ce qui rebondit ou non, ce qui est lourd ou léger, comment c'est au toucher, et ainsi de suite. Il examinera quelque chose sous tous les angles, le tiendra à l'envers ou le penchera sur le côté, le fera tourner rapidement et lentement. C'est la seule manière pour lui de découvrir que « Ceci est une balle, mais pas ça » ou que « Ce cube est arrondi, mais pas celui-ci. »

Certains bébés s'intéressent particulièrement aux différentes formes, comme rond, carré ou crénelé. Ils regardent les formes et parcourent les contours avec un de leurs petits doigts. Ensuite ils font la même chose avec une forme différente. Ils comparent les formes, pour ainsi dire. Avec les cubes, ils choisissent d'abord généralement en premier ceux qui sont arrondis, ce qui montre qu'ils sont capables de les reconnaître. Si votre bébé semble fasciné par les formes, donnez-lui un ensemble de cubes avec toutes sortes de différentes formes.

Vous verrez aussi peut-être que votre bébé trouve plein de chose dans la maison dont les formes l'intéresse. Avez-vous déjà remarqué à quel point votre bébé regarde les choses éloignées qui attirent son attention. Généralement il le fait en bougeant la tête de gauche à droite. Il fait ceci pour apprendre quand même quand il bouge, les choses restent de la même taille et de la même forme. Trouvez ce que votre bébé aime explorer et comment il veut le faire. Donnez-lui les opportunités dont il a besoin.

> « Mon fils essaye d'attraper l'eau qui coule dans la baignoire quand le robinet est ouvert. Apparemment, il pense que c'est quelque chose qu'il peut attraper. Il fermera sa main autour de l'eau, et ensuite quand il l'ouvre il n'y a rien dedans. Il trouve cela particulièrement étrange. Mais il peut continuer à le faire pendant quelques temps. »
>
> La maman de Paul, 43e semaine

De nombreux bébés aiment examiner les différentes composantes de choses. En explorant un objet de cette manière, ils finiront par découvrir que cet objet est assemblé et à quelle catégorie il appartient. Si votre bébé est un tel petit scientifique, il se peut qui tète avec succès différents côtés d'un objet, par exemple, ou qu'il appuie sur le haut, au milieu puis en bas de quelque chose. Mais ses explorations peuvent avoir de surprenants effets secondaires.

> « Mon bébé est fou des boutons. Cette semaine, il a exploré chaque recoin de l'aspirateur. Il a aussi touché les boutons. Accidentellement, il a appuyé sur le bon bouton et pschitt, l'aspirateur s'est mis en marche. Ça lui a fichu une frousse pas possible ! »
>
> La maman de Léo, 38e semaine

Certains bébés aiment toucher des choses avec leurs mains pour découvrir comment elles sont. De cette manière ils essayent des catégories comme ferme, collant, dur, chaud, glissant, et ainsi de suite. Autorisez votre bébé à explorer.

Les avantages de la démolition

Si votre bébé examine les différentes parties d'une chose, il finit souvent par la démonter morceau par morceau. Si votre bébé commence à démolir, donnez-lui des jouets qu'il puisse explorer de cette manière. Entassez quelques cubes pour qu'il puisse les enlever un à un. Montrez-lui comment le faire. Vous pouvez faire la même chose avec des anneaux de différentes tailles qui s'empilent sur un bâton. Essayez aussi de lui donner une pile de magazines qu'il puisse déplacer un par un. Regardez quels autres jeux votre bébé invente de lui-même et soutenez-le si ça n'est ni trop dangereux ni trop cher. Vous pouvez aussi lui montrer que vous-même il vous arrive de démonter des choses. Cette expérience est très importante, parce qu'après le prochain bond, il peut utiliser ce savoir à son avantage quand il commence à assembler plutôt que démolir.

« Mon fils aime tripoter les verrous des toilettes et des portes. Même s'ils ont été un peu enclenchés, il arrive toujours à sortir. »

La maman de Nathan, 37e semaine

« Mon fils est maintenant bien plus concentré quand il joue. Parfois, il examine même deux choses en même temps. Par exemple, il prendra le temps d'écraser un morceau de banane d'une main, et un bout de pomme de l'autre. Pendant ce temps, il regardera ses mains l'une après l'autre. »

La maman de Lucas, 42e semaine

« Mon bébé examine le sable, l'eau, les galets et le sucre en en mettant dans son poignet et en les laissant très longtemps au contact de sa peau. Puis il en met dans sa bouche. »

La maman de Léo, 40e semaine

Parfois, les bébés aiment frotter d'autres parties de leur corps à des objets, ou encore prendre quelque chose et le faire glisser contre son corps. De cette manière, le bébé se familiarise encore plus avec ce qu'il examine. Donnez-lui en donc l'opportunité.

« J'ai mis une balançoire pour mon fils dans une porte. Il y a un bouton sous le siège, et c'est sa partie préférée. Il s'assied sous la balançoire et s'agrippe au cadre de la porte afin de s'élever un petit peu quand le bouton passe au-dessus de sa tête et lui touche les cheveux. Il reste simplement assis à faire l'expérience de la sensation. »

La maman de Léo, 39e semaine

Dans le monde des catégories, certains bébés aiment faire des expériences en traitant les gens, les animaux et les objets sans ménagements ou avec précaution. Si vous le voyez faire cela, faites-lui comprendre que certaines choses font mal et que les objets peuvent se casser. S'il fait des expériences de la sorte, il a parfaitement conscience de ce qu'il fait.

« Souvent, mon fils me mort et parfois il joue très brutalement avec ses jouets et d'autres choses. Et pourtant, à d'autres moments il peut aussi être exagérément précautionneux. Il va caresser des fleurs et des fourmis avec un de ses petits doigts, puis les écraser l'instant suivant. Puis, quand je dis « Ho, fais attention ! », il se remet à les toucher d'un de ses petits doigts. »

La maman de Léo, 40e semaine

« Quand nous sommes dans le bain, mon fils a commencé à examiner mon sein en faisant très attention, avec un seul doigt, avant de se mettre à le pousser, le tirer et le triturer dans tous les sens. Ensuite, il est passé à son pénis. Et là, il s'est remis à faire un peu plus attention ! »

La maman de Matthieu, 41e semaine

« Tout d'abord, mon bébé examine mes yeux, mes oreilles et mon nez avec son petit index. Puis elle les chatouille. Ensuite, tandis qu'elle devient de plus en plus excitée, elle devient plus brutale, poussant et donnant des coups sur mes yeux, tirant mes oreilles et mon nez, et mettant un doigt dans mon nombril. »

La maman de Nina, 39e semaine

Certains bébés comparent les poids de jeux et d'autres objets. Si le vôtre est pleine découverte des catégories lourd et léger, donnez-lui l'occasion d'expérimenter.

« Mon bébé soulève tout ce à côté de quoi elle passe pendant un moment. »

La maman de Léa, 41e semaine

Généralement, votre bébé étudie les concepts de haut, bas, petit et grand en rampant, grimpant, se mettant debout ou en marchant. Il grimpera à, sur et sous tout. Il le fera sagement, d'une manière contrôlée, comme s'il avait planifié tout planifié.

« Mon fils essaye de ramper sous ou à travers tout et n'importe quoi. Il regarde un moment, puis il se lance. Hier, il est resté coincé sous la première marche de l'escalier. Nous étions tous complètement paniqués ! »

La maman de Nathan, 40e semaine

Donnez à un bébé de l'espace pour ses explorations

À partir de cet âge, il devient généralement de plus en plus important de donner à un bébé qui se déplace beaucoup assez de place pour qu'il ait largement l'opportunité d'explorer toutes sortes de catégories. Un bébé déjà actif physiquement pourrait à présent devenir de plus en plus adroit et stable, qu'il soit assis, debout, en train de ramper ou de marcher. En conséquence, il sera capable de faire bien plus de choses avec son corps. Il peut choisir de s'accroupir, de ramper, de grimper sur les meubles ou de se tenir sur la pointe des pieds quand il veut atteindre quelque chose. Laissez ramper dans toute la maison, grimper sur des choses et se hisser sur les rebords les plus difficiles d'accès. Mettez la porte de sécurité à la deuxième ou troisième marche de l'escalier, pour qu'il puisse s'entraîner à les monter et descendre. Mettez un matelas en bas de l'escalier, pour qu'il ne puisse pas se faire mal.

> « Mon fils grimpe partout. Il a même essayé d'escalader la surface lisse d'un mur. »
>
> La maman de Nathan, 42e semaine

> « Ma petite fille était assise dans sa chaise haute à table, et avant que je ne puisse le remarquer, elle avait grimpé sur la table. J'imagine que maintenant j'ai besoin d'avoir des yeux derrière la tête. »
>
> La maman d'Émilie, 42e semaine

Votre petit rampeur peut également apprendre beaucoup de choses à l'extérieur. Là aussi, donnez-lui de l'espace. Par exemple, marchez avec lui dans les bois, à la plage, près d'un lac, dans le bac à sable et au parc. N'importe où tant que vous ne le perdez pas de vue.

 S'occuper du bébé

Sécurisez son environnement

Assurez-vous que l'espace qu'explore votre bébé est sécurisé. Et même dans ce cas, ne le quittez pas des yeux un seul instant. Il se débrouillera toujours pour trouver quelque chose qui peut être dangereux et auquel vous n'aurez pas pensé.

(suite à la page 226)

 Les meilleurs jeux pour cette semaine miracle

Voici des jeux et activités que la majorité des bébés apprécient beaucoup à présent et qui les aideront à pratiquer leurs toutes nouvelles compétences.

EXPLORATION

Certaines choses apparaîtront complètement fascinantes pour votre bébé, mais partir à l'aventure dans son propre voyage d'exploration peut être dangereux ou impossible. Alors aidez-le. Vous pouvez l'aider en lui donnant des cadres de photographies démontables, ou, par exemple, des figurines lourdes qu'il ne puisse casser et qui ne sont pas dangereuses pour lui tout en satisfaisant sa curiosité.

Cloches et boutons

Laissez votre bébé actionner une sonnette. Il sera capable de comprendre tout de suite ce qu'il fait. Vous pouvez également le faire appuyer sur un bouton dans un ascenseur. De la sorte, il aura l'impression de faire comme les grands. Laissez-le allumer la lumière quand il fait tr_s sombre, afin qu'il puisse comprendre l'effet de l'interrupteur. Laissez-le parfois appuyer sur le bouton dans le bus, ou à un passage piéton, et expliquez-lui ce qui arrive qu'il devrait surveiller. Ceci lui apprendra quelque chose au sujet du lien entre ce qu'il fait et ce qui arrive ensuite.

Explorations en extérieur

À cet âge, la plupart des bébés ne se lassent jamais d'être dehors. Emmener votre bébé dehors sera également très instructif pour lui. Il verra de nouvelles choses. Que vous fassiez du vélo, du jogging, marchiez, le promeniez dans sa poussette ou dans un porte-bébé, n'oubliez pas de vous arrêter de temps en temps pour que votre bébé puisse regarder, écouter et toucher les choses de plus près.

S'habiller

De nombreux bébés semblent n'avoir absolument aucun instant disponible pour l'habillement et la toilette. Ils sont bien trop occupés par d'autres choses. Mais ils adorent se regarder et sont encore plus intéressés quand on leur fait quelque chose. Utilisez-ceci à votre avantage. Séchez votre bébé avec une serviette, habillez-le et dés-habillez-le devant un miroir pour que pendant ce temps il puisse en quelque sorte jouer à « Devine qui c'est ! » avec lui même.

LES MOTS

Votre bébé comprend souvent bien plus de choses que vous ne le pensez, et il apprécie d'arriver à le faire savoir. À présent, il prendra plaisir à faire grossir la gamme de mots et de phrases qu'il comprend.

Nommer

Nommer les choses que votre bébé regarde ou écoute. Quand votre bébé exprime avec des mots ce qu'il veut, traduisez ses questions pour lui en les mettant en mots. Cela lui apprendra qu'il peut utilisez des mots pour s'exprimer lui-même.

Laissez votre bébé choisir un livre et tendez-le lui. Mettez votre enfant sur vos genoux ou asseyez-vous près de lui. Ainsi, il peut tourner les pages tout seul. Pointez l'image qu'il regarde et nommez l'objet représenté. Vous pouvez aussi émettre les sons appropriés à l'objet ou l'animal précis que vous pointez. Encouragez votre fils à produire lui aussi ce mot ou ce son. N'essayez pas de continuer si votre bébé perd ne montre plus de signe d'intérêt. Certains bébés ont besoin d'un petit câlin ou de quelques guilis après chaque page pour soutenir leur attention.

Tâches

Demandez à votre bébé s'il veut bien donner un objet qu'il tient en disant, par exemple : « Donne ça à maman. » Demandez-lui aussi parfois de donner à papa. Vous pouvez aussi lui demander d'al-ler chercher quelque chose pour vous, par exemple « Passe moi la

(suite)

Les meilleurs jeux pour cette semaine miracle (suite)

brosse à dents. » ou « Donne-moi la balle. » Essayez également de temps en temps de l'appelez quand vous n'êtes pas dans son champ de vision : « Où es-tu ? » et attendez sa réponse. Ou demandez-lui de vous rejoindre « Viens par ici ! » Félicitez-le s'il participe, et ne continuez que s'il apprécie cela.

LES IMITATIONS

De nombreux bébés étudient les autres personnes avec beaucoup d'intérêt et adorent imiter ce qu'ils voient d'autres personnes faire. Si votre bébé fait ceci aussi, imitez-le et encouragez-le à vous imiter.

« Fais ça ! »

Tout d'abord, mettez votre bébé au défi d'imiter ce que vous faite, quoi que ce soit, puis imiter-le en retour. Souvent, il sera capable de continuer à l'infini, faisant la même chose encore et encore à tour de rôle. Essayez également de faire varier vos gestes. Rendez-les un peu plus lent ou plus rapide. Essayez de changer de main, ou d'utiliser les deux mains. Essayez également de faire cela devant un miroir. Certains bébés adorent répéter des gestes devant un miroir en se regardant pour voir comment tout se fait.

Parler à un miroir

Si votre bébé s'intéressent aux positions de la bouche, essayez parfois de les pratiquer devant un miroir. Faites-en un jeu. Asseyez-vous tous les deux devant le miroir et jouez avec des voyelles, des consonnes, ou des mots, selon ce que votre bébé préfère. Laissez-lui le temps d'observer et de copier. Beaucoup de bébés aiment également se voir imiter des gestes, comme des mouvements de la main ou de la tête. Essayez cela parfois vous aussi. Si votre bébé peut se voir quand il vous imite, il sera immédiatement capable de voir que ce qu'il fait est juste comme vous.

Savez-vous planter les choux

Chantez « Savez-vous planter les choux » et laissez votre bébé comprendre chacun des gestes qui accompagne la chanson. Pour y parvenir, prenez ses mains dans les vôtres et faites les mouvements avec lui. Certains bébés se mettront à applaudir de leur propre initiative. D'autres à lever les bras. À cet âge, ils sont encore incapable d'imiter toute une séquence de mouvements, mais ils sont capables de l'apprécier.

L'ÉCHANGE DE RÔLES

Encouragez votre bébé à prendre un rôle qu'il vous a vu faire, vous ou un enfant plus âgé. Puis essayer d'échanger les rôles.

La poursuite

Vous pouvez considérer que c'est la première version du jeu du chat. On peut y jouer en rampant ou en marchant. Essayez aussi de renverser le jeu de temps en temps : éloignez-vous en rampant ou en marchant, et faites-lui clairement savoir que vous vous attendez à ce qu'il vienne vous chercher. Essayez de vous échapper si votre bébé tente de vous attraper. Si vous bébé y arrive, ou si vous l'avez attrapé, alors faites lui un câlin, ou faites-lui faire l'avion.

Cache-cache

Cachez-vous de sorte à ce que votre bébé vous voie disparaître, puis laissez-le vous chercher. Parfois, vous pouvez également faire semblant de l'avoir perdu et d'être en train de le chercher. Certains bébés arrivent à se cacher rapidement et à rester calmement dans un coin ou sous leur lit. Généralement, ils choisiront l'endroit où vous, vous vous cachiez, ou un qui avait très bien marché un autre jour. Réagissez avec enthousiasme quand vous vous retrouvez.

Aidez votre bébé à explorer son nouveau monde en jouant la comédie

Si votre bébé est d'une grande intelligence sociale, c'est à partir de ce moment qu'il sera capable de faire semblant d'être triste, gentil ou désespéré. Ces états émotionnels sont également des catégories. Cela signifie qu'il peut commencer à vous manipuler ou à profiter de vous. Généralement, les mères commencent par tomber dans le panneau. Certains refusent tout simplement de croire que leur enfant, qui n'est encore qu'un bébé, puisse être capable de faire quoiq que ce soit de la sorte délibérément. D'autres en tirent secrètement une certaine fierté. Si vous voyez votre petit bout en train de mettre en scène quelque chose, laissez-lui goûter un peu au succès, si possible. Mais en même temps, faites-lui comprendre que vous savez ce qu'il fait. Cela lui apprendra que l'usage des émotions est important, mais qu'il ne peut pas les utiliser pour vous manipuler.

« Durant la journée, ma fille est très agitée, vraiment enquiquinante, mais quand il est l'heure pour elle d'aller au lit le soir, elle joue comme un petit ange . C'est comme si elle pensait : « Tant que je me comporte bien, je n'aurai pas à aller au lit. » C'est inutile, de toute manière, d'essayer de la mettre au lit tant qu'elle n'est pas assez fatiguée, car elle refuse de rester allongée. Vendredi dernier, elle est allée au lit à 23h30. »

La maman de Léa, 37e semaine

« Si je parle avec quelqu'un, mon fils aura soudainement immédiatement besoin de mon aide, ou il prétendra qu'il s'est fait mal avec quelque chose. »

La maman de Matthieu, 39e semaine

Parfois, un bébé endossera un rôle qu'il a vu sa mère ou un enfant plus âgé endosser. Cela est à présent possible car il sait qu'il est une personne unique, tout comme les autres gens. En d'autres termes, que lui comme les autres gens appartiennent à la même catégorie. Par conséquent, il est capable de faire les mêmes choses que d'autres personnes. Il peut se cacher, tout comme sa mère le faisait, et devenir celui qui cherche. Il peut aller chercher ses jouets tout seul quand il a envie de jouer avec eux. Réagissez toujours à ceci, même si ce n'est que pendant un bref instant.

Cela lui apprendra qu'on le comprend et qu'il est important.

Les meilleurs jouets pour cette semaine miracle

Voici des jouets et des choses que la plupart des bébés apprécient particulièrement pendant qu'ils explorent le monde des catégories:

- Tout ce qui s'ouvre et se ferme, comme les portes ou les tiroirs
- Les poêles avec un couvercle
- Les sonnettes, les boutons d'appel dans les bus ou les ascenseurs, et ceux des feux de signalisation
- Les réveille-matin
- Les magazines et journaux à déchirer
- Les assiettes, verres et couverts en plastique
- Les choses qui sont plus grande que lui, comme les boîtes ou les seaux
- Les coussins et duvets dans et sur lesquels ramper
- Les récipients, particulièrement ceux qui sont rond, les pots, les bouteilles
- Tout ce qui peut bouger, comme les poignées ou les boutons
- Tout ce qui bouge tout seul, comme les ombres ou les branches
- Les balles de toutes tailles, des balles de ping-pong aux ballons de plage bien plus grands
- Les poupées au visage réaliste
- Les cubes et toutes formes et tailles, surtout les grands
- Les bassin pour bébés
- Le sable, l'eau, les galets et les outils en plastique
- Les balançoires
- Les livres illustrés avec une ou deux grandes images nettes par page
- Les posters avec plusieurs images différentes
- Les petites voitures

Mais méfiez-vous d'autres choses qu'ils tendent aussi à apprécier : prises et interrupteurs électriques, machines à laver, lave-vaisselle, aspirateurs, sèche-cheveux, autres outils électroménager et escaliers.

« Cette semaine, un autre enfant un peu plus vieux que mon fils nous a rendu visite à la maison. Mon fils est l'autre petite fille avaient chacun un biberon. À un certain moment, la petite fille a fourré son biberon dans la bouche de mon fils et à commencer à le nourrir. Elle continuait à tenir le biberon elle-même. Le jour suivant, alors qu'il était sur mes genoux et que je lui donnais le biberon, il a soudainement pris le biberon et me l'a mis dans la bouche, puis a commencé à rire, en a bu un peu pour lui, puis l'a remis dans ma bouche. J'étais émerveillée. Avant, il n'avait jamais rien fait de la sorte. »

La maman de Paul, 41e semaine

De l'importance d'être constant

Les mères sont toujours fières des progrès et des accomplissements de leurs bébés, et elle réagissent automatiquement avec excitation et surprise. Mais certains de ces accomplissements peuvent être de petites bêtises. En premier lieu, une petite bêtise peut être amusante, et votre bébé pourrait prendre votre plaisir ou votre surprise pour une approbation. Il pensera être drôle et répétera ce comportement encore et toujours, même quand sa mère lui dit « non ».

Il vous faudra à présent être plus constant envers votre bébé. Quand vous rejetez une chose une fois, mieux vaut ne pas la tolérer la suivante. Votre bébé adorera vous mettre à l'épreuve.

« Mon bébé devient de plus en plus amusant car il commence à devenir coquin. Elle fait brrr quand elle a de la purée plein la bouche, m'en mettant partout. Elle ouvre des tiroirs qu'elle n'est pas autorisée à toucher et répand l'eau du chat dans toute la cuisine. »

La maman de Laura, 38e semaine

« Ma fille refuse de m'écouter. Quand je lui dis « non », elle rit, même si je suis vraiment en colère contre elle. Mais quand sa baby-sitter dit « non », elle se met à pleurer. Je me demande si c'est parce que je travaille. Peut-être que je laisse trop de choses passer quand je suis à la maison, par culpabilité. »

La maman de Laura, 39e semaine

« Ma fille était debout près d'une poussette où se trouvant le petit garçon des voisins et elle a commencé à jouer à « Coucou c'est moi » avec lui. Tous deux semblaient trouver qu'il n'y avait rien de plus amusant. »

La maman d'Émilie, 40e semaine

Certains bouts de chou aiment le rôle du donneur. Peu importe ce qu'ils donnent, tant qu'ils peuvent continuer à donner et à recevoir (ce qu'ils préfèrent encore plus que donner !). Quoi que votre bébé donne, il va sans dire qu'il s'attend à le récupérer immédiatement. Souvent, il comprendra les mots « Puis-je avoir... » et « S'il te plaît ». Vous pouvez donc combiner les jeux de don et contre-don avec des mots, pour l'aider à comprendre encore mieux les choses.

« Ma fille aime montrer à tout le monde son biscuit avec un grand sourire sur le visage. Bien entendu, elle ne s'attend pas à ce que quelqu'un prenne le biscuit. Elle ramène sa main vers elle à tout vitesse si elle pense que ça pourrait arriver. L'autre jour, elle a fièrement tendu le bras pour montrer son cookie au chien de papy, mais celui-ci l'a englouti en un éclair. Sidérée, elle a regardé sa main vide puis s'est mis à pleurer de colère. »

La maman d'Anna, 41e semaine

Soyez compréhensif envers ses peurs irrationnelles

Quand votre bébé apprend une nouvelle compétence, il se peut aussi qu'il découvre un nouveau danger et qu'il développe des peur. L'une de celles-ci est la peur liée à la catégorie « hauteur ». Une autre est celle d'« être enfermé ». Quand votre bébé se met soudain à avoir l'air effrayé, compatissez, essayez de trouver ce qui l'embête, et aidez-le. Les bébés tendent à se méfier des nouvelles choses tant qu'il ne sont pas sûrs qu'elles sont inoffensives.

« Avant, mon bébé aimait marcher quand je l'y aidais. Maintenant, d'un seul coup, elle a arrêté. Elle a l'air d'avoir peur. Si elle a le plus petit soupçon que je puisse lui lâcher la main, elle s'assied sur-le-champ. »

La maman d'Emma, 46e semaine

« Maintenant, mon fils ne supporte plus de n'être plus libre de ses mouvements. Quand il est attaché sur son siège à bébé, il devient complètement hystérique. »

La maman de Paul, 40e semaine

Entre 40 et 45 semaines, une autre période de calme relatif s'installe. Durant les 1 à 3 semaines qui suivent, de nombreux bébés reçoivent des félicitations pour leurs progrès, leur indépendance et leur gaieté. Un très grand nombre de choses les intéresse à présent, des gens à cheval aux fleurs, feuilles, fourmis et moustiques. Beaucoup d'enfants souhaitent à présent passer plus de temps dehors. D'autres gens se mettent également soudain à jouer un rôle bien plus important dans leurs vies. Les bébés entrent en contact avec ceux-ci bien plus souvent et sont plus facilement enclins à jouer avec eux. En résumé, l'horizon du bébé est plus large que jamais.

« En ce moment, mon fils est une poupée. Il rit toute la journée. Parfois, il joue tout seul calmement pendant une heure. Cette dernière semaine, on aurait dit un enfant complètement différent. Il n'a plus du tout l'air aussi bouffi, et il a l'air très agile. Il avait toujours été un peu raide, mais maintenant on dirait qu'il s'est beaucoup assoupli. Il est bien plus vif, énergique et aventureux. »

La maman de Lucas, 42e semaine

« Mon fils comprend bien plus de choses et aime change d'endroit pour aller trouver encore plus de possibilités. Je dois faire en sorte qu'il soit plus facile de lui parler. Il a besoin d'être quelque part où il peut communiquer avec tout le monde, à table à par exemple. C'est important à présent. Il se concentre également bien plus sur les autres gens quand on est dehors. Il entre en contact avec eux directement en faisant des bulles, en faisant des bruits pour les appeler, ou en penchant la tête d'un air interrogatif. »

La maman de Léo, 40e semaine

chapitre 9

Semaine miracle 46:
Le monde des séquences

*L*es bébés ont un don inné pour mettre le bazar. Durant le dernier bond dans le développement mental de votre enfant, ce talent a probablement semblé à son sommet. Il est possible que vous vous soyez émerveillé du don de votre bébé pour la destruction tandis qu'il démontait, réduisait en pièces et écrasait tout ce qui croisait son chemin. Si vous surveillez le développement de nouvelles compétences chez votre bébé, vers 46 semaines, il se peut que vous remarquiez qu'il se met soudainement à faire des choses à l'opposée de ce comportement. Il commencera, pour la première fois, à assembler des choses.

Votre bébé est maintenant prêt à découvrir le monde des séquences. À partir de cet âge, il peut commencer à comprendre que pour atteindre nombre de ses buts, il lui faut faire les choses dans un certain ordre pour qu'elles réussissent. Il se peut qu'à présent, vous voyiez votre bébé tenter d'abord de voir quelles choses vont ensemble et comment elles vont ensemble avant d'essayer de les mettre l'une dans l'autre, l'une sur l'autre ou de les assembler. Par exemple, il se peut qu'il se concentrer pour viser aussi bien que possible avant d'essayer de mettre un cube sur un autre. Peut-être n'enfoncera-t-il une cheville dans un plateau d'éveil qu'après avoir comparé la taille de la cheville à celle du trou.

Ce monde offre de nombreuses nouvelles aires d'exploration pour votre bébé. Vous remarquerez que, pour la première fois, il donne vraiment l'impression d'être capable de faire des rapprochements. Il est parfois capable de faire se succéder deux actions assez spontanément. Il deviendra peut-être apparent que le bébé est plus conscient de ses actions qu'il ne l'avait jamais été, qu'il est conscient de ce qu'il fait à présent.

Note: La première phase (période d'agitation) de ce bond vers le monde perceptif des « séquence » est liée à l'âge et prévisible, et débute entre 40 et 44 semaines. La majorité des bébés entame la deuxième phase (voir l'encadré « Les moments privilégies : une lubie contre nature », à la page 17) de ce bond 46 semaines après une naissance à terme. Les moments où le bébé commence à percevoir des choses dans ce monde des séquences lance le développement de tout un ensemble de compétences et d'activités. Cependant, l'âge auquel ces compétences et ces activités apparaissent pour la première fois varie grandement et dépend des préférences de votre bébé, ainsi que de ses expériences et de son développement physique. Par exemple, la capacité à percevoir des séquences est une condition nécessaire à « tirer une ficelle pour y attacher un jouet en forme d'anneau », mais cette compétence peut apparaître normalement n'importe quand entre la 46e semaine et des semaines, voire des mois plus tard. Les compétences et les activités sont mentionnées dans ce chapitre à leur âge d'apparition le plus bas possible, afin que vous puissiez surveiller leur apparition et les reconnaître. (Parfois tout d'abord sous une forme rudimentaire uniquement.) De cette manière, vous pouvez réagir au développement de votre bébé et le faciliter.

Le déclenchement de ce nouveau bond dans son développement mental survient aux environs de 42 semaines, ou entre 40 et 44 semaines. Tandis qu'il grandit en découvrant de nouvelles compétences et en apprenant à être à l'aise dans ce nouveau monde, votre bébé tendra une nouvelle foi à être agité et exigeant. Après tout, il est bien plus difficile de comprendre comment les choses vont ensemble que comment les mettre en pièces. L'altération soudaine de son façon de concevoir le monde peut de manière compréhensible le désarçonner. Cette période d'agitation durera souvent 5 semaines, mais elle peut s'étendre de 3 à 7 semaines. Si votre bébé est pénible, observez-le bien pour voir s'il essaye de maîtriser de nouvelles compétences.

Il se peut que votre bébé pleure plus que durant les semaines précédentes. C'est le cas de la plupart d'entre eux. Il se peut qu'ils soient agités, pénibles, geignards, larmoyants, grognons, de mauvaise humeur, ingérables et inquiets. Ils feront tout ce qui est en leur pouvoir pour être avec leur mère. Cela préoccupera certains d'entre eux toute la journée. Certains petits pots de colle sont encore plus affolé par la perspective de la séparation que d'autres. Ils utiliseront tous les moyens possibles qui viendront à leur esprit pour être capable de rester avec leur mère.

> « Quand le frère de mon bébé approche de lui et le touche, celui-ci se met sur-le-champ à pleurer car il sait que cela me fera réagir. »
> **La maman de Kevin, 41e semaine**

Il se peut que votre bébé pleure moins quand il est près de vous. La plupart des bébés agités pleurent moins quand ils sont avec leur mère. Et ils se plaignent d'autant moins quand ils bénéficient de leur attention absolue.

> « Comme je veux limiter au minimum les pleurnichement de mon bébé, nous faisons tout tous les deux. Je fais mes tâches ménagères en la portant à ma hanche ou dans mes bras parce que sinon je ne peux pas

avant d'un pas vu qu'elle s'agrippe à ma jambe. Je lui explique ce que je suis en train de faire, par exemple que je fais du thé ou que je plie des serviettes. Généralement, nous allons aussi aux toilettes ensemble. Quand j'y vais toute seule, je laisse la porte ouverte. Je fais cela tout d'abord pour vérifier qu'elle ne fasse pas quelque chose de dangereux, mais aussi parce qu'alors elle peut me voir et me suivre, ce qui l'emplit de joie. Cette façon de fonctionner elle le seul moyen pour qu'elle et moi puissions être tranquilles. »

La maman d'Émilie, 43e semaine

Comment savoir que le moment de grandir est arrivé

Il pourrait s'agripper à vos vêtements

Il se peut que votre bébé fasse des pieds et des mains pour parvenir à rester aussi près de vous que possible. Il se peut qu'il s'enroule littéralement autour de vous, même en l'absence d'inconnu. Certains ne s'accrochent pas nécessairement à leur mère, mais il veulent en rester remarquablement près afin de garder en permanence un œil sur elle. Et il y a ceux qui reviennent en permanence vers leur mère, comme s'ils avait besoin d'être « rechargé en maman », pour se rassurer quand elle les quitte de nouveau.

« Mon fils veut s'asseoir sur mes genoux, chevaucher mon bras, ramper sur moi, s'asseoir sur mon dos, ou s'agripper à mes jambes tout au long de la journée, comme un parasite s'agrippe à un poisson. Quand je le mets par terre, il explose en larmes. »

La maman de Léo, 41e semaine

« Ma fille s'assied sur ma chaussure et enroule son petit bras autour de ma jambe. Une fois qu'elle me tient, elle fera tout pour ne pas me lâcher. Je dois vraiment me creuser la tête pour trouver quelque chose pour la faire s'en aller. »

La maman d'Émilie, 43e semaine

« En ce moment, ma fille tend à rester à proximité, mais elle fait toujours des choses seules. On dirait presque qu'elle tourne autour de moi comme un satellite en orbite autour de la Terre. Si je suis dans le salon, elle sera en train de faire quelque chose près de moi, et quand je vais dans la cuisine, elle sera en train de vider un placard près de moi là-bas. »

La maman de Léa, 47e semaine

« Souvent, mon fils vient frotter son ventre contre le mien, puis il repart en courant. Je le remarque particulièrement quand je suis assis quelque part à faire quelque chose. »

La maman de Matthieu, 41e semaine

Il pourrait être plus timide avec les inconnus

Quand il y a des inconnus près d'elle, à la regarder, lui parler ou, pire, tendre leur main vers elle, votre petit chéri pourrait devenir encore plus pénible avec vous qu'il ne l'est déjà. De nombreux bébés sont timides à présent.

« Mon fils est un petit peu timide. Quand il voit de nouvelles personnes, ou si quelqu'un entre brusquement dans la pièce, il blottit dans ma poitrine. Ça ne dure pas longtemps, cependant. Il faut juste qu'il s'habitue à leur présence. »

La maman de Matthieu, 42e semaine

« Mon fils est plus timide qu'il ne l'a jamais été. Même son grand-père n'est pas autorisé à le regarder. »

La maman de Kevin, 43e semaine

« J'ai remarqué cette semaine que mon bébé commençait vraiment à s'agripper beaucoup à moi. Maintenant, quand un étranger tend les bras pour la prendre, elle s'accroche à moi. Mais si les gens lui laissent assez de temps, elle finit souvent par aller vers eux d'elle même. Ils doivent juste faire attention à ne pas la prendre trop tôt. »

La maman d'Emma, 47e semaine

Il pourrait vouloir un contact physique plus rapproché avec vous

Certains petits anxieux s'accrochent à leur mère aussi fort qu'ils peuvent une fois qu'ils ont réussi à mettre la main sur elle ou quand ils sont assis sur ses genoux, comme s'ils ne voulaient pas lui laisser la moindre chance de s'en aller. D'autres bébés réagissent avec fureur quand on les mets par terre, ou quand leur mère traverse la pièce.

« Si nous sommes séparés ne serait-ce qu'un instant, ma fille pleure rageusement. Quand je reviens, elle commence toujours par me donne de petits coups, me griffer, me pincer et me pousser pendant un moment. Si le chat est dans les parages, elle va le voir sur-le-champ. Une fois, quand je suis revenue je l'ai trouvée avec une des moustaches de l'animal en main. »

La maman d'Émilie, 43e semaine

Il pourrait vouloir être occupé

La plupart des bébés comment à présent à exiger plus d'attention. Il se peut que ce soit le cas du vôtre. Même les bébés habituellement faciles préfèrent faire des choses avec vous. Une petite personne exigeante pourrait, si on la laissait faire, vous tenir occuper à la tenir occuper jour et nuit. Souvent, il n'est pas satisfait avant d'avoir obtenu l'attention absolue de sa mère. Il se peut qu'il n'ait d'yeux que pour lui et qu'il ne s'intéresse qu'à lui.

« Mon fils n'arrête pas de venir me voir pour que je lui lise un livre. Il s'assoit avec moi bien plus patiemment. C'est exactement ce que j'avais toujours désiré. Généralement, il est très occupé. Quand il veut finalement passer du temps avec moi, il rattrape tous les arriérés. »

La maman de Paul, 44e semaine

« Mon fils devient globalement moins vif. Son développement moteur commence à ralentir. Il y accorde moins d'attention maintenant. Ses jouets ne sont pas non plus particulièrement populaires. Même quand je joue avec lui, son attention retombe très rapidement. Il préfère être avec moi qu'avec ses jouets. »

La maman de Léo, 41e semaine

« Quand mon fils tète, si je fais quelque chose ou que je parle à quelqu'un, il gémit. Il faut que je le regarde, que je le chatouille ou que je le caresse. Si j'arrête rien qu'un instant, il se met à gigoter de manière incontrôlable et à taper furieusement des pieds, comme pour dire : "Hé ! Je suis là !" »

La maman de Matthieu, 43e semaine

Il pourrait être jaloux

Il se peut que votre bout de chou soit plus pénible, méchant ou doux quand vous accorder votre attention à quelqu'un ou quelque chose d'autre. Ce changement de comportement fait généralement penser aux mères que leur bébé doit être jaloux. Pour elles, cette découverte est généralement une surprise.

> « Je garde un bébé de 4 mois. Mon fils trouve trouve toujours ça très intéressant quand je lui donne le biberon. Mais cette semaine, il a été impossible. Il a passé son temps à faire des choses qu'il ne fait normalement jamais. Il m'a posé problème, étant vraiment infect. Je pense qu'il était un peu jaloux. »
>
> La maman de Nathan, 44e semaine

Il pourrait être lunatique

Il se pourrait que votre bébé soit joyeux un jour et soit d'humeur complètement opposée le lendemain. Son humeur peut également changer soudainement. Un moment, il se peut qu'il soit joyeusement occupé à faire quelque chose, et le suivant il pourrait commencer à geindre et à se plaindre. Les variations d'humeur des bébés surgissent à l'improviste sans raison apparente, du moins pour leur mère. Parfois, cela lui fait perdre confiance en elle.

> « Mon bébé s'agrippe à moi et pleure toutes les larmes de son corps pendant un moment, plus donne l'impression de s'amuser comme une folle l'instant suivant : comme si elle pouvait allumer ou éteindre sa joie en appuyant sur un interrupteur. Je ne sais pas quoi faire. Je me demande s'il n'y a pas quelque chose qui lui fait subitement mal. »
>
> La maman de Nina, 43e semaine

Elle pourrait mal dormir

Il se peut que votre bébé dorme moins bien. C'est à présent le cas de la plupart des bébés. Soit ils refusent d'aller au lieu, soit ils ont plus de mal à s'endormir, soit ils se réveillent plus tôt. Certains sont particulièrement difficiles à faire dormir durant la journée. D'autres sont pires la nuit. Et d'autres encore répugnent à aller au lit n'importe quand.

« Ma fille n'a pas besoin de beaucoup de sommeil. Elle reste debout des heures plus tard que d'habitude le soir, à jouer joyeusement. »

La maman d'Anna, 43e semaine

« Mon bébé se réveille 2 ou 3 fois par nuit et ne dort pas non plus bien durant l'après-midi. Parfois, ça me demande 3 heures pour la faire s'endormir. »

La maman de Léa, 48e semaine

« Mon fils est plus agité en ce moment. Quand c'est l'heure d'aller au lit, je dois le forcer à se calmer. Puis il se réveille deux ou trois fois dans la nuit. »

La maman de Lucas, 45e semaine

« Avant, c'était merveilleux : mon fils dormait très longtemps. Malheureusement, ce n'est plus le cas. »

La maman de Matthieu, 41e semaine

Il pourrait avoir des « cauchemars »

Il se peut que votre bébé devienne un dormeur agité. Il se pourrait même qu'il se tourne et retourne tant et temps que vous suspectiez qu'il soit en train de cauchemarder.

« Mon bébé se réveille en hurlant à pleins poumons, comme elle fait quand elle est en colère. Je pense qu'elle doit avoir rêvé à quelque chose qu'elle n'aime pas. »

La maman d'Émilie, 45e semaine

Il pourrait être mou

Il se peut que votre bébé soit temporairement un peu apathique. C'est le cas de certains bébés. Ils sont moins vifs ou babillent un peu moins. Il se peut même qu'ils arrêtent toute activité pendant un moment et se contentent de rester assis à regarder devant eux. Les mères n'aiment pas voir cela arriver. Elles pensent que c'est anormal, elle elles peuvent vouloir essayer de remettre en mouvement leur petit sacripant.

« Ma fille n'est plus aussi vive. Souvent elle reste assise, les yeux grand ouverts, à regarder autour d'elle. »

La maman d'Anna, 45e semaine

« De temps en temps, mon fils se contente de rester assis le regard dans le vague. C'est un changement car avant il était toujours en train de faire quelque chose. »

La maman de Matthieu, 43e semaine

« Mon fils est plus passif, plus calme. Parfois, il reste assis à regarder dans le lointain pendant quelques instants ; Je n'aime vraiment pas ça du tout. C'est comme s'il n'était pas normal. »

La maman de Léo, 41e semaine

Il pourrait refuser que l'on change sa couche

Votre bout de chou peut devenir de plus en plus impatient et ingérable quand vous l'habillez, le déshabillez ou le changez. Il se peut qu'il gémisse, crie et se débatte au moindre contact. Parfois, un bébé qui se tortille de la sorte énerve ou inquiète sa mère.

« Mon fils refuse de rester tranquille même pour une minute. Parfois, enlever sa lutte est aussi difficile qu'un combat de catch. J'aime beaucoup le fait qu'il soit plus vif, mais je ne comprend pas pourquoi il n'arrive pas à rester calme plus d'une seconde. »

La maman de Lucas, 43e semaine

« L'habiller, la déshabiller et la changer sont des cauchemars. C'était déjà arrivé il y a quelques temps aussi. Mais à l'époque, je m'étais dit qu'elle devait avoir un problème dans la partie inférieure de son petit dos. J'avais commencé à m'inquiéter de plus en plus. J'avais alors fini par l'amener chez le pédiatre, mais il avait dit que son dos allait très bien. Il n'avait pas non plus idée de ce qui pouvait causer ses ennuis. Puis le problème s'est résolu tout seul. »

La maman de Juliette, 46e semaine

Il pourrait perdre l'appétit

De nombreux bébés semblent moins intéressant dans la nourriture et la boisson à ce moment. Il se peut que votre bébé perde l'appétit, ou qu'il devienne très difficile, ne mangeant que si, et quand, il en a envie. Souvent, les bébés avec un petit appétit ou qui sont difficiles énervent ou inquiètent leur mère.

> « Mon fils ne mange pas bien. Mais tout d'un coup il veut téter au milieu de la journée, et il commence à gémir et à tirer sur mon chemisier pour obtenir ce qu'il désire. Il se réveille beaucoup durant la nuit également, voulant que je l'allaite. Je me demande si de cette manière il peut avoir tous les nutriments dont il a besoin. »
>
> **La maman de Mon, 43e semaine**

Il pourrait se comportement comme un plus petit bébé

Parfois, un comportement très infantile que vous pensiez disparu depuis longtemps réapparaîtra. Les mères n'apprécient pas ce genre de come-back. Elles les voient comme un pas en arrière et y mettraient fin si elles le pouvaient. Cependant, une rechute durant une période d'agitation est tout ce qu'il y a de plus normal. Cela signifie tout simplement qu'un autre grand bond en avant est sur le point de survenir.

> « Ma fille s'est remise à ramper cette semaine. J'espère juste que ce n'est pas lié à ses hanches, ou au fait qu'elle s'est mise à marcher très tôt. »
>
> **La maman de Léa, 44e semaine**

> « Mon fils ne veut pas tenir son biberon tout seul mais préfère rester allongé dans mes bras et être nourri comme un petit bébé. Il y a quelques temps, cependant, il insistait pour tenir le biberon lui-même. Sa rechute m'embête quand même un peu. Je ne peux pas m'empêcher de penser : « Maintenant ça suffit ! Je sais que tu peux le faire tout seul. » Parfois, j'essaye de mettre ses mains sur le biberon, mais il refuse de céder. »
>
> **La maman de Léo, 41e semaine**

> « Très souvent, il faut que je berce mon bébé pour qu'il s'endorme. »
>
> **La maman de Enzo, 41e semaine**

« Mon fils ne veut plus rester debout et il s'effondre par terre brutalement. Il est également devenu bien plus mou. »

La maman de Léo, 41e semaine

Il pourrait agir avec une gentillesse inhabituelle

Il se peut qu'un bébé agité trouve à présent des moyens plus doux de demander plus de contact physique ou d'attention. Cela arrive de plus en plus souvent et de manières toujours plus sophistiquées. Il se peut qu'il amène des livres ou des jouets à ses parents en leur « demandant » de jouer avec lui. Il se peut qu'afin que vous jouiez avec lui, il vous charme en utilisant toute une variété de stratagèmes, comme poser sa petite main sur vos genoux, vous faire des câlins ou poser sa tête contre vous. Souvent, il se peut qu'il alterne entre l'agitation et le calme selon ce qui marche le mieux sur le moment, afin d'avoir la caresse ou l'attention désirée.

Les mères de bébés indépendant qu'il ne recherchent généralement pas beaucoup de contact physique débordent de joie à l'idée d'être enfin capable de lui donner de nouveau un câlin.

« Ma fille venait de temps à autre me voir pour recevoir un câlin. Elle a été extrêmement charmante cette semaine. »

La maman d'Emma, 46e semaine

« Mon fil a été très câlin et a passé son temps agrippé à moi cette semaine. »

La maman de Matthieu, 4e semaine

« Quand mon fils est dans le siège du vélo ou dans la poussette, il passe son temps à regarder derrière lui pour voir si je suis là, puis il me donne sa petite main. »

La maman de Paul, 44e semaine

« Ma fille veut plus souvent s'asseoir sur mes genoux avec un livre. Quand elle le fait, elle reste là, blottie contre moi. C'est merveilleux. »

La maman de Léa, 47e semaine

Mon journal

Les signes que mon bébé grandit de nouveau

Entre 40 et 44 semaines, votre bébé montrera peut-être des signes qu'il est prêt à faire le prochain bond dans le monde des séquences.

❏ Pleure plus souvent et est de mauvaise humeur ou pénible

❏ Est joyeux un instant et pleure le suivant

❏ Veut être occupé, ou le veut plus souvent qu'avant

❏ S'agrippe à vos vêtements, ou veut rester près de vous

❏ Est d'une gentillesse inhabituelle

❏ Fait des bêtises

❏ A des crises de colère, ou en a plus souvent qu'avant

❏ Est jaloux

❏ Est plus timide qu'avant avec les étrangers

❏ Veut des contacts physiques plus rapprochés

❏ Dort mal

❏ Semble avoir des cauchemars, ou en a plus souvent qu'avant

❏ Perd l'appétit

❏ Babille moins

❏ Reste parfois assis à rêvasser tranquillement

❏ Refuse que l'on change ses couches

❏ Suce son pouce, ou le fait plus souvent qu'avant

❏ Veut faire des câlins à ses peluches, ou le veut plus souvent qu'avant

AUTRES CHANGEMENTS REMARQUÉS

_____

_____

« Ma fille n'arrête pas de me suivre en rampant. Quand elle arrive au coin près de la porte, elle me lance un grand sourire et repart rapidement dans l'autre direction, toujours en rampant. Nous adorons ce petit jeu. »

La maman d'Emma, 43e semaine

Il pourrait faire des bêtises

Certaines mères remarquent que leur bébé est plus coquin qu'avant. C'est comme si votre bébé faisait tout ce qui lui était interdit. Il se peut aussi qu'il soit particulièrement machiavélique quand vous devez vous dépêcher de finir quelque chose et que vous avez très peu de temps à passer avec lui.

« Nous ne sommes pas autorisés à vaquer à nos propres occupations. Si nous le faisons, alors tout ce que nous disons à notre fille de ne pas toucher devient soudain extrêmement intéressant, comme le téléphone ou les boutons de la chaîne hi-fi. Nous devons la surveiller à chaque instant de la journée. »

La maman de Léa, 47e semaine

« Ma fille n'arrête pas de me suivre en rampant. Je trouve ça adorable. Mais quand ce n'est pas ça qu'elle fait, elle met le bazar. Elle sort les livres de leurs étagères et vide les pots de fleur de leur terreau. »

La maman d'Emma, 4e semaine

« Dès que mon bébé voit que je suis occupée, elle se met à ramper vers les choses qu'elle a interdiction de toucher. »

La maman de Nina, 43e semaine

« Mon fils passe sa journée à s'agripper à moi, et quand il ne le fait pas, je dois le discipliner et enlever des choses de sa portée. »

La maman de Kevin, 43e semaine

Comment ce bond peut vous affecter

Tandis que le nouveau monde de votre s'étend pour inclure les séquences, s'ensuivent de l'agitation et des changements qui l'affecteront également. Voici quelques sentiments que vous pourriez ressentir.

Vous pourriez vous sentir peu confiante en vous

Les mères sont souvent inquiètes quand leur bébé est contrarié. Elles essayent de trouver la cause de le plus grande fréquence de ses pleurs. Dès qu'elles en ont trouvé une, cela les tranquillise. À cet âge, elles sont souvent enclines à décider qu'il fait ses dents.

> « Je pense que mon fils avait des problèmes à la bouche. Il n'était pas aussi facile que d'habitude. »
>
> **La maman de Nathan, 43e semaine**

> « Mon fils pleurait beaucoup. Je ne pense pas qu'il avait assez dormi. »
>
> **La maman de Lucas, 43e semaine**

> « Ma fille se met à geindre et à s'agiter dès que je suis occupé à quelque chose. Peut-être qu'en ce moment elle a plus de mal avec ses sœurs. »
>
> **La maman de Juliette, 42e semaine**

Vous pourriez (un nouvelle fois) être épuisée

Les mères de bébés qui exigent beaucoup d'attention et peu de sommeil se trouvent extrêmement fatiguées vers la fin d'une période d'agitation. Certaines se plaignent de maux de tête, de dos, de nausées et aussi de pertes de concentration.

> « J'ai l'impression de m'être complètement effondrée car je ne reçois ni soutien ni reconnaissance. J'aimerais vraiment pouvoir passer une soirée à me reposer. La nuit, je passe mon temps à arpenter les escaliers pour aller dans la chambre du bébé. Souvent, je le fais au beau milieu de la nuit. Pour moi, c'est sa période la plus difficile jusqu'à présent. J'ai même arrêté de tenir ce journal. Je n'arrivais plus à me concentrer dessus. »
>
> **La maman d'Émilie, 46e semaine**

Vous pourriez vous énerver

Vers la fin de cette période de cette période d'agitation, les mères s'irritent de plus en plus de l'agitation de leur petit pot de colle. Elles sont énervées de devoir constamment se préoccupé de ses exigences et de ne plus avoir de vie à elles.

> « C'est ennuyeux, de ne plus pouvoir faire un pas, littéralement. Mon fils exige une attention permanente, ou alors il sombre dans une colère noire. Lentement mais sûrement, ça devient tr_s irritant. Parfois, j'ai l'impression qu'il tire sur la corde raide, et ça me donne envie de ma rebeller. Alors j'en ai marre. Je passe mon temps à me demander si je devrais le ramener à la crèche après tout. Ça fait maintenant des semaines que je le garde à la maison. Au début ça allait mieux, mais maintenant, de temps en temps, je sens que je redeviens un peu agressive.
> **La maman de Léo, 46e semaine**

> « Je suis très occupée, et je ne peux pas supporter que ma fille s'agrippe à mes jambes ou reste assise face à l'évier quand je travaille. Maintenant, quand j'en ai assez, je la mets au lit. Peut-être que je commence à perdre patience. »
> **La maman de Juliette, 45e semaine**

> « Même si j'ai le bébé le plus facile dont on puisse rêver, quand il commence à pleurer hystériquement, je remarque que je m'impatiente un peu plus envers lui et que je l'envoie rapidement au lit. »
> **La maman de Nathan, 43e semaine**

Parfois, une mère est ennuyée car au fond d'elle elle sait que son bébé est capable de bien plus qu'il ne le montre et soupçonne que son comportement est trop enfantin pour son âge. Elle pense qu'il est temps pour lui de se comporter avec plus d'indépendance.

> « Quand je prépare une couche propre à mon fils, il commence toujours à hurler. C'est la même change quand je lui mets de nouveaux vêtements. Ça commence à m'embêter de plus en plus. Je pense qu'il est

trop âgé pour ce genre de comportement. En fait, il est largement temps pour lui de commencer à être un peu plus coopératif. »

Lu maman de Léo, 47e semaine

Vous pourriez commencer à vous disputer

Vers la fin de chaque période d'agitation, de nombreuses mères qui allaitent encore se disent qu'il pourrait être temps d'arrêter. L'une des raisons est que le bébé veut téter toute la journée. C'est ennuyeux et épuisant, et les mères commencent parfois à le refuser à leur bébé. Le bout de chou, cependant, trouve cela inacceptable et en moins de temps qu'il n'en faut pour le remarquer, lu et sa mère se disputent.

 « J'en ai de plus en plus marre car pour endormir mon fils je dois le garder sur ma poitrine. Il fallait que je fasse ça encore et encore quand il avait tant de mal à s'endormir. Maintenant ça commence à redevenir une habitude. De plus il désire beaucoup trop téter et se met à crier quand il n'a pas ce qu'il veut. Moi, j'ai juste plus envie de faire ça. »

La maman de Matthieu, 47e semaine

La bonne nouvelle, pour les mères qui persistent à allaiter, est que les habitudes de repas antérieures reviendront dès la fin de la période d'agitation. Une fois que tout aura été réglé, les mères oublieront leur irritation.

Un autre champ de bataille est le territoire familier de la négociation mère-enfant concernant la quantité de contact physique et d'attention.

« Je suis énervée par les pleurs continuels de mon fils pour qu'il puisse s'asseoir sur mes genoux. Je m'énerve terriblement quand il me mord si je ne réagis pas assez vite. Ça fait si mal que je lui donne automatiquement une tape. Une fois, il est tombé très violemment sur la tête. Ce n'était pas mon intention, mais j'étais si furieuse que je n'ai pas pu m'en empêcher. »

La maman de Kevin, 44e semaine

Il est d'une importance critique que vous vous rappeliez que ressentir de la colère et de la frustration de temps à autre n'est ni anormal ni dangereux, contrairement au fait d'agir en suivant ces impulsions. Essayez de vous faire aider bien avant de perdre le contrôle.

Comment émergent les nouvelles compétences de votre bébé

Vers 46 semaines, vous verrez que votre bébé devient plus calme et essaye de faire des choses complètement nouvelles pour lui. Vous le verrez tenir ses jouets d'une différente manière et apprécier de nouvelles activités. Il sera bien plus précis qu'avant concernant ses actions et accordera encore plus d'attention aux détails.

Votre bébé peut maintenant comprendre que parfois, une chose doit en suivre une autre pour former une séquence. Il réalisera qu'il peut trouver et construire des séquences avec tous ses sens, comme d'habitude, et son tempérament l'aidera à choisir les du monde qu'il trouve les plus intéressants et les compétences qu'il développera. Aidez-le à faire ce qu'il est prêt à faire, plutôt que d'essayer de le pousser à faire d'autres choses.

Durant le dernier bond en avant, votre bébé a réalisé que certaines choses à tant de choses en commun qu'elles appartiennent à un même groupe ou une même catégorie. Afin de catégoriser les choses, il les examinait souvent en les cassent et en les mettant en pièce. Par exemple, il pouvait défaire une tour de cube bloc après bloc, enlever une clé d'une serrure, ou tirer le tiroir d'une commode. Cela a ouvert la voix pour le bond en avant actuel, où c'est l'inverse qui prend place, alors qu'il se met à faire des expérience en assemblant les choses. Tous les bébés ont besoin d'apprendre comment détruire une tour avant d'en construire une. Même une activité apparemment aussi simple que choisir le prochain cube puis le placer délibérément

(suite à la page 253)

$\mathcal{M}on\,journal$

Comment mon bébé explore le nouveau monde des séquences

Cochez les cas ci-dessous lorsque vous remarquez que votre bébé change. Cessez de les remplir dès que commence la prochaine période d'agitation, annonciatrice de la survenue du prochain bond.

Ce monde est aussi varié que l'ensemble des autres dans lesquels votre bébé est entré durant sa courte vie. Chaque bébé a sa propre idée de ce qui est intéressant. Votre bébé ne peut pas tout tester en même temps. Si c'était déjà un bébé plus intéressé par l'écoute et la vision, cela peut continuer aux dépens des activités physiques. Il est parfaitement normal que la plupart des compétences ci-dessous n'apparaissent pas clairement avant plusieurs mois.

POINTER DU DOIGT ET PARLER

❑ Suit et pointe du doigt une personne, un animal ou un objet que vous venez de nommer, que ce soit en vrai ou sur une image

❑ Pointe du doigt une ou deux choses afin que vous les lui nommiez, qu'il s'agisse de personnes, d'animaux ou d'objets

❑ Pointe du doigt puis nomme une ou deux choses

❑ Parcourt du regard délibérément un libre, produisant différents sons pour accompagner les images

❑ Point son nez quand vous demandez : « Où est ton nez ? »

❑ Point une partie du corps, par exemple, son nez ou le vôtre, afin que vous la nommiez

❑ Imite le son quand vous nommez un animal. Par exemple, quand vous demandez « Qu'est-ce que dit le chat ? », il dit « Miaou ! »

❑ Lève les bras quand vous demandez : « Tu seras grand comment plus tard ? »

❑ Dis « miam » quand il attend la prochaine bouchée

❑ Dit « non, non » quand il ne veut pas faire quelque chose

❑ Utilise un mot de manière répétée. Par exemple, dit « beurk » pour quelque chose de sale, mais aussi quand il doit faire attention à quelque chose car « beurk » a fini par signifier « ne touche pas ça » pour lui

CE QUI VA ENSEMBLE ET CE QUI VIENT ENSUITE

❑ Sait qu'il peut enfoncer un cheville en bois ronde dans un trou rond. Par exemple, il choisira la cheville ronde dans une pile de cheville et essaiera de la pousser dans le trou rond d'un plateau d'éveil

❑ Essaye d'assembler trois pièces d'un puzzle simple

❑ Essaye de faire passer des pièces dans une fente

❑ Essaye de mettre un récipient dans un autre récipient de taille différente

❑ Prend une clé quelque part et essaye de la mettre dans une serrure

❑ Regarde la lampe et tend les bras vers elle quand vous appuyez sur l'interrupteur

❑ Essaye de parler dans un téléphone

❑ Met des objets dans un récipient, le recouvre, enlève le couvercle, enlève les objets, et recommence le cycle

❑ Essaye de faire passer un anneau en forme de beignet une une tige dressée

❑ Pousse des petites voitures un peu partout en faisant « vroum »

❑ Ramasse du sable avec une pelle et verse-le dans un seau

❑ Remplit d'eau des jouets pour le bain puis les vide de nouveau

(suite)

Mon journal (suite)

❏ Regarde de près deux cubes comme des Grosses briques de construction et essaye de les assembler

❏ Essaye de gribouiller sur un morceau de papier avec un crayon papier ou des pastels

FABRIQUER ET UTILISER DES OBJETS

❏ S'apprend à marcher en trouvant un objet à pousser

❏ Trouve quelque chose à utiliser, comme une marche, pour atteindre un lieu ou un objet désiré

❏ Pointe du doigt dans la direction où elle désire aller quand on la porte

LOCOMOTION

❏ Descend les escaliers, ou descend d'une chaise ou d'un canapé, en allant vers l'arrière. Au début, il commence même à ramper vers l'arrière vers les escaliers avant de commencer se descente

❏ Met sa tête vers le bas comme pour initier un saut périlleux

❏ Plie les genoux, puis étire puissamment les jambes, afin de sauter par terre avec les deux pieds

❏ Essaye de viser avant de jeter une balle, ou de taper dedans

❏ Regarde d'abord pour voir si elle peut atteindre un autre objet pour le soutenir dans la limite du nombre de pas qu'il peut faire tout seul

JOUER AVEC LES AUTRES

❏ Joue avec vous. Fais clairement savoir quels jeux il veut faire en les initiant et en vous regardant avec l'air d'attendre quelque chose

❏ Répète un jeu

❏ Vous persuade de jouer avec lui, peut-être en faisant semblant d'être incapable de faire quelque chose que vous l'avez déjà vu faire tout seul

CACHE-CACHE

❏ Cherche quelque chose que vous avez caché en le dissimulant entièrement sous quelques chose d'autres, que ce soit dans le cadre d'un jeu ou parce que vous ne voulez pas qu'il mette la main dessus

❏ Cache quelque chose qui appartient à quelqu'un d'autre, attend et observe, puis rit quand l'autre personne le trouve

IMITER UNE SÉQUENCE DE GESTES

❏ Imite une séquence d'au moins deux gestes

❏ Étudie la manière dont la même séquence de gestes a l'air dans la réalité et dans le miroir

❏ Copie un ou deux mouvements lorsque vous chantez une chanson avec lui

ASSISTANCE DANS LES CORVÉES MÉNAGÈRES

❏ Vous tend des choses que vous désirez ranger l'une après l'autre

❏ Va cherchez des objets simples, si vous le lui demandez

❏ Ramassez les vêtements que vous venez juste de lui enlever et les met dans le panier à linge

❏ Fait son propre panier avec les vêtements de sa poupée, et les met dans la machine à laver

❏ Sort un balai et balaye le sol avec

❏ Sort un chiffon et époussette avec

(suite)

Mon journal (suite)

❏ Vous imite cuisine. Par exemple, elle tape une fourchette contre un bol ou fait tourner son contenu avec une cuillère

HABILLEMENT ET TOILETTE

❏ Essaye de se déshabiller. Par exemple, essaye d'enlever une chaussette en tirant sur ses orteils

❏ Essaye de d'enfiler une chaussette ou une chaussure tout seul. Par exemple, tient sa chaussure ou sa chaussette et son pied et les mets l'un sur l'autre

❏ Vous aide à l'habiller. Se penche vers vous quand vous lui mettez ou enlevez un pull-over ou tend son pied à l'approche d'une chaussette ou d'une chaussure

❏ Brosse ses cheveux

❏ Utilise une brosse à dents

❏ Use parfois le pot

MANGER ET FAIRE MANGER

❏ Offre aux autres une bouchée quand il mange ou une gorgée quand il boit

❏ Souffle la fumée sur un plat chaud avant d'en prendre un morceau

❏ Met un morceau de pain sur sa fourchette d'enfant et le mange

❏ Peut ramasser de la nourriture avec une cuillère et la mettre dans sa bouche

AUTRE CHANGEMENTS REMARQUÉS

_____

_____

à la bonne place nécessite un bond mental que, jusqu'alors, votre bébé n'était pas prêt à accomplir.

Tandis que ses nouvelles compétences commencent à prendre leur envol, votre petit bout de chou s'implique pour la première fois dans la construction, l'assemblage et la création de liens. Par exemple, il se peut qu'à présent il prenne une clé sur une table et essaye de la mettre dans une serrure. Il peut apprendre à creuser du sable avec une petite pelle et à la mettre ensuite dans un seau. Il peut apprendre à viser avant de lancer une balle. Quand il chante une chanson, comme Savez-vous planter les choux, il peut se mettre à faire différents gestes successivement, sans que vous n'ayez à montrer l'exemple. Il peut apprendre à ramasser de la nourriture avec une cuillère et la mettre dans sa bouche ou à ramasser ses vêtements par terre et les mettre dans la panier à linge. À cet âge, les bébés commencent tout juste à prendre conscience des séquences, et c'est un petit exploit s'ils arrivent à faire se suivre deux actions. Bien qu'ils sachent ce que va ensemble, leurs tentatives peuvent souvent échouer. Par exemple, il se pourrait que votre bébé essaye de mettre ses chaussures en les sortant, puis en s'asseyant et en les frottant contre son pied pour essayer de les enfiler.

Vous pouvez aussi deviner par les réactions de votre bébé qu'il commence à présent à réaliser comment certains événements suivent généralement l'autre dans le cours normal des événements. Vous remarquerez qu'il sait à présent quel est l'étape suivante dans n'importe quelle séquence. Par exemple, s'il vous voit appuyer sur une sonnette, vous le verrez peut-être s'arrêter pour écouter sa sonnerie.

« Maintenant, quand un CD est fini, mon fils regarde la chaîne hi-fi, et non les hauts-parleurs. Il sait que je dois faire quelque chose avec la chaîne pour qu'il puisse entendre plus de musique. »

La maman de Léo, 48e semaine

À présent, il se peut également que votre bébé commencer à montrer du doigt et à nommer divers animaux, personnes et objets. Quand il fait cela tout seul, il se peut qu'il disc souvent « da » au lieu d'utiliser le bon mot. Quand il fait cela avec vous, il se peut qu'il montre les choses du doigt et désire que vous les lui nommiez ou que vous fassiez le son approprié. Il se peut qu'il aime jouer dans l'autre sens, avec vous qui pointez tandis qu'il vous dit comment il appelle l'objet. Quand vous le porterez sur vous, vous remarquerez peut-être que votre bébé pointe dans la direction vers laquelle il veut que vous alliez.

Des bébés qui n'étaient pas très avancé concernant la parole pourraient maintenant commencer à nommer des gens, des animaux et des objets, ou des parts de ceux-ci, pour la première fois. L'acte même de nommer est une manière de lier un mot prononcé ou un son à une personne, un animal ou un objet. Pointer du doigt ou regarder puis ajouter un mot, c'est également produire une séquence. Mais certains bébés continueront à mettre de côté la parole pour se concentrer sur d'autres compétences, comme la locomotion.

Les choix de votre bébé : une clé pour comprendre sa personnalité

Les bébés peuvent à présent percevoir et jouer avec les séquences. Cela ouvre un nouveau monde de possibilités, et votre bébé fera ses propres choix en fonction de son développement mental, de sa constitution, de son poids et de sa coordination. Certains bébés sont très sociables et aiment se concentrer sur des compétences qui impliquent des gens ; d'autres préfèrent les jeux. Certains s'intéressent au moindre détail et d'autres sont plus intéressés à obtenir un aperçu global de nombreuses compétences variées. Il se peut que vous ne puissiez résister à la tentation d'établir des comparaisons avec d'autres bébés, mais rappelez-vous que chaque bébé est unique.

Observez de près votre bébé pour déterminer où résident ses intérêts. Entre 46 et 51 semaines, il sélectionnera les compétences qu'il préfère de ce monde. Respectez ses choix. Vous découvrirez ce qui le rend unique, et quand vous suivrez ses intérêts, vous l'aiderez du au mieux à jouer et à apprendre. Les bébés aiment la nouveauté et il est important que vous réagissiez lorsque vous remarquez toute nouvelle compétence ou tout nouvel intérêt. Il appréciera que vous partagiez ces nouvelles découvertes, et son apprentissage progressera plus rapidement.

Ce que vous pouvez faire pour Aider

Tous les bébés ont besoin de temps et d'assistance pour apprendre de nouvelles compétences. Vous pouvez aider votre bébé en lui donnant l'occasion et le temps de jouer avec des séquences. Vous pouvez l'encourager quand il réussit quelque chose et le console quand ce n'est pas le cas. Vous pouvez essayer faciliter ses tentatives et de rendre moins difficiles à supporter ses échecs.

Votre bébé trouvera de très nombreuses occasions d'entrer en contact avec les séquences de lui-même. Laissez-les percevoir par la vue, l'ouïe, l'odorat, le toucher ou le goût et se plonger dans ce qui lui plaît le plus. Le plus il rencontre de séquences avec lesquelles il peu jouer, et le mieux il apprendra à les comprendre. Cependant, prenez garde : il se pourrait qu'il pense tout savoir mieux que tout le monde. Ce par quoi il préfère s'initier aux séquences n'a pas d'importance, que ce soit par l'observation, le maniement de jouets, la parole, les sons, la musique ou la locomotion. Sous peu, il sera capable de mettre en pratique l'expertise qu'il a gagné dans un domaine dans d'autres domaines sans aucun souci.

Aidez votre bébé à explorer son nouveau monde par l'expérimentation

Quand votre bébé entre dans le monde des séquences, il prend conscience qu'il doit faire les choses dans un certain ordre s'il veut qu'elles réussissent. Il observe comment les adultes font se suivre certaines choses, mais pour  maîtriser cela lui-même, il doit passer dans des tentatives et des erreurs.

Souvent, ses « solutions » sont particulières. La séquence qu'il suit peut être correcte (prendre quelque chose et le mettre dans quelque chose d'autre) mais il se peut qu'il applique les mauvais objets dans les mauvaises cibles. Il sait que les vêtements salles vont dans un récipient. Alors pourquoi seulement dans le panier à linge et pas dans la corbeille à papier ou dans les toilettes ? La séquence est à peu près la même, après tout !

« Mon fil enlève les fils de leurs prises et essaye ensuite de les mettre dans le mure. Il essaye aussi d'enfoncer d'autres objets avec deux points dans les prises. Maintenant, il faut que je le surveille d'encore plus près et que je prenne des mesures de sécurité. »

La maman de Léo, 48e semaine

« Quand ma fille veut grimper dans notre lit, elle ouvre un tiroir de notre table de chevet, se dresse dessus puis grimpe dans le lit. S'il ouvre trop le tiroir, toute la table se met à osciller d'avant en arrière. Cela me rend très nerveux. »

La maman de Léa, 49e semaine

La séquence elle-même peut être particulière. Par exemple, votre bébé sait que sa mère monte les escaliers. Mais les marches sont trop hautes pour lui, alors il doit ramper. Cependant, à chaque marche, il va se mettre debout.

« Mon fils désire désespérément monter les escaliers tout seul, mais il se comporte dangereusement. Il rampe sur ses genoux jusqu'à la marche suivante, se lève, puis se remet à genoux pour monter, se relève, et ainsi de suite. Je n'aime pas du tout ça. Je dois garder l'œil sur lui, et le bon »

La maman de Enzo, 45e semaine

Une fois qu'il s'est mis en tête qu'il maîtrise une séquence particulière, c'est « arrêté ». Il n'acceptera pas qu'elle soit faite d'une autre manière et il peut s'avérer assez têtu si vous essayez de le faire changer d'idée. Alors faites bien attention. Votre petit puits de science ne connaît pas encore la signification du danger.

Aidez votre bébé à explorer son nouveau monde par l'indépendance

De nombreux bébés refusent d'être aidés et résistent à toute interférence externe. Ces bébés veulent faire eux-mêmes tout ce qu'ils sont capables de faire, ou pensent être capables de faire. Si le vôtre est de ce type, essayez de prendre autant que possible en compte ses sentiments. C'est justement l'âge auquel de nombreux bouts de chou aiment commencer à affirmer leur indépendance.

> « Mon fils a toujours aimé que nous nous entraînions à marcher ensemble. Mais maintenant, si je tiens ses mains, il s'assoit sur-le-champ. Ensuite, quand je pars il va réessayer tout seul. À chaque essai fructueux, même infime, il va me regarder d'un air triomphant. »
>
> La maman de Paul, 46e semaine

> « Mon fils n'arrête pas de gribouiller sur du papier avec un crayon en bois, comme le fait son grand frère. Mais à chaque fois que son frère essaye de guider sa main pour lui montrer comment c'est supposé marcher, il enlève sa main. »
>
> La maman de Kevin, 48e semaine

> « Quand j'aide mon fils à enfoncer des chevilles dans son plateau d'activité, il commence à les jeter. Mais dès qu'il est tout seul dans le parc, il essaye de copier ce que je faisais. Pour dire la vérité, cela m'embête. »
>
> La maman de Paul, 53e semaine

> « Ma fille ne mangera que si elle peut mettre la nourriture dans le bouche toute seule. Quand je le fais, elle la ressort. »
>
> La maman de Laura, 43e semaine

À cet âge, nombre de mères passent énormément de temps à enlever des choses à leur enfant et à les discipliner. Il est important de considérer que votre bébé n'est pas nécessairement désobéissant. Il veut juste faire des choses de lui-même.

« Ma fille s'agite et veut avec raison sur tout. Elle s'énerve quand je lui refuse quelque chose. C'est vraiment fatigant. »

La maman de Léa, 50e semaine

« Mon fils essaye de faire avancer les choses en hurlant et en sombrant dans des crises de colère. »

La maman de Matthieu, 46e semaine

« Quand je me plains, ma fille crie et donne des coups à tout ce qui l'entoure, ou arrache une plante de son pot. Ceci m'ennuie au plus au point. Elle se comporte bien mieux avec sa nounou. »

La maman de Laura, 49e semaine

Comprenez sa frustration

Pour de nombreuses mètres, le désir d'indépendant de leur bébé est presque une rébellion. Mais si vous y réfléchissez un peu sérieusement, ce n'est pas le cas. Après tout, il, est en train de prendre conscience de ce qui va ensemble et de l'ordre dans lequel les choses doivent être faites. Il est convaincu qu'il sait tout sur tout et qu'il est capable de faire n'importe quoi. Il ne désire plus que vous interfériez ou que vous lui disiez comment les choses doivent être faites. Il veut prendre ses propres décisions. Mais, en tant que sa mère, vous n'y êtes pas vraiment habituée. Vous l'aidez naturellement, comme vous l'avez toujours fait, sans arrière-pensée. Vous savez parfaitement bien que votre bébé est toujours incapable de faire correctement les choses qu'il veut accomplir. Et vous savez qu'il fera forcément un peu n'importe quoi s'il essaye.

Il est fréquent que les mères et leur bébé aient des points de vue différents sur les choses. Cela peut conduire à des conflits. Les mères trouvent leur bébé difficile, et les bébés ont l'impression que tous les problèmes viennent de leur mère. Ce sont peut-être les adolescents qui passent par les phases les plus difficiles, mais les bébés et les nourrissons arrivent tout juste seconds.

« En ce moment, nous sommes en plein dans une de ces phases de
« Non, ne touchez pas à ça ! » et de « Non, ne fais pas ça ! » Mais
mon fils sait exactement ce qu'il veut, et peut s'énerver très fort quand il
n'est pas d'accord avec quelque chose. Récemment, il a été si bouleversé qu'il n'a même pas remarqué qu'il arrivait à tenir debout tout seul. »

La maman de Lucas, 49e semaine

Aidez votre bébé à explorer son nouveau monde par vos réactions

À cet âge, les bébés commencent à tester les limites jusqu'où ils peuvent
aller avant que quelqu'un ne les arrête. Si vous lui faites clairement savoir
quand il fait quelque chose de mal et pourquoi c'est mal ou dangereux,
il peut en tirer beaucoup d'enseignement.

De manière similaire, vous pouvez faire savoir à votre bébé ce qu'il
fait de bien en le félicitant. Cela lui apprendra ce que sont bien et mal
se comporter. D'ailleurs, la plupart des bébés réclament eux-mêmes des
louanges. Quand ils font quelque chose de bien, ils demandent toujours
une récompense. Ils vous regardent en riant, emplis de fierté, et demandent
de l'attention. Ils se peut également qu'ils continuer à répéter ces comportements de nombreuses fois, exigeant une récompense à chaque fois.

« À chaque fois que ma fille enfile un anneau sur la barre, elle me regarde en applaudissant, toute sourire. »

La maman d'Eve, 49e semaine

Si votre bébé est frustré par des choses qu'il n'est pas capable ou autorisé à faire, vous pouvez assez facilement le distraire au moyen d'un jeu
ou d'une jouet favori. Naturellement, ceux-ci sont différents pour chaque
bébé.

« Cette semaine, mon fils a adoré jouer au football. Il tapait très fort
dans le ballon puis courait après à toute vitesse pendant que je lui tenais
les mains. Cela le faisait parfois rire si fort qu'il lui fallait s'allonger par
terre un instant pour s'arrêter de rire. »

La maman de Paul, 48e semaine

« Mon fils ne cesse de vouloir m'aider. Il pense que c'est la meilleure chose possible et se met à irradier de bonheur. Cependant, je dois prendre mon temps avec lui. Quand il m'aide, il me faut 10 fois plus de temps pour empiler les couches dans l'armoire. Il me tend chaque couche l'une après l'autre, mais avant de me laisser la récupérer, il sa met sur son épaule et frotte sa joue contre elle. »

La maman de Matthieu, 48e semaine

Aidez votre bébé à explorer son nouveau monde par le langage

Les bébés qui vivent dans le monde des séquences pourrait commencer à pointer du doigt et à nommer différents animaux, personnes et objets. Le fait de dire un mot après avoir pointé du doigt ou regardé est une séquence. Si vous remarquez que votre bébé fait cela, écoutez-le et faites-lui savoir que vous le comprenez et que vous la trouvez formidable. N'essayez pas d'améliorer sa prononciation. Cela gâchera le plaisir de votre bébé et ne changera rien à sa façon de parler.

Assurez-vous d'utiliser les bons mots en permanence. De cette manière, votre bébé apprendra automatiquement la bonne prononciation en temps et en heure. Pendant un moment, elle « traduira » ce que vous dites dans sa propre prononciation de bébé.

« Ma fille commence à utiliser des mots et à pointer du doigt ce dont elle parle. En ce moment, elle adore les cheveux. Quand elle voit un cheval, elle le montre du doigt et « chaal ». Hier, au parc, un grand lévrier afghan est passé devant elle. Elle l'a également appelé « chaal ». »

La maman d'Anna, 48e semaine

« Mon a soudain dit « nana » à un chat en peluche. Nous n'avons jamais utilisé ce mot. Il a beaucoup d'animaux en peluche. Quand je lui ai demandé "Où est nana?", il a continué à montrer le chat du doigt. »

La maman de Paul, 48e semaine

Comprenez les peurs de votre bébé

Quand votre bébé apprend de nouvelles compétences, il se peut également qu'il perçoive des choses qu'il n'est pas encore capable de comprendre complètement. D'une certaine manière, il découvre de nouveau soucis, des dangers dont jusqu'alors il ne saisissait pas l'existence. Dès qu'il aura identifié ces dangers et tant qu'il ne pourra pas être sûr qu'il soient inoffensifs, ses craintes continueront à l'accompagner.

« Ma fille veut toujours s'asseoir sur le pot. Même si elle n'a rien fait, elle emmène le pot aux toilettes pour le vider et tire la chasse. Mais si elle a l'air fascinée par les toilettes qui se vident, cela semblent dans le même temps l'effrayer. Elle ne prend pas si peur quand c'est elle qui tire la chasse, seulement quand c'est quelqu'un d'autre. Alors, celle n'aime pas ça du tout. »

La maman de Léa, 50e semaine

« Ma fille est fascinée par les avions. Elle les reconnaît partout : dans le ciel, en image, et dans les magazines. Cette semaine, elle s'est soudainement mise à avoir peur du bruit, même si elle l'avait déjà entendu avant. »

La maman de Laura, 46e semaine

Certains bébés peuvent vous dire qu'ils se rappellent certaines situations ou qu'il ont déjà vu certaines personnes avant en utilisant le langage corporel et les sons. Si vous remarquez que votre bébé fait ceci, parlez-lui beaucoup, expliquez-lui ce que vous voyez, et réagissez à ce qu'il vous raconte à ce sujet plus tard.

« Nous allons nager chaque semaine. Généralement, nous voyons là les mêmes personnes. Un jours, nous avons vu l'une des mères dans la rue. Immédiatement, mon fils a dit « Oh, oh » et l'a montrée du doigt comme s'il la reconnaissait. Plus tard, il a vu à la piscine une fille qui habite près

(suite à la page 266)

Les meilleurs jeux pour cette semaine miracle

Voici les jeux et les activités que la plupart des bébés apprécient le plus à ce moment. Rappelez-vous : chaque bébé est différent. Voyez ce à quoi le vôtre réagit le mieux.

JOUER À AIDER MAMAN

Votre bébé aime se sentir nécessaire. Faites-lui savoir que vous pouvez très certainement mettre à profit son aide. À cet âge, il ne sera d'aucune utilité réelle, mais il sera capable de comprendre les actions impliquées dans de nombreuses activités quotidiennes. De plus, c'est un bon moyen de le préparer pour le prochain grand bond en avant.

FAIRE LE MÉNAGE

Montrez à votre bébé comment vous cuisinez et nettoyez. Impliquez-le. Expliquez-lui ce que vous faites. Donnez-lui l'un de vos chiffons. Cela l'intéressera bien plus qu'utiliser ses propres bouts de tissu. Quand vous faites un gâteau, donnez-lui un bol et une cuillère en plastique à lui.

S'HABILLER

Cela est des plus amusants devant un miroir. Tentez parfois de déshabiller votre bébé, de le frictionner avec une serviette et de l'habiller tandis qu'il peut s'observer. Nommez les parties que vous séchez. Quand vous remarquez qu'elle commence à coopérer, demandez-lui de vous aider. Demandez-lui de lever un bras ou de tendre la jambe quand vous êtes sur le point de lui même un pull ou une chaussette. Félicitez-le quand il fait cela.

SE POMPONNER

Laissez votre bébé se faire beau. Cela est également des plus amusants devant un miroir. De cette manière, la bébé peut voir lui-même ce qu'il fait, apprendre plus rapidement et s'amuser plus. Brossez ses cheveux face à un miroir puis laissez-le essayer lui-même. Vous pouvez faire la même chose avec le brossage de dents. Vous pouvez également regarder s'il se laverait tout seul. Donnez-lui un gant de toilette quand il est dans le bain, et dites quelque chose comme « Allez, lave-toi le visage ». Réagissez avec enthousiasme à chaque tentative. Vous verrez combien cela le rend fier.

SE NOURRIR TOUT SEUL AVEC UNE CUILLÈRE

Laissez votre bébé manger tout seul avec une cuillère. Ou donner-lui une fourchette pour bébé pour manger des morceaux de pain ou de fruit. Déployez une grande toile plastifiée sous sa chaise pour que vous puissiez nettoyer facilement le bazar qu'elle mettra.

JOUER À NOMMER

Votre bébé comprend souvent bien plus de choses que vous ne le pensez, et il adore qu'on lui laisse la chance de le montre.

« C'EST TON NEZ ! »

Toucher et nommer les parties de son anatomie aidera votre bébé à découvrir son propre corps. Vous pouvez jouer à ce jeux en l'habillant ou en le déshabillant, ou pendant que vous êtes as-sis tous les deux. Voyez également s'il sait où votre nez se trouve.

POINTER DU DOIGT ET NOMMER

Pour de nombreux bébés, pointer du doigt et nommer des choses, ou émettre les sons appropriées, est un jeu amusant. Vous pouvez y jouer

(suite)

Les meilleurs jeux pour cette semaine miracle (suite) - - - - - - - - - -

n'importe où : dehors, dans un magazine, ou avec un livre. N'hésitez pas à apprécier également les erreurs de votre bébé.

CHANSONS À GESTES

À présent, il se peut que votre bébé veuille participer activement aux chansons. Il commencera également peut-être à faire de lui-même un ou deux mouvements allant avec elles.

TAPENT TAPENT PETITES MAINS

Asseyez-vous face à votre bébé et chantonnez :

Tapent, tapent petites mains
(Tapez dans vos mains, et faites en sorte que votre bébé suive)
Tourne, tourne petit moulin
(Tournez vos mains)
Nage, nage petit poisson
(Imitez le mouvement du poisson dans l'eau avec vos mains)
Vole, vole petit pigeon
(Imitez le mouvement de l'oiseau dans l'eau)
Petites mains ont bien tapé, petit moulin a bien tourné
Petit poisson a bien nagé, petit pigeon a bien volé
(Refaites tous ces gestes plus rapidement)

AINSI FONT FONT FONT

Asseyez-vous devant votre bébé et chantez en tournant les mains sur elles-mêmes :

Ainsi font, font, font,
Les petits marionnettes.
Ainsi font, font, font,
trois p'tits tours et puis s'en vont
(Cachez-les derrière le dos, ou levez-les en l'air)

BATEAU, SUR L'EAU

Asseyez-vous face à votre bébé. Mettez-le entre vos jambes. Bercez le lentement de gauche à droite en chantant :

Bateau sur l'eau

La rivière, la rivière.

Bateau sur l'eau

La rivière au bord de l'eau.

Plouf !

(Au moment de faire plouf, écartez légèrement vos jambes pour que le bébé s'affaisse un peu. S'il aime cela, recommencez plus vite)

JOUER À CACHE-CACHE

De nombreux bébés aiment retrouver des objets que vous avez fait disparaître complètement.

DÉBALLER UN COLIS

Emballez un objet dans un morceau de papier crépon, en vous assurant que votre bébé vous voie. Puis donnez-lui le colis et laissez-le récupérer l'objet. Encouragez-le à chaque tentative.

SOUS LA TASSE

Mettez un petit objet devant votre bébé et recouvrez-le avec une tasse retournée. Puis déposer une tasse identique à côté de la première et demandez à votre bébé où l'objet est. Admirez-le à chaque fois qu'il regarde l'objet caché, même s'il ne le trouve pas tout de suite. Si ce jeu est toujours un peu trop compliqué, essayez d'y jouer avec un morceau de tissu à la place de la tasse. Il pourra ainsi voir les contours de l'objet à travers le tissu. Jouez aussi à ce jeu en inversant les rôles : laissez votre bébé cacher quelque chose que vous ayez à trouver..

de chez nous et qu'elle avait vue seulement deux fois, et elle a réagi de la même manière. »

La maman de Enzo, 51e semaine

"On our way to the store, we saw a large pile of stones. I said, 'Look at all of those stones.' My son gazed at them intently. The next day, he began pointing at the stones from a distance, looking at me and shouting 'eh, eh.'"

Enzo's mom, 51st week

Patience est mère de vertu

Il est important que vous ne perdiez pas patience avec votre bébé tandis qu'il tente d'apprendre de nouvelles compétences. Quand vous voyez qu'il n'est pas intéressé par quelque chose, arrêtez. D'autres choses qu'ils l'intéressent plus à ce moment saura l'occuper assez.

« J'étais très occupée à répéter "papa" avec mon garçon et à jouer à des jeux comme "Où est ton nez?" Mais jusque là, nous n'arrivions pas à grand chose de concret. Il se contentait de rire, de sauter ça et là, et préférait mordre mon nez ou tirer mes cheveux. Mais ça me satisfait déjà qu'il soit devenu un si joyeux petit gars. »

La maman de Lucas, 49e semaine

« J'essaye de chanter des chansons avec mon fils, mais je n'ai pas l'impression qu'elles n'aient le moindre effet positif. Il n'a pas l'air très intéressé. Il a l'air préoccupé par son environnement. »

La maman de Nathan, 47e semaine

Entre 47 et 52 semaines, une autre période de calme relatif s'installe. Pendant 1 à 3 semaines, il se pourrait que le joie et l'indépendance de votre bébé vous émerveille. Il se peut qu'il soit bien plus attentif quand vous lui parlez. Il se peut qu'il semble plus calme et plus en contrôle quand il joue, et qu'il se débrouille très bien quand il joue seul. Il se peut qu'il veut revenir dans son parc, voir qu'il refuse d'en être enlevé, et finalement, qu'il ait l'air remarquablement plus vieux et plus sage. C'est maintenant en train de devenir un vrai nourrisson.

 Les meilleurs jouets pour cette semaine miracle

Voici les jouets et les choses que la plupart des bébés préfèrent en ce moment.

- Les trains en bois avec des gares, des ponts et des voies de garage
- Les petites voitures
- Les poupées avec des biberons
- Les tambours, casseroles et poêles sur lesquels taper
- Les livres avec des images d'animaux
- Les bac à sable avec seau et pelle
- Les balles de toutes tailles, des balles de ping-pong aux ballons de plage
- Les grandes perles en plastique
- Les animaux en peluche, particulièrement ceux qui font de la musique quand on appuie dessus
- Les vélos, voitures et tracteurs sur lesquels il peut monter pour se déplacer
- Les Duplo
- Les figurines en plastique d'animaux ou de petits bonhommes
- Les miroirs

Pensez bien à éloigner ou à prendre des mesures de précautions avec les prises électriques, les escaliers, l'équipement audio, les télévisions, les aspirateurs, les machines à laver, les animaux familiers et les petits objets comme les babioles, les épingles ou les petits morceaux de verre coloré.

« Ma fille devient plus charmante de jour en jour. Elle ne cesse de s'améliorer pour se divertir toute seul. Maintenant, elle arrive vraiment à s'occuper avec quelque chose. J'ai ressorti le parc cette semaine. Mais ce que j'ai trouvé le plus marquant est qu'elle ne semble plus être embêtée par le fait d'y passer une bonne heure, alors qu'il y a quelques semaines elle aurait hurlé hystériquement si je la déposait à moins d'un mètre de lui. C'est comme si elle redécouvrait ses jouets et appréciait la quiétude et le calme du parc. »

La maman d'Emma, 52e semaine

« Ma fille est devenue une vraie partenaire de jeu pour sa grande sœurs. Elle réagit exactement comme on pourrait s'y attendre. Elles font bien plus de choses toutes les deux. Elles prennent également leur bain ensemble. Toutes deux s'apprécient énormément. »

La maman d'Anna, 47e semaine

« Ce furent de bien agréables semaines. Mon fils est redevenu mon copain. Les journées à la crèche se passent bien. Il apprécie toujours de voir les autres enfants et rentre à la maison de bonne humeur. Il dort mieux la nuit. Il comprend bien plus de choses et semble fasciné par les jouets avec lesquels il joue. Il rampe également de nouveau d'une pièce à l'autre tout seul et rit beaucoup. J'apprécie chaque instant passé avec lui. »

La maman de Léo, 51e semaine

chapitre 10

Semaine miracle 55:
Le monde des programmes

*L*e premier anniversaire de chaque enfant est un événement important. La fin de la première année signifie pour beaucoup de parents le début de la fin de la petite enfance. Votre petit chérubin est en train de devenir un grand nourrisson. En bien des points, évidemment, c'est encore un bébé. Il lui reste encore tant à apprendre concernant son monde, qui est d'ailleurs devenu un endroit si intéressant à explorer ! À présent, il parvient à se déplacer bien plus agilement, et il est devenu apte à aller vers tout ce qui l'intéresse.

Peu après le premier anniversaire, vers 55 semaines, votre bout de chou sera passé par un autre grand changement dans son développement mental, et sera prêt à explorer le monde des programmes. Cela le fera sembler encore plus comme une vraie petite personne, avec sa manière personnelle d'approcher le monde. Les parents observateurs commenceront à voir émerger un nouveau fonctionnement dans la façon de penser du nourrisson.

Le mot « programme » est très abstrait. Voici ce qu'il signifie dans ce contexte. Durant le dernier bond dans le développement, votre bébé a appris à maîtriser la notion de séquence, le fait que des événements se succèdent, ou que des objets vont ensemble d'une manière définie. Un programme est un degré plus complexe qu'une séquence puisqu'il permet au résultat final d'être atteint d'un nombre infini de manières. Une fois que votre bébé devient capable de percevoir les programmes, il peut commencer à comprendre ce que signifient laver le linge, mettre la table, déjeuner, ranger, s'habiller, bâtir une tour, passer un coup de téléphone, et les millions d'autres choses qui font la vie quotidienne. Ce sont toutes des programmes.

Note: La première phase (période d'agitation) de ce bond vers le monde perceptif des « programmes » est liée à l'âge et prévisible, et débute entre 49 et 53 semaines. La majorité des bébés entame la deuxième phase (voir l'encadré « Les moments privilégies : une lubie contre nature », à la page 17) de ce bond 55 semaines après une naissance à terme. Les moments où le bébé commence à percevoir des choses dans ce monde des séquences lance le développement de tout un ensemble de compétences et d'activités. Cependant, l'âge auquel ces compétences et ces activités apparaissent pour la première fois varie grandement et dépend des préférences de votre bébé, ainsi que de ses expériences et de son développement physique. Par exemple, la capacité à percevoir des programme est une condition nécessaire à « laver la vaisselle » ou « passer l'aspirateur », mais ces compétences peuvent apparaître normalement n'importe quand de la 55e semaine à plusieurs mois plus tard. Les compétences et les activités sont mentionnées dans ce chapitre à leur âge d'apparition le plus bas possible, afin que vous puissiez surveiller leur apparition et les reconnaître. (Parfois tout d'abord sous une forme rudimentaire uniquement.) De cette manière, vous pouvez réagir au développement de votre bébé et le faciliter.

La caractéristique principale d'un programme est qu'il a un but mais que les étapes pour atteindre celui-ci sont flexibles. C'est en cela qu'il diffère d'une séquence, laquelle est identique à chaque fois. Un exemple de séquence est le fait de compter jusqu'à 10. On le fait de la même manière à chaque fois. Faire la poussière est un exemple de programme. On n'a pas nécessairement besoin d'épousseter un objet de la même manière à chaque fois : on peut commencer par les pieds d'une table puis faire le dessus, ou la nettoyer dans un ordre différent. À chaque fois que vous faites la poussière, vous pouvez choisir la séquence que vous pensez la plus adaptée au moment, à la pièce, au meuble et à votre humeur. Cependant vous choisissez de le faire, et le programme avec lequel vous travaillez reste « faire la poussière ». Un programme peut donc être vu comme un réseau de séquences potentielles que vous pouvez parcourir de tout un ensemble de manières. Les possibilités peuvent apparaître limitée concernant l'époussetage, mais si on pense à des exemples comme « aller en vacances » ou « changer de travail », les programmes deviennent très complexes.

Votre enfant peut à présent penser à un but, comme « aller faire les courses », et savoir que ceci veut dire enfile chapeau, manteau et chaussures puis aller dans la voiture. Il peut être désireux de vous « aider » : faire le ménage, sortir promener le chien, ou ranger les courses. Il se peut qu'il insiste pour faire certaines choses tout seul : se laver les mains, se nourrir, voire se déshabiller.

Tandis que votre enfant change, vous aurez peut-être l'impression qu'il est plus imprévisible que jamais. Interpréter ses actions était aisé quand elles s'inscrivaient dans ses séquences simples, car une chose menait toujours à la suivante selon un modèle familier. À présent, son monde est bien plus flexible et une action peut appartenir à n'importe quel programme. Cela est déroutant pour votre bébé comme pour vous. Jusqu'à ce que vous vous habituiez à sa façon de fonctionner, certaines de ses actions pourraient être difficiles à comprendre parce que vous ne pourrez plus deviner ce qu'il essaye d'accomplir. Ce bond sera aussi visible dans sa façon de jouer. Il commencer à s'intéresser de nouveaux à certains de ses jouets, et vous remarquerez peut-être pour la première fois une imagination naissante et des jeux plus complexes.

Entre 49 et 53 semaines, votre enfant commence à percevoir que son monde change de nouveau. Tandis qu'il met de l'ordre dans cette nouvelle complexité, il aura besoin de plus réconfort et de soutien, et cela le rendra agité et exigeant pendant un moment. Cette période d'agitation durera souvent 4 ou 5 semaines, mais elle peut durer aussi peu que 3 semaines ou aussi longtemps que 6. Si votre bébé est pénible, observez-le de près. Il y a de bonnes chances qu'il tente de maîtriser de nouvelles compétences.

Les signes d'agitation de cette Semaine

Il se peut que votre enfant pleure plus facilement que durant les semaines précédentes. À présent, les enfants sont en général plus prompts à crier que ce à quoi ils avaient habitué leur mère. Il veulent être près de leur mère, de préférence toute la journée. Bien entendu, certains enfants se font bien plus insistants que d'autres. Il se peut aussi qu'ils paraissent pénibles, ingérables et caractériels.

> « Il arrivait parfois à mon fils d'être de mauvais poil. Pas tout le temps : il jouait dans son coin pendant un moment, puis soudain c'était fini et il se mettait à pleurnicher pendant un bon moment. Puis il voulait que je le prenne dans mes bras. Et toute cette agitation survenait en rien qu'une matinée. »
>
> La maman de Léo, 52e semaine

> « Ma fille se mettait à pleurer très rapidement. Il suffisait que je dise "non" et elle sombrait sur-le-champ dans une crise de pleurs. Cela ne lui ressemblait pas du tout. »
>
> La maman d'Eve, 52e semaine

Généralement, les enfants pleurent moins quand ils sont avec leur mère ou que leur mère s'occupe d'eux de quelque manière, qu'elle joue avec eux ou les observe.

> « Quand ma petite fille fait des choses, elle s'attend à ce que reste assise sur le canapé, de préférence sans rien faire du tout. J'attends avec impatience le jour où je pourrai tricoter quelque chose tranquillement en étant assise là. »
>
> La maman d'Émilie, 53e semaine

« À chaque fois que je suis occupé à faire quelque chose, mon fils veux que je le prenne sur moi. Mais quand il est sur mes genoux, il veut redescendre très peu de temps après, et s'attend à ce que je le suive partout où il ira. Il est vraiment impossible. »

La maman de Lucas, 52e semaine

Comment savoir que le moment de grandir est arrivé

Il est encore trop tôt pour que votre bout de chou puisse vous dire avec des mots comment il se sent. Mais il est cependant capable d'exprimer l'agitation intérieure qu'il ressent. Voilà comment.

Il pourrait s'agripper à vos vêtements

Il se peut que votre bout de chou recommence à s'agripper plus souvent à vous. Nombre d'enfants le font à cet âge. Il se peut qu'il veuille que vous le transportiez avec vous ou qu'il s'agrippe à vos jambes pour vous empêcher de partir en le laissant tout seul. D'autres n'ont pas forcément besoin de contact physique mais il se peut qu'il ne cessent de revenir pour être près de leur mère seulement pendant un moment ou pour la toucher. Chaque enfant revient pour avoir sa propre marque de « recharge de maman ».

« De nouveau, ma fille traîne autour de moi, va jouer un instant, puis revient vers moi. »

La maman d'Anna, 54e semaine

« Je ne peux pas faire la moindre chose tant que mon fils est éveillé. Quand il est hors de son parc, il est tout le temps dans mes pattes, et quand il est dedans, il faut que je reste près de lui, ou alors il entre dans une colère terrible. »

La maman de Lucas, 55e semaine

« Quand je me lève pour aller à la cuisine, ma fille me suite sur-le-champ et réclame que je la porte. Elle me fait vraiment toute une scène. C'est terriblement théâtral. On croirait que quelque chose d'affreux est en train de se passer. »

La maman d'Émilie, 53e semaine

Il pourrait être plus timide avec les inconnus

Quand des étrangers sont à proximité, il se peut que votre bout de chou s'accroche à vous encore plus fanatiquement qu'il le fait déjà. Une fois de plus, de nombreux enfant désirent à présent soudainement moins entrer en contact avec des étrangers. Parfois, cette catégorie inclut même les membres de leur famille.

> « Cette semaine, ma fille est brutalement devenue extrêmement perturbée, et elle ne voulait plus être qu'avec moi. Si je le mettais par terre ou la donnait à mon mari, elle paniquait. »
>
> La maman de Léa, 56e semaine

> « Ma petite fille n'accepte aucune nourriture venant d'étranger, pas même un morceau de pain ou un cookie. »
>
> La maman de Nina, 54e semaine

Mais il y a aussi des enfants qui veulent uniquement être avec leur père.

> « Pendant 2 jours, ma fille a été complètement folle de son père. À ce moment, elle ne voulait rien avoir à voir avec moi, alors que je n'avais rien fait de mal. Si je ne la prenais pas dans mes bras tout de suite, elle se mettait à pleurer. »
>
> La maman de Juliette, 53e semaine

Il pourrait vouloir que le contact physique soit aussi rapproché que possible

Certains enfants serrent autant qu'ils peuvent, même quand on les porte. Ils ne veulent pas qu'on les dépose, et vous non plus, très probablement. Il y a aussi des nourrissons qu'être déposé ne gêne pas, à condition que leur mère ne s'en aille pas. Si quelqu'un doit partir, ce ne peut être que le petit tyran en personne.

> « Un soir, il a fallu que je m'en aille. Quand j'ai posé mon fils par terre pour prendre mon manteau, il a commencé à pleurer, à s'agripper à moi, et à tirer ma main, comme s'il ne voulait pas que je parte. »
>
> La maman de Paul, 52e semaine

« Il faut vraiment que je surveille ma fille de près. Si je veux la déposer un instant pour aller chercher quelque chose dans la cuisine, elle ira voir le chien et fera semblant de le caresser tout en tirant ses moustaches et des touffes de poil. »

La maman d'Émilie, 53e semaine

Il pourrait voulait plus de divertissement

Il se peut que votre petit bout de chou exige plus d'attention. C'est le cas de la plupart des enfants. Ceux qui sont exigeants le feront à longueur de temps. Mais même les enfants facile et calmes préfèrent faire des choses avec leur maman.

« Ma fille passe sont temps à venir me voir, me tire par la main pour que nous puissions jouer ensemble, avec ses cubes ou ses poupées, ou pour qu'on regarde un livre toutes les deux. »

La maman de Léa, 53e semaine

Il pourrait être jaloux

Certains enfants possessifs donnent l'impression d'interpréter une tragédie quand leur mère prête attention à quelqu'un ou quelque chose d'autre. Ils font semblant d'être pénible, coquins et déterminé à se faire mal. D'autres agissent en étant exagérément gentils et câlins afin d'attirer l'attention de leur mère.

« Mon fils devient jaloux quand je donne quelque chose au petit bébé que je surveille. »

La maman de Matthieu, 53e semaine

« Mon amie est venue me voir avec son bébé. À chaque fois que je disais quelque chose à son bébé, le mien s'intercalait entre nous avec un grand sourire sur le visage. »

La maman de Léa, 54e semaine

Il pourrait être d'humeur changeante

Il se peut que votre bout de chou soit en train de s'occuper joyeusement puis deviennent d'un seul coup triste, en colère ou furieux sans aucune raison apparente. Il vous sera peut-être impossible de déterminer une raison particulière.

> « Parfois, mon fils s'assied et joue avec ses cubes comme un petit ange, puis soudainement il devient furieux. Il hurle et frappe ses cubes les uns contre les autres, ou les balance à l'autre bout de la pièce. »
>
> Enzo 52e semaine

Il pourrait mal dormir

Votre enfant dormira peut-être moins bien. La plupart des enfants résister au coucher, ont du mal à s'endormir et se réveillent plus tôt. Certains dorment moins durant la journée, d'autres sont agités la nuit, et d'autres encore refusent tout simplement d'aller calmement se coucher quelle que soit l'heure.

> « Cette semaine, j'ai remarqué pour la première fois que mon nourrisson restait souvent éveillée pendant un moment la nuit. Parfois, elle pleure un petit peu. Si je la prends dans mes bras, elle se rendort immédiatement. »
>
> La maman d'Emma, 54e semaine

> « Nous apprécierions vraiment que notre fille ne fasse pas tout un drame d'aller se coucher. En ce moment, cela implique tout un tas de cris et de pleurs, parfois presque hystériques, même quand elle est épuisée. »
>
> La maman de Léa, 52e semaine

> « Mon fils reste éveillé longtemps durant la nuit, dans un état de détresse affreux. Il panique vraiment. Parfois, c'est difficile d'arriver à le calmer. »
>
> La maman de Léo, 52e semaine

Il pourrait « rêvasser »

Parfois, il arrive à certains enfants de se contenter de s'asseoir et de fixer le vide, comme s'ils étaient perdus dans leur petit monde. Les mères n'aiment pas du tout ces rêvasseries. C'est pour cette raison qu'elles essaieront souvent d'y mettre fin.

> « Parfois, ma fille s'assied, le dos voûté, se balançant lentement d'avant en arrière, le regard dans le lointain. Dans ce cas, je laisse toujours

tomber ce que je suis en train de faire pour la secouer et la réveiller de nouveau. J'ai vraiment peur que quelque chose n'aille pas avec elle. »

La maman de Juliette, 54e semaine

Il pourrait perdre l'appétit

De nombreux petits sont des mangeurs irréguliers. Leurs mères trouvent presque toujours cela aussi troublant qu'énervant. Les enfants qui sont encore nourris au sein veulent généralement le sein plus souvent, non pas parce qu'ils veulent téter, mais afin de pouvoir rester près de leur mère.

« Ma fille a brusquement perdu intérêt pour la nourriture. Avant, elle finissait tout en 15 minutes. On aurait dit un puits sans fond. Maintenant il me faut parfois une demi-heure pour la nourrir. »

La maman d'Emma, 53e semaine

« Mon fils recrache partout son repas avec la bouche. Il salit tout. Les premiers jours, je trouvais ça plutôt drôle. Plus maintenant, dois-je avouer. »

La maman de Léo, 53e semaine

Il pourrait se comporter comme un plus petit bébé

Parfois, un comportement enfantin supposément évanoui refera surface. Les mères n'aiment pas quand cela arrivent, car elles s'attendent à un progrès constant. Cependant, durant les phases d'agitation, des rechutes de la sorte sont parfaitement normales. Elles indiquent que le progrès est en chemin, sous la forme d'un nouveau monde.

« Ma fille s'est remis à ramper deux-trois fois, mais c'était probablement juste pour attirer l'attention. »

La maman de Léa, 55e semaine

« Ma fille remet des choses dans sa bouche un peu plus souvent, comme elle le faisait il y a plus longtemps. »

La maman d'Anna, 51e semaine

« Mon fils veut de nouveau que je le nourrisse. Quand je ne le fais pas, il repousse sa nourriture. »

La maman de Kevin, 53e semaine

Il pourrit agir avec une gentillesse inhabituelle

Certains petits pots de colle s'approche soudainement de leur mère pendant un moment juste pour leur faire des câlins. Puis les voilà repartis.

« Parfois, mon fils rampe vers moi juste mon être un vrai petit ange pendant un moment. Par exemple, il pose sa petite tête très doucement sur mes genoux, avec beaucoup d'affection. »

La maman de Léo, 51e semaine

« Ma fille vient souvent me voir pour un petit câlin. Elle dit « bisous » puis j'en reçois un. »

La maman d'Emma, 53e semaine

Il pourrait prendre plus souvent des peluches et doudous

Il se peut que votre bébé chérisse son objet préféré avec un peu plus de passion. De nombreux enfant agissent de la sorte, particulièrement quand ils sont fatigués ou que leur mère est occupée. Ils se blottissent contre des jouets doux, des tapis, du tissus, des pantoufles ou même du linge sale. Tout objet doux sur lequel ils pourront mettre leurs petites mains fera l'affaire. Ils embrassent et s'occupent également de leurs peluches. Les mères trouvent cela attachant.

« Mon fils fait plein de câlins quand je suis occupé. Il tient l'oreille de son éléphant en peluche d'une main et met deux doigts de l'autre dans sa bouche. Ça vaut le coup d'œil. »

La maman de Nathan, 51e semaine

Il pourrait faire des bêtises

Il se peut que votre bébé essaye d'attirer votre attention en étant plus méchant, particulièrement quand vous êtes occupé et n'avez vraiment pas de temps à lui accorder.

« Il faut que je dise « non » en permanence à ma fille car j'ai l'impression qu'elle ne fait des choses que pour attirer mon attention. Si je ne réagis pas, elle finit par arrêter. Mais je ne peux pas toujours faire cela, car elle pourrait casser ce qu'elle est en train de triturer. »

La maman de Léa, 53e semaine

« Mon fils est difficile en ce moment. Il touche à tout et refuse d'écouter. Je ne peux pas faire grand chose avant qu'il soit couché. »

La maman de Lucas, 55e semaine

« Parfois, je soupçonne mon fils de faire exprès de ne pas écouter. »

Enzo 51e semaine

Il pourrait avoir plus de crises de colère

Si vous avez un petit chenapan au sang chaud, il se peut qu'il devienne fou furieux dès qu'il échoue à obtenir ce qu'il veut. Il serez peut-être témoin de déchaînement de colère sortis de nulle part, peut-être parce qu'il anticipe votre interdiction de faire ou d'avoir ce qu'il a en tête.

« Mon fils veut que je le prenne sur mes genoux et que je lui fasse boire son biberon de jus de fruit de nouveau. S'il a le moindre soupçon que cela n'arrivera pas assez vite, il jette son biberon à l'autre bout de la pièce et se met à crier, à hurler et à donner des coups de pieds dans l'air pour que j'aille lui ramener. »

La maman de Matthieu, 52e semaine

« Si je ne réagis pas immédiatement aux demandes d'attention de ma fille, elle devient furieuse. Elle pince la peau de mon bras méchamment, rapidement et violemment. »

La maman d'Émilie, 53e semaine

« Mon fils refuse d'avoir le moindre rapport avec son lit. Il s'énerve tant qu'il donne des coups de tête sur les barreaux de son lit et se fait mal à chaque fois. Alors maintenant j'ai vraiment peur de le mettre au lit. »

La maman de Matthieu, 52e semaine

Mon journal

Les signes que mon bébé grandit de nouveau

Entre 49 et 53 semaines, votre bébé montrera peut-être des signes qu'il est prêt à faire le prochain bond dans le monde des programmes.

- Pleure plus souvent et est plus souvent pénible ou agité
- Est joyeux un instant et pleure le suivant
- Veut être occupé, ou le veut plus souvent qu'avant
- S'agrippe à vos vêtements, ou veut rester près de vous
- Est d'une gentillesse inhabituelle
- Fait des bêtises
- A des crises de colère, ou en a plus souvent qu'avant
- Est jaloux
- Est visiblement plus timide qu'avant avec les étrangers
- Veut des contacts physiques plus rapprochés
- Dort mal
- Semble avoir des cauchemars, ou en a plus souvent qu'avant
- Perd l'appétit
- Reste parfois assis à rêvasser tranquillement
- Suce son pouce, ou le fait plus souvent qu'avant
- Veut faire des câlins à ses peluches, ou le veut plus souvent qu'avant
- Agit de manière moins mature

AUTRE CHANGEMENTS REMARQUÉS

_____

_____

_____

« Je rendais visite à des amis avec ma fille et parlais avec l'un d'entre eux. D'un seul coup, ma fille a pris la tasse et l'a jetée par terre, avec le thé et tout. »

Laura, 55e semaine

Comment ce bond peut vous affecter

Il y a fort à parier que vous ressentez également le stress lié aux changements de votre bébé, même indirectement. Voici quelques-uns des signes.

Vous pourriez perdre confiance en vous

Quand une mère est confronté à un petit enquiquineur, il se peut tout d'abord qu'elle s'inquiète. Elle veut savoir ce qui ne va pas avec son enfant. Mais à cet âge, l'irritation s'installe bientôt.

C'est également durant cette période que certaines mères se demandent pourquoi leur enfant ne marche pas encore aussi vite qu'elles l'espéreraient. Elles craignent qu'il ait un problème physique.

« Nous passons beaucoup de temps à nous entraîner, et je suis vraiment étonné que ma fille ne puisse pas encore marcher toute seule. Ça fait si longtemps qu'elle marche en me tenant la main maintenant que je trouve qu'elle aurait du marcher il y a longtemps. De plus, j'ai l'impression qu'un de ses pied est rentré, et qu'elle trébuche tout le temps dessus. Je les ai montré à la crèche. Ils m'ont dit que je n'étais pas la seule mère à m'inquiéter quant à la direction des pieds à cet âge. Seulement, je serai plus heureuse quand elle marchera. »

La maman d'Émilie, 53e semaine

Vous pourriez devenir vraiment frustrée

Vers la fin d'une période d'agitation, les parents s'énervent de plus en plus des exigences formulées par leur bébé. Ils sont de plus en plus ennuyés par ses bêtises apparemment volontaires et par la façon qu'il a d'utiliser les crise de rage pour obtenir ce qu'il veut.

« Je suis tellement lasse des crises de pleurs de ma fille quand je quitte la pièce. Je ne supporte pas non plus le fait qu'elle se mette tout de suite à me suivre en rampant et s'agrippe à ma jambe pour m'accompagner. Je n'arrive à rien de la sorte. Quand j'en ai assez avec elle, je dois admettre que c'est « Hop, au lit ! » »

La maman de Juliette, 52e semaine

« Mon fils n'arrête pas de torturer la grande plante pour attirer mon attention. Le distraire n'est d'aucune efficacité. Maintenant je m'énerve et je le repousse, ou je lui donne une petite tape sur les fesses. »

La maman de Matthieu, 56e semaine

 « Ma fille sombre dans une colère noire en un instant dès qu'elle n'est pas autorisée ou n'arrive pas à faire quelque chose. Elle jette ses jouets et commence à se lamenter comme une folle. J'essaye de l'ignorer. Mais si elle fait plusieurs crises à la suite, je la met au lit. Quand elle a commencé à faire ça il y a 2 semaines, j'ai trouvé ça très amusant. Maintenant ça m'exaspère profondément. Ses sœurs ne font que se moquer d'elle. Parfois, quand elle les voit faire ça, ça la remet de bonne humeur et elle se met à leur sourire en retour, timidement. Généralement, ça fait l'affaire, mais pas toujours. »

La maman d'Emma, 53e semaine

Vous pourriez vous disputer

Durant cette période d'agitation, les disputes sont généralement causées par les crises de colères.

« Je sens que je m'énerve quand ma fille se met à brailler parce qu'elle n'obtient pas ce qu'elle veut. Cette semaine, elle est devenue furieuse quand j'ai refusé de la suivre illico presto dans la cuisine. Du coup, je lui ai donné une bonne gros fessée, après quoi sa rage s'est changée en vrais pleurs. Je sais que je n'aurais pas dû le faire, mais j'en avais marre. »

La maman de Léa, 54e semaine

Il est compréhensible que les choses deviennent parfois impossibles à supporter. Mais ni les coups ni les « bonnes grosses fessées » ne résolvent quoi que ce soit. Cela blesse inutilement votre bébé et nuit à la confiance que votre bébé a en vous.

Durant chaque période d'agitation, les mères qui allaitent ressentent l'envie d'arrêter. À cet âge, c'est parce que le bébé ne cesse de vouloir le sein par à-coups, ou parce que ses exigences sont accompagnées de crises de colère.

« Maintenant, j'ai vraiment laissé tomber. Mon fils sombrait dans des colères noires rien qu'à penser à mon sein. Cela nuisait à toute notre relation quand il tirait sur mon chemisier, donnait des coups ou criait, et moi ça me mettait en colère. Cela dit, peut-être que ces crises commenceront à disparaître maintenant. La dernière fois qu'il a tété, c'était la nuit de son premier anniversaire. »

La maman de Matthieu, 53e semaine

Comment émergent les nouvelles compétences de votre bébé

Vers 55 semaines, vous remarquerez que votre petit bout est moins agité. En même temps, vous remarquerez qu'il essaye et parvient de nouveau à faire des choses entièrement nouvelles. Il traite les gens, les jouets et les autres objets avec plus de maturité, et apprécie de faire de nouvelles choses avec des jouets familiers et des objets du quotidien qui étaient là depuis sa naissance. À ce point, il vous paraîtra un peu moins « bébé » et un peu plus petit garçon ou petite fille. C'est parce qu'il entre dans le monde des programmes où il commence à voir que le monde est plein de buts et de séquences d'action menant à ces buts. Ce nouveau monde flexible s'offre à ses explorations, mais, comme d'habitude, il désirera faire celles-ci de sa propre manière et à son propre rythme. En tant que parent, votre aide sera aussi vital que d'habitude, bien que vous pourriez avoir l'impression du contraire quand une autre crise de colère arrivera.

Au cours du précédent bond de développement, votre bébé a appris à maîtriser la notion de séquence, quand les événements se succèdent ou que des objets s'associent d'une manière précise. Un programme est plus compliqué qu'une séquence car on peut atteindre le résultat final d'un nombre indéterminé de manières.

Le monde d'un adulte regorge de programmes compliqués. Heureusement, le monde de votre enfant est plus simple. Au lieu d'être confronté à des programmes énormes comme « partir en vacances », votre enfant travaillera sur des programmes comme « déjeuner ». Cependant, mettre en œuvre un programme implique des choix à chaque carrefour, un peu comme trouver son chemin dans une ville inconnue. Pendant le déjeuner, il lui faudra décider après chaque bouchée s'il désire une autre bouchée du même aliment, passer à quelque chose d'autre, avoir une gorgée de boisson, voire trois gorgées. Il peut décider s'il prend la prochaine bouchée à la main ou en utilisant sa cuillère. Il peut décider de finir ce qu'il a ou de réclamer le dessert. Quoi qu'il choisisse, ce sera toujours dans le cadre du programme « déjeuner ».

Votre nourrisson fera comme d'habitude des expériences dans ce nouveau monde. Attendez-vous à ce qu'il joue avec les différents choix qu'il peut faire à chaque tournant : il se peut qu'il veuille tout essayer. Il a besoin d'apprendre quelles sont les conséquences des décisions qu'il prend à différents moment, afin qu'il puisse décider s'il vide la prochaine cuillerée par terre ou dans sa bouche.

Il peut également décider du moment où mettre en branle un programme. Par exemple, il se peut qu'il sorte le balai du placard parce qu'il veut nettoyer le sol. Il pourrait mettre son manteau car il veut sortir aller faire les magasins. Malheureusement, les malentendus surviennent rapidement. Après tout, il ne peut pas encore expliquer ce qu'il veut et sa mère peut facilement interpréter de travers ses actes. Cela est très frustrant pour un si jeune personne, et les enfants colériques peuvent se lancer dans des crises de rage. Même si une mère comprendre son enfant

Des changements dans le cerveau

Les ondes cérébrales de votre enfant montreront des changements vers 12 mois. De plus, la circonférence de son crâne augmentera, et le métabolisme du glucose dans son cerveau changera.

correctement, il se peut aussi qu'elle ne veuille pas ce que lui veut à ce moment précis. Cela peut également frustrée un nourrisson de cet page assez rapidement, car il ne comprend pas encore l'idée de « patience ».

Non contenant d'être capable d'apprendre à mener lui-même un programme, il peut maintenant percevoir quand quelqu'un d'autre fait la même chose. Ainsi, il peut commencer à comprendre que si sa mère fait du thé, un goûter suivra sous peu et qu'il peut espérer avoir un cookie... ou pas.

Maintenant que votre nourrisson peut commencer à percevoir et explorer ce monde, il comprend également qu'il a le choix de refuser un programme qu'il n'aime pas, du moins en théorie. S'il n'est pas d'accord avec les projets de sa mère, il pourrait se sentir frustré et parfois piquer une crise de colère. Il est possible que vous soyez témoin de nombreuses d'entre elles à ces moments.

Les choix de votre nourrisson : une clé pour comprendre sa personnalité

À cet âge, tous les nourrissons commencent à comprendre et pratiquer le monde des programmes, un mondes qui offre une large variété de nouvelles compétences avec lesquelles jouer. Votre enfant choisira les choses qui l'intéressent, mais aussi celles qui conviennent le mieux à ses penchants, ses intérêts, et son développement physique. Chaque petit individu apprend des choses sur le programme à sa façon. Certains enfants seront des observateurs attentifs qui étudieront avec soin la façon dont les choses se font autour d'eux. D'autres voudront « aider » tout le temps. D'autres encore voudront tout faire eux-mêmes, et ils vous feront savoir en termes non équivoques qu'ils refusent toute interférence.

(suite à la page 289)

Mon journal

Comment mon bébé explore le nouveau monde des programmes

Cochez les cases ci-dessous à mesure que vous remarquez les changements de votre bébé. Certaines des compétences listées ci-dessous peuvent n'apparaît que des semaines ou des mois plus tard. Votre nourrisson pratiquera ses propres choix dans l'exploration de ce qu'il peut faire dans son nouveau monde.

ENCLENCHER UN PROGRAMME TOUT SEUL

❑ Sort un balai ou un torchon et essayer de balayer ou de faire la poussière

❑ Va aux toilettes et essaye de nettoyer la cuvette

❑ Vient vous voir avec des choses qu'il veut ranger

❑ Sort la boîte à cookie et attend un goûter

❑ Vient vous voir avec son manteau, sa casquette ou son sac pour aller faire des courses

❑ Sort son manteau et sa pelle, prêt pour le bac à sable

❑ Sort ses vêtements et veut les mettre

VOUS REJOINDRE DANS VOS PROGRAMMES

❑ Enlève les coussins de la chaise à l'avance pour vous aider quand vous faites le ménage

❑ Essaye de remettre la serviette à sa place quand vous avez fini de vous essuyer

❑ Met un objet ou de la nourriture dans le bon placard

❑ Amène ses couverts, son assiette et son dessous de plat quand vous mettez la table

❑ Vous dit au moyen de mots, sons ou gestes qu'il est temps d'amener le dessert quand il a fini de manger

❑ Met une cuillère dans une tasse et la tourne

❑ Prend un objet devant vous et veut le porter tout seul

❑ Essaye de mettre quelque chose sur lui tout seul pendant qu'on l'habille ou aide en tirant sur les manches d'un haut ou le bas d'un pantalon

❏ Sort une cassette ou un CD et aide à le mettre dans la chaîne. Sait sur quel bouton appuyer pour lancer la lecture ou éjecter le disque

MENER UN PROGRAMME SOUS SURVEILLANCE

❏ Mets des cubes de différentes formes dans les bons trous quand vous l'aidez en montrant avec le doigt où va quoi

❏ Utilise le pot que vous le lui demandez ou quand il en a besoin. Puis amène le pot aux toilettes tout seul ou vous aide à le transporter (s'il ne marche pas) et tire la chasse

❏ Sort des crayon et du papier pour gribouiller quand vous l'y incitez

PROGRAMMES INDÉPENDANTS

❏ Essaye de nourrir peluches et poupées, en copiant son propre programme d'alimentation

❏ Essaye de Faire prendre un bain à une poupée en copiant son propre rituel de bain

❏ Essaye de mettre une poupée sur le pot, éventuellement après l'avoir lui-même utilisé

❏ Mange tout ce qu'il y a dans son assiette sans aide ; souvent, il veut faire cela en reste poliment assis à table comme les grands

❏ Mange des raisins sec tout seul depuis un paquet

❏ Fait une tour d'au moins trois cubes

❏ Lance et poursuit un conversation téléphonique, faisant parfois lui-même le numéro ou achevant la conversation avec un « au revoir »

❏ Rampe dans la pièce en suivant des « chemins » de son propre choix, sous les chaises et la table et par des tunnels étroit, et indique souvent en premier lieu dans quelle direction il compte aller

❏ Rampe dans la pièce avec une petite voiture ou un petit train

(suite)

Mon journal (suite)

en disant « vroum vroum » ou « tchou tchou ». Suit toutes sortes de routes différentes, sous les chaises et la table ou entre le canapé et le mur

❏ Est capable de retrouver quelque chose que vous avez caché

REGARDER LES AUTRES MENER UN PROGRAMME

❏ Regarde un dessin animé ou un programme pour enfants à la télévision, ce qui arrive à garder son attention pendant environ 3 minutes

❏ Écoute une brève histoire à la radio ou sur un CD

❏ Exprime la compression de ce qui arrive dans les images. Par exemple, dit « miam » quand un enfant ou un animal dessiné mange ou qu'on lui propose de la nourriture

❏ Regarde et écoute quand vous jouer à faire semblant de nourrir, laver ou habiller ses poupées et peluches, ou de les faire parler et répondre

❏ Étudie comment des enfants plus vieux mènent des programmes avec leurs jouets à eux, comment ils jouent avec un service à thé, un garage et ses voitures, une maison de poupée ou un réseau ferré miniature

❏ Étudie les autres membres de la famille quand ils vaquent à leurs activités quotidiennes, par exemple quand ils s'habillent, mangent, dessinent ou téléphonent

AUTRE CHANGEMENTS REMARQUÉS

_____

_____

_____

Il est probable que vous commenciez à plutôt bien connaître la personnalité de votre nourrisson à présent, et une bonne partie de ses choix suivront des modèles que vous avez déjà remarqués dans des étapes antérieures de son développement. Il est cependant toujours capable d'explorer de nouvelles compétences et de nouveaux intérêts lorsque l'opportunité se présente. Observez attentivement votre bébé pour déterminer où résident ses intérêts. Utilise la liste asseoir pour cocher ou surligner ce que votre enfant choisit. Entre 55 et 61 semaines, il commencera à sélectionner ce qu'il veut explorer dans le monde des programmes. Veillez à respectez ces choix et à laisser votre enfant se développer à son propre rythme. Les jeunes enfants aiment tout ce qui est nouveau et il est important que vous réagissiez quand vous remarquez une nouvelle cométence ou un nouveau centre d'intérêt. Il appréciera que vous partagiez ces nouvelles découvertes, et son processus d'apprentissage en sera plus rapide.

Ce que vous pouvez faire pour Aider

Aidez votre nourrisson tandis qu'il fait ses premiers pas à la rencontre des programmes. Parlez de ce qu'il va accomplir et de la façon dont il y parviendra. S'il aime vous observer, encourage-le. Parlez de ce que vous faites tandis que vous vaquez à vos programmes. Offre-lui des possibilités de vous aider. Laissez-le essayer de mener ses propres programmes quand vous remarquez qu'il semble en avoir un en tête.

Aidez votre bébé à explorer son nouveau monde par l'indépendance

Si votre bébé s'intéresse à l'habillage, au déshabillage et à la toilette, alors montrez-lui comment vous faites ces choses. Expliquez-lui ce que vous faites ainsi que pourquoi vous le faites. Il sera également capable d'en comprendre plus que ce qu'il est capable de vous dire. Si vous avez un petit peu de temps, laissez-le jouet à se laver ou s'habiller tout seul ou, s'il le veut bien, faites-le faire par un autre membre de la famille.

« Ma fille essaye de mettre son pantalon tout seule ou d'enfiler ses chaussons toute seule, mais elle n'y arrive pas toute seule. Et d'un coup je l'ai vue se promener dans mes chaussons. »

La maman de Léa, 55e semaine

« Ma fille aime se balader avec une casquette ou un chapeau sur la tête. Que ce soit le mien, le sien ou celui de ses poupée, ça ne fait pas de différence pour elle. »

La maman d'Eve, 57e semaine

« Cette dernière semaine, mon fils n'a cessé de mettre toutes sortes de choses sur sa tête : des torchons, des serviettes et, parfois, des sous-vêtements. Il se promenait dans la maison sans se soucier de ce qui l'entourait tandis que son frère et sa sœur riaient comme des damnés. »

La maman de Lucas, 59e semaine

« Dès que ma fille est habillée, elle se met à ramper vers ma coiffeuse et essaye de se mettre du parfum toute seule. »

La maman de Laura, 57e semaine

« Hier, quand je suis entré dans la chambre de mon fils pour aller le chercher, il se tenait debout dans son lit en sourient jusqu'aux oreilles. Il s'était déshabillé tout seul presque entièrement. »

Nathan 58e semaine

« Ma fille nourrit ses poupées, leur donne le bain et les met au lit. Quand elle a utilisé son pot, elle met également ses poupées sur le pot. »

La maman de Léa, 56e semaine

Si votre bout de chou veut manger tout seul, donnez-lui en l'occasion autant que possible. N'oubliez pas qu'il est assez créatif pour vouloir tester différentes méthodes d'alimentation, et que toute seront probablement désordonnées. Si vous en avez assez de nettoyer, vous pouvez vous faciliter la tâche en étendant une bâche en plastique au sol sous sa chaise.

« Depuis quand mon fils a appris à manger tout seul avec une cuillère, il insiste pour le faire sans aucune aide extérieure. Sinon, il refuse de manger. Il insiste aussi pour s'asseoir sur sa chaise haute à table quand il mange. »

La maman de Kevin, 57e semaine

« Soudain, ma fille a découvert comme il était amusant de touiller quelque chose avec une cuillère avec de le mettre dans sa bouche. »

La maman de Léa, 56e semaine

« Mon fils adore manger des raisins secs tout seul en les prenant dans le paquet. »

La maman de Matthieu, 57e semaine

« Ma fille dit "gâteau" quand elle a fini de manger son plat, car elle sait que le dessert va suivre. Et dès qu'elle a fini son dessert, il faut l'enlever de sa chaise. »

La maman d'Émilie, 60e semaine

Les sacs, les portefeuille avec des pièces à l'intérieur, la télévision, la radio, les ustensiles ménagers, le maquillage : de nombreuses petites personnes veulent tout utiliser de la même manière que leur maman. Certains enfants abandonnent à présent leurs jouets dans un coin. Essayez de déterminer ce que votre bout de chou essaye de faire, mais si ça cela vous complique parfois la vie.

« Aujourd'hui, pour la première fois, j'ai vu mon fils appuyer sur les boutons du téléphone, mettre le combiné contre son oreille et babiller activement. Il a dit plusieurs fois "papa" avant de raccrocher. »

La maman de Lucas, 56e semaine

« Alors que j'étais sorti de la pièce un instant, ma fille a décroché le téléphone quand il a sonné et a vraiment « parlé » à sa mamie. »

La maman d'Émilie, 60e semaine

« Ma petite fille sait exactement sur quel bouton appuyer pour ouvrir le lecteur de CD. Quand elle vient me voir avec un CD de chansons pour enfants, elle préfèrent réellement mettre le disque dans le lecteur toute seul. »

La maman de Léa, 57e semaine

« Mon fils est amoureux de la cuvette des WC. Il y jette toute sorte de choses, et la nettoie avec une brosse toutes les 5 secondes, salissant complètement le sol des toilettes dans l'opération. »

La maman de Lucas, 56e semaine

« Mon fils m'amène le journal, des bouteilles de bières vides et des chaussures. Il veut que je les range au bon endroit. »

La maman de Lucas, 56e semaine

Aidez votre bébé à explorer son nouveau monde par les jouets

À présent, de nombreux enfants s'intéressent à des jouets plus complexes qui leur permettent d'imiter des programmes : un garage miniature, un train et ses rails, une ferme avec des animaux, des poupées avec couches ou vêtements, des services à thé complets ou un magasin miniature avec des sachets et des boîtes. Si votre petit chéri montre de l'intérêt pour de tels jouets, donnez-lui l'occasion de jouer avec eux. Aidez-le de temps en temps. C'est toujours un monde très compliqué pour lui.

« Quand je m'assied par terre près de mon fils pour l'encourager, il lui arrive de construire des tours aussi haute que 8 cubes. »

La maman de Matthieu, 57e semaine

« Quand ma fille joue tout seule et a besoin d'aide, elle dit à haute voix « Maman ! » Puis elle me montre ce qu'elle veut faire. »

La maman d'Anna, 55e semaine

« Ma fille s'intéresse de plus en plus aux Duplo, particulièrement les bonhommes et les voitures. Elle essaye de construire des choses avec les blocs. De temps en temps, elle arrive à mettre les bonnes pièces ensemble. Elle peut continuer à faire ça pendant pas mal de temps. »

La maman d'Émilie, 57e semaine

« Mon fils arrive bien mieux à jouer de lui-même. Il trouve maintenant de nouvelles possibilités avec les anciens joujoux. Ses peluches, ses trains et ses voitures commencent à prendre vie. »

La maman de Léo, 55e semaine

La plupart des enfants s'intéressent également à voir les « vraies choses ». Par exemple, si votre bébé s'intéresse aux garages, amenez-le voir des voitures que l'on répare. S'il aime les chevaux, allez visiter un centre équestre. Et son jouet favori est un tracteur, une grue ou un bateau, il voudra très certainement en voir un fonctionner pour de vrai.

Aidez votre bébé à explorer son nouveau monde par le langage et la musique

Quand il bondit dans le monde des programmes, votre enfant acquiert une fascination pour les histoire. Vous pouvez lui en faire voir et écouter. Vous pouvez le laisser regarder une histoire à la télévision, lui faire écouter un disque ou, ce qui est le mieux, lui raconter une histoire vous-même, avec ou sans livre illustré. Assurez-vous simplement que les histoires correspondant avec ce que votre enfant est en train de pratiquer ou avec ses intérêts. Pour certains enfants, ce sera les voitures, pour d'autres une fleur donnée, des animaux, la piscine, ou ses peluches. Gardez en tête que chaque histoire doit contenir un programme aussi bref que simple. La grande majorité des bouts de chou de cet âge ne peut se concentrer sur une histoire qu'environ 3 minutes.

« Mon fils peut vraiment être absorbé par un programme pour bébé à la télé. C'est très drôle. Auparavant, ça ne l'intéressait pas du tout. »

La maman de Kevin, 58e semaine

Quand vous regardez un livre d'image avec un petit conteur en gestation, offrez-lui l'opportunité de raconter sa propre histoire.

« Ma fille peut comprendre une image dans un livre. Elle me dire ce qu'elle voit. Par exemple, si elle voit un enfant sur une image qui donne une friandise à un autre enfant, elle dira "miam". »

La maman d'Anna, 57e semaine

De nombreux petits enfants sont des pipelettes invétérées. Ils vous raconteront des « histoires » complètes avec des questions, des exclamations et des pauses. Ils s'attendent à une réaction. Si votre nourrisson est un raconteur d'histoires, essayez de prendre au sérieux ses histoires, même si vous êtes toujours incapable de comprendre ce qu'il raconte. Si vous écoutez bien, il se pourrait que parfois vous discerniez un vrai mot.

« Mon fils babille jusqu'à ce qu'on en ait ras les oreilles. Il arrive vraiment à tenir une conversation. Parfois il le fait sur un mode interrogatif. C'est vraiment trop mignon à entendre. J'adorerais comprendre ce qu'il veut me dire. »

La maman de Lucas, 58e semaine

« Mon fils bavarde comme un fou. Parfois, il s'arrête et me regarde jusqu'à ce que je réponde, puis il continue son histoire. La semaine dernière, j'ai eu l'impression qu'il disait « bisou » puis il m'a vraiment embrassé. Maintenant, je fais 10 fois plus attention. »

La maman de Lucas, 59e semaine

De nombreux petits aiment écouter des chansons pour enfant tant qu'elles sont simples et courtes. Une telle chanson est elle aussi un pro-

Satisfaites-vous de son aide

Quand vous remarquez que votre enfant essaye de vous donner un coup de main, acceptez-le. Il commence à comprendre ce que vous faites et a besoin d'apprendre à payer son écot.

> « Ma fille veut m'aider dans tout ce que je fait. Elle veut porter les courses, remettre le torchon au bon endroit quand j'ai fini, mettre les dessous de plat et les couverts sur la table quand je mets la table, et ainsi de suite. »
>
> La maman d'Émilie, 62e semaine

> « Ma fille sait que le jus de pomme et le lait se trouvent dans le frigo et se rue vers la porte pour l'ouvrir. Pour les cookies, elle va directement au placard et sort la boîte. »
>
> La maman de Léa, 57e semaine

gramme. Si votre nourrisson aime la musique, il se peut qu'à présent il aime également apprendre les gestes qui conviennent.

> « Ma fille joue à Savez-vous planter des choux toute seule, en s'accompagnant de paroles incompréhensibles. »
>
> La maman de Léa, 57e semaine

Certains enfants prennent également beaucoup de plaisir à interpréter leurs propres morceaux. Tambours, pianos, claviers et flûtes semblent être leurs chouchous. Naturellement, de nombreux musiciens en gestation préfèrent les vrais instruments, mais ils feront moins de dégâts avec un instrument en plastique.

« Ma fille adore son petit piano. Généralement, elle joue avec un doigt et écoute ce qu'elle fait. Elle aime également observer son père jouer au piano. Puis elle se dirige vers son piano à elle et joue violemment des deux mains. »

La maman d'Anna, 58e semaine

Aidez votre bébé à explorer son nouveau monde par l'expérimentation

Si votre nourrisson est un petit chercheur, vous pourrez le voir menez le programme ou l'expérience qui suit : comment ces jouets atterrissent, roulent et rebondissent-ils ? Il se peut que votre petit Einstein examine ces choses pendant un temps quasi infini. Par exemple, il pourrait choisir différentes figurines puis les lâcher 25 fois sur la table, puis répéter ceci jusqu'à 60 fois avec toutes sortes de cubes de construction. Si vous voyez votre enfant faire ceci, alors laissez-le continuer. C'est sa manière de faire l'expérience des caractéristiques des objets d'une manière systématique. Il saura faire bon usage de cette information plus tard quand il devra décider au milieu d'un

Apprenez-lui à vous respecter

De nombreux enfant commencent à présent à comprendre que vous aussi pouvez être en plein dans un programme, par exemple quand vous êtes occupé à nettoyer. Quand vous remarquez que votre bébé commence à comprendre ces choses, vous pouvez également commencer à lui demander de prendre en compte votre existence, afin de pouvoir finir ce que vous êtes en train de faire. À cet âge, cependant, ne vous attendez pas à ce qu'il patiente très longtemps.

« Quand mon fils veut obtenir quelque chose, il s'allonge par terre juste un peu trop loin pour mes bras. Ainsi, il faut que j'aille le voir. »

La maman de Matthieu, 56e semaine

N'oubliez pas

Briser les anciennes habitudes et instaurer de nouvelles règles fait aussi partie du développement de chaque nouveau comportement. Quelles que soient les nouvelles règles que votre bébé comprenne, vous pouvez toujours exiger qu'il obéisse à un certain nombre des choses.

programme s'il doit faire quelque chose d'une manière ou d'une autre. Les nourrissons ne sont pas juste en train de jouer, ils travaillent dur, souvent toute la journée, pour découvrir comment fonctionne le monde.

« Quand mon fils fait quelque chose, par exemple construire une tour, il secoue soudainement la tête, dit "non", et se met à le faire d'une autre manière. »

La maman de Kevin, 55e semaine

« Ma fille sort sa petite locomotive pour se hisser quand elle veut prendre ses choses dans le tiroir. Avant, elle utilisait toujours sa chaise. »

La maman de Léa, 56e semaine

Bon à savoir

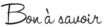

Certains enfants sont exceptionnellement créatifs quand on en vient à inventer et tester différentes manières d'arriver à un même but final. Les enfants doués peuvent être particulièrement fatigants pour leurs parents. Ils essayent en permanence de voir si les choses peuvent être faites d'une autre manière. Quand ils échouent ou qu'on leur interdit de faire quelque chose, il cherchent toujours un autre moyen pour contourner le problème ou l'interdit. On dit que pour eux c'est un défi de ne jamais faire la même chose deux fois. Ils trouvent tout simplement la répétition ennuyante.

(suite à la page 300)

Les meilleurs jeux pour cette semaine miracle

Voici des jeux et des activités que la plupart des nourrissons apprécient beaucoup à ce moment. Rappelez-vous que chaque enfant est différent. Voyez ce que votre bout de chou préfère.

FAIRE QUELQUE CHOSE TOUT SEUL

De nombreux nourrissons apprécient qu'on les laisse faire quelque chose de très adulte tout seul. Éclabousser de l'eau partout elle l'une des occupations préférées. La plupart des enfants se calment quand ils jouent avec de l'eau.

DONNEZ UN BAIN À LA POUPÉE

Remplissez une baignoire d'enfant ou un baquet d'eau tiède. Donnez à votre enfant un chiffon et un bout de savon et laissez-la recouvrir de mousse la poupée ou sa peluche. Le lavage des cheveux est généralement un moment très apprécié de ce jeu.

FAIRE LA VAISSELLE

Nouez un grand tablier à la taaille de votre enfant, et mettez-le sur une chaise devant l'évier. Remplissez l'évier d'eau tiède et donnez-le votre éponge et un assortiments d'objets qu'un bébé peu laver sans danger, comme des assiettes et tasses en plastique, des cuillères en bois, et toutes sortes de passoires et d'entonnoirs. Quelques bulles à la surface de l'eau ne le rendront que plus avide de se mettre au travail. Assurez-vous que la chaise sur laquelle il se tient ne devienne pas glissante quand mouillée, ce qui ferait perdre l'équilibre à la petite personne dans son enthousiasme. Puis reculez-le vous et laissez les réjouissances commencer !

AIDER

Il se peut que votre nourrisson préfère faire des choses en votre compagnie. Il peut vous aider à préparer le repas, à mettre la table et à faire les courses. Il aura ses propres idées concernant ces tâches, mais il apprendra beaucoup en vous accompagnant. Cela l'aide à se sentir grand et le satisfait.

DEBALLER ET RANGER LES COURSES

Rangez d'abord les choses fragiles ou dangereuses, puis laissez votre petit assistant vous aider à déballer. Il se peut qu'il vous tendent les objets achetés l'un après l'autre, ou qu'il vous les amène, selon ce qu'il décide. Vous pouvez lui demander « Peux-tu m'amener le..., et maintenant le... » Vous pouvez également lui demander où il les mettrait. Et enfin, il peut fermer lui-même les portes de l'armoire quand vous avez terminé. Encouragez-le et remerciez-le.

JEUX DE CACHE-CACHE

Vous pouvez à présent rendre ces jeux plus complexes qu'avant. Quand votre enfant est de la bonne humeur, il appréciera généralement de faire étalage de ses astuces. Ajustez le niveau à votre enfant. Ne rendez le jeu ni impossiblement difficile ni trop facile pour lui.

LA DOUBLE DISSIMULATION

Mettez deux tasses devant lui, et mettez un petit objet sous l'une d'entre elles. Puis inversez les positions des deux tasses en les faisant glisser sur la table de sorte à ce que la tasse A soit à où la tasse B était et vice-versa. Le but de l'exercice n'est pas de tromper votre nourrisson mais bien le contraire. Assurez-vous que votre enfant regarde bien quand vous déplacez les tasses et encouragez-le à trouver l'objet. Félicitez-le longuement à chaque tentative. C'est vraiment très compliqué pour lui.

JEUX SONORES

De nombreux nourrissons aiment rechercher l'origine d'un son. Mettez votre enfant sur les vos genoux et laissez-le voir et entendre un objet qui produit du bruit, par exemple une boîte à musique. Puis fermez-lui les yeux et faites cacher l'objet par quelqu'un sans l'éteindre. Assurez-vous que votre petit chéri ne puisse voir où il est caché. Quand il a disparu de la vu du bébé, encouragez-le à le chercher.

« Quand je demande à ma fille si elle a besoin d'utiliser le pot, elle l'utilise si elle en a vraiment besoin. Elle fait pipi, l'amène à la salle de bain toute seul, et tire la chasse. Mais parfois elle s'assied, puis ne lève et fait pipi à côté du pot. »

La maman de Léa, 54e semaine

Soyez compréhensifs vis-à-vis des peurs irrationnelles

Quand votre bout de chou est occupé à explorer son nouveau monde, il rencontrera des choses qu'il ne comprend pas pleinement. En chemin, il découvre de nouveaux dangers dont il n'avait jamais soupçonné l'existence. Il est toujours incapable d'en parler, alors montrez-lui un peu de compréhension. Sa peur ne disparaîtra que quand il commencera à mieux comprendre les choses.

« Tout d'un coup, mon fils s'est mis à avoir peur de notre lampe en forme de bateau quand on l'allumait, peut-être parce qu'elle brille très fort. »

La maman de Paul, 57e semaine

« Ma fille a un peu peur du noir. Pas une fois qu'elle est dedans, mais quand elle doit passer d'une pièce éclairée à une pièce sombre. »

La maman de Léa, 58e semaine

« Mon fils prend peur quand je gonfle un ballon. Il ne comprend pas ce qui se passe. »

La maman de Matthieu, 58e semaine

« Ma fille a pris peur d'un ballon qui se dégonflait. »

La maman d'Eve, 59e semaine

« Mon fils est extrêmement effrayé par les bruits puissants, comme ceux des avions, des téléphones ou de la sonnette. »

La maman de Léo, 59e semaine

« Ma fille a peur de tout ce qui s'approche d'elle rapidement. Par exemple le perroquet qui volette autour de sa tête, son frère qui la pour-

Les meilleurs jouets pour cette semaine miracle

Voici des jouets et choses que la plupart des bébés apprécient beaucoup en ce moment :

- Les poupées, poussettes miniatures et petits lites
- Les fermes, animaux et barrières en plastique
- Les petites voitures et leur garage
- Les trains en bois avec des rails, des plate-formes, des ponts et des tunnels
- Les services à thé incassable
- Les casseroles, poêles et cuillère en vois
- Les téléphones
- Les Duplo
- Les vélos, voitures, petits chevaux ou machines sur lesquels il peut s'asseoir
- Les chariots à pousser qu'il peut utiliser pour transporter toutes sortes de choses
- Les chevaux et les chaises à bascule
- Les boîtes avec des cubes et des trous de différentes formes
- Les récipients empilables et les tiges sur lesquelles enfiler des anneaux
- Les serpillières, balais, pelles à poussière et brosses
- Les éponges colorées avec lesquelles se frotter ou jouer dans le bain
- Les grandes feuilles de papier et les marqueurs
- Les livres avec des animaux et leurs petits, ou des voitures et des tracteurs
- Les instruments de musique, par exemple des tambours, petits pianos et xylophones
- Les CD avec de courtes histoires simples

Durant cette période, n'oubliez pas de prendre des précautions avec les placards et les tiroirs qui peuvent contenir des choses dangereuses ou empoisonnées, les boutons du matériel audiovisuel, les objets électriques, les fours, les ampoules et les prises.

suit, ou la voiture téléguidée qui appartient à un ami de son frère. Ça allait tout simplement trop vite pour elle. »

La maman d'Émilie, 56e semaine

« Mon refuse refuse tout simplement d'entrer dans la baignoire. Par contre ça ne le dérange pas d'aller dans la baignoire pour bébé quand celle-ci est dans la grande baignoire. »

La maman de Lucas, 59e semaine

Vers 59 semaines, la plupart des nourrissons deviennent un peu moins embêtant qu'avant. Certains suscitent l'admiration générale pour leur loquacité amicale et d'autres pour leur mignon désir d'aider à faire les tâches ménagères. La plupart commencent à présent à moins compter sur les crises de colère pour obtenir ce qu'ils veulent. En résumé, leur indépendance et leur gaieté s'affirme de nouveau. Malgré leur enjouement et leur mobilité retrouvés, de nombreuses mères peuvent toujours considérer que leur petit chéri est un peu difficile. C'est parce qu'ils pensent tout savoir, mais que vous, vous savez qu'il ont encore tellement à apprendre.

« Ma fille est désagréablement précise. Chaque chose a sa petite place. Si je fais des changements, elle le remarque et remet les choses à sa façon. Elle n'a plus non plus besoin de s'appuyer sur quelque chose pour more. Elle marche joyeusement d'un bout à l'autre de la pièce. Et dire que je me faisais un sang d'encre à ce sujet. »

La maman d'Émilie, 60e semaine

« Mon fils est de nouveau parfaitement heureux dans son parc. Parfois, il refuse que je l'en sorte. Je n'ai plus non plus besoin de jouer tout le temps avec lui. Il s'occupe tout seul, particulièrement avec ses petites voitures et ses puzzles. Il est bien plus joyeux. »

La maman de Paul, 60e semaine

« Ma fille a arrêté de jouer avec ses jouets ; elle ne les regarde même plus. Nous observer, nous imiter, puis nous rejoindre la fascine bien plus en ce moment. En plus, elle est entreprenante. Elle prend son manteau et son sac quand elle veut sortir, et le balai quand quelque chose a besoin d'être nettoyé. Elle est très mûre. »

La maman de Nina, 58e semaine

« Maintenant que mon fils file comme l'éclaire et se promène dans tout l'appartement, il fait aussi un tas de chose qu'il ne devrait pas faire. Il passe son temps à déranger les tasses, les bouteilles de bière ou les chaussures, et peut s'avérer très imaginatif. Si je cesse de le surveiller pendant un moment, ces choses finissent dans la poubelle ou dans les toilettes. Puis quand je le gronde, il devient très triste. »

La maman de Lucas, 59e semaine

« Ma petite fille est tellement mignonne quand elle joue en papotant. Elle est souvent pleine de joie. Ses crises de colère semble appartenir au passé. Mais peut-être devrais-je toucher du bois. »

La maman d'Emma, 59e semaine

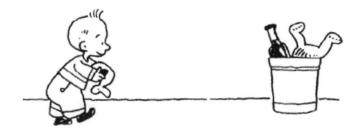

chapitre 11

Semaine miracle 64:
Le monde des principes

Suite au bond précédant, votre bébé a commencé à comprendre ce qu'est un « programme ». Les activités programmées quotidiennement comme les repas, les courses, la promenade, les jeux et la vaisselle lui

semblent maintenant normales. Parfois, on dirait qu'il se contente de suivre ce que vous faites, et d'autres fois qu'il saisit l'opportunité de vous montrer ce qu'il peut faire. Il se peut également que vous ayez remarqué que votre petit a une approche des tâches ménagères légèrement différente de la vôtre. Il utilise de la ficelle pour aspirer. Pour passer la serpillière, il utilise un bout de chiffon qu'il mouille en le mettant dans la bouche. Et il range en utilisant ses pouvoirs magiques pour bannir tout ce qui croise sa route jusqu'à un endroit inhabituel comme la salle de bain, la poubelle ou par-dessus le balcon. Plus de bazar. Votre petit assistant est toujours lié par certaines routines strictes qui tendent à être quelque peu mécaniques. En conséquent, il reste un débutant dans le monde complexe des programmes. Il n'est pas encore capable d'adapter le programme qu'il est en train de mener à différentes circonstances. Il lui faudra plusieurs années d'expérience avant de devenir efficace en de tels domaines.

Nous les parents avons l'avantage de l'expérience. On est capable de nous adapter au changement. On fait varier l'ordre dans lequel on fait les choses. Quand on fait les courses, on choisit la file d'attente du boucher plutôt que celle du traiteur si elle est moins longue. Quand on est pressé ou que l'on a

Note: La première phase (période d'agitation) de ce bond vers le monde perceptif des « principes » est liée à l'âge et prévisible, et débute entre 59 et 63 semaines. La majorité des bébés entame la deuxième phase (voir l'encadré « Les moments privilégies : une lubie contre nature », à la page 17) de ce bond 64 semaines après une naissance à terme. Les moments où le bébé commence à percevoir des choses dans ce monde des principes lance le développement de tout un ensemble de compétences et d'activités. Cependant, l'âge auquel ces compétences et ces activités apparaissent pour la première fois varie grandement et dépend des préférences de votre bébé, ainsi que de ses expériences et de son développement physique. Par exemple, la capacité à percevoir les principes est une condition nécessaire à « faire semblant de faire à manger à des poupées », mais cette compétence peut apparaître normalement n'importe quand entre la 64e semaine et bien des mois plus tard. Les compétences et les activités sont mentionnées dans ce chapitre à leur âge d'apparition le plus bas possible, afin que vous puissiez surveiller leur apparition et les reconnaître. (Parfois tout d'abord sous une forme rudimentaire.) De cette manière, vous pouvez réagir au développement de votre bébé et le faciliter.

besoin d'ingrédients spéciaux pour une recette, on s'adapte. Nous adaptons également nos programmes à ceux qui nous entourent. Si quelqu'un nous demande notre avis, on pèse notre réponse en fonction de son statut ou de son âge. On adapte également son humeur ou la direction que l'on veut donner à ses humeurs. On prépare un repas de différentes manières selon que l'on a le temps de se détendre et de l'apprécier ou si l'on doit se dépêcher pour une réunion importante. On anticipe tout ce qui peut nous arriver. On sait ce que l'on veut et comment y parvenir au mieux. On fait en sorte d'atteindre nos objectifs. C'est pour cette raison que nos programmes apparaissent si flexibles et naturels.

Votre petit ange commence à comprendre comment il peut améliorer son traitement de certaines situations dès qu'il commence à entreprendre ce bond. Il s'apprête à atterrir dans le monde des « principes ». Vers 64 semaines, un peu avant 15 mois, vous remarquerez qu'il commence à essayer de nouvelles choses. C'est un bond qui se révèle lui-même au petit bonhomme.

Vers 61 semaines (14 mois), notre petit galopin commence à remarquer que les choses changent. Tout un ensemble de nouvelles impressions bouleverse la réalité dans son cerveau. Au début, c'est pour lui un sacré boulot de gérer ces changements. Tout d'abord, il lui faudra mettre un peu d'ordre dans ce tout nouveau chaos. Il se raccroche à des choses familières. Il devient collant. Il a besoin d'une « recharge de maman ».

Les signes **d'agitation de cette Semaine**

Votre bébé pleure facilement ? De nombreuses mère se plaignent de ne plus jamais entendre leur bébé rire. Elles classent leur nourrisson comme « plus souvent sérieux » ou « plus souvent triste ». Ces moments de tristesse surviennent généralement de manière impromptue, ne durent pas très longtemps et n'ont pas de cause précise.

 Souvenez-vous

> Si votre petit chéri devient collant, surveillez l'apparition de nouvelles compétences, ou des tentatives de faire des choses nouvelles.

« Cette semaine, il a beaucoup pleuré. Pourquoi ? Je ne sais pas. Tout d'un coup, il fond en larmes. »

La maman de Sofian, 64e semaine (14 mois et demi)

Il se peut également que votre bout de chou apparaisse plus irritable, impatient, agité, frustré ou énervé, s'il a par exemple ne serait-ce que le soupçon que maman n'est pas à sa disposition, ou que maman ne comprend pas ce qu'il veut ou dit, ou que maman le reprend ou lui dit « Non ! » Cela peut arriver si sa dernière construction s'effondre ou si une chaise refuse de bouger ou même s'il rentre dans une table.

« Si elle je ne dirige pas mon attention sur elle, elle se vautre par terre en braillant. »

La maman de Manon, 62e semaine (14 mois)

« Elle s'irrite, s'énerve et s'impatiente plus vite qu'avant. Si elle veut me dire quelque chose et que je ne comprends pas absolument tout ce qu'elle veut, elle se met à crier et à s'agiter encore plus fort. »

La maman d'Eve, 64e semaine (14 mois et demi)

« Cette semaine, ça a été un vrai pleurnichard. Il criait plus fort et avec plus d'insistance s'il n'avait pas ce qu'il voulait ou si on le faisait attendre. C'était le même tarif quand j'avais les mains prises et que je ne pouvais pas le prendre dans mes bras. »

La maman de Kevin, 65e semaine (presque 15 mois)

« Il se démène vraiment. S'il n'arrive pas à bien faire une chose du premier coup, il pique une crise de colère. »

La maman de Sofian, 66e semaine (15 mois)

Comment savoir que le moment de grandir est arrivé

Il pourrait s'agripper à vos vêtements

La plupart des nourrissons font tout ce qui est en leur pouvoir pour rester près de maman. Mais les petits enfants deviennent plus grands. Il arrive que certains nourrissons se satisfassent d'attirer maman dans un jeu ou d'un simple contact oculaire bref avant de regarder ailleurs. Ceci est un pas considérable vers l'indépendance. Cependant, plus souvent qu'on le voudrait, le nourrisson se comporte plutôt comme un petit bébé. Il n'est heureux que s'il est assis sur vos genoux ou si vous le portez dans vos bras. Parfois, s'il est particulièrement collant, les mères décident que le mettre dans un porte-bébé est ce qu'il y a de mieux à faire, et le petit pot de colle se soumet avec joie.

« Il me suivait constamment en faisant traîner son doudou. Si j'arrêtais de bouger ou que je m'asseyais, il se mettait à jouer à mes pieds, voire en-dessous d'eux. Cela commençait à me pser. »
La maman de Kevin, 62e semaine (14 mois)

« Elle voulait en permanence grimper sur mes genoux, mais ça n'était pas pratique car je repassais. Plusieurs fois, je l'ai posée au centre de la pièce avec ses jouets, mais non, elle n'avait d'yeux que pour mes genoux. La dernière fois qu'elle s'est approchée de moi, elle s'est prise dans le cordon du fer à repasser, le faisant tomber sur mon pied. Comme elle était emmêlée dans le cordon, je n'ai pas pu retirer le fer de mon pied tout de suite, de qui m'a fait hurler de douleur. Ensuite elle s'est agrippée à ma jambe et a poussé un cri. Lorsque j'ai enfin réussi à me libérer, elle était si déboussolée qu'il a fallu que je l'amène avec moi à la salle de bain afin de pouvoir faire couler de l'eau froide sur mon pied. Leçon numéro 1 : pas de repassage quand elle est dans les parages ! »
La maman de Julia, 63e semaine (14 mois et une semaine)

« Il adore attirer mon attention quand je ne suis pas très loin, d'un simple regard. Notre relation mutuelle le fait irradier. »
La maman de Louis, 63e semaine (14 mois et une semaine)

« Cette semaine il s'est littéralement accroché à moi. Il a grimpé sur mon dos, s'est pendu à mes cheveux, m'a escaladé en rampant et s'est assis entre mes jambes en les agrippant de sorte que je ne pouvais plus faire un pas. Pendant tout ce temps, il en faisait un jeu, ce qui m'a empêché de perdre patience. Et en attendant, il avait ce qu'il voulait. »

La maman de Matthieu, 65e semaine (presque 15 mois)

« Il monte plus souvent sur mes genoux en rampant mais il n'y reste pas. Même quand il marche tout seul, il aime que je le porte pendant un moment. »

La maman de Lucas, 66e semaine (15 mois)

Il pourrait être plus timide avec les étrangers

La plupart des enfants ne s'éloignent pas de leur mère en présence d'étrangers. Certains essayent de grimper sur maman. Ils refusent absolument qu'une autre personne les prenne dans ses bras. Leur mère est la seule autorisée à les toucher, parfois même la seule autorisée à leur parler. Même leur père, parfois, ça ne convient pas. La plupart du temps, ils ont l'air effrayé. On dirait que quelque chose les intimide.

« Quand nous rendons visite à des amis ou que nous avons des invités, il reste tout près de moi pendant un moment avant de s'aventurer lentement plus loin. Même dès que quelqu'un lui donne l'impression de vouloir le prendre dans ses bras, il se précipite vers moi et m'agrippe un moment. »

La maman de Sofian, 64e semaine (14 mois et demi)

« Il est timide avec les étrangers. Si un groupe est présent, il rampe vers moi, met sa tête entre mes jambes et reste là quelques temps. »

La maman de Kevin, 63e semaine (14 mois et une semaine

« Il pleure si je le laisse dans une pièce avec d'autres gens. Si je vais dans la cuisine, c'est la même chose. Aujourd'hui en particulier, il ne m'a pas quitté d'une semelle, alors que sa grand-mère était dans la pièce. Il connaît bien sa grand-mère et la voit tous les jours.

La maman de Lucas, 63e semaine
(14 mois et une semaine)

« Même si c'est son père qui cherche à attirer son attention, elle détourne la tête. Et quand il la main dans son bain, elle se met à hurler. Elle ne veut être qu'avec moi seule. »

La maman de Manon, 64e semaine (14 mois et demi)

Il pourrait désirer un contact physique aussi rapproché que possible
Souvent un petit enfant ne veut pas que la distance entre sa mère et lui ne grandisse. Si quelqu'un doit aller quelque part, alors le nourrisson veut être cette personne. Maman doit rester à l'endroit où elle est et ne pas bouger d'un pouce.

« Elle déteste que je parte. Elle ne veut même pas que je me lève prendre une douche. Si je quitte le lit le matin en la laissant avec son père, elle se met à hurler. Je dois la prendre avec moi si je veux sortir du lit. Avant, elle ne faisait jamais ça. »

La maman de Laura, 62e semaine (14 mois)

« Quand je la laisse à la crèche et que j'essaie de partir, elle pleure toutes les larmes de son corps. Elle ne faisait ça qu'au début pourtant. »

La maman d'Emma, 65e semaine, ou presque 15 mois

« Il s'énerve quand je le laisse à la crèche et il me le fait savoir quand je le récupère. Pendant un moment, il m'ignore, comme si je n'existais pas. Cependant, quand il a fini de m'ignorer, il devient vraiment très doux et se blotti en posant la tête sur mon épaule. »

La maman de Marc, 66e semaine (15 mois)

Il pourrait vouloir être diverti
La plupart des nourrissons n'aiment pas jouer tout seul. Ils veulent que maman joue avec eux. Ils ne veulent pas se sentir tout seul et suivront maman si elle s'éloigne. Il veut vraiment faire passer ce message : « Si tu

n'a pas envie de jouer avec moi, alors je vais me contenter de traîner avec toi. » Et comme les tâches de maman sont généralement des tâches ménagères, celles-ci sont très populaires, même si ce n'est pas le cas pour tous les enfants. De temps en temps, certains petits penseurs échafaudent une nouvelle stratégie et utilisent un truc malicieux ou une facétie amusante pour attirer leur mère dans leurs jeux. Il est difficile de résister à une telle entreprise. Même si un mère peut être retenue par son travail, elle est prête à l'abandonner. Son nourrisson est déjà en train de devenir grand.

> « Quand ça m'arrange le moins, il veut que nous écoutions un CD pour enfants. Il faut que je le blottisse contre moi, lui sourie et le supporte. Il n'est pas même question que je jette un œil sur un magazine. »
>
> La maman de Robin, 63e semaine (14 mois et une semaine)

> « Elle a presque arrêté de jouer pour me suivre partout en permanence. Elle veut juste voir ce que je fais dans la maison et mettre son nez dans mes affaires. »
>
> La maman de Léa, 64e semaine (14 mois et demi)

> « Il refuse presque toujours de jouer tout seul. Il a passé la journée à faire du cheval, et ce cheval, c'était maman. Il a utilisé de mignonnes petites tactiques pour me tenir occupée, tout en pensant que je n'avais rien remarqué de son petit jeu. »
>
> La maman de Matthieu, 65e semaine (presque 15 mois)

Il pourrait être jaloux

Parfois, les nourrissons veulent une attention accrue de la part de leur mère quand elle est en compagnie d'autres personnes, particulièrement s'il s'agit d'enfants. Cela les met mal à l'aise. Ils veulent leur maman pour eux tout seul, il leur faut être le centre de l'attention de leur mère.

« Il requiert particulièrement mon attention quand je suis avec d'autres personnes. Particulièrement si ce sont des enfants. Alors il devient jaloux. Il m'écoute quand même quand je lui qu'il est temps pour lui d'aller jouer tout seul, mais il reste près de moi. »

La maman de Thomas, 61e semaine (14 mois)

« Parfois, il devient jaloux si un autre enfant est sur mes genoux. Je ne l'avais jamais vu faire ça avant. »

La maman de Arthur, 62e semaine (14 mois)

Il pourrait être d'humeur changeante

Certaines mères remarquent que l'humeur de leur petit bout de chou peut très rapidement changer du tout à tout. Un instant le petit caméléon est grognon, et le suivant il est tout sourire. Une minute il est très câlin, et la suivante si énervée qu'il fait tomber sa tasse de la table en la balançant, puis il peut se mettre à pleurer à chaudes larmes, et ainsi de suite. On peut dire que votre nourrisson s'entraîne pour la puberté. Les petits de cet âge sont capable d'adopter de nombreux comportements pour exprimer leurs sentiments. Et un enfant en conflit avec lui-même les essaie tous.

« Elle a passé son temps à alterner entre maussade et joyeuse, collante et indépendante, sérieuse et bébête, turbulente et obéissante. Et toutes ces humeurs différentes se succédaient comme si tout était complètement normal. C'était une vraie corvée. »

La maman de Juliette, 62e semaine (14 mois)

« Un instant il fait des bêtises, le suivant c'est un exemple d'obéissance. Un instant il me frappe, le suivant il me fait un bisou. Un instant il insiste pour tout faire tout seul, et le suivant il me fait des yeux de chien battu pour que je l'aide. »

La maman de Marc, 65e semaine (presque 15 mois)

Il pourrait mal dormir

De nombreux petits dorment moins bien. Ils ne veulent pas aller au lit et pleurent quand c'est l'heure, même durant la journée. Parfois, des mères disent que c'est tout le programme de sommeil de leur enfant qui semble changer. Elles soupçonnent que leur enfant est sur le point de passer de deux

siestes par jour à une seule. Et même si les enfants s'endorment, de nombreuses mères ne sont pas rassurées. Les pauvres petits dormeurs pleurent dans leur sommeil, ou ils se réveillent souvent complètement désespérés. Il y a clairement quelque chose qui leur fait peur. Parfois, ils se rendorment si on les rassure. Mais certains petits ne veulent continuer à dormir que si maman reste avec eux ou s'ils peuvent occuper l'endroit précieux entre maman et papa dans le grand lit.

« Comme elle ne veut plus faire de sieste durant la journée, je l'ai mise avec moi dans mon lit pendant la journée, en pensant que cela pourrait aider. On peut toujours rêver. On a fini par ressortir du lit. Résultat : elle et moi étions mortes de fatigue ! Je pense qu'elle est sur le point de passer de 2 siestes à une. »

La maman de Manon, 62e semaine (14 mois)

« Si elle se réveille durant la nuit, elle s'agrippe à moi, comme si elle avait peur. »

La maman de Léa, 62e semaine (14 mois)

« Son sommeil a été désespérant. Il a beaucoup dormi, mais il bougeait beaucoup et je n'ai pas arrêté de l'entendre pleurer. Je n'avais pas l'impression qu'il se reposait vraiment. »

La maman de Marc, 63e semaine (14 mois et une semaine)

« Quand arrive le moment de se coucher, elle s'active soudainement, devient agaçante et essaye de mordre. On dirait qu'elle ne veut pas dormir toute seule. Ça lui prend du temps. Après avoir pleurer un peu, elle finit par s'endormir, mais après ça je suis complètement épuisée mentalement. La nuit dernière, elle a dormi entre nous. Elle s'est étirée avec un bras et une jambe sur papa et un bras et une jambe sur maman. »

La maman d'Émilie, 64e semaine, ou 14 semaines et demi

« On dirait qu'il a besoin de moins de sommeil. Il va au lit plus tard. Il reste également debout pendant une demie-heure de plus chaque soir. Alors il veut jouer. »

La maman de Sofian, 65e semaine (presque 15 mois)

Il pourrait faire des cauchemars

De nombreux nourrissons font plus souvent des cauchemars. Parfois, ils se réveillent l'air désespéré, d'autres fois effrayés ou paniqués. Et parfois encore très frustrés, énervés et de mauvaise humeur.

> « Cette semaine et s'est réveillé deux fois en poussant un cri strident, couvert de sueur et dans un état de panique complète. Il a mis une demi-heure a s'arrêter de pleurer. Il était quasiment inconsolable. Cela ne lui était jamais arrivé avant. J'ai aussi remarqué que ça lui a pris du temps avant d'être de nouveau à l'aise. »
>
> **La maman de Sofian, 62e semaine (14 mois)**

> « La nuit il était souvent réveillé. Il avait l'air désespéré ou dans un état de panique complète. Une nuit, il a dormi avec moi car il n'arrivait pas à se débarrasser de sa angoisse. Dormir à côté de moi l'apaise. »
>
> **La maman de Thomas, 62e semaine (14 mois)**

> « J'ai vu qu'il dormait profondément, suis descendue et tout d'un coup j'ai entendu un bruit sourd et un puissant hurlement. Je remonté les escaliers quatre à quatre pour la consoler en la prenant dans mes bras, mais elle était en pleine crise. Elle se roulait par terre en tapant des pieds et en pleurant. J'ai essayer de la tenir contre moi, mais elle a résisté de toutes les manières qu'elle pouvait. Il lui fallait simplement passer sa rage, ce qui a pris vraiment beaucoup de temps. »
>
> **La maman de Julia, 64e semaine (14 mois et demi)**

Il pourrait rêvasser

Parfois les bouts de chou restent assis le regard perdu. C'est un moment de méditation.

> « J'ai remarqué qu'il était plutôt calme. Il reste là à regarder dans le vague. Il n'avait jamais fait ça avant. »
>
> **La maman de Thomas, 63e semaine (14 mois et une semaine)**

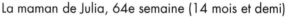

« Cette semaine il était souvent de manière visible dans le pays des rêves. Il allait s'allonger par terre pour simplement regarder le plafond. »

La maman de Sofian, 65e semaine (presque 15 mois)

Il pourrait perdre l'appétit

Tous les nourrissons n'ont pas les meilleurs habitudes de repas. Parfois ils sautent tout bonnement un repas. Les mères trouvent cela ennuyeux que leur enfant ne mange pas bien, et cela leur permet de donner au bébé l'attention dont il a besoin. Les nourrissons qui allaitent, eux, semblent cependant vouloir manger plus souvent. Mais dès qu'ils ont tété un petit peu, ils abandonnent le sein et regardent autour d'eux. Ou il se contentent de le garder en bouche. Après tout, ils sont là où ils veulent être : avec maman.

« Il n'a pas bien mangé cette semaine. Particulièrement le soir. Il détournait la tête dès la première bouchée, indifféremment de ce que je mettais devant lui. »

La maman de Lucas, 64e semaine (14 mois et demi)

« Il se réveille souvent durant la nuit et demande le sein. Est-ce une habitude ou en a-t-il vraiment besoin ? Je me demande car il veut être nourri tellement souvent. Je me demande également si je ne le rend pas trop dépendant de moi. »

La maman de Léo, 63e semaine (14 mois et une semaine)

Il pourrait être plus puéril

Vous pourriez avoir l'impression que votre nourrisson est de nouveau un petit bébé. Ce n'est pas vraiment le cas. Une régression durant une période pot de colle signifie que le progrès arrive. Et une régression paraît d'autant plus évidente que les enfants de cet âge sont capables de bien des choses.

« Elle n'utilise plus les mots qu'elle avait appris ! Tout d'un coup elle appelle les animaux "am". »

La maman de Julia, 61e semaine (14 mois)

« Il rampe de nouveau plus souvent. »
>   La maman de Louis, 63e semaine (14 mois et une semaine)

« Elle est de nouveau partante pour son parc, plein de jouets pour petits bébés ! »
>   La maman d'Anna, 63e semaine (14 mois et une semaine)

« Avant, si on programmait ça bien et qu'on lui demandait si elle voulait faire pipi, elle allait au pot, mais maintenant elle s'est remise à n'utiliser que des couches. Comme si elle avait complètement oublié comment faire. »
>   La maman de La maman de Léa, 62e semaine (14 mois)

« Je me suis remis à la nourrir au biberon comme quand elle était bébé. Elle ne veut même pas le tenir toute seule. »
>   La maman d'Émilie, 62e semaine (14 mois)

Il pourrait agir avec une gentillesse inhabituelle

Certaines mères succombent à une accolade ou un bisou généreux, ou à une débauche d'affection venant de leur enfant. Les petits bouts de chou ont certainement remarqué qu'il est plus difficile pour maman de résister à ces manifestations d'affection qu'au fait de pleurnicher et d'être un pot de colle ou un casse-pieds. Et de cette manière ils arrivent à se « recharger en maman » si besoin est.

« Maintenant il grimpe derrière moi dans la chaise et va jusqu'à mon cou pour me serrer très fort avec les bras. »
>   La maman de Matthieu, 63e semaine (14 mois et une semaine)

« Parfois, elle est vraiment affectueuse. Elle vient passer un bras autour de mon coup en pressant une joue contre la mienne, me caressant de l'autre bras tout en me faisant des bisous. Elle caresse et embrasse même le col en fourrure de mon manteau. Avant elle n'était jamais aussi affectueuse. »
>   La maman de Nina, 65e semaine (presque 15 mois)

Il pourrait prendre plus souvent ses objets favoris

Parfois, les nourrissons utilisent des couvertures, des peluches ou toute sorte d'objets doux pour faire des câlins. Ils le font particulièrement si maman est occupée.

« Il fait beaucoup de câlins à ses peluches. »

La maman de Matthieu, 65e semaine (presque 15 mois)

Il pourrait faire des bêtises

De nombreux nourrissons font exprès de faire des bêtises. Faire des bêtises est un excellent moyen d'attirer l'attention. Si quelque chose se casse, est sale ou dangereux, ou si la maison est mise sens dessus dessous, maman devra aborder cette mauvaise conduite. C'est un moyen détourner d'obtenir une « recharge de maman ».

« Elle n'a pas le droit de toucher la chaîne hi-fi, la magnétoscope et les autres équipements du genre. Elle c'est que c'est interdit ! Elle reçoit un avertissement, puis une petite tape sur les doigts. »

La maman de Vera, 62e semaine (14 mois)

« Ça m'a vraiment énervé quand il a fait exprès de balancer des choses par-dessus notre balcon. Il est impossible de récupérer les objets car ils atterrissent dans l'eau en-dessous. Après ça, s'il recommençait, je me prenais brusquement et le mettais dans son parc en lui expliquant que de telles choses n'étaient pas permises. »

La maman de Louis, 62e semaine (14 mois)

« Elle se comporte mal sciemment. Elle pose ses mains aux endroits précis qu'elle sait lui être interdits. Par exemple, elle secoue la barrière des escaliers (qui est maintenant complètement détruite) ou enlève les aiguilles de mes tricots. Ça me tape vraiment sur le système. »

La maman de Vera, 65e semaine (presque 15 mois)

« Il passe fréquemment par des périodes où il ne fait que ce qui lui est interdit. Je me retrouve à ne rien faire d'autre que dire « non » et garder l'œil sur lui. »

La maman de Sofian, 6e semaine (15 mois)

Il pourrait avoir plus de crises de colère

De nombreux nourrissons s'irritent, s'énervent ou se mettent de mauvaise humeur plus rapidement que ce à quoi leur mère était habituée. Ces petits se roulent par terre sur eux-mêmes en criant et en tapant des pieds s'il n'obtiennent pas ce qu'ils exigent, s'ils échouent à faire quelque chose du premier coup, s'ils ne sont pas compris sur-le-champ ou même sans aucune raison apparente.

« Elle a fait sa première grosse crise de colère. C'est tout nouveau Au début on pensait qu'elle avait mal à cause de ses dents. Elle est tombée à genoux et s'est mise à pousser des cris perçants. En fait, c'était juste une crise de colère. Pas de promenade au parc pour elle ! »

La maman de Manon, 63e semaine (14 mois et une semaine)

« Quand son père l'a remis au lit à 5h30 du matin, il a vraiment piqué une colère noire. Il semblerait qu'il avait d'autres projets que nous. »

La maman de Lucas, 62e semaine (14 mois)

« Elle voulait manger toute seule et au début nous ne l'avions pas compris. Elle a crié, a commencé à donner des coups de pieds et a failli casser sa chaise. Je n'avais pas idée qu'elle pouvait souffrir autant. Une sacrée épreuve ! »

La maman de Nina, 62e semaine (14 mois)

« Quand nous sommes avec d'autres personnes, je ne peux pas bouger d'un pouce ou alors il se jette par terre et a une crise de colère. »

La maman de Lucas, 63e semaine (14 mois et une semaine)

« Si elle n'obtient pas ce qu'elle veut, elle se jette par terre en hurlant et refuse de s'asseoir ou de se lever. Puis je la prends dans mes bras et attirer son attention vers quelque chose d'autres. »

La maman de Julia, 62e semaine (14 mois)

Mon journal

Les signes que mon bébé grandit de nouveau

Entre 59 et 63 semaines, votre enfant peut montrer des signes qu'il est prêt à faire le prochain bond vers le monde des principes.

- Pleure plus souvent et est plus souvent pénible ou agité
- Est joyeux un instant et pleure le suivant
- Veut être diverti, ou le veut plus souvent
- S'agrippe à vos vêtements ou veut être plus près de vous
- Agit avec une gentillesse inhabituelle
- Fait des bêtises
- A des crises de colère, ou en a plus souvent
- Est jaloux
- Est manifestement plus timide avec les étrangers
- Désire encore plus de proximité physique
- Dort mal
- Fait des cauchemars, ou en fait plus souvent
- Perd l'appétit
- Reste parfois là, à rêvas-ser tranquillement
- Serre un doudou, ou le fait plus souvent
- Est plus puéril
- Résiste à l'habillement

AUTRES CHANGEMENTS REMARQUÉS

_____

_____

_____

_____

Comment ce bond peut vous affecter

Vous pourriez devenir vraiment agacée

Lorsque que leur enfant atteint cet âge, les mères supportent clairement moins qu'il s'agrippe, geigne ou les provoque. Quand c'était encore un petit bébé, ces comportements les inquiétaient. À présent, ils les ennuient.

> « Avant, elle n'avait jamais de problèmes pour s'endormir. Maintenant, si. Les deux dernières nuits n'ont été rien d'autre que des pleurs. Cela m'ennuie vraiment beaucoup. Les soirées sont mon seul moment à moi et maintenant elle se met à les monopoliser aussi. J'espère que ça ne deviendra pas une habitude. »
>
> La maman de Marie, 69e semaine, ou bientôt 16 mois

Dès qu'une mère en a assez, elle le fera savoir. À cet âge, un nourrisson obstiné comprend quand sa mère désapprouve son comportement. En utilisant des mots qu'il comprend, elle explique ce qu'elle n'apprécie pas. Le langage se met à jouer un plus grand rôle. Et une petite peste geignarde se se retrouvera plus rapidement dans son parc ou dans son lit que quand il était plus jeune. La patience de sa mère est moins grande. Les mères pensent que leur enfant est assez grand pour mieux se comporter. De plus, elles pensent que leur nourrisson devrait apprendre à être plus prévenant envers elles.

> « Je me suis débrouillé pour qu'elle reste avec une nourrice. Cela me tape vraiment sur le système qu'elle s'accroche à moi quand nous allons quelque part. Tous les autres enfants courent autour de leur mère et jouent avec des jouets. Elle le fait rarement. Ce n'est qu'après être restée près de moi assez longtemps à observer les alentours qu'elle commence à lâcher ma robe. J'espère juste qu'elle arrivera à être moins collante quand elle ira chez la baby-sitter. »
>
> La maman de Julia, 64e semaine (14 mois et demi)

> « Quand je cuisine, il vient s'asseoir à mes pieds. S'il se fait trop insistant et qu'il ne veut pas s'enlever de mon chemin quand je le lui demande, je le mets dans son parc. C'est que ma patience a atteint ses limites. »
>
> La maman de Lucas, 64e semaine (14 mois et demi)

« Il veut sans cesse grimper sur mes genoux et, mieux encore, aller au sein, si possible du lever au coucher du soleil. Cela m'embête vraiment. Tout d'abord, j'essaye de le faire descendre de moi en détournant malicieusement son attention. Mais s'il continue à venir vers moi et à tirer mes vêtements, il a de bonnes chances de filer au lit. C'est que ça commence à être assez. »

La maman de Robin, 65e semaine (presque 15 mois)

« Parfois, il veut que je le prenne dans mes bras au moment même où je suis occupée à faire quelque chose et cela m'énerve. J'essaye de lui expliquer avec des mots simples pourquoi je ne peux pas le prendre. Et ça arrange un peu les choses ! »

La maman de Sofian, 65e semaine (presque 15 mois)

« Cela me trouble pas mal quand il fait semblant de ne pas entendre ce que je dis. Je le saisis et le retourne face à moi, pour qu'il doive me regarder et m'écouter quand je dis quelque chose. »

La maman de Arthur, 65e semaine (presque 15 mois)

« S'il continue à être désagréable, ne sait pas ce qu'il veut, pleure pour un rien et n'écoute pas ce que je dis, j'en déduis qu'il est très fatigué et qu'il est temps d'aller au lit. Je dois relâcher un peu la pression, parce que je suis à bout de patience. »

La maman de Arthur, 67e semaine (15 moiset une semaine)

Vous pourriez vous disputer

Votre nourrisson grandit. De plus en plus souvent, lui et maman ne se voient pas directement. Si on lui interdit d'interrompre, de s'agripper ou d'être turbulent, il se rebelle avec fierté. Le résultat, ce sont de vraies disputes. De telles explosion sont plus susceptible de survenir à la fin de la période difficile. C'est le moment où à la fois la mère et l'enfant sont les plus prompts à s'emporter.

« On vient d'avoir une vraie bataille ! Il passait son temps à prendre les chatons et à les pousser par terre comme des petites voitures. J'ai dû l'arrêter. »

La maman de Marc, 63e semaine (14 mois et une semaine)

« S'il n'obtient pas se qu'il veut, il pleure encore plus fort, plutôt que de faire cesser sa crise. S'il ne s'arrête pas vraiment rapidement, je le punis en le mettant dans son parc. Mais il n'aime pas ça du tout. Il entre alors dans une énorme crise de colère. Je le laisse faire jusqu'à ce qu'il soit à bout de forces, mais c'est assez déplaisant. »

La maman de Louis, 63e semaine (14 mois et une semaine)

« Elle nous rend dingue. Elle pleure tout le temps et exige une attention constante de 7 heures du matin à 22h30. Parfois, une bonne petite fessée est vraiment nécessaire. Lui parler, c'est comme parler à un mur en briques : elle n'écoute pas. Ses siestes ne durent qu'une demi-heure. Nous n'avons plus de temps à nous, où de temps à partager, car c'est comme si elle dirigeait nos vies. Peut-être devrait-on faire moins attention à elle. J'aimerais savoir si d'autres enfants sont difficiles à cet âge. Nous n'entendons jamais les autres parents se plaindre. Nous sommes à court d'idée. En ce moment, nous trouvons qu'être parent est une tâche plutôt ingrate. »

La maman de Léa, 65e semaine (presque 15 mois)

Si votre bébé recherche obstinément de l'attention, cela peut vous faire vous arracher les cheveux. C'est assez normal. Cependant, vous ne devez pas réagir en suivant la colère. Blesser votre bébé ou votre enfant n'est jamais une bonne manière de lui enseigner les règles.

« S'il n'obtient pas ce qu'il veut, il s'énerve et me frappe. Cela faisait longtemps que ça m'ennuyait, et ma patience avait fini par atteindre ses limites. Je lui ai donné un petit coup juste assez fort pour qu'il puisse le sentir. Puis je lui ai expliqué en long, en large et en travers qu'il devait arrêter les coups. »

La maman de Marc, 65e semaine (presque 15 mois)

Votre fils fait ce que vous faites. Si lui n'a pas le droit de vous frapper, alors vous ne devriez pas le frapper. Si vous frappez votre enfant, il n'y a alors pas vraiment de sens à dire qu'il ne devrait pas frapper. Vos paroles et vos actes doivent correspondre. Les coups ne résolvent rien et sont mauvais pour votre petit bout de chou.

« Elle refuse d'écouter et cela peut devenir vraiment pénible ou dangereux. Parfois, il est nécessaire de lui donner une petite claque. Mais ça ne marche pas toujours. Cette semaine, alors que la situation était déjà tendue, j'ai dit « Maman ne t'aime pas maintenant, pars ! » et sa réaction m'a touchée. Elle s'est mise à pleurer sans pouvoir s'arrêter. Elle était vraiment mortifiée, plus qu'avec une claque. J'espère que je ne dirai plus jamais ça dans ma colère. Je ne voulais pas qu'elle le prenne à ce point à la lettre. »

La maman de Léa, 66e semaine (15 mois)

Comment émergent les nouvelles compétences de votre bébé

Vers 64 semaines, presque 15 mois, vous remarquerez que votre nourrisson est de moins en moins collant. Il est de nouveau plus entreprenant. Peut-être voyez-vous déjà qu'il est différente, et agit différemment. Il devient plus obstiné. Il pense différemment. Il tient ses jouets différemment. Son sens de l'humour a évolué. Vous voyez ces changements, parce que c'est à cet âge qu'apparaît chez votre nourrisson la capacité à observer et mettre en place des « principes ». C'est lui qui choisit par où il veut commencer selon ses talents, ses préférences et son tempérament. Trouvez vers où il veut se diriger et aidez-l'y. Parfois, cette nouvelle compétence qu'il acquiert lui « donne le mal de crâne », pour ainsi dire.

« Il ne veut plus autant aller sur mes genoux. Il est de nouveau actif. »

La maman de Thomas, 67e semaine (15 moiset une semaine)

« L'agitation permanente et les mauvaises humeurs sont terminées. Elle était même contente d'aller à la crèche. La période difficile est terminée. »

La maman de Manon, 66e semaine (15 mois)

« Parfois je m'inquiète. J'ai l'impression qu'il est occupé à l'intérieur. D'une certaine manière, il prend plus sur lui. Mais dans le même temps il aime être près de moi. Pas que nous fassions quelque chose ensemble, mais juste être près de moi. »

La maman de Louis, 67e semaine (15 moiset une semaine)

Il joue tout seul plus longtemps et est plus calme, plus concentré, plus solennel, entreprenant, curieux, observateur et indépendant dans le sens ou il fait des choses lui-même. Les jouets l'intéressent moins. Ses intérêts se dirigent plus vers les choses de la vie de tout les jours. De plus, il aime vraiment être dehors à errer ou explorer. Cependant, il a toujours besoin que vous soyez dans les environs.

Maintenant que votre nourrisson a fait ses premiers pas dans le monde des « principes », vous remarquez qu'il mène à bien différents « programmes » de manière plus souple et naturelle. À présent, vous saisissez ce qu'il est en train de faire et ce qu'il veut. Les principes influenceront son processus cognitif. Il commence à maîtriser les choses, tout comme un professeur a besoin de maîtriser les choses afin d'être capable de les expliquer. Votre galopin n'est plus « entraîné » dans un programme, mais il peut en « créer » ou en changer et évaluer tout seul ce que sont les choses. Il commence à penser aux programmes. Et tout comme lorsqu'il met en marche un programme il réfléchit à chaque mouvement et décide s'il le fera d'une manière ou d'une autre, dans le monde des principes votre enfant commence à penser au fait même de penser. Il se passe plus de choses là-haut, et il le ressent.

> « Il cherche son chemin avec sa tête. Littéralement. Il y a plusieurs qu'il touche avec son front : le sol, le pied de la table, un livre, son assiette, et ainsi de suite. Il m'appelle pour me montrer. Je n'arrive pas à le suivre. Parfois, j'ai l'impression qu'il veut me dire que l'on eut rentrer dans ces choses. D'autres fois c'est comme si une nouvelle manière de penser émergeait, comment s'il ressentait qu'il pouvait appréhender mentalement le monde. »
> La maman de Louis, 67e semaine (15 moiset une semaine)

Dans le monde des principes, votre bout de chou pensera aux choses à l'avance, réfléchira, envisagera les conséquences de ses actions, fera des projets et les évaluera. Il mettra en place des stratégies : « C'est à papy ou à mamie que je dois demander des bonbons ? » « Comment faire durer ça plus longtemps ? » Naturellement, votre nourrisson ne maîtrise pas encore très bien l'élaboration de projets, et ceux-ci ne sont pas aussi complexes que les nôtres. Nous, adultes, , nous avons mis des années à maîtriser ceci. Avec l'expérience, chacun d'entre nous apprend des principes en exécutant des programmes et en confrontant plusieurs milliers de situations différentes. Votre petit débutant ne peut pas saisir complètement le sens de tant de nouvelles choses. Tel Alice au pays des Merveilles, il erre dans le monde des principes. Il commence à assimiler que du matin au soir il devra faire des choix. Oui, il remarque que cela est inévitable : il doit choisir, choisir, et choisir encore. Peut-être avez-vous remarqué que votre petit chéri hésite sans fin sur ce qu'il devrait fait. Penser est un boulot à plein temps.

> « Maintenant, il comprend que tout au long de la journée, il doit faire toutes sortes de choix. Il choisit de manière très consciencieuse et prend son temps. Il hésite sans fin à allumer ou non la télévision. Si doit ou non jeter quelque chose par-dessus le balcon. S'il dormira dans le grand lit ou le petit, et s'il s'assiéra avec son père ou moi. Et ainsi de suite. »
> **La maman de Louis, 67e semaine (15 moiset une semaine)**

Dans le monde des principes, votre enfant n'a pas seulement à choisir ce qu'il fera ; il doit continuer à faire des choix pendant qu'il le fait : « Devrais-je détruire ma tour, la laisser comme ça ou la rendre encore plus haute. » Et s'il choisit la dernière option, il doit choisir comme s'y prendre : « Maintenant, c'est un cube que j'ajoute à ma tour ou je mets une poupée ? » Tout ce qu'il fait impliquera des choix : « Dois-je me comporter soigneusement, sans soin, imprudemment, rapidement, sauvagement ou dangereusement ? » Si maman pense qu'il est temps d'aller au lit, il devra choisir s'il veut y aller calmement ou essayer de retarder ce moment. De nouveau, il lui faudra choisir : « Quelle est la meilleure stratégie pour me faire rester le plus longtemps hors du lit ? Trottiner loin d'ici aussi vite que je peux ? Sortir une plante de son pot ? Ou trouver une autre combine ? » Et s'il sait très bien que quelque chose est interdit, il doit choisir s'il y va quand même ou s'il attend que le voie soit libre. Il envisage, choisit, essaie... et désespère maman.

Avec tous ces choix, il apparaît à votre nourrisson que lui-même peut gérer les choses, tout comme maman, papa et n'importe qui d'autre. Il devient possessif également. Il ne prête pas de bon cœur ses jouets, particulièrement aux autres enfants. À présent, c'est une personne à part entière. C'est le roi ou la reine de son propre monde. Sa volonté fait des heures supplémentaires. Un moment il décide de déposer soigneusement une tasse pleine sur la table et le suivant il la laisse tomber et en met partout. Un moment il essaye de gagner un gâteau de sa maman avec des bisous et des caresses. La suivent il opte pour une approche moins subtile. Et maman n'a pas la moindre que c'est un gâteau qu'il veut ! Votre nourrisson est plein de surprises. En utilisant son son arsenal et en étudiant vos réactions et celles des autres, votre petit découvre que les différentes stratégies qu'il emploie ont des résultats différents. Ainsi, votre nourrisson découvre à quel moment il est le plus judicieux d'être amical, aimable, agressif, péremptoire, précautionneux ou poli. Et ce n'est pas tout. Votre enfant élabore certaines de ses stratégies tout seul, tandis qu'il en imite d'autres : « Tiens, cet enfant a tapé sa mère, devrais-je essayer ça ? » Votre nourrisson parcourt le monde des principes et a vraiment besoin de sa maman et d'autres gens dans son processus d'apprentissage.

Nous les adultes avons des années d'expériences dans le monde des principes. C'est en tentant des choses et en faisant des erreurs que nous avons appris à maîtriser ce monde. Nous savons par exemple ce que la justice, la gentillesse, l'humanité, la serviabilité, l'ingéniosité, la modération, la retenue, la confiance, la frugalité, la coopération, le soin, la prudence, la responsabilisation, l'assurance, la patience et l'attention envers les autres signifient pour nous. Nous savons que cela veut dire se soucier des autres, être efficace, coopérer, être affectueux, respectueux et savoir comment mettre les autres à l'aise. Cependant, nous n'interprétons pas tous ces principes de la même manière. Nous savons, par exemple, qu'il est poli de serrer la main de

quelqu'un à qui l'on se présente, c'est dans notre culture. Cependant, en Angleterre, une poignée de main n'est pas attendue ; là-bas, un hochement de tête et une salutation suffisent. Et en Tanzanie, il faut serrer les deux mains, une seule main n'est qu'une demi-salutation. Nous réalisons nos principes en fonction de notre personnalité, de notre famille et de la culture dans laquelle nous avons grandi.

En général, on peut dire que lorsque l'on cherche à atteindre un certain but, un principe est une stratégie commune que nous utilisons sans avons à passer par toutes les étapes spécifiques l'une après l'autre. Les exemples précédents sont principalement des principes moraux, qui ont partie prise avec les normes et les valeurs. Mais il y a d'autres types de principes qui concernent la façon dont nous faisons les choses. Par exemple, il y a les stratégies que l'on utilise en jouant à un jeu de plateau. Un autre exemple est que quand on prépare une longue sortie sur tout un week-end, on prévoit assez de temps pour dormir. Encore un autre exemple est le principe selon lequel quand on écrit un article, on doit prendre en considération le public visé. Ou le principe de la double tenue de compte, ou le développement d'un « thème » musical. Il y a encore les lois de la nature qui dictent la façon dont se meuvent les choses, les équations chimiques qui décrivent comment la matière complexe est formée d'éléments simples ou la géologie qui décrit les mouvements de la croûte terrestre. Tous cela appartient à ce que nous appelons le monde des principes.

Naturellement, votre nourrisson est à mille lieux de telles applications adultes des principes, comme la stratégie des échecs, les lois de la nature ou les normes des grandes personnes. Ce sont des mots importants que nous n'associons généralement pas aux nourrissons. Mais à sa propre manière rudimentaire, votre petit se lance dans le monde des principes. Il met déjà en place des stratégies pour rester éveillé plus longtemps ! Et certains nourrissons passent leur journée à jouer aux petites voitures, les regardant descendre et monter.

La manière qu'a un adulte de mettre concrètement en pratique un principe peut varier énormément. Nous nous assurons d'être en permanence prêt à affronter les changements qui se présentent à nous. Ainsi, nous ne sommes pas toujours patients, attentionnés ou économes, ni ne traitons tout le monde de manière aussi aimable,

précautionneuse ou respectueuse. Imaginons que votre nourrisson et votre époux vous tendent tous deux le dessin d'un grand singe et vous regardent, suspendus à votre jugement. Il est très probable que vous soyez honnête avec votre époux. Il se pourrait même que vous lui disiez d'en rester à son travail habituel. Mais vous allez féliciter votre petit gribouilleur pour ses efforts. Même si vous n'arrivez pas à voir ce que c'est, vous direz que c'est le plus joli singe que vous ayez jamais vu. Et en signe d'approbation, vous mettrez le dessin sur le frigo. Même sans y penser, vous prenez en compte l'âge du dessinateur. Il n'aurait pas été bénéfique d'être franc avec votre nourrisson. Vos auriez risqué de détruire pour toujours son désir de dessiner.

À cet âge, votre nourrisson ne peut pas encore se préparer à l'ensemble des différentes conditions. Il lui faut encore acquérir la subtilité. Il est toujours attaché aux stratégies qu'il a apprises en premier. Cela est lié au fait qu'il vient juste d'obtenir sa première bouffée de principes et qu'il est seulement capable de les appliquer de manière déterminée. Ce n'est qu'une fois qu'il aura fait le bond suivant que vous remarquerez une adaptabilité accrue chez votre bébé. Il adapte sa stratégie. Tout comme votre petit était capable de saisir les programmes après avoir fait le bond dans le monde des principes, votre nourrisson comprendra, après le prochain bond, qu'il peut choisir ce qu'il veut être : honnête, amical, serviable, prudent, patient, débrouillard, efficace, juste, attentionné ou frugal. Et qu'il peut choisir de n'être rien de cela. Il commence à comprendre qu'il peut prêter attention à ce que fait papy, ou qu'il n'est pas obligé de le faire. Qu'il peut réconforter un ami, ou choisir de ne pas le faire. Qu'il peut traiter le chien gentiment, ou qu'il peut le brusquer. Qu'il peut être poli avec le voisin et coopérer avec maman, ou non...

« Nora s'est faufilé ! Mamie était en train de cuisiner alors qu'elle jouait tranquillement avec sa poupée et ses accessoires. Elle s'est lentement mise à étendre les limites de son territoire jusqu'à l'entrée. Mais elle n'avait pas prévu de s'arrêter là. Elle a dû fermer la porte du couloir très doucement, et ouvrir la porte d'entrée avec le même talent. Soudain, mamie a trouvé que c'était bien calme dans l'entrée. Elle a regardé derrière elle et la porte fermée lui a fait craindre le pire. Elle s'est ruée dehors sans trop savoir que faire. Elle l'a vue deux rues plus bas, courant comme un lièvre dans le vaste monde bien loin de la maison de mamie, en poussant son landau où elle avait déposée la poupée. Quand elle a vu mamie, elle a été très surprise et a commencé à protester à haute voix : « Nora aime pas ça ! Nora aime pas ça ! » Elle voulait continuer à vagabonder comme tout seule. Elle n'a pas supporté d'être rattrapée. À partir de maintenant, mamie laissera la porte d'entrée fermée. »

La maman de Nora, 87e semaine, ou 20 mois

« Depuis quelques temps elle veut nettoyer de fond en comble les toilettes, mais elle est encore loin d'y arriver. Tout d'un coup, elle a trouvé une solution pour satisfaire son envie de nettoyage. Soudain, nous avons entendu la porte de la salle de bain se fermer et un énorme bruit de nettoyage a émergé de cette petite pièce. On entendend des frottements, de l'eau couler et la poubelle en métal être déplacée. Un bruit de chasse d'eau, puis un autre et encore un autre. Ces bruits d'eaux ont conduit toute la famille à venir frapper à la porte et à appeler Angela. Mais quoi que papy, mamie ou moi disions, la porte restait fermée sans que ne cesse le bruit du nettoyage à l'intérieur.

Lentement, de l'eau s'est mis à sortir de dessous la porte. Mais la porte restait fermée. Environ vingt minutes plus tard, la porte s'est ouverte et la petite femme de ménage est sortie. Aussi fière et satisfaite que complètement trempée, elle a dit « C'est fait » avant de s'en aller. Tout était trempé : les murs, la commode, le sol. Les rouleaux de papier toilette étaient au fond de la cuvette et des feuilles de papier toilette étaient collées au mur. Et par terre, il y avait une poêle, un balai-brosse et une serviette. Elle s'était bien préparée pour son boulot. »

La maman d'Angela, 92e semaine, ou 21 mois

Des changements dans le cerveau

Une recherche américaine menée sur 408 vrais jumeaux a conclu que vers le 14e mois il y avait une influence héréditaire claire sur le développement. Le développement concernait à la fois les compétences non-verbales et la compréhension verbale.

Les choix de votre nourrisson : une clé pour comprendre sa personnalité

Tous les nourrissons reçoivent la capacité à percevoir et manier les principes. Il leur faudra des années afin de se familiariser complètement avec la large gamme de nouvelles compétences avec lesquelles jouer, mais c'est en tant que nourrissons qu'ils font leurs tendres premiers pas dans le monde des principes.

Ainsi, à cet âge votre nourrisson comment se comporter vis-à-vis des choses : soigneusement ou brutalement. Il choisit de tenir compte de ce qui dit mère ou d'essayer d'obtenir ce qu'il veut dans un accès d'obstination. En bref, il choisit quelle stratégie utiliser pour atteindre l'objectif qu'il s'est fixé. Et comme tous les nourrissons, il choisit tout d'abord ce qui convient le mieux à ses talents, sa mobilité, ses préférences et son expérience personnelle. Les premiers choix deviennent apparent quand il a 64 semaines, soit presque 15 mois. Ne comparez pas votre enfant avec d'autres nourrissons. Chaque enfant est unique et fera des choix différents.

Observez de près votre nourrisson. Établissez ce qu'il l'intéresse. Utilisez la liste dans « Mon Journal » aux pages 332-333 pour cocher ou surligner ce que votre enfant choisit. Vous pouvez également regarder vous-même pour voir si à votre avis votre enfant pourrait utiliser ou apprendre certains principes. Cessez de cocher quand votre enfant commence à entamer le bond suivant. Cela survient généralement quand il a 71 semaines, soit 16 mois et demi.

Ce que vous pouvez faire pour Aider

Dans le monde des principes, votre nourrisson découvrira qu'il y a différentes manières d'accomplir un but et toutes les stratégies qu'il peut utiliser : « Dois-je y aller doucement, brusquement, avec insistance ou gen-

---

Les nourrissons, c'est comme ça !

Votre nourrisson appréciera tout ce qui est nouveau pour lui. Par conséquent, réagissez toujours particulièrement aux nouvelles compétences et aux nouveaux intérêts démontrés par votre nourrisson. De la sorte, il apprend avec plus de plaisir, plus facilement, plus rapidement, et plus..

(suite à la page 334)

Mon journal

Comment mon bébé explore le nouveau monde des principes

EXERCE SA PROPRE VOLONTÉ

- Choisit consciencieusement
- Prend des initiatives
- Veut avoir son mot à dire quand d'autres personnes font quelque chose
- Sent un plus fort besoin d'appartenir à un groupe, d'être accepté
- Est plus possessif avec ses jouets
- Autres choses que j'ai remarquées : _____

COPIE ET IMITE

- Observe les adultes
- Observe les autres enfants
- Imite un comportement agréable
- Imite un comportement agressif
- Imite des actions physiques manifestes, comme un saut périlleux ou de l'escalade
- Imite des compétences motrices subtiles, comme tenir un crayon
- Imite des « bizarreries », comme boiter ou marcher comme un bossu
- Imite ce qu'il voit à la télé ou dans un livre
- Autres choses que j'ai remarquées : _____

PRATIQUE DES STRATÉGIES, EXPLORE LES LIMITES ET S'AVÈRE PLEIN DE RESSOURCES

- Expérimente les compétences motrices
- Expérimente le fait de stocker ou de recouvrir des objets
- Expérimente le fait de ramper dans ou derrière quelque chose et d'en sortir à nouveau
- Expérimente la manipulation d'objets avec précaution et soin

- Expérimente les choix : que dois-je choisir ?
- Expérimente la signification de « Oui » et « Non »
- Expérimente de faire tourner maman en bourrique ; agit comme s'il était désobéissant
- Expérimente avec des rampes et des élévations ; les parcourt du doigt et y fait glisser ses petites voitures vers le haut et le bas
- Autres choses que j'ai remarquées : _____

MET EN PLACE DES STRATÉGIES ET DES TACTIQUES

- Est (plus souvent) serviable, ou essaye de l'être
- Est (plus souvent) obéissant, ou fait de son mieux pour l'être
- Est (plus souvent) soigneux et attentionné, ou essaye de l'être
- Accepte (plus souvent) qu'il est toujours petit, a besoin d'aide et doit en conséquence obéir. Par exemple, comprend que les rues sont dangereuses et qu'il doit donc marcher en vous tenant la main
- Fait des choses drôles pour obtenir quelque chose ou faire faire quelque chose à d'autres personnes
- Est (plus souvent) exagérément gentil pour obtenir ce qu'il désire
- Essaye (plus souvent) d'obtenir ce qu'il veut en étant insistant
- Montre (plus souvent) ce qu'il veut en faisant preuve de beaucoup d'obstination
- Fait (plus souvent) ce qu'il a envie de faire, se débrouille tout seul
- Utilise les autres pour faire quelque chose qu'autrement il ne pourrait faire ou que maman désapprouve, par exemple « Peut-être que papa me donnera un gâteau ? »
- Autres choses que j'ai remarquées : _____

AUTRE CHANGEMENTS REMARQUÉS

_____

_____

timent ? Ou alors je dois essayer un mauvais tour ? » Votre enfant devient plus ingénieux. Cela est dû au fait que sa vivacité augmente dans tous les domaines. Il commence à marcher de manière plus assurée et est capable d'aller quelque chose rapidement. Il vous comprend mieux et peut même parfois vous répondre. Il s'entraîne à jouer avec ses émotions, parfois même quand vous n'êtes pas là. Il peut réfléchir et savoir que d'autres personnes aussi comptent. Il se débrouille bien mieux pour boire et manger, nettoyer, faire des tours, mettre des choses ensemble, pousser et taper d'autres enfants. Sa capacité de visée s'est améliorée, tout comme d'autres choses. Tout lui vient plus naturellement dans les semaines qui suivent. De plus, il continuera à utiliser ces nouvelles stratégie pour atteindre ses objectifs. Bien entendu, les stratégies qu'élaborent votre enfant ne débouchent pas toutes sur l'effet désiré. Cela demande du temps et de l'entraînement. En essayant, votre nourrisson réalise que différentes stratégies débouchent sur différents résultats. Certaines sont un succès fracassant, d'autres sur l'opposée, et certaines sont juste bof.

Donnez à votre enfant l'occasion d'essayer toutes sortes de stratégies, en les testant et en réfléchissant sur leur résultat. Il n'apprendra comment se comporter dans certaines situation qu'en étant débrouillard, en évaluant vos réactions et en s'entraînant encore et encore.

Dextérité

Bêtises physiques

Lorsque votre nourrisson essaiera de tracer sa voie dans le monde des principes, il voudra également savoir de quoi son corps est capable, en d'autres mots, comment utiliser son corps quand il veut être rapide, lent, prudent, drôle ou malin. Votre petit chéri fera des expériences avec son corps. Il teste ses capacités. Quelles cabrioles mon corps peut-il faire ? Est-ce que je peux me glisser là-dedans ? Comment faire pour monter les escaliers ? Comment les descendre ? Comment glisser sur le toboggan ? Est-ce un bon endroit pour se coucher entre les jouets et le meuble ? À quel point suis-je fort ? En gros, votre bout de chou devient bien plus débrouillard avec son corps. Il peut parfois paraître téméraire, ce qui effraye sa maman.

> « Elle monte et descend une marche en restant debout. Elle passe la journée à s'entraîner à ça. En ce moment je cherche des objets de différents hauteurs pour qu'elle puisse développer cette compétence. »
> La maman d'Anna, 67e semaine (15 moiset une semaine)

« Nous avons mis un matelas par terre pour qu'elle puisse sauter dessus. Elle adore galoper dessus : elle plonge sur le matelas et essaye de faire un saut périlleux. Elle passe son temps à voir jusqu'où elle peut aller sur cette douce surface. »

La maman de Manon, 66e semaine (15 mois)

« Thomas aime passer ses journées sur le canapé. Il escalade par le dossier en utilisant le mur pour se hisser. »

La maman de Thomas, 66e semaine (15 mois)

« Chaque jour il découvre de nouveaux jeux. Il a trouvé un petit tunnel entre son lit et la commode et adore le parcourir de long en large. Il glisse sous le canapé et étudie jusqu'où il peut aller avant d'être coincé. Et il se régale de glisser dans la chambre sur ses genoux au lieu d'utiliser ses pieds. »

La maman de Matthieu, 70e semaine (16 mois)

« Elle pratique différents types de marche : vers l'arrière, en rond, rapidement, lentement. Elle est très studieuse quand elle fait tout cela. »

La maman d'Eve, 64e semaine (14 mois et demi)

« Elle s'allonge dans et sur n'importe quoi : dans le bain de la poupée, dans le lit de la poupée ou sur le coussins répandus au sol. »

La maman d'Emma, 64e semaine (14 mois et demi)

« Il rigole en se roulant dans les coussins. »

La maman de Matthieu, 69e semaine, ou bientôt 16 mois

« Tout d'un coup il se met à prendre des chaises et des bancs. »

La maman de Kevin, 70e semaine (16 mois)

S'habituer à l'extérieur

Nombre de nourrissons apprécient l'exploration de l'extérieur. On dirait qu'ils se contentent de tâtonner, mais en fait ils arpentent la zone. Cela ne veut pas dire qu'ils n'ont pas besoin de leur mère : c'est tout l'inverse ! Beaucoup d'entre eux posent des des questions de manière ininterrompue sur tout et n'importe quoi : « C'est quoi ça ? et ça comment ça s'appelle ? ». Et tous les enfants absorbent ce que vous dites et ce qu'ils voient avec la plus grande concentration.

« Elle a été surprise quand elle a traversé une flaque et a été mouillée. Elle est revenue en arrière pour regarder et explorer la flaque. »

La maman d'Emma, 64e semaine (14 mois et demi)

« Il trouve cela intéressant de sauter dans les flaques. Ça l'amuse vraiment. »

La maman de Matthieu, 71e semaine (16 moiset une semaine)

« Elle s'est retrouvée face-à- face à une vraie vache vivante et ça l'a complètement désarçonnée. C'était à la ménagerie. Elle n'était pas encore prête à caresser l'animal, quand bien même elle était dans les bras de papa. Sur le chemin du retour elle était calme tandis qu'elle ressassait les événements. C'était le résultat de l'impression faite par la version vivante de la vache du livre. »

La maman de Victoria, 61e semaine (14 mois)

Devenir plus adroit avec les choses

Dans le monde des principes, votre enfant deviendra toujours plus débrouillard concernant les jeux et les objets. Il ne mange correctement que s'il peut se nourrir lui-même. L'aider quand il ne le veut pas peut avoir pour résultat que tout se retrouve par terre. Il se débrouille assez bien pour construire des choses ou avec ses jeux d'anneaux et ses puzzles. Mais attention ! Il essaie régulièrement d'ouvrir les robinets, les bouteilles et les bocaux. Votre nourrisson s'intéresse par-dessus à tester les stratégies qui fonctionnent le mieux quand il en a besoin. Il observe et expérimente. Qu'arrivera-t-il si je lâche le porte-clé derrière l'armoire ? Et si je le mets sous le lit ? Et qu'arrivera-t-il avec le porte-clé si je le fais glisser entre le canapé et le mur ? Et comment le faire réapparaître ? Et si je suis incapable de l'atteindre, est-ce que je peux l'attraper avec un bâton ? En résumé, il apprend comment cacher quelque chose, comment ranger quelque chose, et comment le retrouver. Plus tard, s'il est assez agile, ou s'imagine l'être, il utilisera peut-être ses talents pour vous amuser en faisant une farce. Il peut également cacher un jouet si, par exemple, il ne veut pas qu'un de ses amis joue avec. Observez ce que votre enfant manigance. Maintenez les objets dangereux hors de sa portée et gardez un œil sur le petit explorateur.

« Nous faisons des puzzles tous les deux. Maintenant il aime ça et participe avec joie. Non pas que tout se passe toujours bien, mais c'est un début. »
La maman de Kevin, 65e semaine (presque 15 mois)

« En ce moment son jeu d'anneaux est particulièrement populaire. Il voit bien s'il met le mauvais anneau sur la tige et dit « Non ». S'il le met bien, il est alors très fier, me regarde et s'attend à ce que j'applaudisse. »
La maman de Raphaël, 64e semaine (14 mois et demi)

« Il planque la balle et le ballon sous un tas d'autres choses. La conséquence est qu'il ne peut plus les prendre. »
La maman de Louis, 66e semaine (15 mois)

« Elle jette des choses par terre au moment où on s'y attend le moins. Elle étudie les effets de son lancer sur l'objet. »
La maman de Manon, 64e semaine (14 mois et demi)

« Il aime jouer avec ses petites voitures. Cette semaine il a essayer de voir comment elles si elles s'empilaient bien les unes au-dessus des autres. »
La maman de Robin, 72e semaine (16 mois et demi)

« Quand elle passe l'aspirateur avec son aspirateur à piles, elle préfère commencer par les endroits les plus difficiles. Elle les nettoie comme si sa vie ne dépendait : sous la commode, entre les pieds de chaise et de table, dans les placards ouverts. Elle saute les grands espaces ouverts plus faciles. »

La maman de Victoria, 61e semaine (14 mois)

« Comme elle n'arrêtait pas d'ouvrir le tiroir de mon bureau, je l'ai fermé à clef. Elle s'est alors mise à essayer différents moyens de l'ouvrir. Elle s'est accroupie et a tiré, s'est assise et a tiré, puis a tiré debout. Cela l'a terriblement frustrée. »

La maman de Laura, 65e semaine (presque 15 mois)

« Elle voulait des bonbons qui étaient sur la cheminée. Je ne voulais pas les lui donner. Du coup, elle est devenue insistante. Comme elle ne voulait pas s'arrêter, je l'ai mise dans l'entrée pour qu'elle se calme. J'avais espéré qu'elle oublie les bonbons, mais je m'étais trompé. Dès qu'elle est revenue dans la pièce, elle a traîné une chaise de la salle à manger au salon. Ça lui a pris 15 minutes. Quand la chaise a atteint la cheminée, elle a demandé à son frère de soulever la chaise. Il a compris que c'était même pas la peine, et s'est mis à se moquer d'elle. Alors elle a abandonné. Papy nous rendait visite ce soir-là et il jouait avec elle. Il aime vraiment le sucré et quand il a vu les bonbons, il n'a eu qu'à se servir. Elle en a eu un, elle aussi. Plus tard, quand je suis revenue dans la pièce, elle a marché triomphalement vers moi et m'a montré ses friandises. À la fin, c'est elle qui a gagné. »

La maman de Victoria, 61e semaine (14 mois)

« Elle était incapable de sortir quelque chose de la corbeille à magazines. Quand elle a fini par réussir après avoir tiré brusquement cinq ou six fois, elle a rigolé, satisfaite d'elle-même. Elle n'avais jamais fait ça avant. »

La maman d'Émilie, 68e semaine (15 mois et demi)

Maîtrise accrue du langage

Dans le monde des principes, votre nourrisson obtient continuellement une meilleure compréhension de ce que les grandes personnes autour de lui se disent l'un l'autre et lui disent. Il devient également en ce qui concerne la compréhension d'instructions brèves et souvent il les accomplit avec beaucoup d'enthousiasme. Il a l'impression de servir à quelque chose. Il s'amuse également à pointer des parties du corps quand vous les nommez. C'est la même chose pour différents objets dans la maison, qu'ils se trouvent par terre, sur les murs ou au plafond. De nombreuses mères pensent que leur petit bout de chou devrait parler plus, étant donné qu'ils savent déjà tant de choses. Mais ce n'est pas le cas. Ce n'est qu'après le prochain bond que le discours de votre nourrisson décollera vraiment. À ce moment, votre enfant a 21 mois. Dans le monde des principes, la majorité des enfants se satisfont de prononcer des mots isolés, d'imiter des cris d'animaux et de reproduire toutes sortes d'autres bruits.

Faites jouer votre enfant à des jeux de nommage. Vous nommez quelque chose, et vous laissez votre enfant le montrer du doigt, qu'il s'agisse d'un jouet, d'une partie du corps ou de quoi que ce soit d'autre. Et essayez de voir ce que votre enfant pense de jouer à s'appeler l'un l'autre. C'est mieux si c'est votre enfant qui commence par vous appeler. Dites son nom pour qu'il dise le vôtre. Dites de nouveau son nom. Cela donne à de nombreux enfant un sentiment de fierté et d'importance, et leur montre que leur ego ne compte pas pour rien.

« Il me comprend de plus en plus. C'est incroyable comme un enfant saisit rapidement de nouveaux mots. Cependant il n'en inclut que quelques-uns dans son propre discours. Il préfère les mots qui commencent par la lettre « b », comme ses choses favorites : ballon et Babar. Il prononce les mots correctement et en entier. On dirait qu'il sait comment prononcer les mots mais qu'il n'a pas la coordination. »

La maman de Raphaël, 69e semaine, ou bientôt 16 mois

« Elle montre gaiement du doigt son pied, son orteil, son œil, son oreille, son nez, son ventre, sa main et ses cheveux. Elle sait également que l'on lave ses cheveux avec du shampoing et dans quelle bouteille celui-ci se trouve. »

La maman de Juliette, 69e semaine, ou bientôt 16 mois

« Elle crie « Papa ! » quand son père est occupé dans la cuisine. Puis cet appel évolue automatiquement en un jeu langagier. À tour de rôles, les deux disent à haute voix le nom de l'autre : « Anna... », « Papa... », « Anna... », « Papa... ». Ça n'en finit jamais. Maintenant ça arrive à chaque fois que l'un disparaît du champ de vision de l'autre. »

La maman d'Anna, 70e semaine (16 mois)

Imiter les autres

Dans le monde des principes, votre nourrisson observera comment les adultes et les autres enfants font les choses et quels effets ont leurs actions. « Comment arrive-t-il à faire ceci avec tant d'adresse ? » « Cet enfant attire l'attention de tout le monde s'il mord mamie. » « Papa et maman s'asseyent régulièrement sur les toilettes. Ça doit faire partie du monde des "grands". » « Il passe son temps à donner des coups de pied dans la jambe de la voisine ; ça la fait rire donc les coups de pied doivent être amusants. » Et ce n'est qu'un échantillon. Il copie, imite, et essaye ce qu'il voit. Les gens qui l'entourent sont ses modèles. Les comportements qu'il voit dans les livres et à la télé lui donnent également une source inépuisable d'idées.

Réagissez au comportement de votre petit. Faites-lui savoir ce que vous pensez de son comportement. Ce n'est que de cette manière que votre nourrisson apprendra ce qui est bien et ce qui est mal, et s'il peut faire des choses mieux, plus vite, plus efficacement ou plus gentiment.

« L'imitation est maintenant sa principale occupation. Il imite chaque comportement qu'il voit : si quelqu'un trébuche, il trébuche, si quelqu'un donne un coup de poing, il donne un coup de poing, si quelqu'un tombe, il tombe, si quelque lance, il lance, si quelqu'un mord, il mord. »

La maman de Thomas, 63e semaine (14 mois et une semaine)

« Tout ce que je fais, il veut le faire également. Et tout ce que font les autres enfants, il l'absorbe directement. Même s'il ne voit quelque chose qu'une fois, il la récupère directement. Il copie des comportements plaisants et d'autres moins plaisants. »

La maman de Paul, 64e semaine (14 mois et demi)

« Elle passe plus de temps à lire et regarder la télé et est plus attentive que jamais. Un enfant à la télé a tiré la langue et elle l'a imité sur-le-champ. »

La maman de Manon, 64e semaine (14 mois et demi)

« Elle veut se brosser les dents toute seule. Elle brosse en haut et en bas une fois puis tapote la brosse à dent sur le rebord de l'évier – toc, toc, toc – refait glisser la brosse de haut en bas puis recommence à tapoter – toc, toc, toc. Et elle se remet à brosser. La chose rigolote est qu'elle m'imite. Je tapote la brosse à dent sur le rebord de l'évier, mais uniquement après avoir complètement terminé et avoir rincé la brosse. Je fais cela pour enlever l'eau de la brosse. »

La maman de Victoria, 61e semaine (14 mois)

« Au début elle allumait son aspirateur avec les doigts. Puis elle a vu que j'utilisais le pied pour allumer le mien. Depuis lors elle utilise le pied pour lancer le sien, elle aussi. »

La maman de Victoria, 61e semaine (14 mois)

Rejouer

Dans le monde des principes, votre enfant rejoue les tâches domestiques accomplies à l'intérieur comme à l'extérieur. Il « cuisine », « fait les courses », « se promène », « dit au revoir » et « prend soin de sa poupée ». Naturellement, il fait tout cela à la manière d'un bébé. Cependant, vous commencez à mieux reconnaître ce qu'il fabrique. Avant tout, vous voyez s'il essaye de faire de son mieux pour

être prudent et serviable ou s'il se contente d'être directif, voire s'il fait gentiment de la lèche. Il se peut qu'il fasse cela uniquement parce qu'il pense que cela fait partie de son rôle ou parce qu'il imite les gens qui l'entourent.

Donnez à votre enfant l'opportunité de s'installer dans son nouveau rôle. Jouez avec lui de temps à autre. Votre petit aura alors l'impression de compter et que ce qu'il fait est important. De nombreux nourrisson de cet âge sont très désireux de signes d'appréciation. Ils veulent vraiment être compris.

« Elle « cuisine » pour sa poupée. Je lui passe un peu de vraie nourriture, car c'est ce qu'elle veut. Elle met tout dans un petit bol, nourrit sa poupée, puis enlève la nourriture. »

La maman d'Émilie, 68e semaine (15 mois et demi)

« Il fait des tarte à la boue : il remplit à la pelle des seaux entiers pour les rejeter ensuite. Il trouve tout ça très intéressant. »

La maman de Thomas, 66e semaine (15 mois)

« Ces derniers jours, il a beaucoup transvaser de l'eau d'un seau à l'autre. Cela l'occupe. De temps en temps il me demande de remplir un seau. À part ça, on dirait qu'il m'a oublier et que sa mixture particulière l'absorbe complètement. »

La maman de Enzo, 63e semaine (14 mois et une semaine)

« Elle se promenait fièrement dans les allées de la ménagerie en poussant sa poupée dans une poussette. Une chèvre s'est mis en travers de son chemin et elle a commencé une discussion soutenue avec l'animal indifférent. Malheureusement c'était incompréhensible. On aurait dit qu'elle lui demandait de passer une commande. »

La maman d'Anna, 64e semaine (14 mois et demi)

« Il joue souvent à « dire au revoir ». Il prend un sac, marche vers la porte et dit « Au 'voir » tout en agitant la main. »

La maman de Lucas, 64e semaine (14 mois et demi)

« Il câline, embrasse, réconforte et caresse souvent ses poupées et ses nounours. Il les met au lit, aussi. C'est vraiment adorable. »

La maman de Louis, 66e semaine (15 mois)

Parfois, un enfant imite le fait d'être père ou mère. Il étudie comment c'est d'être papa ou maman. Quand une petite fille veut être la maman, la vraie maman s'avère en fait être un obstacle. Alors c'est comme si elles entraient en compétition. Naturellement, la même chose arrive si le père est à la maison et qu'il veut marcher sur ses traces. Et si un petit garçon joue à être papa, il veut savoir comment maman réagira à ce nouveau papa.

Essayez de comprendre ce que votre enfant est en train de faire. Donnez-lui l'opportunité de jouer ce rôle et jouez le jeu. Votre bout de chou apprend beaucoup de cela. Il ressent le besoin de s'exprimer de cette manière et veut faire l'expérience d'être maman ou papa.

> « Il va s'allonger de tout son long sur la lit de son père et regarde la chambre comme si c'était la sienne. De plus, tout comme son père, il va s'asseoir dans sa chaise pour lire le journal. C'est important pour lui de faire comme papa fait. Il veut également que je réagisse à tout ça. »
> **La maman de Yann, 66e semaine (15 mois)**

> « Dès que j'enlève mes chaussures, elle met ses pieds dedans. Puis elle poursuit en se promenant en les gardant aux pieds. Elle essaye aussi régulièrement de s'asseoir à ma chaise. Il faut que je la libère pour elle. Elle commence par tirer sur moi, y va de plus en plus fort et si je ne cède pas, sombre dans une colère noire. »
> **La maman de Nina, 69e semaine (presque 16 mois)**

Pratiquer ses émotions

Dans le monde des principes, de nombreux nourrissons font des expériences avec leurs émotions. Qu'est-ce que ça fait si je suis heureux, triste, timide, amusé ou ému ? Et quand je dis bonjour à quelqu'un, quelle expression s'affiche alors sur mon visage ? Et comment bouge mon corps ? Et comment puis-je utiliser ces émotions si je veux que les autres sachent comment je me sens ? Et comment devrais-je agir si je veut absolument obtenir quelque chose ?

> « Il déambule en riant de manière très artificielle comment s'il faisait des expériences sur l'effet du rire. Il fait la même chose avec les pleurs. »
> **La maman de Léo, 63e semaine (15 mois)**

> « Cette fois-ci, elle a accueillit papy très différemment de sa manière habituelle. D'habitude, elle se jette sur lui est mettant sa tête contre son cou et ses épaules. Après être resté quelques temps sans bouger, la salutation est terminée et elle commence à jouer avec lui. Mais cette fois-ci, elle est restée debout, bien droite, à le fixer du regard. Elle a répété cela plusieurs fois. Puis elle lui a fait un bisou méfiant et l'a regardé de nouveau. Elle a également recommencé cela plusieurs fois. Avec, elle

n'avait jamais accueilli son papy d'une manière aussi scientifique. Clairement, elle expérimentait les salutations. »

La maman de Victoria, 61e semaine (14 mois)

« Elle voulait lire un livre pour la 8e fois et a compris que j'en avais assez. Elle s'est assis devant moi la tête vers le sol. Très lentement, elle s'est entraînée à pratiquer une moue. Quand elle a décidé qu'elle avait trouvé la bonne expression, elle s'est mise à me regarder avec une moue de supplication parfaite et m'a redonné le livre. »

La maman de Manon, 65e semaine
(presque 15 mois)

« D'un coup, il est devenu timide. Par exemple, si je le félicite publiquement, il se met immédiatement à rougir et presque comme s'il avait honte. Je n'avais jamais vu ça avant. Il remarque très vite quand je parle de lui. »

La maman de Louis, 68e semaine (15 mois et demi)

Il commence à planifier
Dans le monde des principes, votre nourrissons peut commencer à prévoir, envisager et planifier. Il comprendre à présent que maman le peut également, et qu'elle le fait. Vous le remarquerez bientôt aux réactions de votre petit. Il comprend quelles sont les conséquences de ce que lui ou maman fait. Tout d'un coup, il se met à commenter des choses qu'il trouvait relativement normales, voire qu'il aimait. N'oubliez pas cependant qu'il ne fait pas ça pour être turbulent. C'est simplement que son développement vient de connaître un bond. Il progresse !

« En ce moment c'est difficile pour elle quand je pars travailler. Jusque il y a peu, elle courait jusqu'à la porte d'entrée pour me dire au revoir. Maintenant elle proteste et me retient. Je pense que c'est parce que maintenant elle comprend les effets. Accompagner quelqu'un pour lui dire au revoir peut être amusant, mais quand maman part, c'est pour au moins quelques heures. Et ça n'est pas si agréable. »

La maman d'Eve, 67e semaine (15 mois et une semaine)

« Elle commence à prévoir ! Quand elle se brosse les dents, je repasse toujours après elle. Cela conduit toujours à de terribles engueulades. Jusque récemment, quand elle entendait « il faut se brosser les dents maintenant » elle venait en courant. Maintenant elle jette la brosse à dent dans un coin quand je la lui tend, parce qu'elle sait ce qui suivra le plaisir de le faire elle-même. »

La maman de Laura, 67e semaine (15 mois et une semaine)

« Parfois, elle part en ayant oublié sa tétine. Alors elle dit « Oh non ! » et revient en arrière la chercher. »

La maman d'Emma, 69e semaine (presque 16 mois)

« Maintenant il se rappelle où il a caché ou entreposé ses affaires, même si c'était la veille. »

La maman de Louis, 67e semaine (14 mois et une semaine)

« Quand il a compris qu'il devrait monter dans le vélo pour la deuxième fois aujourd'hui alors qu'il fait très froid, ça l'a vraiment fâché. Il est clair qu'il se rappelait à quel point il faisait froid et répéter la sortie dans des conditions aussi critiques ne lui convenait absolument pas. »

La maman de Gabriel, 67e semaine (15 mois et une semaine)

« Ç'a été la première fois que j'ai pu voir qu'il s'attendait clairement à quelque chose. Nous avions fait de la peinture au doigt et elle avait décoré le miroir. Pendant qu'elle prenait le bain, je me suis esquivée pour nettoyer le miroir. Je n'aurais pas dû faire ça. Quand elle est sortie du bain, elle elle allée droit vers le miroir pour voir sa décoration. Elle était très triste. »

La maman de Manon, 65e semaine (presque 15 mois)

Être casse-pieds pour parvenir à ses fins

La leçon de théâtre

Est-ce que votre petit essaye de parvenir à ses fins en hurlant, en se roulant par terre, en faisant du bruit avec ses pieds ou en jetant des choses ? Est-ce qu'il perd les nerfs pour un rien ? Par exemple s'il n'obtient pas immédiatement de l'attention alors qu'il en voudrait, s'il n'est pas autorisé à faire quelque chose, si son jeu est interrompu par le dîner, si sa construction s'écroule ou juste comme ça sans que vous ne détectiez rien qui n'aille de travers ? Pourquoi un nourrisson joue-t-il la comédie comme ça ? Parce que maman et les jouets ne réagissent pas de la manière qu'il voudrait. Cela le frustre et il a besoin de l'exprimer. Il le fait en utilisant la plus basique des stratégie : se mettre en colère et faire le plus de barouf possible. Il lui faut encore découvrir et mettre en pratique des stratégiques plus efficaces, rapide et douces afin de vous persuader de faire ce qu'il veut, ou pour construire une plus belle tour de cubes. Votre nourrisson casse-pieds n'arrive à formuler ses souhaits qu'en agissant de cette matière. Essayez de comprendre sa frustration. Laissez-le se défouler un peu s'il en a besoin. Et aidez-le à découvrir qu'il y a d'autres stratégies, de meilleurs stratégies, qu'il peut utiliser quand il veut que quelque chose soit fait, des moyens qui seront couronnés de plus de succès en vous rendant plus réceptive.

« Elle n'accepte de manger que si elle peut se nourrir elle-même. C'est une vraie épopée quand on ne s'implique pas ! Tour vole dans les airs. »
La maman de Juliette, 65e semaine (presque 15 mois)

« Pour la moindre raison, ou si les choses ne se passe pas comme elle le voudrait, elle se jette par terre. Elle atterrit sur le dos, la tête la première, en faisait un gros bruit sourd, puis reste allongée au sol à crier en agitant frénétiquement les pieds »
La maman de Julia, 65e semaine (14 mois et demi)

« Il pique un nombre inhabituel de crises de colère. Il hurle et balance des choses si on le gronde, s'il a eu les yeux plus gros que le ventre, ou si on l'interrompt pendant qu'il joue. Si j'arrive détourner son attention, ça va, il ne verse pas de larme. Mais si ça me prend trop longtemps, alors son humeur passe à une triste crise de larmes. »
La maman de Matthieu, 68e semaine (15 mois et demi)

« Cette semaine il a piqué un tas de crises de nerf. Une d'entre elles a été si violente qu'elle l'a rendu complètement apathique. S'il ne parvient pas à ses fins, il se met vraiment en colère puis un vrai combat commence. Il est vraiment dans son monde ! À partir d'un certain point, il n'écoute plus rien du tout. »
La maman de Gabriel, 67e semaine (15 mois et une semaine)

« Elle pique un nombre croissant de colères. Hier, je l'ai faite sortir du lit et elle a piqué une crise sans raison apparente. Elle a duré assez longtemps, accompagnée de roulades au sol, de coup de tête, et de hurlements incessants. Rien de ce que je pouvais faire n'avait la moindre utilité, ni les câlins, ni les tentatives de distraction, ni la sévérité. Après un moment, je suis allée m'asseoir sur le canapé, perplexe, me suis bien installée et l'ai regardée se rouler par terre. Puis je suis allée dans la cuisine éplucher une pomme. Elle s'est lentement calmée, est venue à la cuisine et est restée debout à côté de moi. »

La maman de Julia, 65e semaine (presque 15 mois)

Il veut avoir son mot à dire

Dans le monde des principes, votre bout de chou découvre qu'il compte lui aussi, tout comme les grandes personnes. Il commence à se défendre. Mais parfois ça va trop loin : son désir doit faire loi et il refuse de plier. Cela arrive car il prend encore plus conscience qu'il a le pouvoir d'imposer sa volonté. Lui aussi, il compte ! Il comprend que tout comme maman ou papa, il peut décider s'il veut ou non faire quelque chose, comment il veut le faire et quand il le finira. En plus de ça, il veut donner sous avis quand maman veut faire quelque chose. Il veut aider à déterminer comment le faire. Et s'il ne parvient pas à ses fins ou que les choses ne se passent pas comme il le veut, il s'énerve, est déçu ou s'attriste. Montrez-lui que vous le

Les garçons et les filles

Les garçons expriment leur sensation d'impuissance comme leur déplaisir plus souvent que les filles. Cela est souvent dû au fait que les parents acceptent ce type de manifestations plus facilement venant de garçons que de filles, et qu'en conséquence les filles apprennent à dissimuler ces sentiments d'impuissance et de déplaisir. En conséquence elle peuvent également plus facilement devenir déprimées.

comprenez. Il lui faut encore apprendre que ce qu'il veut faire ne sera pas toujours possible sur-le-champ, et qu'il doit aussi apprendre à prendre en considération les désirs des autres, même s'il veut s'affirmer.

« Elle fait des manières pour choisir le sein qu'elle prend. Elle hésite un peu, regarde quel sein prendre, montre du doigt le vainqueur et dit « Ça ! ». Parfois, on dirait qu'elle est train d'hésiter entre deux parfums. »
La maman de Juliette, 65e semaine (presque 15 mois)

« S'il a quelque chose en tête, c'est impossible de le faire changer d'avis. C'est comme parler à un mur en brique. Il se contente d'aller dans la chambre d'à côté pour faire des bêtises. Les jouets dans celle de son frère et les tiroirs de celle de sa sœur ont été ses cibles cette semaine. Il avait vraiment des vues sur la pâte à modeler. Il sait très bien ce qui lui est autorisé, mais il ne se sent pas très concerné par ce que je pense de tout ça. »
La maman de Lucas, 65e semaine (presque 15 mois)

« S'il ne veut pas écouter, il secoue sa tête pour dire « non ». Ces temps-ci, il passe ses journées à déambuler dans la maison en secouant la tête, tout en vaquant à ses occupations habituelles. Récemment, alors qu'il farfouillait dans la poubelle, je me suis énervée contre lui. Un peu plus tard, je l'ai vu bouder dans un coin. Il pleurait. »
La maman de Nathan, 70e semaine (16 mois)

« Tout d'un coup elle se met à développer sa propre volonté ! Nous avons pris un choisi au magasin de livres pour enfants. On s'est vraiment bien amusés. Quand j'ai décidé qu'il était temps de rentré, elle avait d'autres idées en tête. Tout d'abord, elle a braillé à tue-tête dans le magasin et à continué à hurler quand nous étions dehors. Sur le vélo elle a passé son temps à se lever de son siège. Il fallait que je la rasseye en la poussant sur son siège. Nous avons failli nous battre pour de bon. Elle ne voulait pas quitter la librairie, et je n'avais pas mon mon à dire à ce sujet. Je suis encore stupéfaite. »
La maman de Manon, 68e semaine (15 mois et demi)

« Il y a trois semaines, nous sommes allés faire des courses pour Thomas. Il avait besoin d'un « costume » pour enfant pour une fête. Une fois que nous avions choisi le costume, il est venu nous voir en marchant sur la pointe des pieds avec une paire de chaussures noires en cuir verni délicates et brillantes. Il a essayé de convaincre son papa qu'il avait vraiment besoin de ces chaussures. Papa ne pensait pas que c'était un très bonne idée et les a remises sur le présentoir. Une semaine plus tard, Thomas et moi sommes retournés au magasin de chaussures. Je voulais lui acheter sa première paire de chaussures. Je me suis dirigé directement vers le rayon des petits gars. Il me semblait évident que mon grand garçon voudrait la même chose, mais il avait d'autres plans. Au rayon des filles, il a trouvé une paire de bottes brillantes à lacets avec des plumes. Il les adorait et voulait les avoir. J'étais ébahie. Mon petit Thomas, d'habitude très garçon, resplendissait, une paire de bottes en cuir verni délicates dans ses petites mains légèrement moins délicates. C'était exactement

les bottes de princesse dont je rêvais lorsque j'étais petite, et j'étais très étonné que mon petit gars craque pour la même chose. Rapidement, j'ai recommandé une série de chaussures pour garçon tout en remettant en douces les bottes brillantes là où elles se trouvaient avant. Thomas a regardé le présentoir des garçons et a rapidement trouvé quelque chose à son goût. « Vroum, vroum » dit-il en souriant, attrapant une paire de chaussures à semelles épaisses avec des camions dessinés sur le côté, qui ressemblaient à des chaussures sur roues. Adorant les voitures, elles avaient attiré son attention. Il les voulait et était très satisfait, tout comme moi. Mais alors que je payais les chaussures sur roues, il m'a donné un petit coup de coude. Il essayait de faire passer quelque chose sur le comptoir. C'était les bottes. »

La maman de Thomas, 69e semaine (presque 16 mois)

« Elle est incroyablement insistante. Quand elle refuse de coopérer, nous nous mettons à nous battre. Parfois pendant l'habillement, d'autres pendant les repas ou quand je suis pressée. Hier, c'est arrivé de nouveau. J'ai perdu mon sang-froid et ai fini par le maudire en hurlant. »

La maman de Julia, 66e semaine (15 mois)

« Parfois, si elle voit que je tiens quelque chose, par exemple un couteau, elle veut absolument l'avoir. Cela peut déboucher sur de vraies altercations. »

La maman de Nina, 67e semaine (15 mois)

Agressivité
Beaucoup de mères disent que leur doux nourrisson se transforme parfois en tigre agressif. Cela les met mal ç l'aise. C'est cependant un changement compréhensible. Dans le monde des principes, votre enfant teste tous types de comportements. Être agressif est l'un d'entre eux. Votre nourrisson étudie comment sa maman, les autres adultes et les enfants réagissent  s'il cogne, mord, pousse ou tape du pied, ou s'il casse volontairement quelque chose.

Faites savoir à votre enfant ce que vous pensez de son comportement. C'est le seul moyen pour qu'il apprenne qu'être agressif n'est ni gentil, ni intéressant ni drôle. De la sorte, il apprend qu'il peut causer de la douleur physique et qu'un comportement agressif ou destructeur n'amuse pas les adultes.

« Elle m'a frappée au visage. J'ai dit « Ne fais pas ça » et elle a recommencé en se mettant à rire. Cela m'a vraiment ennuyée. C'est difficile d'établir des règles de base. »

La maman d'Anna, 70e semaine (16 mois)

Il a mordu un enfant à la crèche. Apparemment sans raison. »

La maman de Marc, 70e semaine (16 mois)

« À moi » et « à toi »
Dans le monde des principes, votre bout de chou découvre que certains jouets de la maison sont siens, et uniquement siens. Tout comme les grands, il se retrouve soudainement le fier propriétaire de ses propres choses. Ce n'est pas une mince découverte pour un nourrisson. Il a également besoin de temps pour comprendre ce que signifient « à moi » et « à toi ». Tandis

Conseils concernant l'agressivité

Des études ont montré que peu c'est peu après le premier anniversaire que les mères signalent la première attaque physique. Au 17e mois, 90% des mères signalent que leur enfant est d'une manière ou d'une autre agressif. L'agressivité physique connaît un pic juste avant le deuxième anniversaire. Ensuite, ce type de comportement régresse. Dans les conditions normales, il a presque complètement disparu au moment où l'enfant peut être envoyé à l'école.

Bien entendu, certains enfants sont plus enclins à l'agressivité que d'autres. Cependant, l'environnement d'un enfant compte également énormément. Il aide à déterminer la durée de la période d'agressivité de l'enfant. Si un enfant vit avec des adultes et des enfants qui sont agressifs, ils peuvent penser qu'« être agressif » est un comportement social normal. Cependant, un enfant peut aussi vivre dans un environnement où l'agressivité n'est pas tolérée et où un comportement gentil et amical est récompensé. Le résultat est que l'enfant ne commencera pas à donner des coups de pied ou de poing quand il ressent de la frustration, veut quelque chose ou est corrigé. Il utilisera des manières plus acceptables de s'exprimer.

qu'il apprend cela, les choses ne sont pas simples pour lui. Pour certains enfants, il est troublant qu'un autre enfant prenne sans raison un objet qu'il ont en main sans les reconnaître comme le propriétaire de cet objet. Un tel manque de compréhension peut les faire pleurer. D'autres deviennent très soupçonneux et protègent leur territoire du mieux qu'ils peuvent. Ils arrivent avec toutes sortes de stratégie pour éviter que d'autres personnes ne s'approchent de leurs objets. Ils se méfient particulièrement des enfants. Votre enfant doit encore apprendre à prêter, à partager et à jouer avec les autres.

« Elle développe une certaine pulsion de possession. Quand nous avons des invités, elle vient leur montrer fièrement ses possessions. Si nous allons jouer à la maison d'un ami, elle prend ses objets et me les donne pour que je les mette en sécurité. En faisant cela, elle espère éviter que son amie jouer avec eux. »

La maman d'Eve, 64e semaine (14 mois et demi)

« D'un seul coup, il est devenu très possessif en vers mes sein. Si son père se rapproche, il essaye de protéger son territoire. Il referme sa bouche sur l'un des deux et couvre l'autre de la main pour que papa ne puisse pas y accéder. »

La maman de Thomas, 65e semaine (presque 15 mois)

« À chaque fois que son petit ami chipe un de ses jouets, il fond en larmes. »

La maman de Robin, 68e semaine (15 mois et demi)

« Il ne laisse personne lui prendre quoi que ce soit. On ne peut même pas le tenter avec un "marché intéressant". S'il possède quelque chose, il le garde. Il est enclin, cependant, à chiper des choses à d'autres personnes. Dans ce cas il n'a vraiment plus aucun scrupule. »

La maman de Kevin, 65e semaine (presque 15 mois)

Être gentil et apaiser

La stratégie de la blague

Dans le monde des principes, les tours et les bêtises jouent un rôle de plus en plus important. Il se peut que votre nourrisson se mette à faire ses premières blagues et également qu'il apprécie des blagues faites par d'autres. C'est le cas de nombreux nourrissons. Ils apprécient les gags, et si des gens ou des animaux font des choses qui sortent de l'ordinaire : que ce soit dans la vraie vie ou à la télé, ça les fait rire. Ils trouvent cela formidable. Certains petits font des blagues pour tenter de contourner les règles.

Vous remarquerez peut-être qu'« être amusant » est utilisé comme stratégie pour faire quelque chose qui vous ferait froncer des sourcils autrement. Quelque chose d'agréable et d'inattendu est toujours plus efficace pour mettre maman de bon poil que des crises de rage. Donnez à votre enfant l'opportunité d'être créatif quand il fait des blagues ou des gags. Soyez très claire quand il dépasse les limites. Il est incapable de savoir la différence sans vous.

« Il passe son temps à faire l'imbécile et y prend beaucoup de plaisir. Ses amis et lui se paient une bonne tranche à faire les nouilles. Il explose littéralement de rire s'il voit un animal faire quelque chose de bébête ou d'inattendu. »

La maman de Robin, 68e semaine (15 mois et demi)

« Il adore faire l'idiot. Il rigole bêtement et si sa sœur le rejoint, il rit vraiment à gorge déployée. »

La maman de Gabriel, 69e semaine (presque 16 mois)

« Les dessins animés le font rire, particulièrement si quelque chose de soudain ou d'inattendu survient. Il aime même les monstres et les méchants. Il se met vraiment à glousser quand ils parlent et se déplacent. »

La maman de Robin, 70e semaine (16 mois)

« Il adore que je le poursuivre en disant : "Je vais t'attraper !" Cependant, quand je veut lui mettre sa veste, il s'enfuit en criant et en en faisant un jeu. »

La maman de Gabriel, 70e semaine (16 mois)

« Elle se tord de rire quand elle m'ignore, me désobéit, se moque de moi ou cache quelque chose que j'ai du mal à trouver. Elle se trouve très futée. »

La maman de Laura, 66e semaine (15 mois)

« Elle adore faire des mauvais tours. Quand nous arrivons à la porte de devant, elle n'attend pas que je mette la clé dans la serrure, elle continue à marcher jusqu'à la porte du garage. Elle pense vraiment de c'est drôle. »

La maman d'Emma, 70e semaine (16 mois)

Négociation et marchandage
Avant, c'était maman qui faisait la loi. Les enfants devaient obéir. Les adultes n'appréciaient guère qu'on leur réponde. Tout change. De nos jours, on part généralement du principe que les enfants qui ont appris à négocier grandissent en étant capables de mieux réfléchir par eux-mêmes. Quand votre nourrisson atterrit dans le monde des principes, il se peut que vous voyez un négociateur en herbe.

Est-ce que votre nourrisson fait des expériences avec les mots « oui » et « non » ? Parfois, ils le font en secouant la tête vers le bas ou vers les côtés, prononçant parfois à voix haute « oui » ou « non ». Ils essayent également de hocher la tête quand ils disent non et de la secouer quand ils disent oui, ce qu'ils trouvent très amusant. Ses peluches reçoivent des cours non facultatifs de « oui » et de « non ». D'autres fois, il s'entraîne tout seul en construisant quelque chose ou en déambulant dans la maison à la recherche de qui l'intéresse, mais la plupart du temps il s'entraîne à dire oui et non avec sa mère. Celle-ci est également un bon public pour qu'il essaye ses blagues.

Laissez à votre enfant l'opportunité de faire preuve d'inventivité avec les concepts de oui et non. Ce type de pratique lui permet d'apprendre à utiliser ces mots à son avantage. Comment maman le fait, elle ? Il peut trouver la meilleure stratégie de oui ou non pour différentes situations. Il découvre quelle stratégie convient le mieux pour satisfaire ses besoins.

« Il est capable de répondre à toutes sortes de questions avec un simple oui ou non. Parfois, il se trompe. Il dit « oui » en pensant « non » et si j'agis en suivant sa réponse, il sourit et passe rapidement à un « non », d'un air de dire « pas vraiment ». »

La maman de Louis, 65e semaine (presque 15 mois)

« Elle dit "oui" et "non" avec une confiance grandissante, mais elle aime essayer de me faire utiliser ces deux mots. »

La maman de Juliette, 66e semaine (15 mois)

« Elle essaye en permanence les mots oui et non : son "oui" est-il un vrai oui et son "non" restera-t-il un non ? Peut-être puis-je trouver un moyen de tricher ? Elle m'éprouve pour voir jusqu'où elle peut aller. »

La maman de Nina, 70e semaine (16 mois)

« Il sait ce qu'il veut et arrive mieux à répondre d'un "oui" ou un "non" définitif. Il a aussi des oui et des non différents. Certains indiquent très clairement où se situent ses limites. Quand il atteint cette limite, il sait que c'est fermement décidé. Ses autres oui et non manquent de fermeté. Je sais que je peux continuer à marchander pour faire une meilleure affaire. »

La maman de Paul, 71e semaine (16 mois et une semaine)

Demander de l'aide

Votre nourrisson peut faire preuve d'inventivité pour faire venir quelqu'un sur-le-champ. Il peut le faire intelligemment, sournoisement ou gentiment. Il a encore besoin de pratique pour apprendre les astuces du commerce.

Contentez-vous d'observer votre bout de chou essayer de vous persuader, ou de persuader quelqu'un d'autre, quand il veut que l'on fasse quelque chose pour lui. Dites-lui ce que vous pensez. Votre enfant est toujours en pleine expérimentation du monde des principes. Il apprend de vos réactions.

« Quand il me demande d'aller prendre quelque chose pour lui et que je lui demande où je devrais le mettre, il marche jusqu'à un endroit et montre du doigt là où je dois le déposer. Dans ces moments, il est très amical et agréable. »

La maman de Enzo, 65e semaine (presque 15 mois)

« Elle parvient mieux à exprimer ses désirs. Elle me prend la main et me fait toucher ses fesses si elle a besoin d'une nouvelle couche. Elle agrippe mon doigt si elle a besoin que je fasse quelque chose pour elle avec mon doigt, comme presser un bouton. Elle me conduit là où elle ne veut pas aller toute seule, également. Que je sois au milieu de quelque chose ou non n'a aucune importance. Elle veut que ce soit fait sur-le-champ. »

La maman de Manon, 67e semaine (15 mois et une semaine)

« Il montre de plus en plus de choses du doigt. Il montre également du doigt les choses qu'il veut qu'on aille lui prendre. Cette semaine, il a attiré sa grand-mère dans la cuisine, a marché jusqu'au placard où sont rangés les gâteaux et a montré du doigt l'étagère du haut. »

La maman de Lucas, 63e semaine
(14 mois et une semaine)

« Avec un regard rusé, elle a montré du doigt un œuf et une assiette. Elle voulait dire : "Mets cet œuf dans mon assiette." C'était tellement mignon que personne n'aurait pu refuser. »

La maman d'Anna, 62e semaine (14 mois)

« Ces dernières semaines il est directeur comme un général. Il crie puissamment d'une voix forte : "Maman ! Maman !" quand il veut quelque chose. Quand je le regarde, il reste assis, le bras tendu, montrant du doigt le jouet qu'il a fait l'objet de son choix. Il veut  que je l'amène et quand son ordre a été obéi, il rabat son bras le bras et reprend son jeu. Donner des ordres est devenu comme une seconde nature pour lui. Cette semaine, c'est la première fois que je l'ai vraiment remarqué. »

La maman de Matthieu, 68e semaine (15 mois et demi)

« Aujourd'hui, elle m'a montré ce qu'elle voulait quand nous rendions visite à quelqu'un. Elle m'a pris la main et a marché jusqu'à la porte derrière laquelle se trouvent nos manteau, a ouvert la porte, s'est mise devant les manteaux et les a montrés du doigt en me regardant d'un air interrogateur. »

La maman d'Émilie, 67e semaine (15 mois et une semaine)

Coopération

Dans le monde des principes, votre enfant peut faire des choix : « Dois-je suivre les événements ou aller contre eux ? », « Est-ce que ce que maman dit m'importe ? » En plus de cela, votre nourrisson devient de plus en plus spontané et compétent. Les petites consignes deviennent plus faciles à comprendre pour lui : « Mets tes chaussures. », « Va chercher ton biberon. », « Jette-ça à la poubelle. », « Donne-le à papa. », « Mets ça dans l'entrée. » ou « Mets-le dans le panier à linge. » Il se pourrait que vous ayez déjà remarqué que parfois, vous n'avez pas à lui dire quoi faire. Votre petit bonhomme comprend déjà ce que vous voulez et s'y met de son côté. Il est de plus en plus facile de fixer des règles de base.

Essayez d'impliquer votre enfants dans les tâches domestiques, et aussi de vous impliquer dans ses tâches quotidiennes à lui. Cela lui donne la sensation d'être compris, apprécié et important. Son ego croît. Félicitez-le, s'il fait quelque chose pour vous à l'avance. Il démontre qu'il sait ce qui a besoin d'être fait.

« À chaque fois, avant que nous sortions quelque part, elle va prendre sa veste toute seule. »
La maman de Manon, 65e semaine (presque 15 mois)

« Maintenant, il comprend qu'il a besoin de rester près de moi quand nous sommes sur le trottoir. »
La maman de Louis, 66e semaine (15 mois)

« Elle comprend tout très vite. Quand je dis : "Va chercher ton biberon.", elle revient après son expédition et fait un geste pour dire "parti". »
La maman d'Eve, 72e semaine (16 mois et demi)

« Elle est a besoin d'être changée, elle m'accompagne vers sa table à langer. Elle ne bouge pas et m'aide quasiment. »
La maman de Laura, 63e semaine (14 mois et une semaine)

« Elle sait qu'elle n'a pas le droit de prendre les cacahuètes qui sont dans le bol sur la table. Alors elle a pensé à une astuce pour pouvoir manger les cacahuètes tout en ne

désobéissant pas à la règle. Elle a pris sa propre assiette et une cuillère qu'elle a utilisée pour mettre quelque cacahuètes dans l'assiette. Ensuite, elle a mangé son butin avec la cuillère. De ma suite, elle a pu avoir quelques cacahuètes et les manger sans briser la règle, du moins à ses yeux. »

La maman d'Emma, 68e semaine (15 mois et demi)

« Quand nous parlons de choses concrètes, elle suit la conversation, complètement absorbée. Quand la conversation s'achève, elle sourit avec exubérance pour montrer qu'elle a pu comprendre une partie de ce qui était dit, même si on ne lui parlait pas directement. Après ça, elle aime le prouver avec un exploit ou l'autre. C'est presque comme si on venait d'avoir une conversation. Ça illumine vraiment ça journée quand nous nous comprenons si bien. »

La maman de Nathan, 63e semaine (14 mois et une semaine)

« Elle passe son temps à essayer de nous impliquer dans ses jeux. »

La maman de Léa, 72e semaine (16 mois et demi)

Se rendre utile

Quand les nourrissons atterrissent dans le monde des principes, la plupart d'entre eux s'intéressent particulièrement à tout ce qui se passe dans la maison, bien qu'il y a de fortes chances que votre bout de chou ne se contente plus de regarder maman vaquer à ses occupations. Il veut aider. Il veut alléger votre fardeau.

Laissez votre enfant mettre la main à la pâte. Il veut vraiment penser que son aide est précieuse et que sans lui les choses sombreraient dans l'anarchie ou que le dîner ne serait pas bon. Assurez-vous qu'il reçoive un compliment bien mérité.

« Il veut constamment m'aider. Qu'il s'agisse de pour ranger, nettoyer, aller au lit ou ailleurs, cela importe peu. Il veut vraiment prendre à la routine quotidienne de son propre gré. Quand on le prend au sérieux, cela l'emplit de satisfaction. La compréhension mutuelle est centrale ces jours-ci. »

La maman de Yann, 64e semaine (14 mois et demi)

« Elle m'aide à mettre et débarrasser la table, tout comme à passer l'aspirateur. Elle s'y est mise l'autre jour et maintenant elle est déçue si on ne lui laisse pas le temps et l'espace nécessaires pour être créative. »

La maman de Manon, 62e semaine (14 mois)

« Elle m'aide à préparer des boissons avec plaisir. Parfois, je la laisse préparer ses propres boissons. Elle utilise toutes sortes d'ingrédients. Puis elle boit en marchant tout en disant « miam, miam ». »

La maman de Juliette, 68e semaine (15 mois et demi)

« Dès que je prends l'aspirateur, elle prend le sien, un modèle miniature à piles. Elle veut tellement aider. Mais en fait il s'avère que c'est mon aspirateur qu'elle veut car il est plus puissante. En conséquence, je commence avec le sien et que elle le reprend, je peux paisiblement y aller avec le vrai. »

La maman de Victoria, 61e semaine (14 mois)

« Avant, elle me regardait m'occuper des tâches ménagères. Maintenant, elle veut m'aider. Quand elle me voit trancher en deux un citron, elle court vers la paillasse pour que je la soulève et qu'elle puisse passer le citron au presse-agrume. Si elle voit de la vaisselle sale, elle court vers l'évier pour la laver. »

La maman de Nina, 64e semaine (14 mois et demi)

Être prudent

Votre nourrisson fait dès expériences avec la témérité et la prudence ? « Dois-je balancer ma tasse par terre ou la poser précautionneusement sur la table ? » L'imprudence semble très populaire. Courir, grimper, jouer à dada et traiter imprudemment les objets semblent être son passe-temps favori. Mais comprenez que c'est en expérimentant et en observant vos réactions à ces comportements que votre bout de chou apprend ce que signifie être téméraire ou être prudent.

« Il entraîne son équilibre. Dehors, il essaye de toucher le ciel, et à l'intérieur le plafond. Il grimpe sur les chaises et les tables pour pouvoir être plus haut et on dirait qu'il comprend que l'espace est hors de portée : alors qu'il a le bras tendu, il se laisse tout d'un coup retomber. »

La maman de Louis, 64e semaine (14 mois et demi)

« C'est quand on s'y attend le moins qu'elle balance le biberon, par exemple quand on fait du vélo. Puis elle étudie notre réaction à son attitude du coin de l'œil. »

La maman d'Anna, 64e semaine (14 mois et demi)

« Il grimpe comme un singe. Il grimpe partout, par exemple sur les chaises, souvent. Je le trouve tout le temps sur la table de la salle à manger, assurant qu'il ne peut pas redescendre ! Il est prudent. Il est conscient du danger, mais parfois il tombe assez violemment/ »

La maman de Lucas, 66e semaine (15 mois)

« Faire de la lutte avec son frère est maintenant son activité préférée. Parfois ils y vont vraiment fort. »

La maman de Kevin, 69e semaine (presque 16 mois)

« Elle a recraché quelques gouttes de sa boisson sur le sol. J'ai pris une vieille chaussette qui traînait par là pour nettoyer. Elle m'a re-marqué comme choquée et abasourdie, est allée sciemment vers les lingettes à bébé, en a sorti une de la boîte et a tout nettoyé de nou-veau. Quand elle a fini, elle m'a regardé comme pour dire « C'est comme ça qu'il faut faire. » J'étais prise de court par sa propreté, et l'ai félicitée pour cela. »

La maman de Victoria, 61e semaine (14 mois)

« Elle est tout à fait capable d'exprimer que quelque chose est sale. Elle répète plusieurs fois "caca" au moindre petit truc dans son lit.

J'espère que c'est temporaire et qu'elle ne restera pas une telle "maniaque de propreté". »

La maman de Manon, 64e semaine (14 mois et demi)

« Alors que son frère regardait dans ses poupées à la recherche d'un de ses robots, il a mis par terre tous les poupées. Y compris le bébé de Lisa. Elle s'est immédiatement ruée sur son enfant tombé et l'a pris dans les bras, a couru vers moi pour poser la poupée sur mon sein. Puis elle a jeté un regard noir à son frère. »

La maman de Lisa, 63e semaine (14 mois et une semaine)

Faites preuve de compréhension envers les peurs irrationnelles

Quand votre nourrisson sera occupé à explorer son nouveau monde et à pratiquer ses capacités nouvellement découvertes, il rencontrera des choses et des situations qui lui sont nouvelles et étrangères. En fait, il découvre de nouveaux dangers, des dangers qui jusque là n'existaient pas pour lui. Il n'est pas encore capable d'en parler. Ce n'est qu'après avoir mieux compris les choses que ses peurs disparaîtront. Compatissez.

« Il a été pris d'une frénésie pour les piles. Toutes les piles devaient être sorties puis remises, ressorties, remises, ressorties ; c'était sans fin. »

La maman de Enzo, 61e semaine (14 mois)

« Il a peur du canard en plastique de sa sœur. Il le contourne s'il est dans son chemin. Quand il le prend, il le lâche immédiatement. »
La maman de Gabriel, 66e semaine (15 mois)

« On dirait qu'elle a peur de s'asseoir dans la baignoire toute seule. Elle hurle en poussant des cris stridents. Nous ne savons pas pourquoi. Elle accepte d'entrer à condition que l'un de nous deux la rejoigne. Elle n'a pas peur de la piscine. Elle aime y aller. »
La maman de Manon, 67e semaine (15 mois et une semaine)

« Elle n'a pas peur des choses nouvelles, mais on voit qu'elle n'est jamais vraiment convaincue. »
La maman de Manon, 68e semaine (15 mois et demi)

Apprendre les règles

Il pleurniche et gémit pour parvenir à ses fins, se comporte comme un tout petit bébé si on ne le divertit pas constamment ou qu'il n'a pas de tétine, s'énerve sans raison, est imprudent et fait volontairement du mal aux autres, se dirige sur la mauvaise pente : vous vous demandez sûrement si vous êtes la seule à avoir tant de mal avec le comportement de votre bout de chou. Non, certainement pas. Votre nourrisson n'est plus un petit bébé. L'heure est venue de définir des règles de base. Votre nourrissons est prêt à ce que vous commenciez à en demander et en attendre plus de lui. Mieux encore : il est à la recherche de ces limites. Maintenant qu'il est entré dans le monde des principes, il a très envie de règles. Il recherche des occasions de se familiariser à elles. Tout comme il doit satisfaire son appétit en mangeant, il doit satisfaire ce désir de règles. Il ne découvrira la plupart des règles que si c'est vous qui les lui présentez. Les règles sociales sont particulièrement importantes. Vous devez lui montrer ce qui est acceptable en société et ce qui ne l'est pas. Il n'y a pas de mal à fixer des règles. Au contraire, c'est un devoir pour vous, et qui de mieux peut faire ça que quelqu'un qui l'aime ?

« Je pense qu'il devrait être capable de ranger proprement des choses sur la table. Cela m'ennuie vraiment quand il jette son sandwich et son biberon quand il en a fini avec eux. Il faut qu'il arrête ça. Il est capable de ranger convenablement les choses. »

La maman de Thomas, 67e semaine (15 mois et une semaine)

« Elle continue à geindre et pleurnicher pour parvenir à ses fins, ce qui rend difficile d'être cohérente. On dirait qu'elle en est au point où elle a besoin de conseils. C'est bien plus facile de lui donner ce qu'elle veut, car alors elle s'arrête de pleurnicher. Si je ne lui donne pas ce qu'elle veut, alors elle se déchaîne. S'ensuit une lutte de pouvoir, qu'elle gagne facilement. Je n'ai jamais été aussi consciente de ce qu'est le pouvoir qu'en ce moment. »

La maman de Manon, 68e semaine (15 mois et demi)

« Parfois, il fait délibérément des choses qu'il n'est pas supposé faire. Il jette des pierres, met des piles dans la bouche ou barbouille le sol avec sa nourriture. Je le gronde tout en prenant tout ce qu'il a en main et en le mettant hors de sa portée. Parfois, ça finit en dispute. »

La maman de Paul, 69e semaine (presque 16 mois)

« Est-ce que mon enfant est le seul à se rouler par terre en hurlant et en tapant des pieds quand il ne parvient pas à ses fins ? Je n'entends pas les autres parents se plaindre beaucoup. Elle que je la laisse trop s'en tirer à bon compte ? Est-ce je satisfais trop ses besoins ? Est-ce parce qu'elle va plus souvent à la crèche ? Que dois-je faire ? Je sais. Fixer des règles claire, c'est ça que je vais faire. »

La maman de Vera, 70e semaine (16 mois)

« Je lui apprend qu'il n'a pas le droit de prendre des choses aux autres enfants comme ça. »

La maman de Thomas, 70e semaine (16 mois)

(suite à la page 368)

Les meilleurs jeux pour cette semaine miracle

Voici des jeux et des activités que les plupart des nourrissons de 15-16 mois apprécient particulièrement à présent et qui l'aident à développer ses nouvelles capacités. Rappelez-vous que tous les enfants sont différents. Voyez ce à quoi votre bout de chou réagit le mieux.

Adresse

Dans le monde des principes, les nourrissons dépassent les simples programmes et s'amusent sans fin à faire des expériences sur ces programmes en pratiquant des variations. Ce faisant, ils deviennent plus adroit et découvrent quand et comment ils peuvent au mieux faire les choses. Ce sont également des observateurs attentifs.

ACTIVITÉS PHYSIQUES

Votre nourrisson appréciera de nombreuses chose : courir, grimper, pourchasser d'autres enfants, sauter sur le lit, faire des sauts périlleux, se rouler par terre, se battre avec d'autres enfants, jouer au loup, monter les escaliers sans aide, marche sur les murets, sauter depuis des murets, et ainsi de suite. Accordez-lui le temps nécessaire pour qu'il ait l'opportunité de faire cela.

EXPLORER LE VASTE MONDE

Errer dehors, ne rien faire de particulier tout en vagabondant est souvent une activité très appréciée, que ce soit à la ménagerie, à l'aire de jeux ou au zoo. Même quelque chose comme être porté sur les épaules de papa ou maman à un festival pendant plusieurs heures est faisable.

MONTRER DU DOIGT

Défiez votre bout chou à jouer à « Montre ce que c'est ». Dites un mot et demandez à votre enfant de montrer du doigt l'objet, le jouet ou la partie du corps qu'il désigne.

JEUX UTILISANT LES MAINS ET LES PIEDS ASSOCIÉS À UNE CHANSON OU UNE COMPTINE

Utilisez des chansons ou des comptines qui impliquent l'utilisation des mains et des pieds. Par exemple, ils adorent « À cheval sur mon bidet », « Bateau, sur l'eau », « Savez-vous planter des choux », etc.

JOUER À S'APPELER

Voyez si votre enfant aime « jouer à s'appeler ». C'est à votre enfant de commencer en prononçant votre nom. Dites son nome à haute voix et faites en sorte qu'il vous rappelle. Dites alors son nom de nouveau. La plupart des enfants tirent de la fierté à entendre leur nom. Ça les fait se sentir inclut dans la famille.

Faire des blagues

Dans le monde des principes, blagues et plaisanteries se mettront à jouer un rôle plus important. À présent, votre nourrissons a à peu près compris comment ça fonctionne. Ainsi, quand les choses se déroulent anormalement, ça peut le faire vraiment exploser de rire, que ce soit parce que quelque agit bizarrement ou qu'il joue avec les règles.

FAIRE L'IDIOT, TOUT SIMPLEMENT

Votre nourrisson adore faire l'idiot : grimaces, démarches rigolotes ou sons bizarres. Particulièrement s'il ne s'y attend pas. Ça peut mettre un sacré bazar quand plusieurs bouts de chou sont réunis, et

(suite)

Les meilleurs jeux pour cette semaine miracle (suite) ----------

finir en fou rire général quand le grand frère ou la grande sœur rejoignent la partie de rigolade. Votre bébé et ses petits amis passent également de très bons moments à faire les imbéciles.

LA BLAGUE COMME STRATÉGIE

Votre nourrisson utilise la bêtise pour obtenir quelque chose, ou pour faire en sorte que quelqu'un fasse quelque chose pour lui. Les bonnes surprises sont bien plus efficace pour obtenir quelque chose de maman que les crises de colère. Certains petits galopins emploient diverses facéties pour plier ou contourner les règles. Ne pas écouter maman, la taquiner ou être turbulent : tout cela est cause de rire. Laissez votre enfant faire le clown. Mais soyez clairs et corrigez-le si et quand il dépasse les bornes. Il ne se rendra pas forcément compte qu'il est allé trop loin.

DESSINS ANIMÉS, MONSTRES ET ANIMAUX

Les animaux qui font quelque chose d'idiot ou d'inattendu ont toujours beaucoup de succès chez les animaux. Les dessinés animés les font rire, particulièrement si quelque chose qui les surprend arrive.

Jeux ménagers

Dans le monde des principes, votre enfant rejoue les activités quotidiennes qui ont lieu dans et aux alentours de la maison. Donnez-lui l'opportunité de le faire et jouez-y avec lui. Cela donne à votre nourrisson l'impression de faire partie du club des grands. C'est vraiment bien s'il arrive vraiment à se rendre utile. Suivent ci-dessous quelques exemples, mais vous en trouverez forcément beucoup d'autres.

LA CUISINE

Donnez lui de petits bol, un peu de vraie nourriture et un bol d'eau afin qu'il puisse préparer à manger pour ses poupées.

L'ASPIRATEUR

Certains aspirateurs miniatures sont des répliques exactes de vrais aspirateurs. Passer l'aspirateur à deux peut être amusant !

FAIRE LA VAISSELLE

Ça met de l'eau partout, mais les serpillières sont là pour ça !

FAIRE EXACTEMENT COMME MAMAN

Laissez traîner vos chaussures, qu'il puisse les mettre.

Jouer avec les émotions

Votre nourrisson fera des expériences avec les émotions, comme faire varier ses expressions quand il accueille des gens ou quand il veut quelque chose. Prêtez une attention particulière à son manège et jouez avec lui. Par exemple, vous pouvez l'imiter et prendre un air pitoyable. Cela le fera très sûrement rire.

Cache-cache

« DEVINE QUI C'EST »

« Devine qui c'est » est un classique qui fonctionne toujours.

CACHE-CACHE

Avec chaque bond, le jeu de cache-cache devient toujours plus perfectionné. À cet âge, votre nourrisson est déjà bon à resté caché dans un endroit.

Les meilleurs jouets pour cette semaine miracle

Voici des jouets et objets que la plupart des nourrissons de 15-16 mois apprécient particulièrement à ce moment et qui les aident à développement leurs nouvelles capacités :

- Cages à écureuils et toboggans
- Ballons
- Livres
- Bacs à sables
- Service à thé avec de l'eau ou du jus de fruit dans des tasses ou des mugs
- Puzzles
- Bouteilles en plastique
- Ustensiles de nettoyage
- Aspirateurs miniatures
- Jouets pendant à une ficelle
- Dessins animés

Méfiez-vous de cela :
- Poubelles
- Toilettes
- Battes de base-ball et crosses de hockey qui traînent dans l'entrée

Après le bond

Vers 68 semaines, soit presque 16 mois, la plupart des nourrissons deviennent un peu moins ennuyeux qu'avant. Ils sont plus grand, s'assagissent et vivent en parfaite harmonie avec le reste de la famille. Parfois, vous en oublierez qu'il sont encore tout petit.

« Il a l'air plus mince, moins trapu, son visage est plus fin : il grandit. Parfois, je le vois assis calmement, concentré sur sa nourriture. Il a alors l'air plutôt mûr pour son âge. »

La maman de Louis, 66e semaine (15 mois)

« Tout est plus facile pour elle à présent, du fait de manger toute seule à celui de se laver. Elle est vraiment tout comme le reste de la famille. Je passe mon temps à oublier que c'est encore un tout petit enfant. »

La maman d'Eve, 67e semaine (15 mois et une semaine)

« Tout d'un coup, elle a l'air plus sage et plus mûre. On dirait qu'elle a fait un bon de géant vers l'avant. Elle avance dans le vaste monde, pleine de confiance, ne craignant rien ni personne. Elle se débrouille extrêmement bien, est agréable et gentille, et la nuit elle s'endort bien plus facilement. »

La maman de Manon, 70e semaine (16 mois)

chapitre 12

Semaine miracle 75:
Le monde des systèmes

*D*epuis le dernier bond, votre nourrisson a commencé à comprendre ce que sont les « principes ». En dépassant les limites antérieures imposées par les « programmes », il a détruit leur caractère mécanique. Pour la première fois, il a été capable d'évaluer les programmes existants et même de les modifier. Il vous est arrivé de le voir modifier constamment un programme, puis d'étudier le résultat. Il se peut également que vous l'ayez vu faire des activités physiques, explorer le vaste monde, acquérir une maîtrise croissante des objets et du langage, imiter d'autres personnes, rejouer les activités quotidiennes, essayer différentes émotions, commencer à planifier, faire son cinéma, insister pour être impliqué dans vos activités, faire preuve d'agressivité, apprendre ce qui est à lui et ce qui n'est pas à lui, utiliser l'humour comme stratégie pour obtenir quelque chose, tester « oui » et « non », faire preuve d'ingéniosité pour mettre des gens dans l'embarras, apprendre à coopérer, vouloir aidez dans les tâches ménagères et faire des expériences avec la témérité et la prudence.

Tout comme ses programmes étaient mécaniques avant qu'il ne s'élève vers de nouvelles hauteurs, ses principes manquaient un peu de flexibilité. Il n'était capable de les appliquer que d'une certaine manière, toujours identique, indépendamment de la situation.

Nous les adultes sommes capables d'ajuster nos principes pour les adapter à différentes circonstances. Nous arrivons à voir plus loin que le bout de notre nez. Nous percevons comment certains principes sont liés et forment des systèmes entiers. Le concept de « système » recouvre notre idée d'une unité organisée. Nous utilisons le terme « système » quand les parties dont il est constitué sont interdépendantes et fonctionnent comme

Note: La première phase (période d'agitation) de ce bond vers le monde perceptif des « systèmes » est liée à l'âge et prévisible, et débute à partir de la 71e semaine. La majorité des bébés entame la deuxième phase (voir l'encadré « Les moments privilégies : une lubie contre nature », à la page 17) de ce bond 75 semaines après une naissance à terme. Les moments où le bébé commence à percevoir des choses dans le monde des systèmes lance le développement de tout un ensemble de compétences et d'activités. Cependant, l'âge auquel ces compétences et ces activités apparaissent pour la première fois varie grandement et dépend des préférences de votre bébé, ainsi que de ses expériences et de son développement physique. Par exemple, la capacité à percevoir des systèmes est une condition nécessaire à « être capable de montrer la direction au supermarché ou au parc », mais cette compétence peut apparaître normalement n'importe quand après la 75e semaine. Les compétences et les activités sont mentionnées dans ce chapitre à leur âge d'apparition le plus bas possible, afin que vous puissiez surveiller leur apparition et les reconnaître. (Parfois tout d'abord sous une forme rudimentaire uniquement.) De cette manière, vous pouvez réagir au développement de votre bébé et le faciliter.

un tout. Il existe des exemples concrets, comme une horloge à pendule qu'il faut remonter, un réseau électrique ou le système musculaire humain. Ces systèmes forment un ensemble cohérent de principes basé sur, respectivement, l'opposition des forces, les ampères et les volts, et l'équilibre des tensions musculaires.

Il y a également des exemples moins concrets. Les organisations humains, par exemple : elles reposent sur la base de principes qu'on ne peut pas toujours déterminer. Il y a des règles (ou des accords) concernant les devoirs attachés à certaines positions, des règles sociales comme le fait d'être ponctuel et des règles pour apprendre les buts que votre patron impose. Pour ne nommer que quelques organisations humaines, pensez aux scouts, à la famille, aux clubs de théâtre, au poste de police, à l'église, à notre société, notre culture et à la loi.

Quand votre nourrisson aura accompli le bond suivant, il atterrira dans le monde des systèmes. Pour la première fois de sa vie, il percevra les « système ». Bien entendu, tout cela est tout nouveau pour lui. Il lui faudra bien des années avant de comprendre ce qu'impliquent réellement notre société, notre culture et nos lois. Il commence avec les bases et reste dans son environnement immédiat en développement l'idée de lui-même comme système, et celle qu'avec papa et maman il forme une famille. Et que sa famille n'est pas la même que celle de son petit ami, ni sa maison la même que celle des voisins.

 N'oubliez pas

Si votre nourrisson est collant, observez-le bien. Il a de bonnes chances qu'il soit en train d'essayer de maîtriser de nouvelles compétences.

Tout comme il a appris à être plus flexibles vis-à-vis des programmes après avoir fait le bond dans le monde des principes, votre nourrisson commence à être plus flexible concernant l'application des principes après avoir bondi dans le monde des systèmes. À présent, il commence à comprendre qu'il peut choisir lui-même ce qu'il veut être : honnête, serviable, prudent, patient, etc. Être ou ne pas être, telle est la question. Il applique les principes de manière moins rigide et commence à apprendre comment il peut raffiner son approche de toutes sortes de circonstances différents.

Vers 75 semaines, ou 17 mois et une semaine, vous remarquerez généralement que votre bout de chou se met à essayer de nouvelles choses. Cependant, il aura déjà senti arriver le bond vers le monde des systèmes un peu plus tôt. Dès la 71e semaine, soit peu après 16 mois, votre nourrisson remarque que son monde change. Un tourbillon de nouvelles impressions chamboule la réalité dans sa tête. Il ne peut pas assimiler toute cette nouveauté d'un seul coup. Tout d'abord, il lui faudra remettre de l'ordre dans ce chaos. Il revient à une base familière et sûre. Il devient collante. Il a besoin d'une « recharge de maman ».

Dans ce dernier chapitre nous ne décrirons plus en détail les signes qui montrent que votre bébé est sur le point de faire un bond de développement. À présent, ceux-ci vous sont familiers. C'est pour cette raison que nous nous contentons d'inclure la section « Mon journal » plus bas, en guide d'aide-mémoire. Un moyen utile de se rappeler les bases est les trois P :

pleurnichard, pot de colle et pénible. Souvenez-vous que votre nourrisson ne recherche que deux choses : être près de vous et avoir votre attention indivise. À présent, il est également plus grand et plus intelligent, et donc plus apte à trouver de nouveaux moyens pour atteindre ces mêmes objectifs.

Comment savoir que le moment de grandir est arrivé

Lequel ou lesquelles de ces signes avez-vous remarqué tandis que votre bébé entamait ce bon ?

Mon journal

Les signes que mon bébé grandit de nouveau

- ❏ Pleure plus souvent et est plus souvent pénible ou agité
- ❏ Est joyeux un instant et pleure au suivant
- ❏ Veut être diverti, ou le veut plus souvent
- ❏ S'agrippe à vos vêtements et veut être près de vous
- ❏ Agit d'une manière inhabituellement douce
- ❏ Est coquin
- ❏ Pique des crises de colère, ou en pique plus souvent
- ❏ Est jaloux
- ❏ Est manifestement plus timide avec les inconnus
- ❏ Désire un contact physique plus rapproché
- ❏ Dort mal
- ❏ Fait des cauchemars, ou en fait plus souvent
- ❏ Perd l'appétit
- ❏ Reste parfois assis là, à rêvasser calmement
- ❏ Va chercher son doudou, ou le fait plus souvent qu'avant
- ❏ Est plus puéril

AUTRES CHANGEMENTS REMARQUÉS

_____

_____

Comment ce bond peut vous affecter

Au début, quand votre bébé devenait pénible, pleurnichard ou pot de colle, votre seul souci était que quelque chose puisse aller mal. Quand il a dépassé les 6 mois, vous avez commencé à vous lasser de plus en plus quand il devenait clair que rien n'allait, mais généralement vous laissiez couler. Après tout, il était si petit à cette époque. Après son premier anniversaire, vous avez commencé à agir lorsque vous étiez énervée et cela a parfois débouché sur des altercations. Vous étiez enfin capable d'apprécier les vraies plaisir du fait d'être parent ! Tous les parents signalent qu'ils se disputent avec leur nourrisson « en plein crise d'ado ». On sait que les adolescents peuvent pourrir la vie de leurs parents. Les nourrissons également. Cela vous donne un aperçu de ce qui est à venir dix ans plus tard. Ça fait partie du marché.

Vous pourriez ressentir une très grande frustration

« Si elle me demande d'une voix geignarde si je veux faire quelque chose, je dis très gentiment : "Oui, maman veut bien..." Alors elle répète très gentiment : "Maman, est-ce que tu veux..." »
La maman d'Anna, 71e semaine (16 mois passés)

« J'étais vraiment énervée cette semaine. Il ne voulait pas faire sa sieste. S'il ne veut pas, alors il n'a pas à le faire. C'est plus simple et ça m'économise bien des problèmes. Il ne veut pas non plus porter de couche, alors souvent je le laisse se promener sans. »
La maman de Arthur, 73e semaine (presque 17 mois)

« C'était difficile pour moi quand elle dominait complètement mon temps. Elle me rendait dingue. Je pensais : "Mais qu'est-ce que je fais mal ?" J'essaye de me détendre, de ne pas me prendre la tête, et de prendre les choses comme elles viennent, mais ça n'est pas facile. »
La maman d'Emma, 73e semaine (presque 17 mois)

« Cette semaine, je l'ai mis de temps en temps dans le parc, malgré ses gémissements et tout le tintouin. Il passait son temps à être autoritaire et impatient. Il voulait faire ce qu'il voulait tout le temps. »
La maman de Lucas, 74e semaine (17 mois)

« J'ai eu de nouveau peur d'avoir engendré un monstre pourri-gâté. »
La maman de Lisa, 74e semaine (17 mois)

« J'essayais encore et encore de ne pas céder, mais elle finissait tou-jours par se retrouver sur mes genoux. »
La maman de Manon, 74e semaine (17 mois)

Vous pourriez vous disputer

« Nous nous disputons régulièrement. Quand elle voit des bonbons, elle en veut mais ne les reçoit pas toujours. Elle abandonne quand elle comprend qu'elle n'en recevra pas. Je n'ai pas l'impression que cela la perturbe particulièrement. »
La maman de Julia, 72e-74e semaine (16-17 mois)

« À plusieurs occasions, nous avons eu de grosses prises de bec. Il n'est pas autorisé à réarranger la cuisine de nos résidence secondaire comme il le fait à la maison. Le semaine dernière, ça se passait plutôt bien, mais maintenant il n'écoute plus, alors je le met dehors. Je laisse la porte ouverte pour qu'il puisse rentrer à l'intérieur, mais il n'aime pas ça du tout. »
La maman de Louis, 74e semaine (17 mois)

Comment émergent les nouvelles compétences de votre bébé

Vers 75 semaines, ou 17 mois et une bonne semaine, vous remarquerez qu'il est de moins en moins collant. Les crises de colère et les disputes avec votre nourrisson « en plein crise d'adolescence » persistent. De nouveau, il est entreprenant. Il se peut que vous remarquiez qu'il changé, que son comportement est différent, qu'il acquiert une conscience aiguë de lui-même comme individu, qu'il pense différemment, et qu'il a une meilleure notion du temps. Il joue différemment avec ses jouets et son usage de l'imagination décolle. Son humour change. Si ce changement chez les nourrissons est évident, c'est parce qu'à cet âge émerge la capacité qu'à votre nourrisson à percevoir les système et à appliquer le concept de système. Cette nou-velle capacité équivaut à l'ouverture de tout un nouveau monde. Votre nourrisson, avec ses talents, ses préférences et son tempérament, choisit où il veut commencer à explorer. Essayer de trouver ce qu'il fait et de l'y aider. Mais attention ! Il veut tout faire par lui-même.

« Son père prétend qu'il est maintenant plus patient. »
La maman de Sofian, 74e semaine (17 mois)

« Les choses se sont passées bien mieux avec elle, bien qu'elle soit très têtue et qu'elle nécessite beaucoup d'attention. »
La maman de Juliette, 75e semaine (17 mois passés)

Quand votre nourrisson entre dans le monde des systèmes, il est capable de clairement maîtriser le monde des principes. Il n'applique plus les principes aussi rigidement qu'avant. Il est capable d'ajuster ses principes à l'évolution des circonstances. Par exemple, il est maintenant capable de choisir s'il veut ou non appliquer un principe moral. À partir de cet âge on peut le voir développer les premiers rudiments d'une conscience, en faisant respecter systématiquement ses normes et ses valeurs.

« Elle sursaute quand on la surprend en train de faire quelque chose d'interdit. Puis elle laisse échapper un "non" furtif. »
La maman de Léa, 73e semaine (presque 17 mois)

Le système que votre nourrisson connaît le mieux est celui avec lequel il vit jour et nuit : lui-même. C'est une personne à part entière. Quand le monde des systèmes s'ouvre à lui, il commence à développer sa notion d'identité. Ceci a plusieurs conséquences. Votre nourrisson découvre à présent qu'il possède et contrôle son propre corps. Il découvre également qu'il peut orchestrer les choses, qu'il peut faire des choses tout seul, qu'il peut contrôler les choses, et qu'il peut prendre des décisions, toutes choses qui tirent origine du développement de son concept de moi.

« Maintenant, il exprime les choses différemment de ce qu'on attend de lui ou qu'on lui demande. Par exemple, si on lui demande "Tu fais un bisou à maman ?" il fait un bisou à tout le monde, s'approche de moi et dit "Hahahaha" et ne me fait pas de bisou. J'ai l'impression qu'il veut montrer qu'il est une personne à part entière. Qu'il ne fait plus un avec moi, mais qu'il est une personne séparée. C'est tout. »

La maman de Thomas, 80e semaine (18 mois passés)

Votre nourrisson commence à comprendre que maman et papa sont des personnes différentes. Il commence à utiliser des terme comme « toi » et « moi » et s'intéresse également beaucoup au physique de maman comme de papa. Les petits garçons découvrent qu'ils ont un pénis comme papa, et que maman n'en a pas, et les petites filles le contraire. Il saisit exactement toutes les similitudes et les différences. Pour la première fois dans sa vie, votre nourrisson peut se mettre à la place de quelqu'un, maintenant qu'il a réalisé que tous les gens n'étaient pas les mêmes. Cela ne lui serait jamais arrivé quand il était plus jeune. On peut résumer cela en un mot élégant : il devient moins égocentrique. Ceci a toutes sortes de conséquences. Il est maintenant capable de réconforter quelqu'un. Il atteint le summum de sa capacité d'imitation. Il copie tout et n'importe quoi. Son imagination prend vie.

Votre petit explora-
teur est également fasciné
par les autres créatures
vivantes : les fourmis, les
chiens, et ainsi de suite.
Eux aussi forment des
systèmes.

Votre nourrisson
« en pleine crise d'ado-
lescence » commence à réaliser qu'il appartient à une famille, que cette
famille est différente de celle de son petit ami auquel il rend visite deux fois
par semaine. Après tout, sa famille est la première organisation humaine
qu'il a l'occasion de connaître de l'intérieur, et il ne se trompe pas quand
il remarque que la famille de son petit ami ne mange pas forcément de
salade avec le dîner, au contraire de sa propre famille. Dans sa famille il y
a un ensemble de règles différent.

Tout comme votre nourrisson reconnaît sa famille comme un système,
il commence à distinguer sa famille des autres. Il fait déjà la même chose
avec ses amis, les maisons et le voisinage. Il s'oriente mieux dans les environs familiers quand il sort de sa maison.

Il commence à prêter une attention marquée à ses vêtements. Il peut
s'avérer assez futile et très possessif vis-à-vis de ses jouets.

Votre petit artiste commence à créer de l'Art avec un grand « A ».
Maintenant, il ne gribouille plus, mais il dessine des « chevaux », des « bateaux » et « lui-même ». Il commence également à apprécier la musique,
qui est elle aussi un système.

Votre nourrisson commence à développer la notion du temps. Il parvient
mieux à se souvenir des expériences passées et à comprendre où le futur
l'amènera.

Il commencera à présent à former ses premières phrases. Ce n'est cependant pas le cas de tous les nourrissons. Tout comme pour les autres
compétences, les enfants diffèrent grandement relativement à l'âge auquel
ils commencent. Tous les nourrissons comprennent à présent mieux ce que
vous leur dites, mais certains ne sont pas prêt à commencer à parler. D'autres
utilisent plusieurs mots et miment en permanence, sans pour autant produire de phrases. Quelques-uns, cependant, parlent en faisant des phrases.
Si votre enfant le fait ou non dépend de comment vous interagissez avec
lui.

Certains exemples venus du monde des adultes permettront de rendre plus clair ce que nous entendons par « système ». Prenez, par exemple, la pratique des mathématique. Au niveau des programmes, nous pensons, utilisons la logique, et manions des symboles mathématiques. Au niveau des principes, nous pensons au fait de penser et en conséquence nous pensons à comment utiliser les mathématiques. Au niveau du système, nous considérons les mathématiques comme un tout, comme un système intellectuel.

De la même manière, les sciences physiques sont un large systèmes consistant en principes soigneusement découverts. Cela s'applique également à la biologie et à la théorie de l'évolution et les principes de sélection naturelle afférents. Cela s'applique également aux autres sciences.

Les façons de voir de monde ou de considérer la vie sont également des systèmes. Nos vies quotidiennes offrent également des exemples de systèmes. Notre approche de l'équilibre alimentaire nous conduit à formuler des principes concernant la nourriture, qui en retour déterminent nos programmes alimentaires. Un autre exemple de système est la démocratie. Tout comme avec les autres organisations humaines, certains aspects en sont tangibles et démontrable, tandis que d'autres sont très vacillants. Lorsque quelqu'un d'autre est capable de voir quelque chose de la même manière que vous, la situation peut changer du tout au tout. Nous pouvons dénoncer le gouvernement, le budget annuel, ou les pratiques d'embauche de fonctionnaires. Ce que nous sommes incapable de dénoncer, ce sont l'autorité, la coopération, la politique de couloirs, le compromis ou l'organisation en général. On peut dénoncer ce que l'on pense être une preuve de son existence, mais on ne peut pas le démontrer aussi facilement que quelque chose de simple et tangible, comme une pierre.

D'autres exemples d'organisations humaines faisant systèmes sont la famille, l'école, l'église, la banque, une usine, l'armée, le gouvernement, le club de football ou celui d'échec. De telles institutions sociales ont la tâche importante d'encourager leurs membres à se familiariser avec leurs buts, normes et valeurs. Certaines institutions insistent là-dessus. Au sein de la famille, cela est appelé la socialisation. L'apprentissage de valeurs, de normes et d'autres principes y est presque automatique car les nourrissons imitent vraiment tout ce qu'ils voient. Il y a également un nombre incalculable d'opportunités d'apprentissage, où l'on n'insiste pas sur de telles choses, mais où elles apparaissent comme des évidences.

Cela peut sembler différent d'un système comme les mathématiques ou la physique. « C'est bien trop compliqué pour un si petit gars », diront la

plupart des gens : « Il n'apprendra tout cela qu'au lycée ! » Mais si vous l'observez jouer attentivement, si vous constater comment il maintient un petit ballon sous l'eau encore et encore pour voir s'il rejaillit hors de l'eau, si vous le regardez faire rouler sans fin des choses le long d'une petite pente, ou parcourir et dévaler une petite pente lui-même encore et encore,

vous ne pouvez pas ignorer qu'il expérimente les principes fondamentaux de la physique pour établir des systèmes à lui dans son esprit, ce qui le met en bonne compagnie. C'était Newton lui-même qui un jour a fait une expérience à partir de quelque chose d'aussi simple que la chute d'une pomme. Peut-être que ce ne serait pas une mauvaise idée que les professeurs de physiques demandent à des nourrissons en train de jouer de leur fournir quelques sympathiques démonstrations pour leurs classes.

Cela s'appliquer à d'autres systèmes tout comme aux maths et à la physique. Un nourrisson s'intéresse toujours à l'Architecture élémentaire. Il peut regarder pendant des heures des constructeurs, ou imiter son père en train de préparer du ciment. Il mélange de l'eau et du sable toute la journée et commence à « plâtrer des murs ». Ses maisons en Duplo deviennent de plus en plus complexe. Par exemple, il peut disposer des lignes de chemin de fer et y faire rouler ses petits trains.

Des changements dans le cerveau

Entre 16 et 24 mois, le nombre de synapses dans le télencéphale augment considérablement, à la fois au sein des différentes zones du télencéphale et entre ces zones. Dans la seconde moitié de la deuxième année, une partie du télencéphale située derrière le front (le lobe orbitofrontal) mûrit, ce qui déclenche l'émergence d'une cascade de nouvelles compétences. La partie droite du cerveau se développe par à-coups durant la première année et demi. Puis le développement de la partie gauche, où ce trouve le centre du langage, prend le relais. En ce qui concerne la compréhension de mots isolés, on remarque à 20 mois un confinement de l'ensemble du télencéphale à quelques petites zones dans la moitié gauche.

Les choix de votre nourrisson : une clé pour comprendre sa personnalité

Tous les nourrissons reçoivent la capacité à percevoir et contrôler les systèmes. Ils ont besoin d'années pour se familiariser complètement avec l'ensemble des nouvelles compétences à disposition, mais c'est bien en tant que nourrissons qu'il font leurs premiers petits pas dans le monde des systèmes. Par exemple, à cet âge, un nourrisson peut choisir de s'atteler à maîtriser son corps et garder le langage pour plus tard, se contentant de n'utiliser que quelques mots et pas de phrases. Ou bien il peut être très occupé par sa famille, ses amis, sa maison et ses voisins. Ou il se peut qu'il préfère les arts et passe son temps à dessiner et à écouter de la musique. Tout comme chaque nourrissons, il choisit ce qui correspond le mieux à ses talents, sa capacité de déplacement, ses préférences, et aux événements. Les tout premiers choix deviennent apparents quand il a 75 semaines, soit 17 mois et une bonne semaine. Ne comparez pas votre enfant à ceux des autres. Chaque enfant est unique et choisira en conséquence.

Observez de près votre nourrisson. Déterminez ses centres d'intérêt. Vous pouvez rapidement voir quels sont ses talents et ses préférences, tout comme ses points forts. Si votre nourrisson est pourvu d'une grande intelligence musicale, cela deviendra à présent clair . Utilisez la liste de « Mon journal » aux pages 384-389 pour cocher ou surligner ce que choisit votre enfant. Vous pouvez également regarder par vous-même pour voir si votre enfant utilise ou apprend d'autres systèmes. Arrêtez de cocher quand votre enfant entame le bond suivant. Cela survient généralement quand il a environ 20 à 21 mois.

Les nourrissons sont comme ça

Votre nourrisson apprécie particulièrement tout ce qui est nouveau pour lui. En conséquence, réagissez toujours particulièrement aux nouveaux talents et intérêts que montre votre nourrisson. De cette manière, il apprend plus de choses de manière plus plaisante, facile et rapide.

(suite à la page 390)

Mon journal

Comment mon bébé explore le nouveau monde des systèmes

LA CONSCIENCE

❏ Saute et laisse échapper un « non » sonore quand il est pris en flagrant délit

❏ Vous teste en faisant ce qui est interdit

❏ Imite des comportements vus à la télé

❏ Est blessé et perturbé par les sanctions non méritées

❏ Est capable de « mentir »

❏ Ce que j'ai remarqué d'autre : _____

LA NOTION DE SOI

❏ Moi et mon corps

❏ Je contrôle mon corps

❏ Je peux faire des chose tout seul

❏ J'ai ma propre volonté

❏ Je peux décider pour moi

❏ Je veux du pouvoir

❏ Ce que j'ai remarqué d'autre : _____

LOIN DES YEUX, MAIS PAS LOIN DU CŒUR

❏ Se cache et veut être découvert

❏ Cherche des gens sans se content d'aller où ils étaient

❏ Ce que j'ai remarqué d'autre : _____

TOI ET MOI

❑ Comprend que maman et papa ne sont pas la même personne

❑ Saisit parfaitement les similitudes et les différences

❑ Veut être reconnu comme une personne à part entière

❑ Peut se mettre à la place des autres

❑ Peut réaliser que d'autres enfants veulent des choses différentes

❑ Peut consoler quelqu'un d'autre

❑ Atteint son summum en terme d'imitation

❑ Son imagination prend son envol

❑ Comme à traiter les jouets comme des agents autonomes

❑ Ce que j'ai remarqué d'autre : _____

LES AUTRES CRÉATURES VIVANTES

❑ Dit coucou aux oiseaux et aux avions

❑ Sent les plantes

❑ Aime nourrir les poules

❑ S'intéresse aux abeilles, fourmis, coccinelles et autres insectes

❑ Rit en regardant des documentaires animaliers où des animaux font des choses inhabituelles

❑ Veut arroser les plantes

❑ Ce que j'ai remarqué d'autre : _____

(suite)

Mon journal

LA FAMILLE NUCLÉAIRE

❏ Comprend que les membres de sa famille nucléaire sont des personnes séparées qui forment tout de même un tout

❏ Passe la journée avec des peluches ou des poupées, les nourrit et les met au lit

❏ Comprend qu'il y a d'autres familles nucléaires avec d'autres mamans et papas, d'autres frères et sœurs

❏ Ce que j'ai remarqué d'autre : _____

FAMILLE ET AMIS

❏ Perçoit la différence entre sa famille et celle de ses amis

❏ Sait exactement qui est lié à qui

❏ Veut téléphoner à mamie et papy

❏ Veut aller voir mamie et papy

❏ Ce que j'ai remarqué d'autre : _____

MAISON, VOISINAGE ET ORIENTATION

❏ A une bonne idée de la configuration des lieux autour de chez lui

❏ Sait exactement où trouver des choses dans et dans les environs de la maison

❏ Reconnaît sa maison et celle de papy et mamie

❏ Peut montrer le chemin au supermarché ou au parc

❏ Reconnaît des choses même si elle se trouvent dans un environnement moins familier

❏ Ce que j'ai remarqué d'autre : _____

POSSESSION

❏ Sait parfaitement bien à qui appartiennent quels habits quand on les trie après la machine

❏ Sait exactement quel sac et quel veste appartiennent à quel enfant

❏ Sait exactement à qui appartient quel jouet et ce qui est interdit

❏ Ne veut plus partager ses jouets avec d'autres enfants

❏ Récupère des choses et insistent pour qu'elles ne soient pas jetées

❏ N'aime pas le bazar. Veut que tout soit systématiquement rangé

❏ Ce que j'ai remarqué d'autre : _____

PUZZLES ET AUTRES PETITES CHOSES

❏ Est maintenant bon en puzzles. Des puzzles de 7, 12 ou tout au plus 20 pièces.

❏ Raffinement croissant des compétences motrices

❏ Trouve intéressant le nécessaire à couture, ou un grand assortiment de boutons

❏ Est un maniaque du détail

❏ Ce que j'ai remarqué d'autre : _____

INVENTER SES PROPRES JEUX

❏ Invente un jeu avec ses propres règles

❏ Invente ses propres tours de magie

❏ Ce que j'ai remarqué d'autre : _____

ART

❏ Comprend que les jouets symbolisent des objets ou des personnes du monde réel

(suite)

Mon journal

- ❏ Commence à dessiner d'une manière complètement différente. Les gribouillages aléatoires laissent places à des cercles, des carrés, et ainsi de suite
- ❏ Dessine des cheveux, des bateaux, des avions, le chien, mamie, papy et lui-même
- ❏ Aime aussi quand c'est vous qui dessinez
- ❏ Mélomane qui aime écouter longuement de la musique
- ❏ Aime jouer sur le piano miniature
- ❏ Érige plus de bâtiments
- ❏ Ce que j'ai remarqué d'autre : _____

PERCEPTION DU TEMPS

- ❏ Se souvient d'expériences antérieures
- ❏ Prévoit des événements et programmes quotidiens familiers
- ❏ Vous rappelle toute la journée votre promesse d'aller chez mamie et papy
- ❏ Anticipe ; si vous promettez quelque chose puis l'oubliez, il est perturbé et se sent insulté
- ❏ Se rappelle au matin ce que vous avez dit la nuit précédente
- ❏ Ce que j'ai remarqué d'autre : _____

PHYSIQUE ÉLÉMENTAIRE

- ❏ Tient un petit ballon sous l'eau pour le voir rejaillir
- ❏ S'occupe sans fin à transvaser un mélange qu'il a concocté d'un récipient à l'autre
- ❏ Prête attention aux couleurs
- ❏ Trouve la neige intimidante, la première fois qu'il en voit
- ❏ A peur des brosses à dent électriques

❑ S'occuper avec les phénomènes élémentaires de la physique

❑ Ce que j'ai remarqué d'autre : _____

ARCHITECTURE ÉLÉMENTAIRE

❑ Regarde des gens qui construisent pendant des heures

❑ Imite la fabrication du ciment en mélangeant de l'eau et du sable

❑ Imite le plâtrage des murs

❑ Met en place les voies pour son petit train

❑ Essaye de construire des choses avec des Duplo

❑ Ce que j'ai remarqué d'autre : _____

PAROLE

❑ Comprend la majorité de ce qui est dit

❑ S'il est confronté à différentes langue, parvient à les distinguer à peut ignorer l'une des deux

❑ Produit de plus en plus de mots

❑ Est tôt ou tard capable de combiner des mots pour former des phrases

❑ Imiter des cris d'animaux

❑ Mime beaucoup. Est capable de communiquer au moyen de gestes

❑ Adore les livres. Écoute attentivement de petites histoires jusqu'à la fin

❑ Ce que j'ai remarqué d'autre : _____

AUTRE CHANGEMENTS REMARQUÉS

_____

_____

Ce que vous pouvez faire pour Aider

Dans le monde des systèmes, votre nourrisson découvrira qu'il peut choisir ses principes. Il se découvrira lui-même, ainsi que sa famille, ses amis, sa maison, son voisinage, ses productions artistiques et d'autres choses encore. Donnez à votre nourrisson l'opportunité de faire d'expérimenter toutes sortes de systèmes. C'est simplement à partir de son ingénuité, de l'observation de vos réactions et d'une bonne dose d'entraînement qu'il apprend comment est formé le monde des systèmes.

Ma conscience et moi

La conscience est un système de principes moraux, de valeurs, de normes et de règles. Le développement d'une conscience ne doit pas être pris pour acquis. Vous nourrisson doit construire sa conscience en utilisant votre exemple. Vous devez montrer ce qui est bien et ce qui est mal. Cela requiert du temps, beaucoup de temps, avant que votre nourrisson ait vu assez d'exemples desquels tirer des conclusions. Il faut donc espérer que vos actions soient cohérentes. Si vous dites une chose un jour et quelque chose d'autre le lendemain, alors il faudra bien plus de temps à votre nourrissons. C'est pareil si les signaux que vous émettez ne sont pas clairs. Il aura du mal à tous les déchiffrer. À partir de cet âge, votre bout de chou essaye de découvrir un système dans chaque chose, ainsi que dans les valeurs, les normes et les règles. Il désire ardemment celles-ci et teste les limites. Tout comme il a le droit à ses repas quotidiens, il a le droit à sa portion quotidienne de règles.

« Elle sait que les choses qui se trouvent sur l'étagère du haut dans le placard sont à son frère. En ce moment elle grimpe dans le placard pour attraper et chiper des choses. Si elle est vue, elle les lâche et nous regarde l'air de dire "Mais comment ça a bien pu arriver là ?" »
La maman de Victoria, 76e semaine
(17 mois et une bonne semaine)

« Il nous teste en faisant ce qu'il n'a pas le droit de faire. »
La maman de Raphaël, 77e semaine (17 mois et demi)

« Il rigole quand il nous surprend, son père ou moi, en train de faire quelque chose d'inattendu ou d'expressément interdit. Il rigole aussi quand on l'attrape. »

La maman de Nathan, 79e semaine (18 mois)

« Il imite tout ce qu'il voit à la télé. Par exemple, il fait exprès de tomber par terre. Et dans un film, il a vu des enfants se battre. Après avoir observé cela, il a lui-même donné des coups. »

La maman de Thomas, 80e semaine (18 mois passés)

« J'ai également remarqué qu'il n'écoutait pas et qu'il se comportait mal. Je ne l'avais jamais vu comme ça. Il a frappé quelqu'un à la tête sans raison apparente et en a balancé un autre par terre en le tirant par la chemise. Ceci est très énervant et deux ou trois fois, je me suis vraiment mise en colère. Je passe mon temps à expliquer que s'il fait ça, ça fait mal. Peut-être que je lui parle trop, et que du coup il n'écoute que ce qu'il veut. Cela n'a aucun effet sur lui si je lui dit qu'il ne peut pas faire quelque chose ou si je lui demande de m'aider à choisir quelque chose. J'ai compris que j'avais besoin de lui dire ce que nous pouvions faire cette corvée tous les deux. Comme remettre une bouteille à la bonne place au lieu de la jeter. »

La maman de Yann, 81e semaine (18 mois et demi)

« J'ai remarqué que quand il tombe, il ne se met pas à pleurer tout de suite et qu'il supporte bien les bosses. Mais s'il à l'impression d'être injustement réprimandé, il est blessé et très perplexe. Par exemple, il a râlé parce qu'on lui a interdit d'aller au lit avec ses bottes. Je lui avais dit que c'était bon car elles étaient propres mais la nounou ne le savait pas et n'a pas compris ce qu'il lui disait. Je pouvais dire à la manière dont il pleurait que cela l'a vraiment bouleversé et blessé, même si ce n'est pourtant pas grand chose. Je l'entends rarement sangloter comme ça. Je l'entend pleurer de la même sorte quand il a passé du temps avec son père qui lui dit oui à des choses que je refuse. »

La maman de Arthur, 81e semaine (18 mois et demi)

« Nous avons changé le train-train du coucher. Avant, elle n'allait pas au lit avant dix heures et alors elle voulait d'abord s'endormir sur nos genoux avant que nous puissions la mettre au lit. Samedi dernier, nous l'avons mise au lit à 20 heures, comme elle avait été très ennuyeuse. Elle a hurlé à pleins poumons pendant 45 minutes avant de finir par s'endormir. Depuis cette nuit, elle va au lit entre 20h et 20h30. Nous lui chantons des chansons, son père lui parle encore un petit peu, et puis elle s'endort et reste au lit jusqu'à 7 heures le lendemain. Il faut cependant que ce soit papa qui la mette au lit. »

La maman de Arthur, 81e semaine (18 mois et demi)

« Son dernier truc est d'inventer des histoires. Il venait de jouer à un simulateur de vol sur l'ordinateur avec son père et m'a dit que son papa ne s'était pas bien débrouillé et qu'il s'était écrasé à l'atterrissage. Il s'est avéré que ce n'était pas le cas, mais qu'il avait fait exprès de dire ça. Il aime pouvoir inventer des histoires. Il rit de bon cœur quand papa rétablit la vérité. »

La maman de Yann, 85e semaine (19 mois et demi)

« Il est maintenant capable de "mentir". Par exemple, il est en train de manger un cookie et à du chocolat plein la bouche lorsque l'on fait passer la deuxième tournée de cookies. Quand c'est à lui, il met la main derrière son dos pour cacher son gâteau et dit qu'il n'en n'a pas encore eu. Si on le laisse en prendre un autre, il rigole et montre celui qu'il avait déjà en main. »

La maman de Thomas, 87e semaine (20 mois)

Moi et le concept du Moi

Le système avec lequel votre nourrisson entre le plus en contact est lui-même. C'est celui qu'il va découvrir en premier, et cela a toutes sortes de conséquences. Votre nourrissons découvre qu'il possède son propre corps et qu'il exerce le contrôle sur son propre corps. Il découvre également qu'il peut faire survenir des choses, qu'il est doté d'une volonté propre et qu'il peut prendre ses propres décisions, et qu'il a le pouvoir d'influencer les autres personnes. Il pense en ces termes : « moi, moi et encore moi ».

Moi et mon corps

« Son "zizi" l'intéresse beaucoup. Il le tire et le frotte dès qu'il peut. Je le laisse souvent se balader tout nu. »

> **La maman de Marc, 72e semaine (16 mois et demi)**

« On dirait qu'elle est en pleine redécouverte de ses orteils. Elle les étudie l'un après l'autre, pendant des minutes entières. »

La maman de Victoria, 73e semaine (16 mois et demi passés)

« Elle s'appelle elle-même Mita. Elle s'est donné ce nom. »

> **La maman de Victoria, 75e semaine (17 mois)**

« Souvent, il cogne sa tête très fort contre le mur. Cela me fait me sentir mal. J'aimerais bien qu'il arrêtes. Je pense qu'il fait cela pour expérimenter la notion de soi. »

> **La maman de Kevin, 76e semaine**
> **(17 mois et une semaine passés)**

« Au supermarché, elle a explosé de rire comme une poupée idiote. »

> **La maman de Marie, 81e semaine (18 mois et demi)**

« Les anges l'obsède. Je lui ai demandé : "Tu en es un ?" et elle a répondu "Oui". »

La maman de Nina, 82e semaine (18 mois et demi passés)

« Nul n'est autorisé à le toucher. Ni le docteur quand il le pèse et le mesure, ni la coiffeuse, alors qu'avant c'était son amie. Pas même sa grand-mère quand elle l'habille. »

> **La maman de Matthieu, 82e semaine**
> **(18 mois et demi passés)**

« Elle dt aussi : "C'est moi." »

> **La maman d'Anna, 83e semaine (19 mois)**

« Si quelqu'un lui dit "Jolies bouclettes.", il passe la main dans ses cheveux comme le héros du film Grease. »

> **La maman de Thomas, 86e semaine (presque 20 mois)**

« Elle passe vraiment beaucoup de temps à mettre et enlever ses habits. Elle met même son slip, ses chaussettes et son pantalon. Elle est aussi très futile. Quand elle a de nouveaux habits, et monte sur notre lit en face du miroir pour s'examiner. Une fois, elle a insisté pour mettre une robe alors que j'essayais de lui acheter un pantalon. Elle adore aller prendre soin de ses cheveux chez le coiffeur. »

La maman de Vera, 74e-87e semaine (17-20 mois)

Je contrôle mon corps

« Il monte les escaliers bien droit en faisant de grands pas. Le pied droit sur une marche et le gauche sur la suivante et ainsi de suite. »

La maman de La maman de Léo,
72e semaine (16 mois et demi)

« Je me suis déjà énervée une fois cette semaine. Elle a monté un escalier dangereux après que je lui avais dit que c'était interdit. »

La maman d'Eve, 74e semaine (17 mois)

« Il s'agrippe à une barre, oscille d'avant en arrière quelques instants puis sa laisse tomber par terre en riant. »

La maman de Paul, 74e semaine (17 mois)

« Il grimpe partout. Rien n'est trop difficile. Cependant, il est prudent. Il a conscience des dangers. »

La maman de Gabriel, 76e semaine
(presque 17 mois et demi)

« Elle trouve toutes sortes de moyens pour aller là où elle n'a pas le droit. J'ai mis certaines choses de côté et en ai protégé d'autres. Cela est maintenant inutile. Elle trouve un moyen pour y accéder. Même s'il lui faut traîner une chaise et aller prendre une échelle. »

La maman de Victoria,
76e semaine (17 mois et demi)

« Elle escalade comme un acrobate. Elle monte sur mois en me tenant la main. Elle pousse avec ses pied vers l'arrière en prenant appui sur mon ventre. »

La maman de Laura, 80e semaine (18 mois et une semaine)

« Il a dévalé le toboggan en plastique du McDonald pour la première fois cette semaine. »

La maman de Enzo, 81e semaine (18 mois et demi)

« Elle a appris à faire des sauts périlleux, à glisser sur des toboggans tout seule et à y remonter toute seule. Maintenant elle va se coucher et sort de son lit tout seule. »

La maman de Nora, 81e-83e semaine (18 mois et demi-19 mois)

« Il aime sauter depuis des endroits élevés s'il pense en être capable. Quand il ne peut pas, il dit "fait peur" et lève ses bras, ce qui veut dire "C'est trop haut pour moi, on peut le faire tous les deux ?" Il aime également marcher le long des petits murets pour exercer son équilibre. Il apprécie les murs qui font environ 1,20. J'essaye de rester calme, mais au fond de moi j'ai peur. »

La maman de Louis, 83e-86e semaine (19 à presque 20 mois)

« Depuis un mois, son dernier truc est de se laisser tomber exprès quand elle traverse le lit à eau. »

La maman d'Eve, 82e semaine (presque 19 mois)

« Elle aime recracher des petits blocs noirs avec la bouche, ça la fait rire. Elle a vraiment apprécié de dévaler les dunes et de poursuivre le chien sur la plage. »

La maman d'Anna, 86e-88e semaine (environ 20 mois)

Je peux le faire tout seul

« Elle peut éplucher et manger une orange toute seule, ainsi qu'ouvrir une porte et dire son nom. Elle allume sa petite radio toute seule et se met à l'écouter. »

La maman de Juliette, 72e semaine (16 mois et demi)

« Elle comprend qu'elle peut utiliser son petit pot pour faire ce qu'elle a à faire. Par deux fois elle est allé s'asseoir dessus et s'est laissée aller alors qu'elle portait une couche. »

La maman de Manon, 73e semaine (presque 17 mois)

« Elle ne veut plus s'asseoir sur sa chaise haute. Elle veut s'asseoir sur une chaise normale autour de la table. Elle refuse également de porter un bavoir et veut manger toute seule. »

La maman de Julia, 73e-75e semaine (environ 17 mois)

« Cette semaine, il s'est promené avec des serviettes. Il les utilisait comme bavoir ou comme serviette-éponge, mais aussi comme gant de cuisine. Ce que je veux dire c'est que quand il allait prendre quelque chose, il mettait la serviette par-dessus avant de le prendre. Il a surtout fait ça dans la cuisine avec les poignées des tiroirs. »

La maman de Paul, 74e semaine (17 mois)

« En ce moment, ce sont les aspects spatiaux qui l'occupent. Il trouve très intéressant de mettre des choses dans ou sous d'autres choses. Ce n'est pas tellement parce que quelque chose entre quelque part mais plus que c'est lui qui décide de mettre des choses quelque part et de les en retirer. Ce qui l'intéresse surtout, c'est d'explorer son potentiel, plutôt que les qualités mêmes des choses. En ce moment, il a retrouvé son ancien désir urgent de regarder dans les poêles. Ça ne suffit pas que je lui montre ce que nous allons manger et lui dise comment ça s'appelle, il veut le regarder et l'identifier tout seul. Son seau dont le couvercle à des trous de différentes formes l'attire de nouveau. Mais maintenant il s'agit pour lui de mettre les pièces comme il le veut. Il fait exprès d'essayer de forcer les formes dans les mauvais trous. Si par erreur il met une pièce dans le bon trou, il l'enlève sur-le-champ. Il veut mettre les pièces à sa guise, et pas selon les règles du jeu. »

La maman de Lucas, 76e semaine
(presque 17 mois et demi)

« Cette semaine, il aime dessiner. Je pense que c'est parce qu'il fait tout seul. Il créer quelque chose tout seul. »

La maman de Nathan, 77e semaine (17 mois et demi)

« Elle fait des dessin puis se moque elle-même d'eux. »

La maman de Marie, 77e semaine (17 mois et demi)

« Ces jours-ci, il veut se nourrir lui-même le soir. Ça ne se passe pas sans problèmes mais dans l'ensemble, il se débrouille plutôt bien. Il imite de plus en plus. Il nettoie le sol avec une éponge, se mouche dans un mouchoir et aspirer avec l'embout de l'aspirateur. Il sait à présent exactement à quoi servent les choses. »

La maman de Gabriel, 77e semaine (17 mois et demi)

« Si je lui demande "Tu veux que maman le fasse ?", elle dit : "Non, Anna." Même quand elle casse quelque chose et que nous demandons qui a fait ça elle dit "Anna". Elle a une conscience aiguë d'elle-même. Elle rit quand elle fait tomber quelque chose ou balance quelque chose par terre. »

La maman d'Anna, 77e semaine (17 mois et demi)

« Cette semaine, il est venu nous voir fièrement avec un pot plein. J'étais aussi fière que lui. S'il se promène sans couche, c'est qu'il veut nous dire qu'il veut utiliser son pot ou qu'il vient de l'utiliser sans que je l'aie remarqué. Il attend d'avoir le pot pour faire pipi. Il utilise tout sa concentration pour faire caca et le moindre petit bout doit être fait aux toilettes. C'est attachant. Puis il dit "Encore". Ça veut dire qu'il veut l'utiliser de nouveau. Quand il a fini, il dit "fini". »

La maman de Marc, 78e-79e semaine
(presque 18 mois)

« En ce moment elle enlève sa ceinture et descend de sa chaise toute seule. »

La maman d'Emma, 80e semaine
(18 mois et une semaine)

« En ce moment, je peux m'en servir comme messager. Il va toujours là où on lui demande. Il va chercher la télécommande, le programme télé, les chaussettes. Il allume la machine à laver, "40° s'il-te-plaît". Il va cherche les chaussures, les produits de nettoyage. Et quand il joue avec papa au simulateur d'avion sur l'ordinateur, il suit ses ordres : "Mets les gaz !", "Train d'atterrissage !", "Éjection !" Je suis fière de mon grand petit garçon. Il donne vraiment tout ce qu'il a et fait tout ce qu'on lui demande sur-le-champ. Mais j'ai pitié du pauvre enfant. Il travaille vraiment beaucoup. »

La maman de Thomas, 80e semaine
(18 mois et une semaine)

« Elle utilise ses instruments chirurgicaux en plastique comme une experte. »

La maman de Lisa, 81e semaine (18 mois et demi)

« Elle fait sa grosse commission sur le pot. Elle dit "caca" si elle le fait dans sa couche pour indiquer qu'elle veut une couche propre. De temps en temps, elle va le faire aux toilettes. »

La maman de Nina, 80e-83e semaine (18 mois passés à 19)

« Il aime se promener tout nu après le bain. Puis il s'accroupit et s'efforce de faire pipi. Une fois, il a fait pipi dans le placard. »

La maman de Robin, 82e semaine (presque 19 mois)

« Je ne cesse jamais d'être étonné par sa bonne compréhension de ce qui se passe. De temps en temps, elle comprend tout. Par exemple, si elle n'arrive pas à attraper quelque chose, elle va dans la salle de bain, prend un tabouret et le met là où elle en a besoin. Ce n'est que l'un des nombreux moments où je la vois résoudre ses problèmes. »

La maman de Vera, 82e semaine (presque 19 mois)

« Maintenant, elle colorie avec des crayons de couleur. »

La maman de Laura, 83e semaine (19 mois)

« Elle arrive à associer les couleurs. Elle a remarqué que l'un des marqueurs avait un bouchon de la mauvaise couleur. »

La maman de Victoria, 84e semaine (19 mois passés)

« Il me dit à l'avance qu'il a besoin d'aller aux toilettes. »

La maman de Arthur, 84e semaine (19 mois passés)

« De temps en temps, elle veut utiliser le pot. Elle s'assied pendant un instant et se met à s'essuyer furieusement, alors qu'elle n'a encore rien fait dans le pot. »

La maman d'Eve, 85e semaine (19 mois et demi)

« Il est de plus en plus serviable et m'imite toujours plus. Il amène sa tasse à la cuisine et la pose sur la paillasse ou saisit une assiette. Il aime aussi jouer comme s'il donnait des coups de marteau sur quelque chose. Il veut boire dans une tasse de grande personne et plus un biberon ou une tasse pour bébé. »

La maman de Léo, 86e semaine (presque 20 mois)

« Une fois elle a fait un petit quelque chose dans les toilettes. »

La maman d'Anna, 87e semaine (20 mois)

« Elle va sur le pot toute seule si elle est déjà toute nue. Si elle porte un pantalon, elle le fait dans son pantalon, mais nous prévient tout de suite. »

La maman d'Anna, 87e semaine (20 mois)

« Elle est parfaitement propre. Après seulement 3 nuits, elle a complètement arrêté de faire pipi au lit. »

La maman d'Émilie, 87e semaine (20 mois)

« Il arrive à se moucher. Maintenant, il essaye de se moucher dans tout et n'importe quoi, même le dessous de verre. »

La maman de Sofian, 88e semaine (20 mois)

Je suis doté d'une volonté propre

« Ces derniers mois, il a été un peu vilain et a testé les limites pour voir ce qui était autorisé et ce qui ne l'était pas, ainsi que les conséquences à ses actes. À présent, il sait parfaitement ce qui est autorisé. Et maintenant, quand il est vilain c'est juste pour dire "Je fais ce que je veux. Et qu'est-ce que tu vas faire d'abord ?" »

La maman de Raphaël, 76e semaine
(presque 17 mois et demi)

« Il n'écoute plus les avertissements. On dirait qu'il proclame qu'il sait ce qu'il fait. L'expérimentation est sa priorité : les chutes, la chaleur, les épices fortes, etc. Il décide de ce qu'il mange, quand, et comment. »

La maman de Matthieu, 76e semaine (presque 17 mois et demi)

« Il fait vraiment ce qu'il veut. De préférence pour cherche les ennuis. »

La maman de Gabriel, 77e semaine (17 mois et demi)

« Elle requérait beaucoup d'attention si je lui interdisais quelque chose ou si avoir quelque chose prenait trop de temps. Elle n'arrêtait pas de tirer sur mes vêtements, était très têtue, geignarde, bornée, vilaine, mal lunée et incontrôlable. »

La maman de Manon, 77e semaine (17 mois et demi)

« Il comprend tout, mais je dois le surveiller de près. C'est trop dangereux de le laisser sans surveillance car il jouer en permanence avec les règles. Je me suis vraiment mise en colère quand il a essayé d'allumer la gazinière alors qu'il y avait une poêle chaude dessus. Cela m'a vraiment fait bondir. Heureusement, il n'a été que légèrement brûlé, et les dégâts sont restés très limités, mais il en a certainement tiré une leçon. J'espère qu'il a compris qu'il n'a pas droit de toucher le gaz. C'est vraiment amusant de cuisiner avec lui, mais s'il ne retient pas la leçon, nous ne pourrons plus continuer. »

La maman de Enzo, 78e semaine (presque 18 mois)

« Récemment, il a laissé tomber ses jouets pour des choses qu'il a interdiction de toucher, comme le lecteur DVD. »

La maman de Laura, 78e semaine (presque 18 mois)

« Je dois le suivre partout. Il est très entreprenant, un vrai explorateur. Tout objet doit être tourné et retourné en ma présence. C'est une sorte de course entre nom car il met le bazar plus vite que je n'arrive à ranger. »

La maman de Louis, 79e semaine (18 mois)

« C'est un vrai clown. Il ne prête attention à rien, se contentant de faire ce qu'il a à faire. Il adore faire des bêtises. Nous l'appelons "le petit elfe". »

La maman de Gabriel, 80e semaine (18 mois passés)

« Elle est de plus en plus indépendante. Elle sort toute seule, ou en accompagnant d'autres personnes. Une salutation rapide de la main et elle est partie. »

La maman de Lisa, 80e-81e semaine (environ 18 mois et demi)

« Ces derniers jours il joue avec des petites voitures. Mercredi, j'ai fini par dégager une demi-heure de temps libre rien que pour moi. Il a joué gaiement avec ses cubes et ses voitures et je ne l'ai pas entendu pendant toute une demi-heure. »

La maman de Gabriel, 81e semaine (18 mois et demi)

« De temps en temps elle arrive très bien à s'amuser toute seule. Elle joue toute seule si je suis dans les parages, mais je ne suis pas autorisée à lire. Parfois, j'arrive à lire quelques pages, ce qui est un progrès. »

La maman de Nina, 83e-86e semaine (19 mois à presque 20 mois)

« Sa conscience de soi croît quotidiennement. Elle indique ce qu'elle veut et ce qu'elle ne veut pas. Elle envoie des bisous quand elle dit adieu et quand elle nous donne quelque chose, elle le fait en toute connaissance de cause. »

La maman d'Emma, 83e-86e semaine (19 mois à presque 20 mois)

« Elle ne veut pas que je lui brosse les dents, mais quand elle le fait, elle ne se brosse pas les dents mais mange le dentifrice et puis considère avoir fini. Une fois, j'ai pris les dents et lui ai brossé les dents, et elle est restée en colère contre moi pendant toute la demi-heure suivante. »

La maman d'Anna, 86e semaine (presque 20 mois)

Je peux décider pour moi

« Elle se met à rire à l'avance car elle prévoie de faire un mauvais coup.»

La maman d'Eve, 76e semaine (presque 17 mois et demi)

« Il annonce tout ce qu'il fait. Il se montre toujours du doigt. »

**La maman de Kevin, 76e semaine
(presque 17 mois et demi)**

« Elle sait vraiment que c'est "beurk" si elle fait dans sa culotte. Elle vient nous voir et dit "beurk". Ce n'est que si elle peut choisir l'endroit où on la change qu'elle y consent et ne fait pas de scène. Elle trouve trouve les endroits les plus bizarres pour être changée. Pour changer les habits, C'est la même chose, elle doit trouver l'endroit, puis on y va. »

La maman de Nora, 86e semaine (presque 20 mois)

« Il veut choisir ses propres vêtements ces derniers temps. Il a manifestement des préférences. Son pantalon de jogging très confortable avec des souris dessus est "ringard". Parfois, il met la veste de costume de papa avec une cravate et va réveiller maman. »

La maman de Thomas, 86e semaine (presque 20 mois)

Je veux le pouvoir

« Les crises de colère sont vraiment de retour. Elle peut crier vraiment fort. Pas longtemps mais très fort. Elle observe également son frère avec beaucoup d'attention quand il se conduit mal. On dirait qu'elle prend des notes dans sa tête. »

La maman de Victoria, 72e semaine (16 mois et demi)

« Si je ne suis pas d'accord, elle commence à hurler. Elle se roule moins par terre. Elle essaye de parvenir à ses fins en hurlant. »

La maman de Léa, 72e semaine (16 mois et demi)

« Il m'effraie avec des serpents et des souris et fait la même choses à la petite fille d'à côté. »

La maman de Lucas, 74e semaine
(17 mois)

« Il essaye de mettre des voitures trop grosses dans son petit garage miniature. Il n'avait jamais tenté ça par le passé. »

La maman de Robin, 76e semaine
(presque 17 mois et demi)

« Quand il ne parvient pas à ses fins, il donne des coups de poings et tente même parfois de mordre. S'il est en colère, il tape fort, et moins fort s'il ne contente de blaguer. L'idée générale est que j'essaie de mettre fin à ses mauvaises habitudes en le corrigeant calmement, et lui offrant un oreiller où taper ou en lui enjoignant de se clamer. Parfois, je m'énerve quand il me fait vraiment mal. Cela l'attriste, et alors il se met à me faire des bisous. »

La maman de Louis, 76e semaine
(presque 17 mois et demi)

« Il insiste pour manger et boire ce que j'ai, même s'il a déjà la même chose. Il veut ce que j'ai. Il prend ma nourriture et mes boissons. Nous nous battons comme deux enfants. »

La maman de Sofian, 76e semaine
(presque 17 mois et demi)

« Elle hurle si fort et d'une voix si haute si quelque chose ne se passe pas selon ses désirs ou si elle échoue à faire quelque chose. Cela m'ennuie et j'aimerais bien vite lui faire perdre cette habitude. Nous nous sommes chamaillé plusieurs fois cette semaine à ce sujet. »

La maman de Juliette, 77e semaine
(17 mois et demi)

« Une ou deux fois par jour elle devient furieux, particulièrement si elle ne parvient pas à ses fins. Généralement, elle finit par se calmer toute seule. Parfois, il faut que j'intervienne pour la calmer. C'est qu'elle a sa fierté. »

La maman de Marie, 77e semaine (17 mois et demi)

« Il est devenu clairement plus difficile. Il lance aussi des choses énergiquement et ne supporte vraiment pas de ne pas avoir ce qu'il veut. Parfois il lance des choses comme le chat ou le radio-réveil. »

La maman de Matthieu, 77e semaine (17 mois et demi)

« Il est de très bon caractère et excessivement énergique. Il est tellement plongé dans ce qu'il lui semble devoir être fait qu'il ne sourcille même pas quand j'exprime mon mécontentement au sujet de certaines choses. Je pense qu'il lance des choses car il estime avoir un certain pouvoir sur ses possessions. C'est la même chose pour les coup. J'essaye de le lui faire comprendre clairement quand je m'élève contre lui en le menaçant d'une punition. S'il continue à lancer et à taper, je le met dans son parc. Il reste assis là tranquillement à attendre, pour reprendre là où il en resté resté quand on l'en sort, à lancer et taper. La seule chose qui est efficace est de la distraire. J'ai l'impression que nous sommes confrontés à un nouveau modèle d'apprentissage. »

La maman de Kevin, 78e semaine (presque 18 mois)

« S'il ne parvient pas à ses fins, il s'énerve. Par exemple, s'il veut sortir, il montre du doigt sa veste. Si je dis non, il s'énerve. Il s'énerve également quand il ne reçoit pas plus de bonbons ou si son ami n'est pas chez lui. »

La maman de Robin, 17e semaine (17 mois et demi)

« Quand elle est dans le jardin et qu'il faut qu'elle rentre, elle pleure et martèle de sol. Dans ce cas, je lui accorde un temps mort. »

La maman de Vera, 79e semaine (18 mois)

« Parfois, je ne suis pas sûre de pouvoir arriver à gérer ses activités obstinées et dynamiques. »

La maman de Raphaël, 79e semaine (18 mois)

« Il balance tout par terre, loin de lui. Il mord et il donne des coups. Ça m'a vraiment énervé cette semaine quand il a étalé sa nourriture et sa boisson partout par terre. »

La maman de Nathan, 79e semaine (18 mois)

« J'essaye la colère et d'exiger de l'obéissance, en insistant pour qu'il arrête, mais rien ne marche. Il n'est pas du tout impressionné. C'est difficile quand il agit de cette manière. Si je suis fatiguée, c'est encore pire. Dans ce cas, c'est vraiment épuisant. »

La maman de Paul, 79e semaine (18 mois)

« Si je quitte la pièce brièvement ou que je la néglige ne serait-ce qu'un instant, elle commence à déterrer ma plante verte. »

La maman de Laura, 80e semaine (18 mois passés)

« Elle a été très pénible cette semaine. Elle n'arrêtait pas d'insister pour qu'on fasse ce qu'elle voulait. Si on ne faisait pas ce qu'elle voulait, elle se mettait à hurler et à se jeter par terre. Si on la laissait faire, elle finissait par se calmer toute seule. »

La maman d'Émilie, 81e semaine (18 mois et demi)

« Si elle n'arrive pas à obtenir quelque chose qu'elle veut, doit aller au lit ou ne parvient pas à ses fins, elle pleure en trépignant. »

La maman d'Emma, 84e semaine (19 mois passés)

« Les coups et les jets semblent devenir moins fréquents. Mais elle continue à mordre de façon très sérieuse. Je l'ai grondée sévèrement, lui ai expliqué calmement, lui ai donné une petite fessée : rien ne semble marcher. »

La maman de Nathan, 83e-86e semaine (19 mois à presque 20)

« Il terrorise les chats. Il tient constamment à l'œil l'endroit où ils se trouvent. Alors il faut qu'il puisse aller les caresser. »

La maman de Yann, 83e-86e semaine
(19 mois à presque 20)

« Elle ne veut pas qu'on la considère comme "petite". Nous sommes allé prendre une glace chez un bon glacier, où les coupes sont chères. Papa a dit : "Lisa peut prendre un peut des nôtres." Quand les glaces sont arrivées, elle pouvait les lécher mais n'a pas été autorisée à les tenir. Cela a conduit à une crise de colère. Elle voulait partir. Elle se sentait insultée d'être considérée comme un bébé. Papa est alors aller prendre une glace à un endroit moins cher. Elle l'a prise dans la main mais ne l'a pas mangée. Sa crise a continué tout du long. Elle était vraiment très vexée. Pendant les demi-heure suivant, voir les 45 minutes suivantes, elle n'a pas été très amusante. Elle a même frappé papa. »

La maman de Lisa, 86e semaine (presque 20 mois)

« Elle est très obstinée, ce qui est parfois difficile. Elle pleure si on lui interdit quelque chose ou si elle ne parvient pas à ses fins. Mais les vraies larmes sont réservées aux moments où elle tombe ou se blesse. »

La maman de Julia, 87e semaine (20 mois)

Je suis loin des yeux mais pas loin du cœur

Comme votre nourrisson comprend maintenant qu'il appartient à un système séparé, il comprend également que les principes mêmes qui s'appliquent aux personnes et aux objets qui l'entourent s'appliquent également à lui. Il comprend qu'ils continuent à exister même s'ils ne sont plus dans son champ de vision. Il comprend également qu'il existe toujours pour maman et papa même quand ils ne peuvent le voir. De plus, il comprend à présent que les autres personnes ne restent pas nécessairement là où il les a vues pour la dernière fois. Il commence à réaliser qu'il peuvent se déplacer et changer de position. Quand il cherche papa, il comprend maintenant qu'il ne suffit pas de regarder là où il l'avait vu la dernière fois.

« Il aime ramper dans les placard et fermer toutes les portes. »

La maman de Enzo, 81e semaine (18 mois et demi)

« Elle se cache dans le placard, ferme les portes et dit "maman". Ça la fait vraiment rire quand je finis par la trouver. »

La maman de Manon, 85e semaine (19 mois et demi)

Toi et moi

À présent que votre nourrisson se conçoit comme un individu, il commencera à utiliser des termes comme « toi » et « moi ». Il comprend que maman et papa sont également des individus qui mènent leur vies propres. Il commence à se comparer avec eux et perçoit parfaitement les similitudes et les différences.

« Elle a découvert que son papa avait un pénis. Elle lui a donné le nom "Pino". »

La maman de Victoria, 72e semaine (16 mois et demi)

« Son pénis c'est vraiment quelque chose pour lui. Tout comme celui de son père et l'absence du mien. »

La maman de Léo, 73e semaine (presque 17 mois)

« Ces jours-ci, il se montre du doigt puis passe à moi, comme s'il voulait rendre manifeste la différence. »

La maman de Marc, 75e semaine (17 mois passés)

« Si je propose : "On sort toutes les deux ?" elle se montre du doigt comme pour dire "Tu veux dire moi ?", comme s'il y avait d'autres personnes dans la pièce. »

La maman de Nina, 75e semaine (17 mois passés)

« Il adore que je fasse référence à lui. Il se montre du doigt pour se distinguer de moi et pour confirmer qu'il s'agit bien de lui. »

La maman de Louis, 77e semaine (17 mois et demi)

« Quand j'imite certains de ses comportements ou de ses déclarations typiques, ça la fait rire. »

La maman d'Anna, 78e semaine (presque 18 mois)

« Il s'intéresse beaucoup à son père : dans la douche, au lit, aux toilettes. Il le suit partout et parle tout le temps de lui. »
La maman de Lucas, 79e-86e semaine (18 mois à presque 20)

« Elle a appris les termes "moi" et "toi". »
La maman de Juliette, 86e semaine (presque 20 mois)

Maintenant que votre nourrisson peut faire la différence entre lui et les autres, il peut aussi se mettre à la place d'une autre personne. Au cours d'une expérience assez simple, il a été montré que les nourrissons de 13 à 15 mois étaient incapables de comprendre qu'un autre personne pouvait faire un choix différent des leurs. C'est à 18 mois qu'ils y arriveront pour la première fois. Cela a toutes sortes de conséquences.

La carotte suspendue

« Nous somme sortis du magasin et nous avons vu un hélicoptère mécanique pour les enfants. Quand on met une pièce dedans, il bouge un moment et des lumières s'allument. Nora l'adore et on l'a laissée y aller une fois. Mais il y avait déjà un enfant à l'intérieur, qui refusait de sortir après son tour. Nora a regardé autour d'elle, a foncé vers un mini-charriot et a commencé à le pousser. L'autre enfant est sortie de l'hélicoptère sur-le-champ et a voulu pousser ce chariot lui aussi. Nora s'est ruée sur l'hélicoptère et s'y est installée. »
La maman de Nora, 87e semaine
(20 mois)

Je peux réconforter

« Elle nous dit que nous devons pleurer et qu'alors elle nous fera un baiser et une gentille caresse. »
La maman de Léa, 79e-80e semaine
(18 mois)

Moi et mes imitations

« Il rejoue les humeurs. Par exemple il dit "Assez !" à la manière un peu impertinente d'une petite fille. Il imite certains gestes, comme tourner sa tête et son corps, lever la main, et parler à la main. »
La maman de Arthur, 80e semaine (18 mois passés)

« Imiter certaines postures et certains mouvements est sont passe-temps favori. Elle essaye même d'imiter le chat. »
La maman de Marie, 83e-86e semaines
(19 mois à presque 20 mois)

« Il a observé les singes et leur façon d'ouvrir des noix. Nous avons ramassé des noisettes dans le voisinage et à la maison il essaye vraiment de les fracturer comme font les singes. »
La maman de Léo, 83e-86e semaines
(19 mois à presque 20 mois)

« Elle imite pas mal les autres enfants. S'ils escaladent une barrière, elle essaye aussi. S'ils frappent à une fenêtre, elle fait la même chose. Quoi qu'ils fassent, elle les imite. »
La maman de Vera, 87e semaine (20 mois)

Moi et mon imagination

Quand il joue à faire semblant, il se met à traiter ses jouets comme s'ils jouaient avec lui eux aussi, comme des gens capable de faire des choses.

« Elle a pris un aliment imaginaire de sa main et l'a mis dans la bouche. Elle a fait ça deux-trois fois. C'était très étrange. J'ai l'impression que c'est la première fois qu'elle jouait à faire semblant. »
La maman de Manon, 71e semaine (16 mois passés)

« Elle est soudain en train de devenir plus indépendante. Elle joue très bien toute seule. De temps en temps, on dirait qu'elle est perdue au pays des rêves. Elle imagine des choses. Il faut encore que je la voie faire ça. Elle joue à ce jeu avec sa poupée. Parfois elle me raconte ses rêves. »
La maman de Victoria, 75e semaine (17 mois passés)

« Il a dessiné une crotte et l'a piétinée. Je lui interdis de marcher sur les crottes dans la rue. »

La maman de Paul, 77e semaine (17 mois et demi)

« Après avoir vu ses photos de nouveau-né un après-midi, il a décidé que tous ses animaux étaient ses bébés et à passé l'après-midi à jouer avec eux dans son lit. »

La maman de Sofian, 84e semaine (19 mois passés)

« Elle m'indique bien plus clairement ce qu'elle veut et est frustrée si je ne comprend pas ce qu'elle veut dire. C'est lié au fait qu'elle joue à faire semblant. Elle me donne un chien et je devrais comprendre que ce chien a besoin d'allaiter. »

La maman d'Émilie, 86e semaine (presque 20 mois)

« Il joue beaucoup à faire semblant. Par exemple d'organiser un goûter ou de s'asseoir dans sa voiture en plastique sur les marches. Il tapote le sol à côté de lui de la plus engageante des manières et adore que l'on s'asseye ensemble. »

La maman de Thomas, 86e semaine (presque 20 mois)

Les autres créatures vivantes

Les autres créatures vivantes sont tous des systèmes séparés dotés de leurs propres règles et programmes comportementaux. Cela fascine votre nourrisson.

« Cette semaine les oiseaux l'intéressaient particulièrement. Elle riait quand un oiseau qu'elle observait réapparaissait dans son champ de vision. Elle rirait encore plus quand elle voyait d'où venait les cris qu'elle entendait avant même de voir l'oiseau. C'est la même chose avec les avions. Elle aime aussi étudier l'odeur des plantes. »

La maman d'Eve, 73e semaine (presque 17 mois)

« Elle dit au revoir aux avions et aux oiseaux et parfois aussi aux gens. »
La maman d'Eve, 74e semaine (17 mois)

« Cette semaine il a apprécié de nourrir les poules. Il est resté avec son grand-père à la ferme. »
La maman de Yann, 77e semaine (17 mois et demi)

« Il a vu un escargot dans la rue et avant même que je ne le remarque, il a dit que l'escargot était mort. Il s'est avéré que son père et lui avait déjà abordé plusieurs fois le sujet. »
La maman de Raphaël, 79e semaine (18 mois)

« Il apprécie des abeilles quand il est avec son grand-père, qui a des ruches. »
La maman de Enzo, 83e semaine (19 mois)

« Elle a explosé de rire quand elle a vu un serpent gober une souris dans un documentaire animalier. »
La maman de Laura, 84e semaine (19 mois passés)

« Cette semaine, une fourmi géante qui était dans le jardin a particulièrement attiré son attention. »
La maman de Matthieu, 84e semaine (19 mois passés)

« Elle est vraiment passionnées par les insectes cette semaine, les coccinelles et les fourmis surtout. »
La maman d'Anna, 85e semaine (19 mois et demi)

« Elle apprécie d'arroser les plantes ces temps-ci. Elle commence par faire des bruits de bouche comme si les plantes avaient faim : "Les plantes veulent manger." Elle les nourrit de préférence deux fois par jour. Pour Emma, remplir l'arrosoir puis le déverser qui peut lui donner l'impression d'avoir accompli tout ce qu'elle avait à faire dans la journée. »
La maman d'Emma, 85e semaine (19 mois et demi)

« À la plage il s'est débrouillé pour jouer sans fin dans le sable, à creuser et à enfoncer des coquillages dans le seul pour les déclarer morts. »
La maman de Kevin, 87e semaine (20 mois)

Je fais partie d'une famille nucléaire

La famille nucléaire est un système comme d'autres organisations humaines. Et c'est la première organisation humaine dont votre nourrisson fait l'expérience de l'intérieur, depuis le début. Cependant, ce n'est qu'à présent qu'il commence à voir qu'une famille nucléaire est une unité, un système.

« Elle procède maintenant à une division des tâches très stricte. C'est maman qui prend le verre mais c'est papa qui le remplit. »
La maman de Victoria, 73e semaine (presque 17 mois)

« À présent, elle comprend que nous formons une famille, un groupe. Si dans une phrase j'utilise uniquement les noms Xaviera, Marco et Thomas, elle rajoute les deux qui manquent, Mita (Victoria) et Kitan (Christian). »
La maman de Victoria, 74e semaine (17 mois)

« Elle passe sa journée à s'occuper de ses poupées et de ses peluches. L'une va sur la chaise haute. Si on lui donne quelque chose à manger, elle commence par en donner à ses "amis". Elle les met aussi tous au lit dans son petit wagonnet à poupée puis va les allonger sur le grand lit. »
La maman de Lisa, 74e-75e semaines (17 mois)

« Elle sait exactement qui va avec qui ou qui lui a donné quoi. »
La maman de Vera, 75e semaine (17 mois)

« Elle rie quand nous jouons avec les chats ou si les chats s'énervent. »
La maman de Léa, 71e-76e semaines (16 mois passés à 17 mois et demi)

« Il montre du doigt son mère, puis moi, puis lui. Je suis alors supposée dire que nous sommes des personnes différentes et que pourtant nous sommes faits les uns pour les autres. Alors il hoche la tête en signe d'approbation et pousse un soupir de satisfaction. »

La maman de Lucas, 76e semaine (17 mois et demi)

« Ces jours-ci, c'est un vrai "pote". Il me demande de l'accompagner dans la petite voiture. Il veut que l'on lise ensemble. Il veut que l'on colorie ensemble. »

La maman de Thomas, 78e semaine (presque 18 mois)

« Quand nous amenons son frère à l'école ou que nous allons l'y chercher, elle avait du mal à supporter que j'appelle d'autres femmes "maman de... ou de ...". Pour elle, il n'y avait qu'une maman, et c'était moi. Maintenant, elle comprend qu'il y a d'autres familles et que es femmes sont mères d'autres enfants. Elle proteste toujours cependant il elle entend quelqu'un les appeler tout simplement "maman". La seule mère, c'est moi, sans équivoque. »

La maman de Victoria, 79e semaine (18 mois)

« Si on grand frère ou sa sœur est sur mes genoux, il s'énerve, et reste en colère jusqu'à ce que mes genoux se libèrent. »

La maman de Gabriel, 82e semaine (presque 19 mois)

« Cette semaine, il a apprécié d'aller dans le lit de maman et papa pour leur faire des câlins. »

La maman de Sofian, 83e semaine (19 mois)

« Il est très audacieux et taquine déjà son frère et sa sœur, ce qui peut parfois les énerver. »

La maman de Gabriel, 83e semaine (19 mois)

« En ce moment elle comprend que notre famille n'est pas la seule famille. Récemment, nous sommes allé chercher son frère qui jouait chez un ami. Nous sommes restés prendre le café. Elle était visiblement désarçonnée et a passé son temps à dire le nom de la sœur du garçon et de demander où elle était. Mais là sœur était allé jouer chez une amie. La famille était incomplète sans la sœur et cela la troublait. Elle a considérait cela comme un problème. »

La maman de Victoria, 84e semaine (19 mois passés)

« Parfois, Gabriel est délaissé par son frère et sa sœur quand ceux-ci veulent jouer tous les deux. Il le mettent dans l'entrée et lui claquent la porte au visage. Il vient me voir, décomposé, et a besoin d'être réconforté. »

La maman de Gabriel, 87e semaine (20 mois)

« Elle sait que son père s'appelle Hank et sa mère Miko. »

La maman de Julia, 87e semaine (20 mois)

Moi et famille ou mes amis

Tout comme la famille nucléaire est un système, la famille étendue et le cercle des amis en est également un. Votre nourrisson commence à comprendre cela également. Il apprend également les différences entre sa famille et les familles de ses amis.

« Elle est venue me voir avec le téléphone et une photo de ses grands-parents et m'a dit qu'elle voulait les appeler. »

La maman de Juliette, 78e semaine (presque 18 mois)

« Si je parle de son ami, il sait de qui je parle et dit son nom avec enthousiasme. Il voit tout à fait de qui il s'agit. »

La maman de Enzo, 78e semaine (presque 18 mois)

« Nous sommes très proches. Il suit mes conversations et mes interactions avec les autres personnes. Il réagit aux déclarations, même si elles ne sont pas dirigées vers lui. Quand mon amie a appelé son fils, qui était assez loin, elle a dit qu'il ne l'écoutait pas, alors il s'est dépêché d'aller le chercher. Il a essayé de le traîné vers nous, mais son ami ne sait pas laissé faire ce qui a débouché sur un concours de hurlement, car mon fils n'être pas être entravé. »

La maman de Louis, 79e semaine (18 mois)

« Quand la voisine est rentrée chez elle pour cuisiner, il a voulu aller avec elle. C'était possible et je lui ai dit au revoir. Je m'attendais à ce que mon garçon veuille revenir vite. Ça n'a pas été le cas. Après une heure et demie, j'ai commencé à m'inquiéter et je suis allé voir ce qui se passait. Mais Thomas ne voulait pas rentrer à la maison. Il voulait que je reste, moi aussi. Alors il m'a montré tout ce qu'il avait vu là, le frigo, le raisin, etc. Il y a passé un très bon moment car il pouvait faire ce qu'il pouvait. Pendant qu'elle cuisinait, il était assis sur le plan de travail, avec un pied dans l'évier en train de tremper dans l'eau. »

La maman de Thomas, 80e semaine (18 semaines passées)

« Mamie et papy habitent juste à côté. Nous nous arrêtons souvent mais naturellement nous n'entrons pas toujours. Si nous passons sans nous arrêter, elle crie "amie" ou "apy". »

La maman de Victoria, 82e semaine (presque 19 mois)

M'orienter autour de chez moi et dans le voisinage

Votre maison même est un système, tout comme le voisinage. C'est à présent que votre nourrisson se met à comprendre cela et qu'il commence à apprendre comment s'orienter. Il établit une carte des environs dans sa tête. À vrai dire, cette carte mentale est elle aussi un système.

« Il cherche sa position. Même quand il n'est pas dans un endroit familier, et cherche d'autres points de repaire et est extrêmement satisfait quand il en trouve. Il veut partager cela immédiatement, tout comme ce qui viendra après. »

La maman de Raphaël, 74e semaine (17 mois)

« Il y a un mois, il ne remarquait la mer quand nous étions à la plage. Cette fois il a crié de joie quand il a entraperçu la mer du haut des dunes. Il a quasiment été submergé par la joie quand il a vu la mer. C'est vraiment jour après jour qu'ils progressent, à cet âge. »

La maman de Léo, 74e semaine (17 mois)

« Il sait où nous allons. Si je lui demande, il donne la bonne réponse. »

La maman de Nathan, 79e semaine (18 mois)

« Il connaît le chemin pour aller du camping à la mer. »

La maman de Yann, 80e-81e semaines (autour de 18 mois et demi)

« Arthur et moi avons déménagé d'un étage dans le même bâtiment. Arthur se sent comme chez lui dans son nouvel environnement et après l'installation, et a commencé à déambuler dans sa voiturette. Il connaissait bien les lieux car les occupants précédents avaient eux-mêmes deux enfants. On aurait dit qu'il y était déjà habitué. »

La maman de Arthur, 82e semaine (presque 19 mois)

« Parfois, elle refuse d'entre avec moi quelque part pour rendre visite, qu'il s'agisse d'inconnus ou de mamie et papy. C'est très étrange, elle n'avait jamais fait ça avant. Puis quand elle entre, tout va bien. »

La maman de Marie, 82e semaine (presque 19 mois)

« Il a une bonne carte mentale des environs. Il sait exactement où trouver les choses, que ce soit à la maison, dehors ou au travail de papa. Il peut me montrer le chemin vers l'épicerie ou le travail de papa, dont comme à l'intérieur du bâtiment le chemin vers son bureau. Il connaît également très bien la maison de la voisine. Il connaît la localisation de tout. Le raisin, et ainsi de suite. Généralement, elle en a. Cependant, il est dépité s'ils ne sont pas au bon endroit. »

La maman de Thomas, 83e semaine (19 mois)

« Si nous laissons le chien traîner dans les environs, elle appelle "amie" ou "apy" [mamie ou papy] et pointe du doigt dans la direction de leur maison, même si la maison est hors de son champ de vision. Elle veut clairement leur rendre visite. »

La maman de Victoria, 86e semaine (presque 20 mois)

« Cet été, mon ami et moi sommes allé régulièrement à la plage. Nos deux garçons se sont bien entendus. Ils sont encore bons amis. Yann s'attendait à ce que nous nous rencontrions avec son ami avant d'y aller. Il a passé son temps à me demander où il était. Cette fois-ci, ils nous attendaient à la plage. »

La maman de Yann, 87e semaine (20 mois)

Moi et mes possessions

Dans le système d'une famille nucléaire, il y a toutes sortes de principes, parmi lesquels des valeurs, des normes et des règles. Pensez par exemple à "nous partagerons tout équitablement" ou "tu ne voleras point". Ce sont des règles concernant la propriété et ce que l'on peut faire la concernant. C'est par la pratique que votre nourrisson apprend ces règles. Parfois, il les assimile de manière discrète et c'est une surprise agréable de découvrir ce qu'il a appris de lui-même. D'autres fois, il faut un peu plus de persuasion.

Mes habits et moi

« Elle sait exactement quels sacs, quels manteaux et quelles autres objets appartiennent à quels enfants et que elle part elle rapporte nos affaires. »

La maman de Nina, 82e semaine (presque 19 mois)

« Quand je vide la machine à laver, je sors chaque vêtement de la machine pour les remettre en forme avant de les mettre au sèche-linge. Elle supervise tout ça, en triant les choses à sa manière. Elle sait précisément

à qui appartient quoi : "ça Thomas", "ça maman", "ça Mita". »
La maman de Victoria (dite Mita), 83e semaine (19 mois)

« Il remarque qu'il porte de nouveaux vêtements, des sous-vêtement et des maillots de corps et plus seulement une combinaison pour bébé. Il trouve cela très intéressant. Il adore ses nouvelles chaussures. »
La maman de Paul, 83e-86e semaines
(19 mois à presque 20)

Moi et mes affaires

« Alors qu'il rendait visite à un ami, Robin a joué avec l'une de petits voitures de celui-ci, qui n'a pas été autorisée à revenir à la maison avec lui. Il a pleuré pendant out le trajet du retour et à la maison il a balancé toutes ses petites voitures. »
La maman de Robin, 76e semaine
(presque 17 mois et demi)

« Elle se rappelle où elle a laissé les choses. Si je lui demande où est quelque chose, elle s'en souvient. »
La maman d'Émilie, 78e semaine (presque 18 mois)

« Elle trouve un "diamant" après l'autre. Si frère collectionne les jolies pierres et les laisse dans sa chambre. Alors elle aussi cherche des pierres. Les morceaux de graviers s'accumulent dans ses poches l'un après l'autre et absolument aucun ne peut être jeté. »
La maman de Victoria, 78e semaine
(presque 18 mois)

« Un jour, elle est venue me voir, a pris ma main et m'a amenée dans la pièce où se trouvent tous les jouets. Elle a montré du doigt : "Ça Thomas, ça Thomas, ça Thomas... et Mita?" C'était une grande protestation. Récemment, Thomas ne l'a plus autorisée à toucher ses jouets, car elle en avait cassé. Et en effet, cela la laissait avec très peu de choses auxquelles jouer. »
La maman de Victoria (dite Mita), 83e semaine (19 mois)

« Quand Lisa (qui a 25 mois) vient nous voir, c'est terrible. Elle n'a le droit de jouer avec rien du tout. Si Lisa a quelque dans les mains, Anna lui arrache sur-le-champ. »

La maman d'Anna, 87e semaine (20 mois)

« Il refuse désormais de partager ses jouets avec d'autres enfants. Il s'énerve avec ardeur s'ils prennent ses jouets. »

La maman de Robin, 88e semaine (20 mois passés)

Pas de bazar

Vous n'aviez jamais rien vu de tel avant. Il ne supporte plus le désordre. Profitez-en tant que ça dure. Ça dure jusqu'au bond suivant, et ça ne reviendra pas avant des années, si d'ailleurs ça revient un jour. Il veut que tout soit ordonné systématiquement.

« Il ne supporte pas le bazar. Ça le désarçonne. Alors j'ai dit à mes parents. "Ce à quoi vous n'êtes jamais parvenu, mon fils y arrive. Maintenant, je nettoie toujours tout." Le soir, nous nettoyons toujours ses briques de construction. À chaque fois que nous finissons un livre, il le range lui-même avant d'en prendre un nouveau. »

La maman de Thomas, 86e semaine (presque 20 mois)

Faire des puzzles

Un puzzle est également un système, une unité organisée qui forme un tout suite à l'interdépendance des parties qui le composent.

« Ce qu'il aime faire c'est faire ses puzzles avec des animaux. L'un fait douze pièces et l'autre sept. Il sait exactement comment s'y prendre. Il le fait rapidement, et n'a pas la patience de bien disposer les pièces. Il reconnaît même le dos des pièces. »

La maman de Kevin, 72e semaine
(16 mois et demi)

« Ses compétences motrices continuent à s'améliorer. Cette semaine, elle a aimé d'enfiler de grosses perles sur des bâtons, puis les bâtons dans des trous. Elle apprécie également de prendre ma monnaie et de l'étaler. »

> La maman d'Anna, 73e semaine (presque 17 mois)

« Elle fait des puzzles toute seule. »

> La maman de Laura, 75e semaine (17 mois passés)

« Avec un peu d'aide, il n'est pas mauvais en puzzles. Même des puzzles qu'il n'a pas encore vu. »

> La maman de Matthieu, 76e semaine
> (presque 17 mois et demi)

« J'ai fait semblant de ne pas pouvoir faire le puzzle. À chaque chaque je m'y prenais mal, il disait : "Non, non" puis me disait où je devais mettre la pièce. Après avoir répété ce numéro plusieurs fois, j'en ai eu marre. J'ai pris les pièces vers moi et les ai assemblées en un rien de temps. J'ai fait comme si j'étais très fière de moi et ai dit "Tu vois, moi aussi j'y arrive." Il a répondu "Non." Il s'avérait qu'un petit bout d'une des pièces du puzzle était relevé. Il l'a poussé pour aplatir la pièce et voilà, c'était bon. »

> La maman de Thomas, 80e semaine (18 mois passés)

« Tout d'un coup, il a réussi à faire le puzzle. Il arrive à bien assembler les pièces. Pas toujours, mais la plupart du temps. »

> La maman de Lucas, 82e semaine (presque 19 mois)

« Elle apprécie la boîte de boutons et tous les types différents. »

> La maman de Léa, 82e semaine (presque 19 mois)

« Elle fait tant de puzzles maintenant. Ses premiers puzzles, les plus faciles, ne l'amusent plus. Maintenant elle en a un plus difficile, 13 pièces. »

> La maman de Julia, 86e semaine (presque 20 mois)

« Il prête attention au plus minutieux des détails. Comme par exemple la moindre pièce du puzzle qui ne serait pas bien droite. Il a l'air assez tatillon. Par exemple, dans le conte Blanche-Neige, la future mère dit qu'elle aimeraient bien avoir une petite fille, qui ai la peau blanche comme la neige et des lèvres rouges comme le sang. La mère venait juste de piquer son doigt et on voyait sur le dessin une petite goutte de sang. Il l'a remarqué alors même qu'il n'avait jamais entendu parle de "piquer son doigt" auparavant. Il a montré l'image à l'endroit de la jolie tache rouge. »

> **La maman de Thomas, 86e semaine (presque 20 mois)**

« Tout d'un coup, elle a fait un puzzle de 20 pièce sans sourciller. Elle n'avait jamais fait ce puzzle avant. Après ça, les puzzles ne l'intéressaient plus. »

> **La maman de Xaviera, 87e semaine (20 mois)**

Créer un jeu

Un puzzle est un système créé par quelqu'un d'autre. Votre nourrisson est maintenant capable d'imaginer des systèmes tout seul, par exemple un jeu dont il invente les règles. Ou un tour de magie.

« Il a créé un jeu, à partir de dés lancés à tour de rôle. Un personne lance, l'autre doit ramasser. Il est très strict quand au respect de l'alternance. Il cherche en permanence les endroits les moins pratiques où lancer les dés. »

> **La maman de Marc, 83e-86e semaines**
> **(19 mois à presque 20)**

« Aujourd'hui, elle a fait un tour de magie qu'elle a inventé toute seule. Elle observe souvent son frère faire des tours. Elle a mis une bille dans une bouteille et dit "Hé, ho". Elle a secoué la bouteille de haut en bas et dit "Non". Elle voulait dire que la bille était coincée. Puis elle a tourné sur elle-même à la manière des magiciens et renversé la bouteille. Tadam ! »

> **La maman de Victoria, 83e semaine (19 mois)**

Moi et mes créations artistiques

 Après un an et demi, votre nourrisson commence à utiliser les jouets d'une manière qui signifie qu'il sait ce que signifient les jouets, ce qu'ils représentent. Au cours de ses jeux, il montre qu'il est familier avec les gens, les objets et les situations de la vie quotidienne que les jouets représentent. Les jouent symbolisent quelqu'un ou quelque chose venant du monde réel. Votre nourrisson peut jouer avec ces symboles dans son imagination.

Sa capacité à symboliser lui permet de créer des dessins qui sont complètement différent des dessins précédents et qui représentent quelque chose venant du monde réel, par exemple un chat, un chien ou même lui-même. Cette nouvelle capacité de symbolisation ne vient pas graduellement. Elle apparaît soudainement et brusquement et est une nouvelle qualité. L'art est né. Si votre petit artiste aime faire des dessins, vous aurez du mal à maintenir l'approvisionnement en papier. Vous avez sous la main le début d'une énorme collection. S'il vit des choses extraordinaires, comme un feu d'artifice au nouvel An, il est probable qu'il fera un dessin pour saisir l'instant.

Non seulement se met-il à faire des dessin, mais il commence également à faire des constructions élaborées. Et si vous avez un petit mélomane, il jouera sur son piano miniature et pour écouter de la musique pendant longtemps sans s'en lasser.

« Ses dessins sont très différents maintenant. Les gribouillis ont laissé la place à de tout tout petits cercles. Elle elle vraiment dans les détails. »
La maman de Victoria, 78e semaine (presque 18 mois)

« À présent elle ajoute de la couleur à ses dessins. Elle est très précise et dépasse à peine des lignes. »
La maman de Victoria, 79e semaine (18 mois)

« Il dessine des chevaux et des bateaux en ce moment. Ce matin, il a tracé méticuleusement un cercle et un carré puis s'est montré du doigt : il s'était dessiné lui-même. »

**La maman de Louis,
79e semaine (18 mois)**

« Il s'est mis à construire plus, alors qu'avant il était plutôt dans la destruction. »

La maman de Arthur, 83e semaine (19 mois)

« Il a dessiné une voiture. C'était un bon dessin de voiture. Il peut uniquement faire ça s'il repose sur le côté avec la tête posée sur son autre bras étendu. À quoi ressemble sa voiture ? C'est deux cercles, les roues, avec un train au milieu. Les cercles sont "vroum vroum". Il dessine également des avions et, tout récemment, des jambes. Une spirale représente un volant, car un volant tourne. »

La maman de Thomas, 83e semaine (19 mois)

« Elle aime dessiner, particulièrement si moi je dessine un ours, un lapin ou un animal familier. »

La maman de Juliette, 84e semaine (19 mois passés)

« Elle a un livre avec Bambi. On y trouve une image d'opossums suspendus par leur queue à une branche d'arbre. "Hé, s'est dit Lisa, ça ne va pas." Alors elle a retourné le livre afin de pouvoir mieux voir. »

La maman de Lisa, 85e semaine (19 mois et demi)

« Il adore la musique. Il aime jouer sur son piano électrique. Il lance un rythme précis pour accompagner son thème. Au magasin, il a écouté la quasi-intégralité d'un CD de musique classique. Ça a duré presque une heure. Il était dépité quand je l'ai dérangé en plein dans son écoute pour continuer les courses. Il voulait écouter la fin. »

**La maman de Thomas, 86e semaine
(presque 20 mois)**

Qu'au Japon, des nourrissons puisse jouer au violon assez bien à l'âge de deux ans n'est pas anodin. Évidemment, ils utilisent de petits violons adaptés. Dans la culture occidentale, peu de gens sont désireux d'entraîner leurs nourrissons à un âge si jeune à rechercher une terre maîtrise. Notre devise est « Liberté et bonheur ». Cependant, nous ne sommes pas là pour discuter les différences culturelles. Le fait est que des nourrissons de cet âges sont normalement capables d'apprendre de telles choses.

« Il a dit qu'il allait dessiner papy. Il a fait une tête quatre et dit "Pas bien." Il n'était pas encore satisfait. La cinquième fois, comme il avait réussi à mettre la barbichette au bon endroit, il a été satisfait et a dit : "Papy !" »

La maman de Thomas, 101e semaine (23 mois)

♥ L'évolution de l'Art

L'Art est apparu tardivement dans l'évolution de nos espèces. Alors que nous considérons aisément que notre évolution est l'histoire de millions d'années, les preuves les plus anciennes de l'émergence de l'art ne remontent qu'à 35.000 ans. On a retrouvé tant d'artefacts datant de cette époque qu'on a pu parler d'un explosion artistique. Tout d'un coup, il y avait un surplus. Nous parlons des peintures rupestres, des petites gravures dans la pierre et des instruments de musique. On a fait la découverte très rare des restes d'une flûte datée de 90.000 ans. L'art est une caractéristique humaine. L'émergence de l'art a été précédée d'un accroissement massif de la taille du cerveau. Cependant, nous sommes toujours incapable de savoir comme il a apparu. Mais la nation de soi, l'imagination et le langage jouent certainement un grand rôle, tout comme l'accroissement de la taille du lobe frontal situé juste derrière notre front.

Moi et ma perception du temps : le passé, le présent et le futur

À présent, votre nourrisson commence à développer la notion du temps. Le souvenir de ses expériences passées s'améliore et il parvient mieux à anticiper le futur.

« Je ne peux plus dire le matin que nous allons faire quelque chose d'amusant dans l'après-midi. Sinon elle passe la journée à me le rappeler jusqu'à ce que ça arrive : "Main'nant apy amie va ?" »

La maman de Victoria, 78e semaine (presque 18 mois)

« Elle planifie. Quand nous nous asseyons pour dîner, elle demande si elle peut dessiner. Je lui dit que d'abord on doit manger. Alors elle me dit où il faudra que je mette son crayon et son papier. Je suis sensée dire que je comprends et que je le ferai. Si après le dîner, j'oublie, elle s'énerve très fort car elle est vexée. »

La maman de Victoria, 80e semaine (18 mois passés)

« Il se souviens des promesses. Si je lui promet que nous ferons quelque chose après le bain, il me le rappelle. Quand il se réveille le matin, il se réfère à ce que nous avons fait avant d'aller au lit. »

La maman de Sofian, 82e semaine (presque 19 mois)

Physique élémentaire

Si vous l'observez jouer de près, vous ne pourrez ignorer qu'il est occupé par les phénomènes physiques élémentaires.

« Il trempe des objets comme des ballons sous l'eau pour expérimenter leur résistance. Il désassemble également un petit téléphone électrique. En ce moment, il a l'air différent d'avant, quand il se contentait de faire du bruit. Après cette expérience, ça ne lui suffit plus. Il trouve qu'il est plus intéressant de jeter des choses et de les désosser. Il teste des choses. »

La maman de Raphaël, 77e semaine (17 mois et demi)

« Elle peut passer des heures à transvaser un liquide d'un contenant à un autre. Elle utilise des bouteilles, des verres, des assiettes et des tasses. Pendant qu'elle vaque à cette occupation, elle aime bien ajouter les commentaires nécessaires. »

La maman d'Emma, 78e semaine (presque 18 mois)

« Elle accorde une attention très rapprochée aux couleurs vertes, rouges et jaunes. Le rouge et le jaune ensemble. Je me moquais un peu d'elle quand je lui ai dit que ces deux couleurs allaient bien ensemble. »

La maman de Manon, 78e semaine (presque 18 mois)

« Il a neigé à Pâques. C'était sa première neige. Ça l'a rendu un peu circonspect et de mauvaise humeur. Il n'arrivait tout simplement pas à comprendre. Il voulait être seul après après reçu toutes ces impressions nouvelles. »

La maman de Thomas, 80e semaine (18 mois passés)

Avec les principes, nous avons vu comment votre nourrisson commençait à « penser au fait de penser ». Quand il entre dans le monde des systèmes, il peut pour la première fois perfectionner ses principes dans un système, des principes qu'il a appris par l'expérience. Il est assez possible qu'il fasse ceci durant l'une de ses « pauses méditatives ».

« Parfois, il aime être seul. Il dit "au 'voir" et va dans sa chambre pour être seul. Il réfléchit à la vie. Parfois il fait ça pendant une demi-heure entière avec un jouet. D'autres fois il regarde dans le vite et réfléchit pendant dix minutes comme un homme de 50 ans. Il veut juste un peu de paix après avoir passé tant de temps à s'amuser. Après avoir pris sa pause pour remettre en ordre ses idées, il revient tout joyeux, dit "bonjour", veut téter un petit peu puis va se coucher ou va jouer un peu. Il a vraiment besoin d'intimité. »

La maman de Thomas, 80e semaine (18 mois passés)

« Au début, il avait peur de la brosse à dent électrique, mais maintenant qu'il s'y est habitué, ça va et il dit "allume". »

La maman de Nathan, 83e semaine (19 mois)

« Elle comprend que le petit train fonctionne sur piles et que celles-ci sont vides. Elle va en chercher de nouvelles. »

La maman d'Anna, 86e semaine (presque 20 mois)

« Quand il joue au simulateur de vol sur l'ordinateur, il n'utilise plus le joystick aussi insouciamment qu'avant ; il fait très attention. Il fait bien ressortir le train d'atterrissage. Il vérifie si tout marche bien comme il faut en faisant monter un peu l'avion puis en le faisant redescendre. »

La maman de Yann, 86e semaine (presque 20 mois)

Architecture élémentaire

Son intérêt pour les phénomènes physiques s'étend à plus de systèmes de celui de la physique. Il s'intéresse également à l'architecture élémentaire. Il peut passer des heures à regarder des gens qui construisent quelque chose, et vous remarquez qu'au cours de ses jeux, il construit plus de structures depuis son dernier bond, comme des tours faites de tasses empilées et autres structures élaborées.

« Mon mari a cimenté le bassin des poissons cette semaine. Il a expliqué à mon aîné comment faire du ciment. Puis il l'a expliqué à Victoria. En ce moment ils passent la journée ensemble à mélanger du sable et de l'eau pour faire du ciment. Elle fait tout ce qu'il fait. Elle admire Thomas. »

La maman de Victoria, 79e semaine (18 mois)

« Les voitures ne l'intéressent plus. Maintenant, c'est plus les moyens de transport alternatifs, comme les motocyclettes, les semi-remorques, les camions-poubelle ou les tramways. Il adore regarder les ouvriers du bâtiment. »

La maman de Marc, 80e semaine (18 mois passés)

« Elle a été choisie pour tester de nouveaux cubes de construction pour nourrissons. Elle a été récompensée de ses efforts avec un train électrique pour les enfants de 3 ans. À la surprise générale, elle a rapidement assemblé les rails du train. Elle voit ça comme un puzzle. Les pièces droites sont faciles. Celles qui sont courbes sont un peut plus compliquées. Elle n'achève pas le circuit. C'est une ligne de chemin de fer avec un début et une fin. Quand elle en eut fini avec la ligne, elle a posé le bras du bonhomme chargé de faire traverser les passages à niveau sur le train et s'est mis à le faire circuler. J'ai trouvé ça bizarre et je lui ai dit. Cependant, elle n'a rien changé, ce qu'il m'a surpris, jusqu'à ce que je découvre qu'elle avait tiré son idée de l'image de la boîte, qui montre le bras sur le train comme elle l'a fait. Cependant, ça ne l'intéresse pas vraiment de jouer avec le train. Elle préfère construire la ligne. Elle passe son temps à la défaire et à la recommencer. »

La maman d'Émilie, 82e semaine (presque 19 mois)

« Il essaye d'assembler de petites briques de constructions ces jours-ci. Il n'y arrive pas vraiment car cela demande un peu de force. Mais il essaye. Il n'utilise pas les plus grosses briques. »

La maman de Matthieu, 86e semaine (presque 20 moi)

Moi et la parole

Entre 17 et 22 mois, les nourrissons se mettent à utiliser le système langagier adulte. Le nombre de mots qu'ils utilisent et la durée moyenne de leurs prises de paroles explosent vraiment. Ils commencent également à combiner des mots pour former des phrases. Il sont maintenant capables de distinguer deux langues différentes et d'ignorer celle qu'il ne connaissent pas. De plus, la compréhension du langage parlé augmente énormément vers le 18e mois.

Les variations individuelles quant au développement du langage sont très importantes. Certains nourrissons n'utilisent que très peu de mots (environ six) durant toute la durée de ce bond. Les parents qu'en fait leur enfant connaît et comprend bien plus de mots, ce qui peut les énerver un peu. D'autres enfants utilisent beaucoup de mots, qu'ils répètent ceux que vous dites (parfois uniquement la première syllabe) ou prennent l'initiative de parler, mais ne font pas encore de phrases. Cependant, ils arrivent à bien se faire comprendre en joignant à leurs mots des gestes des mains et des pieds. Ils miment ce qu'ils veulent dire. Un troisième groupe prononce déjà des phrases, tout en continuant à mimer.

Comprend tout, ou peu de mots

« Les mots qu'il utilise en ce moment sont peu nombreux : "gâteau", "bib'on", "aïe", "auvoi" [au revoir], "maman", "papa", "pain" et "pomme". Il comprend tout et suit à la lettre les instructions. »
>   La maman de Gabriel, 76e semaine
>   (presque 17 mois et demi)

« Il lève les bras quand il entend "Hip, hip, hip, hourra !" et crie quelque chose qui ressemble à "Ouwaa !" Il connaît également tous les gestes comme celui d'applaudir. Il s'il n'y arrive pas il dit "med". »
>   La maman de Robin, 76e semaine
>   (presque 17 mois et demi)

« Elle utilise de plus en plus de mots. Elle ne les prononce pas encore très clairement, principalement les premières syllabes.
>   La maman d'Anna, 79e semaine (18 mois)

« Il dit trois mot de plus : "ti-ta" c'est tic tac, "luu" c'est lune et "huhu" c'est cheval. »
>   La maman de Robin, 80e semaine (18 mois passés)

« Elle répète de plus en plus. Si elle répond au téléphone, elle dit "bonjou". Les mots qu'elle dit en ce moment son "papa", "maman", "haut", "bib'on", "pain", "gâteau", "pomme" et "deho" [dehors]. Elle secoue la tête pour dire "non" quand il y a quelque chose qu'elle ne veut pas. Elle hoche la tête pour dire "oui" si elle veut quelque chose. »

La maman de Laura, 80e semaine (18 mois passés)

« Il ne dit pas grand chose pour l'instant, mais il comprend tout ! Et il communique exactement ce qu'il veut. »

La maman de Gabriel, 81e semaine (18 mois et demi)

« Maintenant elle dit : "gwiyè" [gruyère], "boum", "papa" et "maman".»

La maman d'Anna, 82e semaine (presque 19 mois)

« Il comprend tout ce qu'on lui dit et qu'on lui demande. Il est très entre-prenant, toujours en train de faire quelque chose, d'arpenter la maison toute la journée en chantonnant ou en marmonnant. »

La maman de Gabriel, 83e semaine (19 mois)

« Elle utilise quelques nouveaux mots. »

La maman de Laura, 83e semaine (19 mois)

« Il utilise de plus en plus de mots, même si son vocabulaire reste limité. Il parle beaucoup son propre langage. Cette semaine, il a clairement dit "mamie" pour attirer son attention. Les mots qu'il utile occasionnellement sont "mamie", "papy", "aw", "bonjou", "bout", "assis", "moi" et "agad" [regarde]. »

La maman de Gabriel, 84e semaine (19 mois)

« Il récupère de plus en plus de mots. Maintenant, il connaît "papa", "maman", "pain", "waw", "boum", "plus", "foumi", "ti-ta", "luu", "huhu" et "toile" [étoile]. »

La maman de Robin, 84e semaine (19 mois passés)

« Elle imite les cris des animaux. »

La maman de Laura, 85e semaine (19 mois et demi)

« Il utilise définitivement de plus en plus de mot à présent. Il répond parfois en disant "oui". "Pain" et "mange" font maintenant partie de son répertoire. En général, il n'est toujours pas très bavard. En montrant du doigt et en disant des "hou" et des "ha" il arrive à se faire comprendre. Il obtient ce dont il a besoin. »

La maman de Gabriel, 86e semaine (19 mois et demi)

« Elle parle beaucoup et répète beaucoup. »

La maman d'Anna, 86e semaine (19 mois et demi)

Comprend tout, beaucoup de mots, mime beaucoup, pas de phrases

« Le mot le plus facile à reconnaître en ce moment est "pomme". "Azc [oiseau] est également assez clair. Il dit "papa" avec un accent italie très amusant. »

La maman de Arthur, 72e semaine (16 mois et demi)

« Il parle de plus en plus. En ce moment il aime faire des bruits avec sa langue, "blblbl". Nous faisons beaucoup de jeux de langage. Il adore ça. »

La maman de Louis, 72e semaine (16 mois et demi)

« Un grand moment cette semaine, ça a été notre contact très rapproché quand nous avons joué à un jeu pour faire du bruit. C'était très drôle. Nous avons essayé de faire sortir et rentrer la langue de notre bouche en faisant du bruit. Ensuite, nous avons essayer de pousser nos langues contre l'arrière de nos dents de devant pour faire le son "llll", comme dans "lala". Elle a trouvé que c'était un défi très amusant et voulait vraiment faire comme moi. En même temps, on aurait dit qu'elle pensait "Je t'aurai." J'ai vu tant d'expressions différents sur son visage. Nous avons tous deux adoré ça et le rire est monté, particulièrement quand elle a dit "lala" spontanément tout en faisant un baiser dans l'air. »

La maman d'Emma, 73e semaine (presque 17 mois)

« Sa façon de parler a encore évolué. Même si son langage est pour l'essentiel incompréhensible, on dirait qu'il forme plus de phrases, et je me dit "Bon Dieu, ça vient !" Il explique clairement au moyen de gestes et de mots ce qui lui est arrivé pendant mon absence. Par exemple, quand on était dans la cuisine chez mamie et je lui ai demandé ce qu'il avait fait il a dit quelque chose que je ne pouvais pas comprendre avec le mot "pain" dedans, ce qui m'a conduit à comprendre qu'il avait reçu un morceau de pain de mamie. Quand je lui ai demandé si c'était ça, il a hoché la tête. »

La maman de Arthur, 74e-77e semaines
(17 mois à presque 18)

« On dirait qu'elle parle. Cela fait longtemps qu'elle se montre curieuse du nom de chaque chose, mais on dirait que ça c'est développé, d'une certaine manière. Elle demande le nom avec l'intention de le répéter elle-même. Certains mots sont parfaitement prononcés. Pour la plupart, il n'y a que la première syllabe : le ballon devient "ba", le chocolat "cho" et le biberon "bibon". J'adore entendre le son de sa voix. Elle est elle aussi fière, et répète quand on lui demande. »

La maman de Lisa, 74e semaine (17 mois)

« Cette semaine, sa manière de communiquer était intéressante. On aurait dit qu'il formait des phrases dans son propre langage. Il continue à les prononcer jusqu'à ce que je le comprenne. Un exemple : nous traversons la rue pour aller à la mer pour la deuxième, avec Louis sur les dos de papa. Je portais le sac avec les affaires de plage et la pelle en plastique ressortait. Tout d'un coup, il a crié "da, da, da !" Ça m'a pris un peu de temps pour que je comprenne qu'il voulait parler de la pelle. Quand j'ai dit "la pelle ?", il a dit "oui" et s'est mis à montrer la mer du doigt. J'ai répété en mots : "Oui, nous allons à la mer avec la pelle." Il a poussé un soupir de satisfaction et laissé aller vers l'arrière. Nous avons souvent ce type de conversation. »

La maman de Louis, 74e
semaine (17 mois)

« À présent, nous arrivons vraiment à dialoguer. Nous communiquons énormément. Ce qu'elle est le plus désireuse de me transmettre, ce sont ses idées pour la planète. Par exemple, elle localise de la poussière et dit "beuk, beuk" pour montrer qu'elle arrive à localiser de la poussière, qu'elle sait ce que c'est et ce qu'il faut en faire. »

La maman de Lisa, 75e semaine (17 mois passés)

« Elle fait des phrases qui ressemblent à un long mot dont quelques lettres manqueraient. Mais je parviens à la comprendre si je me concentre assez. Il a voit que le feu de croisement était rouge et l'a montré. Je n'avais pas encore vu, mais je l'ai entendue le dire, et elle avait raison, bien que je ne sais pas ce qu'elle a dit exactement. Plutôt étrange ! On aurait dit qu'elle ne savait pas elle-même ce qu'elle disait, mais qu'elle a prononcé quelque mots qui semblaient convenir. »

La maman d'Emma, 76e semaine
(presque 17 mois et demi)

« J'arrive à le tenir occupé avec des histoires quand je change ses couche. »

La maman de Louis, 76e semaine
(presque 17 mois et demi)

« Il utilise beaucoup de mots. Il les répète ou les prononce de lui-même. Il dit la première syllabe, qui est généralement bonne. Il n'essaye pas vraiment de faire des phrases. Parfois il jacasse comme une pie. »

La maman de Léo, 76e semaine (presque 17 mois et demi)

« Cette semaine, il était intéressant d'être témoin de son désir de tout nommer. De voir qu'un désir infini d'apprendre une langue était enfoui au fond d'une si petite personne. Une autre chose précieuse est qu'il puisse si bien communiquer. Il utilise littéralement ses mains et ses pieds pour faire passer ses messages. C'est un mime. Même quand je parle avec d'autres gens, il intervient. Il mime son rôle. »

La maman de Louis, 76e semaine
(presque 17 mois et demi)

« Répéter des mots et les pratiquer avec moi l'intéresse plus qu'avant. »

La maman d'Emma, 77e semaine (17 mois et demi)

« Il utilise beaucoup de mots, avec surtout la première syllabe. De plus en plus de mots que je ne comprends d'ailleurs absolument pas. Mais le joie qu'il retire du fait de parler est touchante. »

La maman de Léo, 77e semaine (17 mois et demi)

« La communication de ce qu'il veut et ne veut pas faire et au sujet de ce qu'il a fait est maintenant centrale. Il fait preuve d'une grande créativité pour dire ce qu'il veut en utilisant le langage corporel quand il ne peut le dire en mots. Sa prononciation s'est clairement améliorée. Les mots ne sont plus coupés après la première syllabe. Il commence à utiliser des mots qu'on ne lui a pas soufflé, de mémoire. »

La maman de Kevin, 78e semaine (presque 18 mois)

« Elle connaît de nouveaux mots : "chaal" [cheval], "vache" et "melon". Elle connaît également le nom des enfants avec qui elle joue. C'est "Nina" qu'elle arrive le mieux à prononcer. »

La maman d'Emma, 80e semaine (18 mois passés)

« Je pense que il peut en gros répéter tout ce que je dis d'abord. Mais qu'il le fasse ou non dépend de son humeur. »

La maman de Arthur, 81e semaine (18 mois et demi)

« Elle utilise de nombreux nouveaux mots maintenant. Elle les commence avec les bonnes lettres mais met la suite dans le désordre, comme "fleur" qui devient "feul". À chaque jour ses nouveaux mots. Elle s'entraîne pendant un moment jusqu'à arriver à bien les maîtriser. Elle a du mal avec certaines lettres, comme le "r". »

La maman d'Emma, 82e semaine (presque 19 mois)

« La façon dont il s'exprime est très créative. Il montre ses yeux du doigt quand il veut jeter un cou d'œil à la couche que je viens juste de balancer. »

La maman de Kevin, 82e semaine (presque 19 mois)

« Si je ne le comprend pas et qu'il ne connais pas le mot, il se réfère aux mots qui ont été utilisé dans ce contexte par le passé. Généralement, nous arrivons à comprendre. »

La maman de Louis, 82e semaine (presque 19 mois)

« Il utilise à présent le mot "beau". Il vient me voir avec un livre en main, montre la couverture et dit : "Beau !" »

La maman de Arthur, 83e semaine (19 mois)

« Il vient me voir avec l'index pressé contre le pouce et ça veut dire "argent". »

La maman de Arthur, 84e semaine (19 mois passés)

« Soudainement, une idée lui vient et il prononce des mots entiers. Quand je le félicite, il est fier comme un coq. Il ne se fatigue pas encore à prononcer des phrases. Il préfère le langage corporel. Ça arrive cent fois par jour qu'il veuille voir quelque que je suis en train de faire ou quelque chose que j'ai interdit. Il montre ses yeux. Ça veut dire "Je veux juste jeter un œil." Il diffuse ses autres besoins sensoriels de la sorte, en montrant du doigt le sens concerné. »

**La maman de Kevin, 83e-86e semaines
(19 mois à presque 20)**

« Il dit quelque chose quand il a peur. Je ne suis pas sûre qu'il comprenne le mot "effrayant", mais je sais qu'il a un mot pour les choses qu'il n'aime pas ou qui l'accablent, comme des bruits sourds ou le fait d'être physiquement bloqué. Il trouve certains animaux effrayants, et certaines situations dangereuses, par exemple quand il manque de tomber. "Effrayant" ne signifie pas forcément "fuite" pour lui. Il essaye de surpasser ses peur en ce confrontant à ce qui l'effraye. »

> La maman de Louis, 83e-86e semaines
> (19 mois à presque 20)

« Ça ne l'amuse plus de répéter des mots. Mais il continue à progresser. Il y a de plus en plus de mots qu'il répète et de plus en plus de mots de plus d'une syllabe. »

> La maman de Louis, 83e-86e semaines
> (19 mois à presque 20)

Comprend tout, beaucoup de mots, et des phrases

« Elle commence à commence à chantonner. Par exemple C'est la mère Michel..., elle dit "miaou" à chaque fois que je dis "chat". »

> La maman de Léa, 73e semaine (presque 17 mois)

« Elle "lit" vraiment des livres à présent. Elle raconte une histoire tout en regardant les images. Je n'en comprend pas un mot, mais c'est très touchant. De plus, elle arrive également à prononcer des phrases intelligibles. »

> La maman de Victoria, 75,e semaine (17 mois)

« Si elle veut que le chat vienne le chat elle dit : "Vins mimi" [Viens minou]. »

> La maman de Léa,
> 75e semaine (17 mois)

« Elle répète chaque mot que nous disons et sait exactement ce qu'il recouvre. Elle ne répète pas si elle ne comprend pas ce qu'elle dit. »

> La maman d'Émilie, 76e
> semaine (17 mois passés)

« Récemment, il a fait des cauchemars. Vers la fin de sa phase de sommeil paradoxal, il a marmonné de nombreux mots. Je pense qu'il se sent très frustré car il veut vraiment parler. Il rêve à haute vois à présent. Après sa visite à la ménagerie, il a imité tous les animaux. »
La maman de Thomas, 80e semaine (18 mois passés)

« Elle dit plusieurs mots ensemble, comme "c'est bon", "pas main'nan" ou "maman et papa". »
La maman d'Émilie, 81e semaine (18 mois et demi)

« Il veut le savon. Mais je n'ai pas envie de réagir à un simple "Hé, hé" et je dis : "Dis-moi ce que tu veux ?" Alors il dit : "Oui, ça, ça, moi." »
La maman de Thomas, 82e semaine (presque 19 mois)

« On était au milieu du jardin quand il a ajouté une autre jolie phrase : "Ça... beau." »
La maman de Thomas, 82e semaine (presque 19 mois)

« Maintenant elle met deux ou trois mots ensemble. »
La maman d'Émilie, 83e semaine (19 mois)

« Elle continue à progresser à pas de géant dans le langage. Parfois elle assemble trois mots. Par exemple : "Papa assis moi" quand elle veut que son père l'asseye. »
La maman de Léa, 84e semaine (19 mois passés)

« Il adore ses livres. En ce moment il écoute et lit des contes de fée. Ce sont de petits livres avec de toutes petites histoires qu'il a reçu quand nous avons visité le parc d'attraction. Quand je les lui lis, je change toujours le nom du héros en prince Thomas. Il écoute le conte tout du long jusqu'à la fin. »
La maman de Thomas, 86e semaine (presque 20 mois)

« Elle arrive déjà à parler en faisant des phrases complètes, et même plusieurs à la suite. »
La maman d'Émilie, 87e semaine (20 mois)

Soyez compréhensive envers les peurs irrationnelles

Quand votre nourrisson sera occupé à explorer son nouveau monde et à élaborer ses développer ses nouvelleurs capacités, il rencontrera des choses et des situations qui lui sont nouvelles et étrangères. Il est en fait en train de découvrir de nouveaux dangers. Des dangers qui jusque là n'existaient pas pour lui. Ce n'est qu'après avoir appris à mieux comprendre ces choses que ses peurs disparaîtront. Faites preuve de compassion.

« Elle a peur du tonnerre et des éclairs. Elle dit "a peur", "boum". »
> **La maman de Marie, 71e semaine (16 mois passés)**

« Il n'aime vraiment pas l'aspirateur en marche et les robinets qui coulent. Il veut les arrêter. »
> **La maman de Paul, 72e semaine (16 mois et demi)**

« Il a peur des ballons. Il refuse également de passer entre le mouton et la chèvre à la ménagerie. Il veut qu'on le prenne dans nos bras. Il n'aime pas non plus s'asseoir sur un animal au carrousel. Cependant, il aime bien regarder des gens qui le font. »
> **La maman de Matthieu, 73e semaine (17 mois)**

« Elle a peur des bruits très forts (train, avion, marteau-piqueur) et du noir. »
> **La maman de Nina, 75e-76e semaines (17 mois passés)**

« Il a trouvé ça très sale de vomir. Il avait vomi au lit et a continué à dire « beuk » même une fois que j'avais nettoyé. »
> **La maman de Yann, 80e semaine (18 mois passés)**

« La crête du coq, tout comme les araignées, les chevaux et les chiens. C'était nouveau. Je pense que c'est lié à l'arrivée nouvelle de son autonomie. »
> **La maman de Sofian, 80e-81e semaines (vers 18 mois et demi)**

« Après le bain, il s'assoit toujours pour faire pipi. Cette fois-ci, il a essayé si fort qu'un gros caca est sorti. Il a trouvé ça bizarre. »
> **La maman de Robin, 82e semaine (presque 19 mois)**

« Elle a eu une figurine en plastique avec un gros nez pour le bain, mais ce nez tient mal et ce détache facilement. Quand le nez flotte tout seul dans l'eau, ou que le figurine est sur le rebord de la baignoire sans son nez, elle prend vraiment peur et va se terrer dans un coin. »

La maman de Manon, 83e semaine (19 mois)

« Ça fait quelques temps qu'il a peur de l'aspirateur. Avant il montait dessus quand je l'allumais. Maintenant, il s'en éloigne et va se cacher dans un coin jusqu'à ce que j'aie fini le ménage. »

La maman de Enzo, 85e semaine (19 mois et demi)

« Il passe son temps à montrer à son père le "roi des trolls" qu'il a vu au parc d'attraction. Papa a dû lui raconter une histoire le concernant. Au parc d'attraction, il avait un peu peur du "roi des trolls". »

La maman de Thomas, 86e semaine (presque 20 mois)

« Il a pris peur quand une chèvre s'est approchée de lui à la ménagerie. »

La maman de Lucas, 87e semaine (20 mois)

« Les mouches, les moustiques et les guêpes l'effraient. »

La maman d'Eve, 87e semaine (20 mois)

« Il a eu peur d'une araignée dans le jardin, ainsi que de mouches. »

La maman de Raphaël, 88e semaine (20 mois passés)

Après 79 semaines, ou 18 mois bien tassés, la plupart des nourrissons deviennent un peu moins embêtants qu'avant, bien que l'émergence de leur ego, leur tendance à vouloir parvenir à leurs fins et leur lutte pour obtenir le pouvoir ne rende pas les choses faciles. Cependant, ces comportements les rend difficiles d'une manière différente. Ils ne sont plus difficiles au sens des très P : pleurnichards, pot de colle et pénible. Il leur arrive parfois

Les meilleurs jeux pour cette semaine miracle

Voici des jeux et des activités que la plupart des nourrissons de 17 à 20 mois apprécient particulièrement et qui les aident à développer les capacités en de nombreuses nouvelles compétences :

• Faire les idiots ensemble en prononçant des mots de différentes manières et en faisant des mouvements stupides
• Jouer au catch
• Reconnaître les gens
• Le tenir sur la tête, le faire courir, exercer son équilibre
• Dessiner
• Faire des bulles
• Sauter et marcher en équilibre sur de petits murs (jusqu'à 1,5 m)
• Faire l'imbécile
• Les chatouilles et les jeux de contact
• Faire des activités physiques avec Papa et s'amuser
• Jouer dehors
• Jouer avec d'autres enfants
• Jouer au ballon
• Nourrir le chien
• Jouer au fantôme
• Tourner sur soi-même jusqu'à être étourdi
• Jouer au cirque
• Jouer au cheval
• Jouer au loup
• Cache-cache
• Lire des histoires
• Le jeu de la langue : Maman pousse sa langue contre l'intérieur de sa joue. Votre nourrisson pousse votre joue, et pendant ce temps votre sortez la langue.

d'être tout simplement énervant. L'astuce est de vous placer au-dessus de tout ça. Faites une pause et comptez jusqu'à dix, n'oubliez pas que votre petit chéri est en pleine progression et faites de votre mieux pour gérer la situation. Après tout, c'est une très bonne opportunité pour inculquer quelques règles de bonne conduite à votre nourrisson afin qu'il apprenne que le monde ne tourne pas autour de lui et qu'il doit également prendre les autres en compte.

Les meilleurs jouets pour cette semaine miracle

Voici les jouets et les choses que les nourrissons âgés de 17 à 20 mois préfèrent en ce moment et qui les aident à développer leurs nouvelles capacités en de nombreuses nouvelles compétences :

- Les petites voiture
- L'argile
- Les télés pour enfant
- Les livres pour enfants
- Les petites babioles qui vont par paire
- Les garages avec des voitures
- Les aéroports miniatures
- Dessiner sur du papier
- Les seau avec du sable et de l'eau
- Les voiturettes
- Les chaises en plastique
- Les ballons
- Les vélos
- Les peluches, nounours et poupées
- Les autocollants
- Les bacs à sable
- Faire des trous dans le sable
- Les génériques de dessin animé
- Les toboggans
- Les crayons de couleur
- Les petits tracteurs avec une remorque
- Faire des bulles
- Pinocchio
- Les trains
- Les balançoires
- Les chevaux à bascule
- Les puzzles (jusqu'à 20 pièces)
- Les crécelles

Méfiez-vous en :

- Les toilettes
- Les poubelles

C'est une bonne chose de savoir que pour les adultes, la pensée et la raisonnement ou la logique ne sont pas les buts les plus importants à atteindre, contrairement à ce que pensent certaines personnes. La logique appartient au monde des programmes et est subordonnée au monde des principes et des systèmes. Si on veut vraiment changer les choses, il faut change ses principes, et afin de changer les principes, il faut tout d'abord d'abord changer les systèmes liés.

Le programme est qu'au niveau des systèmes, les concepts sont difficiles à changer pour les adultes. Cela est en partie due au fait que chaque changement au niveau des systèmes a des effets qui se diffusent à tous les niveaux situés sous le monde des systèmes. Et cela ne se fait pas sans heurts. L'histoire nous montre que de tels bouleversements provoquent souvent des révolutions ou des guerres ou sont utilisés non seulement des mots mais aussi des armes. Une savant ne deviendra pas facilement un mystique ni plus qu'un Musulman ne se convertira facilement au Christianisme.

Les concepts au niveau des systèmes et des principes sont plus faciles à former à modifier. Les enfants les apprennent en observant leur environnement puis en commençant à les utiliser eux-mêmes. Parfois, des adultes insistent sur certains concepts. C'est l'exemple archétypal de la socialisation et de l'éducation.

Bien entendu, votre nourrisson est un acteur encore tout nouveau du spectacle de la vie. Son monde est encore très petit et centré sur son foyer. Parmi d'autres choses, il commence à former une conscience et à apprendre des normes et des valeurs. Si on lui fait prendre un mauvais départ à ce moment, les conséquences négatives seront notables durant plusieurs années. Si vous lui accordez toute votre attention, ce sera un très bon investissement au long terme. Ce vous économisera beaucoup d'ennuis, à vous comme à votre enfant et à tous ceux qui l'entoure.

L'importance de ce premier départ s'applique, évidemment, à tous les autres domaines dans le monde des systèmes. Que votre enfant préfère la musique, la construction, le langage, les expériences scientifiques ou développer son contrôle corporel, donnez une chance à cette star en devenir. Le plaisir que vous prendrez tous les deux vous éblouira.

Post-scriptum

Des merveilles sans nombre

V ous savez à présent que chaque mère sera confrontée, à un moment ou un autre, à un bébé qui pleure, est pénible ou simplement agité ; un bébé difficile à satisfaire ; une bébé qui, en fait, à juste besoin de revenir aux sources.

Nous espérons que lorsque vous aurez à gérer de tels comportements chez votre bébé, vous comprendrez à présent que vous n'êtes pas seule. Tous les mères sont confrontées à des problèmes du genre. Toutes les mères se font du souci ou s'énervent lorsque leurs nouveaux-nés atteignant un certain âge. Toutes les mères oublient, ou voudrait oublier, ces moments éprouvants aussi vite que possible, dès que la période d'agitation s'achève, en fait. C'est dans la nature humaine de minimiser les malheurs que l'on a traversé une fois que le beau temps est revenu.

Maintenant que vous comprenez que le comportement difficile de votre enfant et votre anxiété comme votre irritabilité sont liés à un processus de développement aussi sain que normal tandis que votre nourrisson avance difficilement vers l'indépendance, vous pouvez vous sentir plus sûr de vous et avoir plus confiance en vous. Vous savez ce que vous faites.

Même sans manuel d'instruction, vous savez que votre bébé explorera chaque « nouveau monde » de sa propre manière. Vous savez que la meilleure chose à faire est d'« écouter » votre bébé, afin de l'aider à tracer sa route. Vous savez comment vous amuser avec lui. Vous savez également que vous êtes la personne qui le comprend le mieux, et la personne qui peut vraiment l'aider mieux que personne. Nous espérons que les informations et les découvertes que nous avons partagées avec vous concernant les « Semaines miracle » qui marquent les étapes du développement rendront plus facile pour vous la compréhension et le soutien de votre bébé durant ces moments traumatisants. Au cours d'un projet de recherche, notre programme d'éducation et de soutien parental hollandais Hordenlopen (« Franchir les haies ») a été évalué. Ce programme était basé sur Les Semaines miracles. Il a été montré que la compréhension et le soutien des bébés de cette manière débouche sur une énorme différence positive pour les parents eux-mêmes et pour le développement ultérieur de leurs bébés. Le développement de votre bébé est entre vos mains, et pas dans celles de votre famille, vos voisins ou vos amis. Nous avons abondamment insisté là-dessus dans ce livre et nous espérons avoir assez responsabilisé les parents pour les immuniser aux conseils malvenus et souvent contradictoires venant de l'extérieur.

Nous avons montré que chaque bébé « renaît » dix fois durant les dix premiers mois, ou la dite « période sensorimotrice ». Dix fois, son monde a été complètement chamboulé par un « grand changement » dans son cerveau. Dix fois, il a été dérouté et a fait tout ce qu'il pouvait pour s'agripper à maman. Dix fois il est revenu aux sources. Et dix fois il a « pris une grand bouffée de maman » avant de faire le bond suivant dans son développement. Il va sans dire que votre nourrisson a encore beaucoup de chemin à parcourir.

Encore plus de merveilles sont à venir

Des recherches par électroencéphalographie sur le développement des ondes cérébrales des enfants âgés de un an et demi à seize ans ont montré que des changements importants survenaient lors des transitions entre les étapes bien connues dans le développement mental. Le début de la puberté est un de ces bond à un âge plus tardif. Pendant longtemps on a cru que le déclenchement de la puberté était lié à l'arrivée d'hormones. Mais des découvertes récentes montrent que de grands changements dans le cerveau surviennent également à l'arrivée de la puberté. Il ne s'agit pas seulement de changements dans les ondes cérébrales mais aussi d'un accroissement soudain et extrêmement rapide du volume de certaines parties du cerveau. Pour la énième fois, ces jeunes entrent dans un nouveau monde perceptif, ce qui leur permet d'accéder à de nouvelles idées qu'ils n'auraient pu développer à un âge antérieur. Les adolescents n'aime pas trop admettre cela, car ils pensent être déjà les rois du monde. En tant que parents, nous ne pouvons nous empêcher de sourire à la pensée que les bébés sont de la même opinion.

Même les adolescents ont encore beaucoup de chemin à parcourir. Ils passent encore plusieurs fois par d'autres bonds avant de devenir pleinement indépendants. Des choses indiquent que même les adultes feraient également l'expérience de ces phases.

Comme l'a écrit l'auteur et journaliste colombien Gabriel García Márquez dans *L'Amour aux temps du choléra* :

> les êtres humains ne naissent pas une fois pour toutes à l'heure où leur mère leur donne le jour, mais (...) la vie les oblige de nouveau et bien souvent à accoucher d'eux-mêmes.

Pour aller plus loin

*L*es lecteurs qui souhaitent en savoir plus concernant la littérature scientifique au-delà du livre *Les Semaines miracle* peuvent consulter les ouvrages et articles suivants.

Bell, M., & Wolfe, C.D. (2004). Emotion and cognition: An intricately bound developmental process. *Child Development, 75*, 366-370.

Bever, T.G. (1982). *Regressions in mental development: Basic phenomena and theories.* Hillsdale, NJ: Erlbaum.

Cools, A. R. (1985). Brain and behavior: Hierarchy of feedback systems and control of input. In P. P. G. Bateson & P. H. Klopfer (Eds.), *Perspectives in Ethology* (pp. 109-168). New York: Plenum.

Feldman, D.H. & Benjamin, A.C. (2004). Going backward to go forward: The critical role of regressive moment in cognitive development. *Journal of Cognition and Development, 5*(1), 97-102.

Heimann, M. (Ed.). (2003). *Regression periods in human infancy.* Mahwah, New Jersey: Erlbaum.

Horwich, R.H. (1974). Regressive periods in primate behavioral development with reference to other mammals. *Primates, 15*, 141-149.

Plooij, F. (1978). Some basic traits of language in wild chimpanzees? In A. Lock (Ed.), *Action, gesture and symbol: The emergence of language* (pp. 111-131). London: Academic Press.

Plooij, F. (1979). How wild chimpanzee babies trigger the onset of mother-infant play and what the mother makes of it. In M. Bullowa (Ed.), *Before speech: the beginning of interpersonal communication* (pp. 223-243). Cambridge, England: Cambridge University Press.

Plooij, F. (1984). *The behavioral development of free-living chimpanzee babies and infants.* Norwood, N.J.: Ablex.

Plooij, F. (1987). Infant-ape behavioral development, the control of perception, types of learning and symbolism. In J. Montangero (Ed.), *Symbolism and Knowledge* (pp. 35-64). Geneva: Archives Jean Piaget Foundation.

Plooij, F. (1990). Developmental psychology: Developmental stages as successive reorganizations of the hierarchy. In R. J. Robertson (Ed.), *Introduction to modern psychology: The control-theory view* (pp. 123-133). Gravel Switch, Kentucky: The Control Systems Group, Inc. distributed by BenchMarc Publ., Bloomfield NJ

Plooij, F. X. (2003). The trilogy of mind. In M. Heimann (Ed.), *Regression periods in human infancy* (pp. 185-205). Mahwah, NJ: Erlbaum.

Plooij, F.X. (2010). The 4 WHY's of age-linked regression periods in infancy. In Barry M. Lester & Joshua D. Sparrow (Eds.), *Nurturing Children and Families: Building on the Legacy of T. Berry Brazelton.* Malden, MA: Wiley-Blackwell.

Plooij, F., & van de Rijt-Plooij, H. (1989). Vulnerable periods during infancy: Hierarchically reorganized systems control, stress and disease. *Ethology and Sociobiology, 10,* 279-296.

Plooij, F., & van de Rijt-Plooij, H. (1990). Developmental transitions as successive reorganizations of a control hierarchy. *American Behavioral Scientist, 34,* 67-80.

Plooij, F., & van de Rijt-Plooij, H. (1994). Vulnerable periods during infancy: Regression, transition, and conflict. In J. Richer (Ed.), *The clinical application of ethology and attachment theory* (pp. 25-35). London: Association for Child Psychology and Psychiatry.

Plooij, F., & van de Rijt-Plooij, H. (1994). Learning by instincts, developmental transitions, and the roots of culture in infancy. In R. A. Gardner, B. T. Gardner, B. Chiarelli & F. X. Plooij (Eds.), *The ethological roots of culture* (pp. 357-373). Dordrecht: Kluwer Academic Publishers.

Plooij, F., & van de Rijt-Plooij, H. (2003). The effects of sources of "noise" on direct observation measures of regression periods: Case studies of four infants' adaptations to special parental conditions. In M. Heimann (Ed.), *Regression periods in human infancy* (pp. 57-80). Mahwah, NJ: Erlbaum.

Plooij, F., van de Rijt-Plooij, H. H. C., van der Stelt, J. M., van Es, B., & Helmers, R. (2003). Illness-peaks during infancy and regression periods. In M. Heimann (Ed.), *Regression periods in human infancy* (pp. 81-95). Mahwah, NJ: Erlbaum.

Plooij, F. X., van de Rijt-Plooij, H., & Helmers, R. (2003). Multimodal distribution of SIDS and regression periods. In M. Heimann (Ed.), *Regression periods in human infancy* (pp. 97-106). Mahwah, NJ: Erlbaum.

Powers, William T. (1973). *Behavior: The control of perception.* Chicago: Aldine. Second edition (2005), revised and expanded, Bloomfield NJ: BenchMarc Publications.

Sadurni, M., & Rostan, C. (2003). Reflections on regression periods in the development of Catalan infants. In M. Heimann (Ed.), *Regression periods in human infancy* (pp. 7-22). Mahwah, NJ: Erlbaum.

Trevarthen, C. & Aitken, K. (2003). Regulation of brain development and age-related changes in infants' motives: The developmental function of regressive periods. In M. Heimann (Ed.), *Regression periods in human infancy* (pp. 107-184). Mahwah, NJ: Erlbaum.

van de Rijt-Plooij, H., & Plooij, F. (1987). Growing independence, conflict and learning in mother-infant relations in free-ranging chimpanzees. *Behaviour,* 101, 1-86.

van de Rijt-Plooij, H., & Plooij, F. (1988). Mother-infant relations, conflict, stress and illness among free-ranging chimpanzees. *Developmental Medicine and Child Neurology,* 30, 306-315.

van de Rijt-Plooij, H., & Plooij, F. (1992). Infantile regressions: Disorganization and the onset of transition periods. *Journal of Reproductive and Infant Psychology,* 10, 129-149.

van de Rijt-Plooij, H., & Plooij, F. (1993). Distinct periods of mother-infant conflict in normal development: Sources of progress and germs of pathology. *Journal of Child Psychology and Psychiatry,* 34, 229-245.

Woolmore, A., & Richer, J. (2003). Detecting infant regression periods: weak signals in a noisy environment. In M. Heimann (Ed.), *Regression periods in human infancy* (pp. 23-39). Mahwah, NJ: Erlbaum.

www.livingcontrolsystems.com (Living Control Systems Publishing)
Pour ceux qu'intéressent de plus amples informations sur la Théorie du contrôle perceptuel (PCT) concernant le fonctionnement du cerveau humain, laquelle a inspiré une grande partie de la réflexion à l'origine des Semaines miracle, ce site de référence contient des livres, des introductions, des commentaires, des programmes de simulation pour votre ordinateur, et plus encore.

index

Les numéros de page soulignées indiquent du texte encadré

A

B

internet

Il se peut que cela vous intéresse de savoir que Les Semaines miracles est disponible en plusieurs langues et qu'il y a beaucoup d'information disponible sur Internet. Un moyen pratique d'accéder à l'information sur Internet est d'aller visiter le site destiné à accompagner l'édition en anglais.

www.thewonderweeks.com

Ce site fournit un grand nombre d'informations additionnelles, y compris des études scientifiques, la liste des différentes langues dans lesquelles Les Semaines miracles a été traduites, comment commenter ce livre dans l'une de ces langues et comme trouver les blogs, forums et autres pages Internet qui commentent Les Semaines miracles dans le monde entier et dans n'importe quelle langue en cherchant sur Internet soit le titre soit l'ISBN.

Vous pouvez également vous abonner à un service courriel gratuit appelé Leap Alarm. Voir page 8.

Lightning Source UK Ltd.
Milton Keynes UK
UKHW012307090223
416755UK00001B/12